四川省志

Sichuan Shengzhi

烟草志

1986—2005

【第五十七卷】

四川省地方志编纂委员会 编

方志出版社
Publishing House of Local Records

图书在版编目（CIP）数据

四川省志．烟草志 ：1986－2005 / 四川省地方志编纂委员会编．— 北京 ：方志出版社，2019.4
ISBN 978-7-5144-3732-4

Ⅰ．①四… Ⅱ．①四… Ⅲ．①四川－地方志②烟草工作－概况－四川－1986-2005 Ⅳ．①K297.1

中国版本图书馆CIP数据核字(2019)第091757号

四川省志·烟草志（1986—2005）

编　　者：四川省地方志编纂委员会
责任编辑：陈　菁
出 版 者：方志出版社
地址　北京市朝阳区潘家园东里9号（国家方志馆4层）
邮编　100021
网址　http://www.zgfzcb.cn
发　　行：方志出版社图书经销中心
电话（010）67110500
经　　销：各地新华书店
印　　刷：深圳中华商务安全印务股份有限公司
设计制作：成都龙腾天下文化传播有限公司

开　　本：889×1194　1/16
彩插印张：1.75
正文印张：22.25
字　　数：614千字
版　　次：2019年4月第1版　2019年4月第1次印刷
印　　数：0001～2000册

ISBN 978-7-5144-3732-4　定价：297.00元

四川省烟叶产区分布示意图

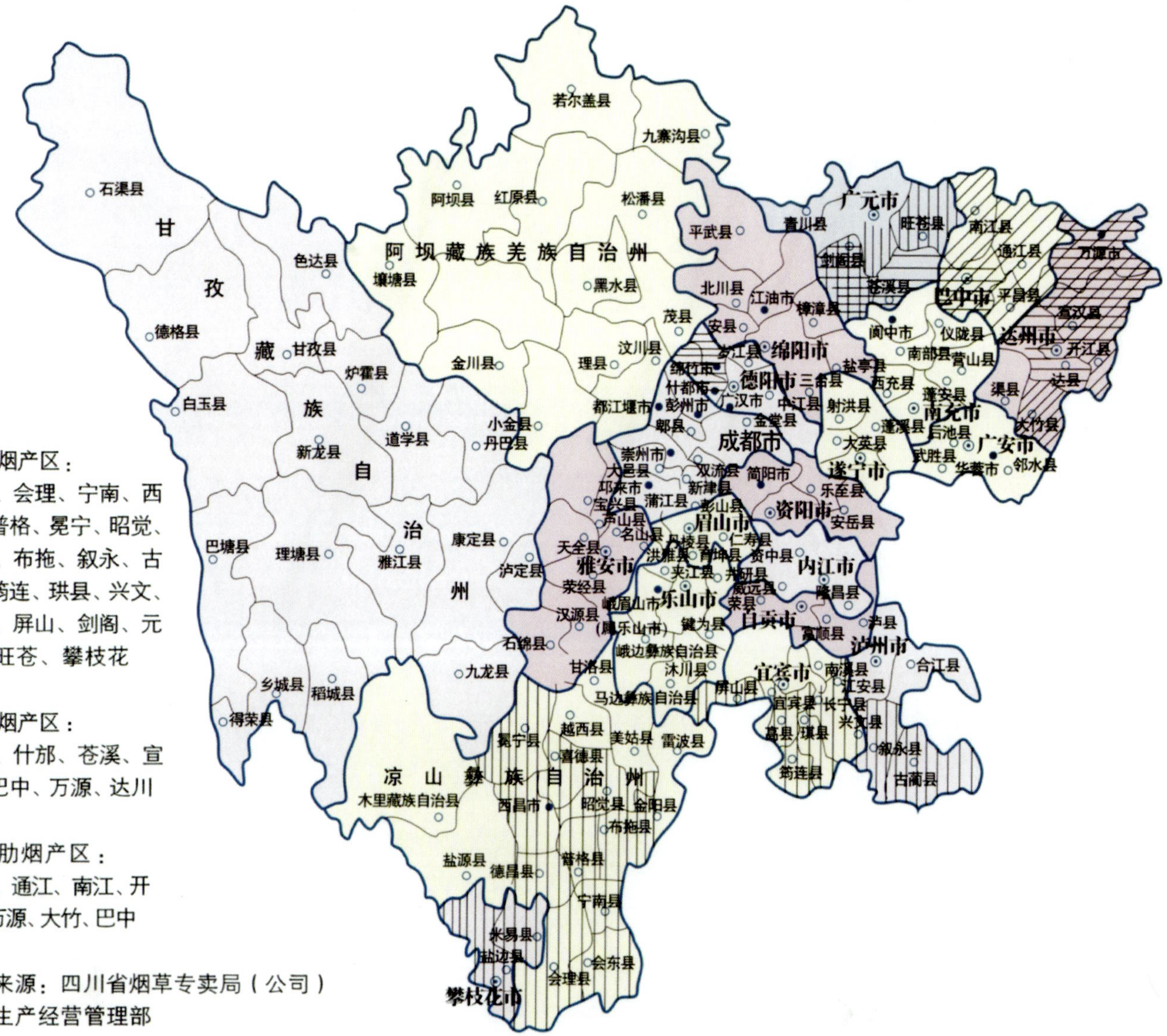

烟产区：
会东、会理、宁南、西昌、普格、冕宁、昭觉、喜德、布拖、叙永、古蔺、筠连、珙县、兴文、宜宾、屏山、剑阁、元坝、旺苍、攀枝花

晒烟产区：
绵竹、什邡、苍溪、宣汉、巴中、万源、达川

白肋烟产区：
宣汉、通江、南江、开县、万源、大竹、巴中

资料来源：四川省烟草专卖局（公司）烟叶生产经营管理部

四川省烟草工业分布示意图

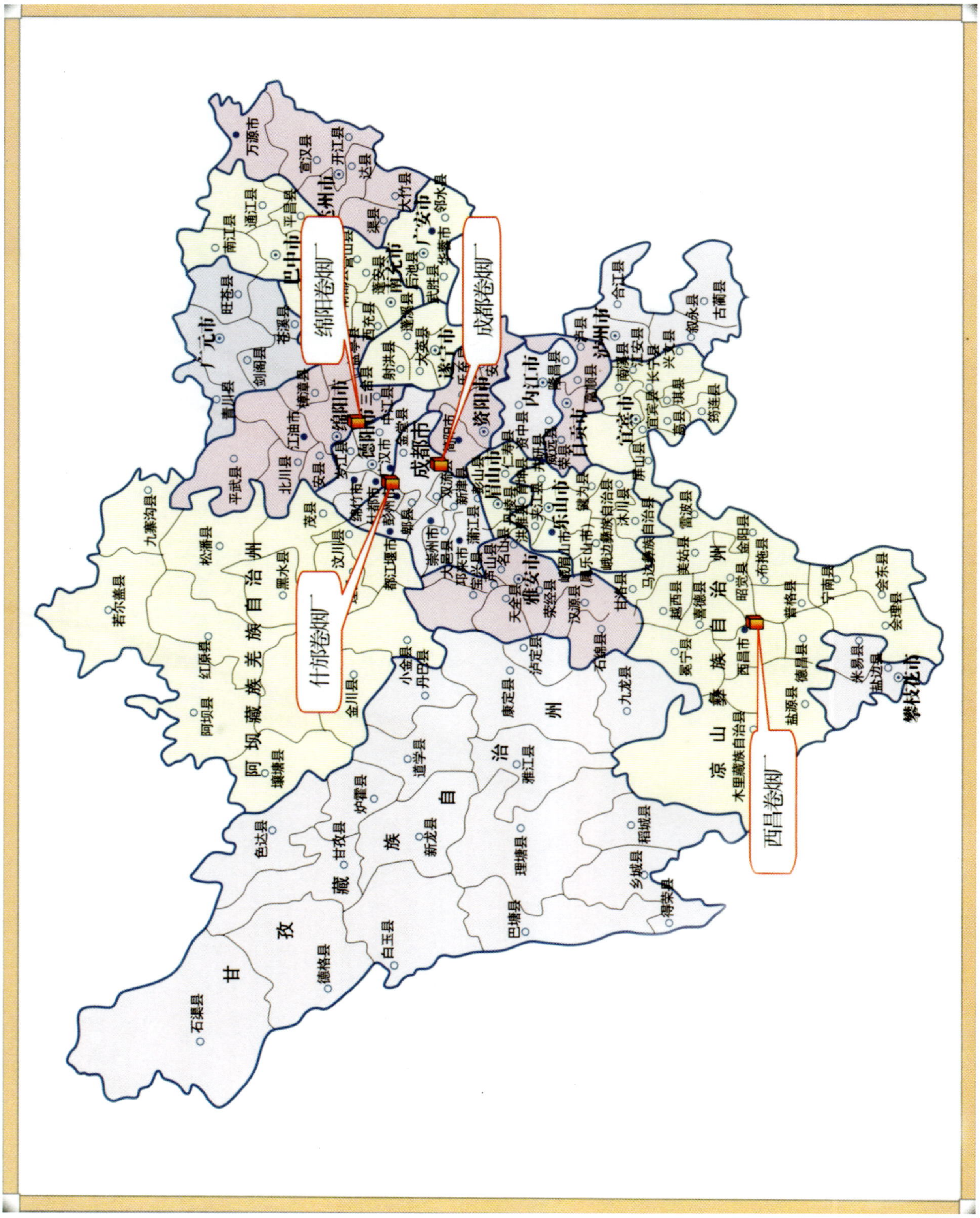

领导关怀 LINGDAO GUANHUAI

1996 年，中共四川省委书记谢世杰（右二）考察成都卷烟厂

2002 年 2 月，中共四川省委书记张学忠（右二）、四川省人民政府省长张中伟（右一）、四川省政协主席秦玉琴（左一）为成都卷烟厂技改工程奠基

1990 年，四川省人民政府省长蒋民宽（右一）考察德阳市什邡光明雪茄烟厂

1992 年，四川省人民政府省长张皓若（中）考察德阳市什邡光明雪茄烟厂

1996 年 8 月，四川省人民政府省长宋宝瑞（左一）在德阳市什邡卷烟厂现场办公

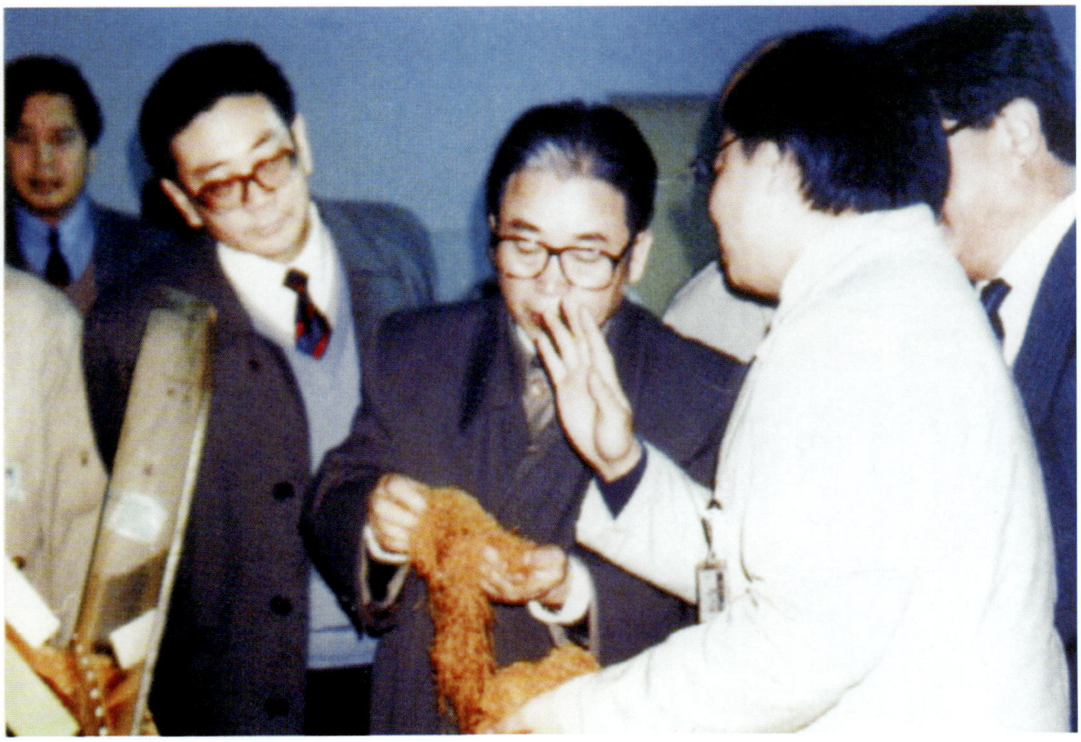

1994 年 12 月，国家烟草专卖局局长江明（中）考察成都卷烟厂

1999 年 1 月，国家烟草专卖局局长倪益瑾（右二）在凉山考察烟草工作

2005 年，国家烟草专卖局局长姜成康（右三）考察阿坝州烟草专卖局（分公司）

重要会议 ZHONGYAO HUIYI

1991年，四川省烟草专卖局、四川省人民政府法制局召开贯彻《中华人民共和国烟草专卖法》新闻发布会

2003年8月，川渝烟草工商体制改革大会召开

2003年9月，全国重点城市卷烟销售网络建设联动工作会议在成都市召开

2004 年，全省“网建学上海”工作动员大会召开

2004 年 2 月，川渝烟草专销协作工作会议召开

2004 年 6 月，全国烟叶收购工作现场会在凉山州西昌市召开，与会代表参观德昌县优质烤烟示范基地

2004 年 6 月，国家烟草专卖局副局长何泽华（中）等领导参观烟场的“烟农之家”

2004 年 12 月 28 日，成都卷烟厂举行企业重组授牌仪式暨“十五”易地技改竣工投产典礼

2005 年 1 月 22 日，四川省人民政府召开烟草发展领导小组会议，研究支持烟草行业发展的政策措施

2005 年，全省烟草工作会召开

2005 年，全省烟叶工作会召开

烟区扶贫 YANQU FUPIN

2002 年，川南烟区最大的烟叶产地泸州市叙永县，创办烟叶农场，实行户籍式管理，帮助烟农增收致富。图为烟叶农场丰收在望景象

2004 年，四川省烟草专卖局局长、四川省烟草公司总经理龚锦华（中）在凉山烤烟生产工作大会期间，与烟农交流烟叶生产管理问题

2005 年，宜宾市烟草专卖局（分公司）在筠连县、珙县、兴文县、屏山县整建公路和专业大户连片的烟田，帮助山区种烟脱贫

2003 年 10 月，凉山烟区建立优质烤烟万亩示范基地

达州烟区建立白肋烟生产示范地

基础设施 JICHU SHESHI

四川省烟草专卖局（公司）红星路办公楼（1989—2002 年）

川渝中烟工业公司红星路办公楼效果图（2004 年）

四川省烟草专卖局（公司）槐树街办公楼（娇子大厦）效果图（2003年）

烟草文化 YANCAO WENHUA

2003 年，四川省烟草行业举行组建 20 周年庆祝晚会

烟草职工绘画·富贵图　（国立　画）

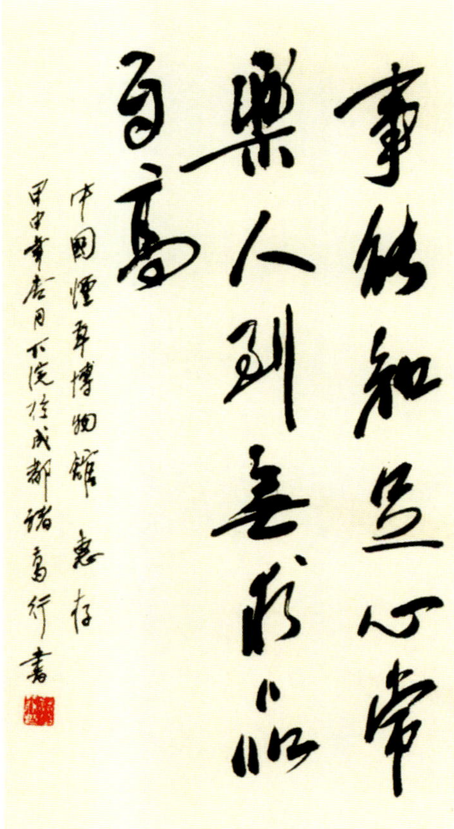

烟草职工书法　（诸葛行　书）

烟草职工摄影·秋韵　　（李作民　摄）

烟草文物·1995 年成都市老红军购烟证

主要荣誉 ZHUYAO RONGYU

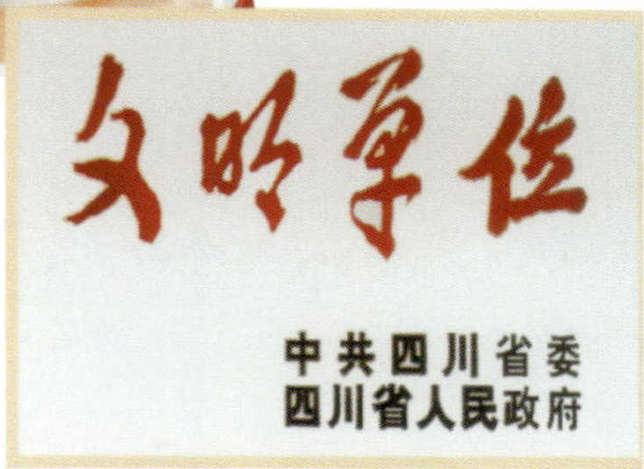

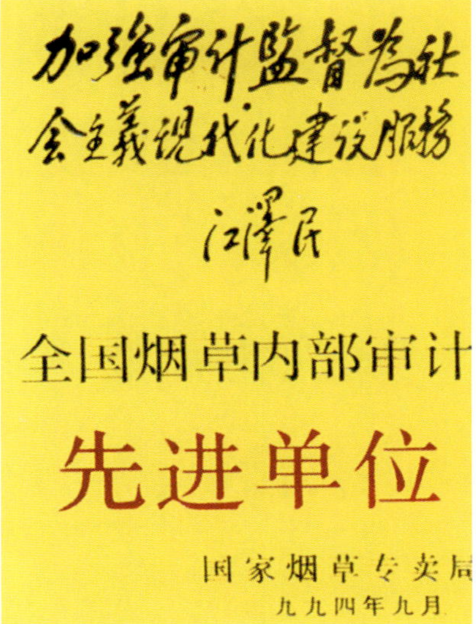

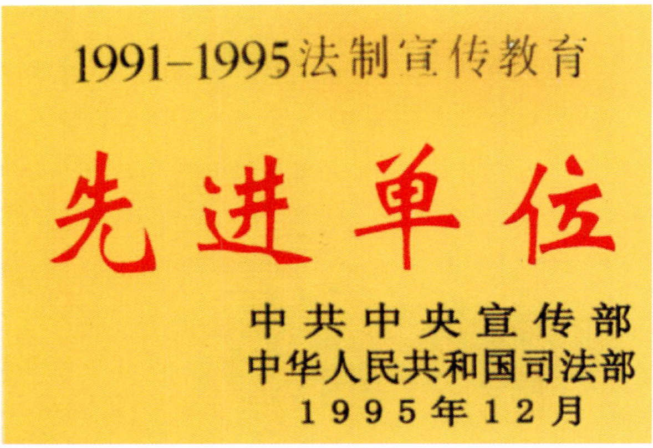
1991-1995法制宣传教育
先进单位
中共中央宣传部
中华人民共和国司法部
1995年12月

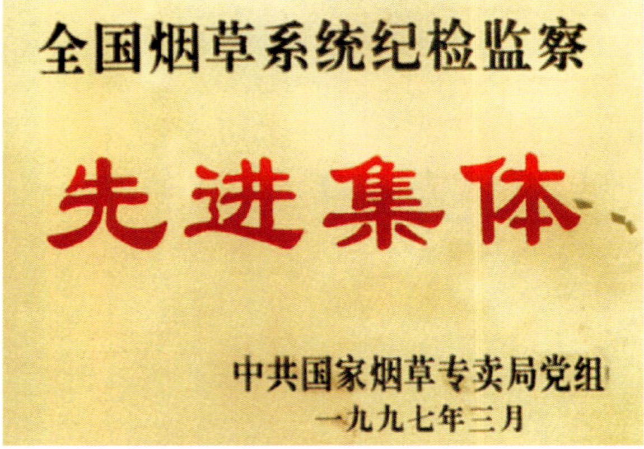
全国烟草系统纪检监察
先进集体
中共国家烟草专卖局党组
一九九七年三月

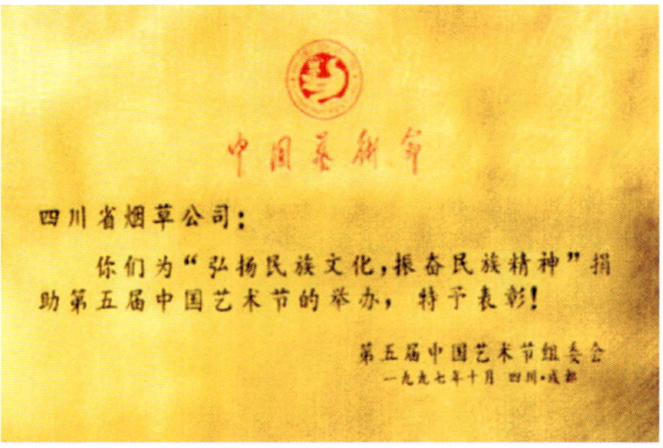
四川省烟草公司：
你们为"弘扬民族文化，振奋民族精神"捐助第五届中国艺术节的举办，特予表彰！
第五届中国艺术节组委会
一九九七年十月 四川·成都

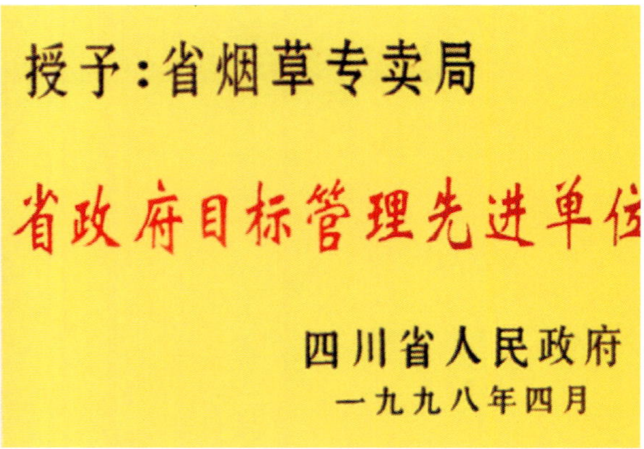
授予：省烟草专卖局
省政府目标管理先进单位
四川省人民政府
一九九八年四月

全国烟草系统纪检监察工作
先进集体
中共国家烟草专卖局党组
二000年二月

四川省纪检监察系统
先进集体
中共四川省纪律检查委员会
中共四川省委组织部
四川省监察厅
2000年1月

奖给
省烟草专卖局党组
一九九九年度领导班子开展"四好"活动
成效显著
中共四川省直机关工委
二000年六月

奖状
2000年度
党建信息工作先进单位

全国烟草系统庆祝中国共产党成立八十周年
文艺演出纪念
国家烟草专卖局
中国烟草总公司
二00一年六月·北京

成都市2001年度
模范纳税户
成都市人民政府
二00二年四月

奖 给
省烟草专卖局党组
二000年至二00一年度领导班子开展"四好"活动
成效显著
中共四川省直属机关工作委员会
二00二年六月

四川省省级机关档案工作1999--2001年度
先进单位
四川省档案局
二00二年十一月

2002年度党组(党委)中心组理论学习
先进单位
中共四川省委宣传部
中共四川省直属机关工作委员会
2003年1月

庆祝四川烟草行业
组建20周年职工文艺调演
三等奖
四川省烟草专卖局(公司)
二00三年七月

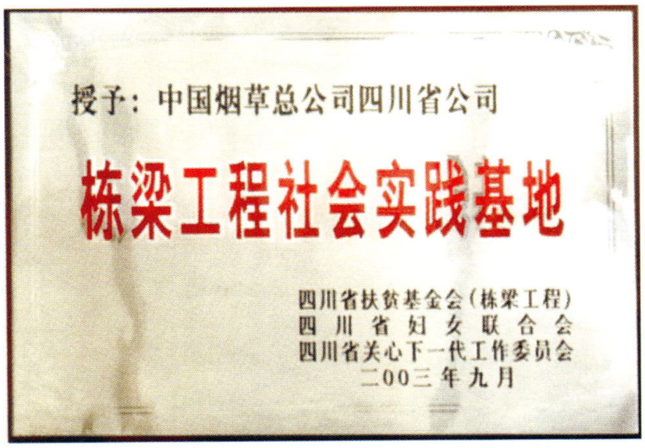
授予：中国烟草总公司四川省公司
栋梁工程社会实践基地
四川省扶贫基金会(栋梁工程)
四川省妇女联合会
四川省关心下一代工作委员会
二00三年九月

四川省"十佳"慈善企业
四川省慈善总会 四川省工商联
四川省民政厅 四川省国资委
二00五年十二月

全国烟草行业专卖执法人员
法律知识统一考试组织工作
先进集体
国家烟草专卖局
二00五年十二月

名优产品 MINGYOU CHANPIN

成都卷烟厂娇子系列：1995 年，成都卷烟厂开始推出以大熊猫形象为主体图案的高档卷烟——“娇子”。截至 2000 年，该系列产品已成为四川省产销量最大、市场占有率最高的高档名牌产品，也是四川省烟草专卖局（公司）确定的重点牌号之一

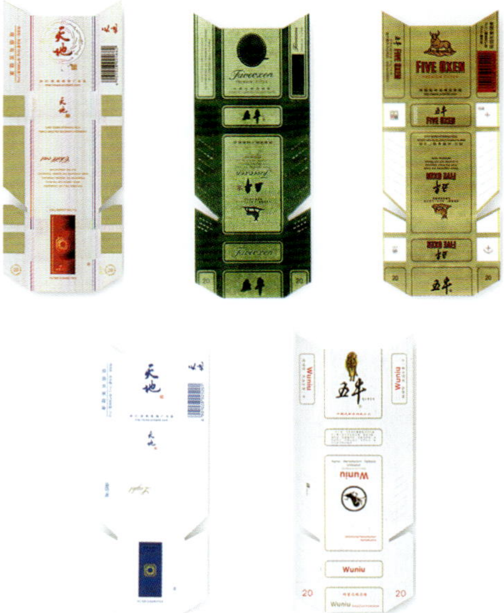

成都卷烟厂五牛系列：1985 年，成都卷烟厂首次推出甲级新品“五牛”卷烟，经不断改进，该系列产品成为“八五”到“九五”时期成都卷烟厂主要当家产品之一。2000 年产量达 35 万箱以上，成为四川省单牌号产销量居首的 重点骨干产品

成都卷烟厂其他系列：成都卷烟厂生产的“芙蓉”系列卷烟从20世纪60年代创牌，是成都卷烟厂乃至四川省内生产历史最悠久的大宗骨干产品。在继承和发展原有产品的基础上，成都卷烟厂不断推陈出新，培育出“成都”“望江楼”等系列产品

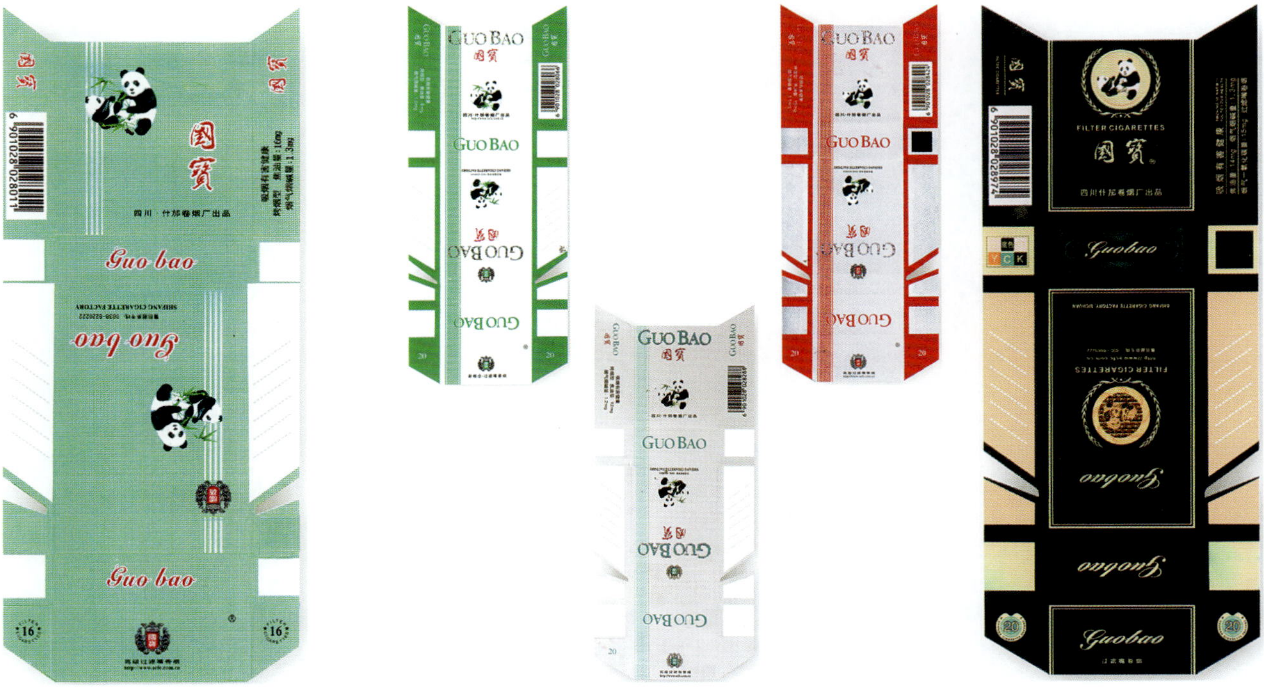

什邡卷烟厂国宝系列：2001年底，什邡卷烟厂推出“国宝”系列产品，该系列产品是什邡卷烟厂截至2005年技术含量高、产值高、利润大的卷烟牌号，2002年被评为“四川省著名商标”

什邡卷烟厂天下秀系列：烟标以峨眉山金顶为主要图案，取“峨眉天下秀”之意，是四川乃至全国销量最大的品牌之一，先后荣获“四川省优质产品”“四川省名牌产品”等称号，2001 年被国家烟草专卖局确定为“全国烟草行业名优卷烟”

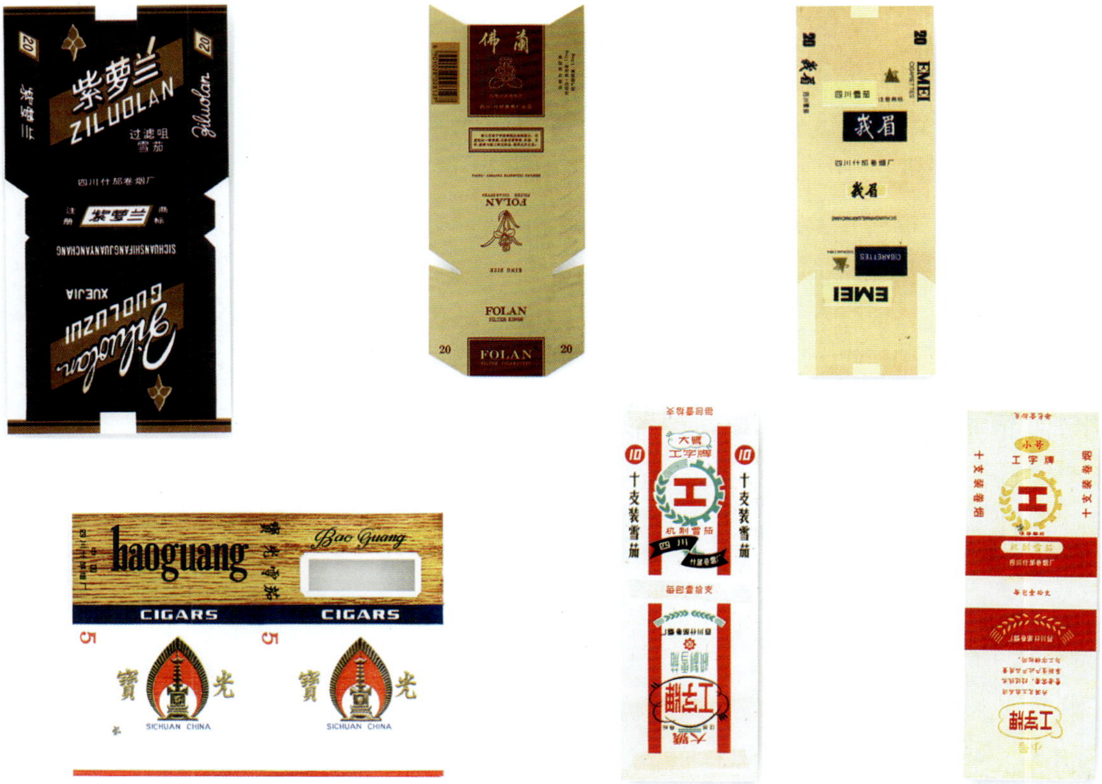

什邡卷烟厂其他系列：1986—2005 年，什邡卷烟厂主销的雪茄品牌系列还有“工字”“宝光”“紫罗兰”等，主销的烤烟型品牌系列有“佛兰”等

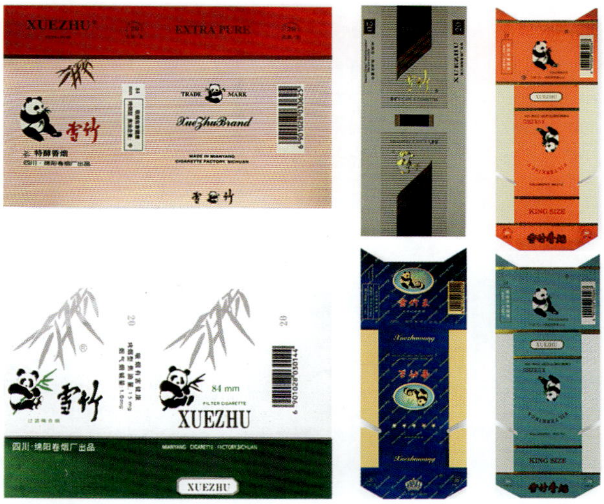

绵阳卷烟厂雪竹系列：1981 年，绵阳卷烟厂推出“雪竹”系列产品，该系列先后被评为“绵阳市优秀产品”“绵阳市十大最佳名优产品”称号

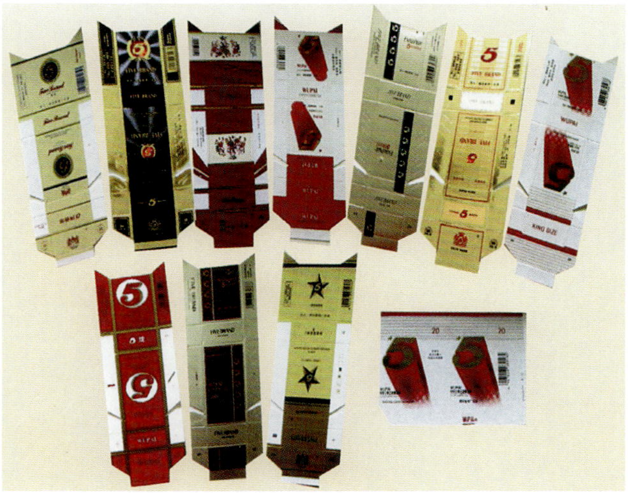

绵阳卷烟厂 5 牌系列：1992 年，绵阳卷烟厂 5 牌卷烟投产上市，并在四川省首届巴蜀食品节上获金奖。1997 年，5 牌卷烟单牌号产量达 9 万箱，单牌号销量名列全省烟草行业前三名，成为该厂骨干品牌之一

绵阳卷烟厂其他系列：1986—2005 年，绵阳卷烟厂主销“贵族”系列产品。此外，生产的牌号还有“巴蜀”“绵阳”“奔驰”“涪江”等

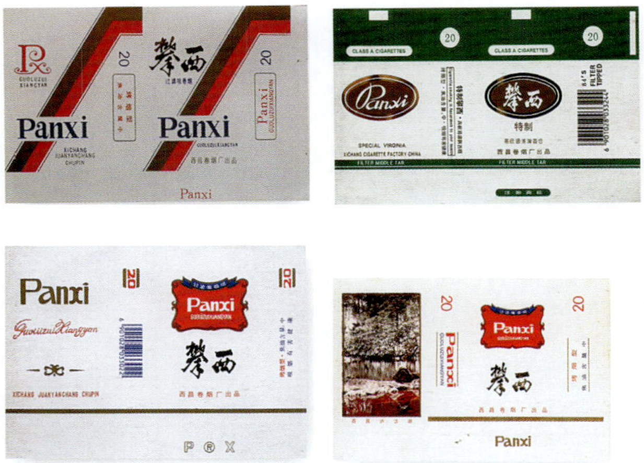

西昌卷烟厂攀西系列：1986 年，西昌卷烟厂“攀西”系列研制投产。该系列产品先后荣获“四川省优质产品”“四川省群众最喜爱商品”等称号

西昌卷烟厂索玛系列：1986 年，西昌卷烟厂“索玛”系列研制并投产，该系列产品荣获“四川省优质产品”等称号，被四川省人民政府确定为“全省烟草名牌战略”的三大名牌产品之一

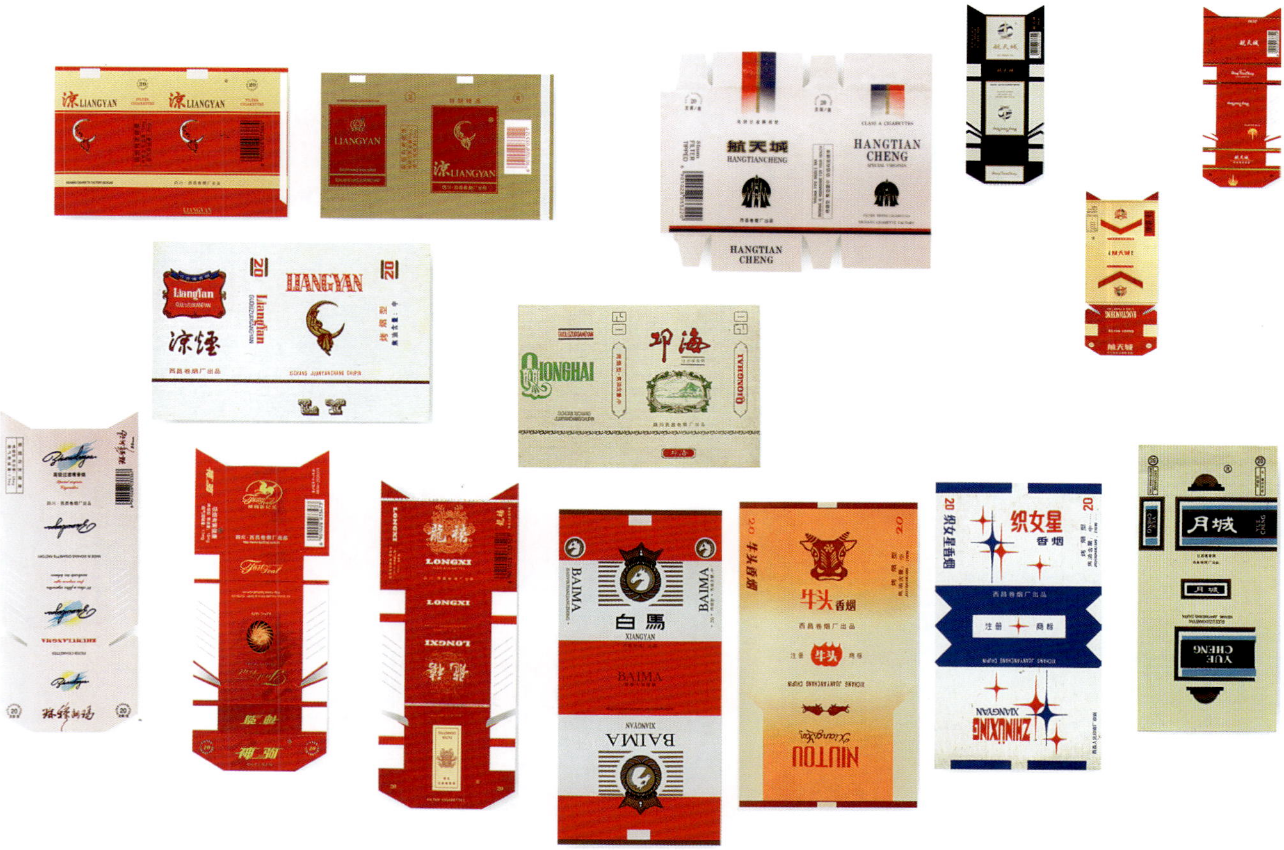

西昌卷烟厂其他系列：1986—2005 年间，西昌卷烟厂主销“凉烟”系列，此外，生产的牌号还有：“航天城”“织女星”“邛海”“月城”“牛头”“龙禧”等

修志剪影 XIUZHI JIANYING

2015 年 7 月，全省烟草商业系统《四川省志·烟草志（1986—2005）》编纂工作启动大会召开

2016 年 1 月， 四川省烟草专卖局（公司）志编办向四川省烟草专卖局（公司）党组书记、局长、总经理李恩华（中）汇报修志工作

2017 年 10 月 9 日，《四川省志 · 烟草志（1986—2005）》行业评审会议召开

2017 年 12 月 21 日，《四川省志》第三十七次终审会召开，《四川省志 · 烟草志（1986—2005）》通过终审验收

四川省地方志编纂委员会成员

《四川省志（1986—2005）》
审核委员会成员

主　　任	王　宁			
副 主 任	蔡　竞			
委　　员	马小彬	冯宝运	何晓平	胡品生
	王孝平	谭继和	陈世松	陈廷湘

《四川省志（1986—2005）》
总编、副总编

总　　编	陈建春			
副 总 编	赵　行	邓　瑜	陶利辉	熊　倩
	张兆法	高伟明	朱艳林	牛　淼

《四川省志·烟草志（1986—2005）》
责任总编、责任编辑

责任总编	陶利辉
责任编辑	黄文记

#《四川省志·烟草志（1986—2005）》
编纂委员会成员

（2019 年 7 月至今）

主　　任	李恩华			
副 主 任	陈　霖	肖　瑞	唐　强	麻世强
	耿宏斌			
成　　员	宋纪江	戴晓军	晏忠泰	刘志波
	罗　旭	卿　静	冯清德	雷　强
	李作民	杨小秋	侯小龙	谌泽俊
	伍仁军	王广生	谭新生	何建国
	张　英	姚宇红	陈建辉	陶晓秋
	肖　勇	王　强	杜兴华	李红斌
	计　委	熊良政	步　克	骆　敏
	周德文	秦高华	杨　宇	徐忠良
	刘兴红	王　斌	何成伟	袁　成
	张　斌	尹　柯	孙泽芝	罗柱石
	梁　辉	蒲　适	张长江	何梦皓
	四朗彭措	易　伟	郭明全	陈隽逸
	陈志学			

《四川省志·烟草志（1986—2005）》
编纂委员会成员

（2015 年 8 月—2019 年 6 月）

《四川省志·烟草志（1986—2005）》初审领导小组成员

（2017年10月19日）

主　　任	李恩华			
副 主 任	陈　霖	陈　章	肖　瑞	石　磊
	唐　强	麻世强	商　波	陈东风
成　　员	宋纪江	戴晓军	雷　雯	刘　强
	宋建山	张　劲	冯清德	雷　强
	李作民	杨小秋	吴　勇	谌泽俊
	陈　岩	蒋启尧	耿宏斌	伍仁军
	姚宇红	邹　静	计　委	陶晓秋
	何建国	陈建辉	刘志波	殷　英
	杨　宇	李红斌	石　燕	金一兵
	步　克	晏　钢（川渝中烟）		周德文
	陈青川	郭明全	徐忠良	刘兴红
	王广生	肖　勇	袁　成	易　伟
	尹　柯	钟　智	赵屹峰	刘丹云
	蒲　适	熊良政	何梦皓	四朗彭措
	骆　敏	杜如万	秦高华	陈志学
	王　春			

《四川省志·烟草志（1986—2005）》
编纂办公室

（2019 年 7 月至今）

主　　任　麻世强

副 主 任　李红斌　宋纪江

总纂人员　曾发明

编纂人员　傅　蔷　任　杰　李　翔　王一心

编务人员　傅　蔷（兼）　任　杰（兼）

　　　　　　李　翔（兼）　王一心（兼）

《四川省志·烟草志（1986—2005）》
编纂办公室

（2015 年 8 月—2019 年 6 月）

主　　任	商　波			
副 主 任	李红斌	宋纪江		
总纂人员	曾发明			
编纂人员	傅　蔷	任　杰	王　欣	李　翔
	朱丽苇	曾志敏	高亚书	胡　萍
编务人员	傅　蔷（兼）		任　杰（兼）	
	王　欣（兼）		李　翔（兼）	

《四川省志（1986—2005）》
凡　例

一、本书编纂工作以马克思列宁主义、毛泽东思想、邓小平理论、“三个代表”重要思想、科学发展观、习近平新时代中国特色社会主义思想为指导，坚持辩证唯物主义和历史唯物主义的立场、观点和方法，全面客观地记述四川省行政区域内自然、政治、经济、文化和社会的历史与现状。

二、本书系中华人民共和国成立后首部《四川省志》续编，总名《四川省志（1986—2005）》，由总类、大事纪述、专志、人物、市（州）概况、附录共93卷构成。各分卷名称为《四川省志·××志（1986—2005）》或《四川省志·××志》（后者为特色志志名），设中英文目录。

三、本书上限一般起自1986年，下限一般截至2005年。对前志未设之分卷或篇章从事物发端写起；对前志漏载、误载的某些事项进行补载、更正；对前志记载后变化不大的某些事项进行简要复载；升格详载具有地方特色的某些事项。

四、本书记述的地域范围以1986—2005年四川省行政区划为准。

五、本书采用述、记、志、传、图、表、录等体裁，以志为主。

六、本书总类卷设序言、凡例、总述、卷目等，为各卷之首，全书之纲。关于自然环境、建置沿革、经济与社会历史发展状况等基本省情在总述中作简要复载或反映。各专志（分卷）根据社会分工和学科分类的实际，按“以类相从”或“突出地方特色”的原则设立，以篇、章、节横分类别，节、目以下纵述史实，立足反映四川省行政区域某一事物（事业、行业）断限期内历史与现状的全貌。人物志卷采用传、录、表诸种表述形式，坚持“生不立传”原则，在世人物的突出事迹以事系人载入相关分卷。人物传统一收入人物志。本书大事记以编年体为主，辅以纪事本末体。为完整记述一些重要事物，保存有价值史料，有些分卷设置了专记。

七、本书使用规范的现代语体文记述，行文严谨、朴实、简洁、流畅。使用规范汉字，用词概念准确，符合现代汉语语法规范。使用的标点符号、数字、计量单位等均按国家规定的统一标准书写。

八、本书使用公元纪年，各卷正文（除引文外）采用第三人称表述；行文涉及机构、会议、文件、职衔、地名等，均按当时称谓；除涉及人名、地名、纪年和简称等项采用括注外，其余采用页下脚注。

九、本书资料来源于文献、档案、报刊、书摘、口碑及实地调查等，所用资料均经各修志部门考证、核实。各分卷数据一般采用省统计局公布的数据，省统计局缺乏的，采用有关部门正式提供的数据。

十、各分卷图片分为前置图片和随文插图，随文插图和表格均以篇为单位依次排序编号；所用地图均以省测绘局审定的为准。

十一、各分卷需要特别说明的事项，均在各分卷的《编辑说明》中注明。

《四川省志·烟草志（1986—2005）》
编辑说明

一、本志为第二轮《四川省志》新设分卷，记述上限为1986年，下限为2005年。全志真实、准确地记述断限期内四川烟草行业改革发展、种植生产、市场营销、专卖管理、科技兴烟的新形势、新情况、新政策、新机制、新成就。本志为四川省烟草行业第一部，为反映事物全貌作必要的背景交代，记述时间有所上溯。其中1997年以前的记述内容含重庆市，1997年重庆市由中央直辖后，重庆、万县、涪陵、黔江等地的烟草史实不再记入。

二、人物和先进单位入志进表的标准为国家烟草专卖局管理领导干部、省级以上表彰奖励的先进单位和模范人物。因模范人物众多，故对国务院、中华全国总工会、四川省人民政府、国家烟草专卖局颁奖的劳动模范，分别选出二名突出代表入功勋人物照。

三、1986年至2000年6月，全省设市（地、州），史实表述称各市（地、州）；2000年6月全部撤地设市，2000年7月后全省设市（州），史实表述称各市（州）。

四、单位名称在正文中第一次出现用全称，之后视其语言环境表述的需要用简称。如：国家烟草专卖局·中国烟草总公司简称国家烟草专卖局（总公司），四川省烟草专卖局·中国烟草总公司四川省公司简称省烟草专卖局（公司），××市烟草专卖局·××市烟草分公司简称××市烟草专卖局（分公司）；中国共产党四川省委员会、四川省人民政府简称省委、省政府。

五、烟叶、卷烟计量单位使用：依照烟草行业习惯，烟叶生产总量用“担”（1担=50公斤），亩单产用“公斤”；进出口及工业加工成品用“吨”（公斤）；种植面积用“亩”。卷烟生产、销售、进出口用“箱”（1箱=250条=5万支）。

六、统计表格中，无数字或文字者用“—”表示，有数字或文字但未查出者用

"~"表示。

七、资料来源：1986—2000年的史料主要来源于四川省烟草专卖局（公司）编纂的《四川省烟草志》（上、下卷），2001—2005年的史料来源由省烟草专卖局（公司）各处室、单位提供和《四川省烟草通讯汇编》《中国烟草年鉴》等，数据以财务年度会计决算报表为依据。

目　录

第三篇　烟草营销

第四篇 烟草专卖

第五篇 行业管理

第六篇 科教兴烟

Contents

概　　述

1983—2005 年，是四川烟草行业由小到大、由弱到强的时期，是四川烟草产品在生产与销售实行“两控”（控制面积、控制总量）政策下有序协调发展的时期，是四川烟草质量权衡利弊在控制中发展、发展中控制，和谐并进的时期。

中共十一届三中全会以来，国家决定对烟草行业实行“统一领导、垂直管理、专卖专营”的管理体制。按照国务院部署，1982 年 10 月四川省人民政府（以下简称省政府）决定成立四川省烟草公司。1983 年 3 月，经省政府批准，四川省烟草专卖局、四川省烟草公司正式组建成立。1984 年 7 月，四川省烟草专卖局、四川省烟草公司上划中国烟草总公司。

自建立烟草专卖制度以后，四川省烟草行业大体经历了 3 个发展周期。第一个发展周期为 1983—1991 年。面对短缺的市场，为满足供给需求，四川烟草走了一条“产量速度效益型”的发展道路。经过“七五”狠抓技改上规模，经济发展大幅度增长，是中华人民共和国成立以来烟草行业取得重大进步的阶段。第二个发展周期为 1992—2000 年。面对买方市场逐步形成和市场经营不规范的现状，四川烟草走了一条从“产量速度效益型”向“质量、品种、结构效益型”的发展道路。通过“八五”转轨变型增效益、“九五”深化改革上台阶，四川烟草生产力得到进一步提高，物质文明、精神文明建设得到协调发展，为地方和国家经济建设作出了重大贡献。第三个发展周期为 2001—2005 年。为适应西部大开发和中国加入世界贸易组织的发展形势，确立实现跨越式发展的路子，四川提出建成烟草强省的奋斗目标。这一时期，全行业改革攻坚大步前进，力度最大；经济实力明显增强，效益最好。全行业加速烟草现代流通构建，网建水平全面提升；整顿规范不断强化，烟草市场秩序“由乱到治”；着力建设全国优质烟叶生产基地，烟叶质量和经营水平显著提高；管理方式转变，由传统管理走向现代管理上新水平；坚持特色文化导向和企业核心价值观，新的发展理念深入人心。全行业在改革创新中不断发展，在发展中提升整体竞争实力，推动四川烟草产供销持续发展，创造了宏伟基业，取得了历史性的进展。

据统计，四川省烟草行业“七五”期间，实现工商利润 4.55 亿元，完成税利 57.28 亿元。“八五”期间，实现工商利润 18.71 亿元，为“七五”期间的 4.12 倍；完成税利 115.87 亿元，为“七五”期间的 2.02 倍。“九五”期间，实现工商利润 23.71 亿元，为“八五”期间的 1.27 倍；完成税利 179.56 亿元，为“八五”期间的 1.55 倍。“十五”期间，烟草工业和烟草商业从 2003 年分离后，工商利润高达 121.80 亿元，为“九五”期间的 5.14 倍；实现税利 370.13 亿元，为“九五”期间的 2.06 倍。

一

改革创新是四川烟草行业发展的必由之路。在转轨变型新形势下推出的改革创新重大举措，加快了四川烟草行业的高速发展。

卷烟售价由“双轨制”统一到“一价制” 自20世纪80年代初实行烟草专卖体制以来，卷烟价格改革经历了单纯调价到调放结合，以调为主、逐步放开的过程。从价格管理体制的改革上，扩大了省级烟草公司和烟草工商企业的定价权，改变了单一的国家定价的管理方式，国内卷烟市场上存在着国家统一定价、指导价、议价和集市贸易价。同上述改革相伴，产生了卷烟价格在市场上的3种“双轨制”：由国家放开价格的13种名烟同未放开的其他牌号卷烟，称之为品种上的“双轨制”；由地方政府放开了批发价或零售价的部分省份和未放开价格的其他省份，称之为地域上的“双轨制”；自行定价的个体商贩和执行国家价的国营、集体商店，称之为零售环节中的“双轨制”。尤其是后两种“双轨制”价格的存在，卷烟流通环节在很大程度上不能执行国家定价，加剧了卷烟市场秩序和价格的混乱。为解决后两种价格“双轨制”的弊端，烟草管理部门纷纷制定相应的管理办法，以稳定市场、稳定生产、稳定牌号、稳定价格，避免出现市场的更大混乱。

1997年以来，在卷烟价格“双轨制”的市场环境里，四川省卷烟价格始终处于低迷状态，市场疲软，销量下降，工商企业利润大幅下滑。1999年3—11月，四川省烟草专卖局连续5次发出《关于卷烟牌号全省最低批发限价的通知》，分别确定全省卷烟最低批发价，但未见局面好转。在此背景下，1999年12月，省烟草专卖局（公司）发出《关于实行全省卷烟销售“一价制”的通知》，对所有卷烟（包括国外烟）核定全省统一调拨价和批发价。2000年4月，省烟草专卖局（公司）发文要求各卷烟厂严格执行核定的调拨价，各烟草分公司、县级公司严格执行核定的批发价；各烟厂严格执行“限产压库促销”政策，按计划均衡生产、均衡调拨，所有卷烟产品全部纳入产量统计范围。以“一价制”规范全省卷烟销售行为，扭转了价格下滑的市场疲软局面。卷烟“一价制”是规范市场行为的重要法宝，从实行“双轨制”到“一价制”的改革，使四川卷烟销售市场从由乱到治向健康发展迈出大步伐。

锻造卷烟营销网络，培育现代流通企业 面对WTO（世界贸易组织，World Trade Organization）保护期的结束、国际烟草对中国市场的冲击，四川烟草将自主面向激烈的市场竞争。在此严峻的考验下，2001年，四川烟草行业果敢地选择市场化营销网络建设，以“效率最高、成本最低、服务最优”为目标，编制《四川省卷烟销售网络建设“呼叫集中、配送集中、营销集中、分片管理”工作方案》《四川省卷烟销售网络建设“三集中”工作指导意见》。2005年，全省设立22个呼叫中心，整合139个物流配送点，建立22个物流中心，形成22个营销片区，实现网络形象精致、运行质量精细、经营管理精心、客户服务精诚。四川省烟草专卖局（公司）又通过在雅安地区烟草系统卷烟流通管理体制改革试点，2003年12月，取消全省所有县（区）烟草公司法人资格（射洪县除外），减少利益主体和流通环节，由市级公司成立适应现代流通的卷烟配送中心或烟草营销管理中心，形成商流、物流、资金流、信息流全线清晰的垂直管理现代营销网络体系，使烟草商业企业真正成为资源整合、服务客户、科学管理、品牌培育、市场控制能力均很强的一流现代流通企业。

为理顺边远少数民族地区阿坝州、甘孜州烟草经营体制，2002年12月，以四川省烟草专卖局阿坝州分局和阿坝州烟草有限责任公司为基础，上划组建阿坝藏族羌族自治州烟草专卖局、四川省烟草公司阿坝分公司和各县烟草专卖局、卷烟营销管理中心；2003年11月，以四川省烟草专卖局甘孜州分局和甘孜州烟草有限责任公司为基础，上划组建甘孜藏族自治州烟草专卖局、四川省烟草公司甘孜分公司和各县烟草专卖局、卷烟营销管理中心。上划组建后，产供销、人财物、内外贸由省烟草公司集中统一管理，两州加强烟草专卖管理，不断完善烟草经营体制，扩大卷烟流通销售渠道，规范烟草市场秩序；省烟草专卖局（公司）坚持从资金、人员上援助少数民族地区烟草业的发展。实现四川省烟草专卖流通管理体制的全省统一、全市（州）贯通。

构建市场主体，加快管理体制机制创新　2003 年 12 月，县级烟草公司所有法人资格取消后，四川省烟草管理体制在收到成效的同时也出现新的矛盾和问题。四川烟草行业通过深化体制改革、创新管理制度，消除了公司权力制衡机制缺乏、管理半径扩大、管理水平滞后、机构设置重叠等体制、机制上的障碍。通过国家烟草专卖局实行母子公司管理体制改革在四川省的试点，四川省烟草行业率先在全国理顺资产管理关系，探索出符合四川烟草特殊性的改革方案，形成以省烟草专卖局（公司）为监督管理指挥中心，市（州）烟草专卖局（分公司）为市场营销主体，县、区局为专卖执法主体的“一个中心、两个主体”的新型管理体制，建立起行业现代产权制度，为中国烟草市场深化改革提供了鲜活的经验。同时，四川省烟草行业又大胆探索实践，从逐步取消县（区）营销科到全面取消营销管理中心，最后建立区域经理直接管理客户经理的管理体制，实现扁平化管理。

推进信息化建设，转变行业管理方式　2005 年，全省建立起省烟草专卖局数据中心，运用集成整合技术实现省烟草公司和各分公司的数据共享；建立起分公司集中呼叫中心，整合销售系统、客户关系管理系统。四川全面完成国家烟草专卖局重点信息化建设项目“行业卷烟生产经营决策管理系统”和四川省信息化建设重点项目“财务管理信息系统”的推广实施；完善和应用烟叶管理信息系统、专卖管理信息系统、办公自动化信息系统，提升现代管理水平。烟草营销实现“电话订货、网上配送、电子结算、现代物流”模式；烟草信息、合同数据、烟叶收购实现信息化管理；烟草专卖系统事务办理、证件管理由手工作业向程序化管理改革；财会软件由手工记账向局域网内单一企业的会计核算改革；办公系统的公文流转、信息发布由传统分发向无纸化办公改变。

建立发展同盟机制，实现企业利益合理化、最大化和可持续发展　2003 年 8 月，四川烟草工商分离工业公司改革重组、各分公司市场主体相继建立、烟叶成为全省新的经济增长点后，四川烟草行业必须要围绕国家、消费者、卷烟工业企业、零售户、烟农、当地政府及行业员工的整个价值链，实现各方利益、眼前利益、长远利益兼顾的可持续发展格局。在此背景下，四川烟草行业建立和完善了顺应发展需要的沟通协调机制、工作互动机制、责任约束机制、利益共享机制，在互动、互信、互赢的原则下，实现共生、共荣、共享、共赢。以市场为导向，品牌为载体，共同发展为目标，与川渝中烟公司建立新型的工商战略同盟；在利益拉动、科技带动、服务打动、政策驱动、宣传鼓动上下功夫，与烟农建立牢固的烟叶发展战略同盟；“联合联动联发展，同心同德同成长”，与卷烟零售户结成可靠的网建关系。按照“携手客户，构建和谐并进的利益共同体”的使命，实现烟草企业的利益最大化。

全面更新、应用烟叶打叶复烤新技术　根据四川烤烟烟叶生产的不断发展和工业加工企业对烟叶进行第二次调制的服务需要，1992 年 2 月，国家烟草专卖局通过审核，确定四川省 12 家复烤厂为定点烟叶挂杆复烤企业。至 2002 年，全省拥有挂杆复烤企业 15 家，其中行业内属中央上划企业 13 家，行业外属地方企业 2 家，共有 21 条生产线，达 325 万担烟叶复烤加工能力。

2002 年 12 月，国家烟草专卖局根据合理利用和配置资源，提高烟草行业经济整体实力的要求，决定整顿规范烟草市场经济秩序。四川省按照宣传动员、停产封存、清理检查、人员分流、设备销毁、检查验收等集中整治步骤，全面关停封存行业内上划的 13 家挂杆复烤企业。

烟草行业内的挂杆复烤厂关闭停业后，为深化工商原料战略合作，满足工业企业加工服务的需求，四川省烟草专卖局（公司）顺应技术改造的需要，兴建一批世界较为先进的复烤加工企业，推行打叶复烤技术生产片烟。早在1990年，中国烟草总公司即同意宜宾烟叶复烤厂进行技术改造，建设一条年复烤烟叶30万担的打叶复烤生产线，并把该厂作为行业“七五”期间的重点技术改造企业之一。按照国家烟草专卖局2001年以内卷烟企业实现片烟生产工艺的部署，成都卷烟厂、凉山州会理县烟草公司和西昌卷烟厂共同投资建立四川三益烟草有限责任公司，新建打叶复烤生产线生产片烟。1999年初，四川省烟草公司、什邡卷烟厂、泸州烟草分公司和叙永县烟草公司、古蔺县烟草公司共同出资合建四川三友打叶复烤厂，第一期工程投产后年生产能力30万担。“十五”期间，全省改制和重组形成股份制的打叶复烤主要企业有宜宾烟叶复烤厂、四川三益烟草有限责任公司、四川三友打叶复烤有限公司、四川三鑫烟草有限责任公司等，其打叶复烤生产能力均在30万担以上。

打叶复烤为20世纪80年代世界先进的复烤新工艺。通过提高叶片的大中片率降低叶梗和带叶，增加成丝率，为卷烟厂提供叶片纯净、烟叶包装量偏小的优质原料，减少浪费，提高了专业水平。90年代末淘汰挂杆复烤设备后，2000—2005年，全省一直推广应用此项复烤新技术，并在部分技术环节作了升级调整。四川省烟叶调制从淘汰挂杆复烤技术到全面推广应用打叶复烤新工艺，并逐步完善全省打叶复烤企业管理办法加强管理，这场技术革新提升了烟叶生产加工的现代化水平，全省实现复烤业技术的换代升级。

充分发挥自然资源优势，建设四川全国优质烟叶生产基地 通过对烟草发展形势的分析，四川烟草经济增长的着眼点在烟叶，不但国家烟草专卖局给予极大支持，全国各大卷烟工业企业也纷纷把目光转向四川。四川省烟草行业乘势而上，提出用2—3年时间把四川建设成300万担规模的全国优质烟叶生产基地。2000年4月，省烟草专卖局发出《关于开展国际型优质烤烟示范工作的通知》，决定从当年起力争生产出具备进口烟叶质量的原料，作为替代高价位卷烟所需要的进口烟叶，并以凉山州、泸州市、广元市为示范点；同时，建立德阳、凉山、宜宾、攀枝花等优质烟叶生产基地，为四川省成为全国烟叶生产大省奠定基础。2003年10月，省烟草专卖局（公司）向中国烟草生产购销公司推荐凉山州为全国优质烟叶生产供应基地，并创立3000多亩“金攀西”品牌开发项目，对推动优质烟叶基地质量建设起到领头作用。2004年9月，中共四川省委农村工作领导小组和四川省烟草专卖局共同制定攀西地区优质烟叶基地建设发展目标、生产技术和政策措施，决定基地的建设规模为凉山州9个县市共130万担、45万亩，攀枝花市3个县区共30万担、10万亩；分年实施，达到规定的技术质量要求；同时提出增大投入、整合资源支持基地建设的政策措施，推进烟叶基地的6项基础工程建设。2005年，省烟草专卖局（公司）制定《烟叶可持续发展纲要》，确立基本烟田保护制度，提高烟叶生产的科技含量，加快优质烟叶的基地建设。要求各烟叶产区都要站在建设全国优质烟叶基地高度，集中优势抓好烟叶生产，确保烟叶生产的可持续发展。

建立四川烟草行业现代管理基本构架 20世纪80至90年代，由于思想观念落后，实行体制陈旧，因而行业管理机制也相应滞后，与改革开放的发展形势和应对国内外烟草市场的激烈竞争极不相适，创新行业管理机制时不我待。随着改革的推进、思想观念的变化和网络信息化的扩大应用，在“十五”期间，四川烟草行业不断推出一系列改革新举措和行业管理新机制。首先，在全行业构建四川烟草基业长青的思想基础，系统性地提出“人为本、法为准、德为先”的核心价值观、“携手客户，构建和谐并进利益共同体”的企业使命、“不断超越、领先一步”的发展理念、“打造具备参与国际竞争实力的全国一流现代流通企业”的发展愿景、“以责任奉献社会，以真情回报客户，以创新超越自我”的企业精神，使行业管理形成鲜明的文化导向。其次，全方位地推进行业管理体系建设：建立健全“三委一中心”（投资、预算、薪酬管理委员会和资金管理结算中心）管理体系，创新领导决策模式；率先在全国建立现代产权制度，实现行政管理到资产管理的转变；探索出符合烟草特殊性的改革方案，“一个中心、两个主体”的新型管理体制形成；建立“三集中”（呼叫集中、配送集中、营销集中、分片管理）营销模式，创新经营体制；探索新型的人力资源管理模式，积极稳妥地推进人事用工制度创新；以财务管理为龙头，强化行业财经秩序整顿和企业内部管理；以信息化建设为支撑，推进传统管理向现代管理的转变。2005 年，省烟草专卖局（公司）通过全行业组织开展“管理年”活动，总结和提升 20 年来行业管理的实践经验并将其融入到现代企业最新管理理论中，完善《四川烟草“企业战略、文化、管理”研究报告》，形成四川烟草商业企业构建和实践现代管理模式的基本框架；完成企业文化、卷烟销售、烟叶生产经营、人力资源管理等 8 个管理工作模块，为四川烟草搭建立体的、系统的管理平台；全面引入工业管理理念，突出市场竞争、品牌培育、过程控制，实现管理增效；编制体系文件，制定完善各项管理规章，以强烈的制度导向加快现代管理企业的发展进程。

同时，在实施烟草流通体制改革、工商企业重组、卷烟网络工程、烟叶基础设施建设以及管理经营体制改革中，四川烟草行业冷静审视和准确把握形势变化，加速推进四川烟草市场化进程，妥善处理改革发展与建设和谐行业的关系，彻底改变了四川烟草行业管理混乱、效益低下的局面。尤其在“十五”期间，现代流通、现代物流和现代信息率先推行，提高了总体竞争实力；围绕如何管理 90 多亿元资产、44 亿元净资产、年销售收入 200 多亿元的大型商业企业进行深入研究，形成四川烟草商业构建和实践现代管理模式的新成果，企业的发展与管理实现质的飞跃，充满生机勃勃的创新动能。

二

经济增长，是四川烟草行业发展的中心环节。根据不同战略机遇期，四川烟草找准发展的着力点，实现又快又好的发展目标。

以扶持政策引领“两烟”（烟叶、卷烟）发展上规模 1988 年 6 月，省政府发出《关于加快全省烟草生产发展的几项经济政策的通知》，决定从 1987 年起，将烟厂调进的中一、中二、中三、上一 4 个等级烤烟的供应价总值的 10% 由烟厂所在地财政返还烤烟产地财政，用于扶持烤烟生产和烟农补贴；从 1988 年起，全省实行确定烤烟调拨基数的办法，超基数部分的中一、中二、中三、中四、上一、上二、上三等级的上中等烤烟，由卷烟产地财政向烤烟产地财政返还（每 50 公斤上等烤烟按全省卷烟平均单箱税 450 元的 20%、每 50 公斤中等烤烟按 10% 的比例）。1992 年，省政府发出《关于调整烤烟生产有关政策的通知》，决定从 1992 年烤烟生产年度开始，全省实行卷烟产地财政向烤烟产地定额返还的办法，烟厂调进每 50 公斤上等烤烟、中等烤烟，分别按 80 元、45 元定额返还。当年收购烟叶猛增到 394 万担。1994 年 6 月，省政府发出《关于推动我省烟叶生产稳定发展的通知》，规定省烟叶扶持资金是卷烟产地财政对烟叶产地的生产扶持资金，不列入计税基数；各地将烟叶扶持资金单独列支，全部用于扶持烟叶生产。1995 年 1 月，省政府发出《关于加大扶持力度促进烟叶生产实现恢复性发展的通知》，决定调整不合理的烟粮比价关系，在国家1995年调整烤烟收购价格的基础上，烤烟15级扶持标准在省政府有关文件的基础上调整为每50公斤优质烤烟中一90元、中二100元、中三100元、中四70元、中五20元、上一90元、上二75元、上三40元，直接兑现给烟农。对烟叶专用复合肥实行与优质烤烟挂钩补贴政策。1996年4月，省政府发出《关于继续稳定提高烟叶生产扶持政策的通知》，决定1996年烤烟生产按国家烤烟40级标准扶持，使全省烤烟收购均价达到每0.5公斤1元（含扶持费）。当年收购烟叶393.4万担。1997年，由于粮食、棉花价格走低，导致烟粮比价过高，国家对烤烟种植进行调整，实行控制面积、控制总量的“双控”政策，四川烤烟种植面积年均控制在45万亩左右。2003年6月，全省贯彻省政府关于停征烟叶特产税政策，烟叶特产税和特产税附加返还烟农。政策实施后，烟农收入大幅上涨，理性计算收益增幅度达21.6%。2004年，省烟草专卖局（公司）决定，从该年起全省烟叶生产实行统一的扶持标准，每担烟叶按60—80元的标准在产前投入扶持，主要用于新品种种植示范、新技术推广运用、标准化站点及网络信息建设、烤房改造、烟水工程、防灾保险、优质烟叶基地开发、病虫害预防、技术培训等项目。2005年，烟叶生产稳定规模、稳定政策，全省收购烟叶267万担，是1997年实行“双控”以来，首次突破200万担大关。四川省成为全国重点优质烟叶生产省之一。

以控量生产指导“两烟”发展提质量 1986—1990年，四川省烟草行业贯彻“计划种植、主攻质量、提高单产、增加效益”的烟叶生产指导方针，实现产、供、销基本平衡。从1993年起，全省烟草行业在重视抓适度规模生产的同时，主攻烟叶质量；调整布局，收缩战线，大力发展凉山、黔江、泸州、涪陵、宜宾5个传统优质烟区的烤烟生产。1999年，全省认真落实国家“控制面积、稳定规模、提高质量”的方针，按计划组织生产收购，全面与烟农签订合同，全省落实烤烟种植面积40万亩，烟叶生产布局得到调整，质量提升，共收购烤烟109.8万担，平均等级合格率达77.2%，其中上等烟比例为12.2%。2000年，全省将控制烟叶种植面积和收购量放在烟叶生产的首位，把提高烟叶质量作为烟叶生产的中心环节来抓。经国家烟草专卖局（总公司）综合质量测评，认为四川烤烟可作为主料烟使用，质量已达到全国一流水平。2003年，烟叶产区坚持“双控”政策不动摇，各烟区不断加大投入，改善生产条件，加强质量指导，严把烟叶收购质量关，全省收购烟叶137万担，等级合格率达到81.9%，工商接交合格率达到78.6%。卷烟销售以川烟名优产品为主，保持良好发展势头，销售量达195万箱，利润达13.61亿元，实现销售、利润、税利全面上升。2005年，全省收购烟叶267万担，上等烟比例达到31.33%。卷烟销售达201万箱，一、二类优质烟上升幅度高于全国平均水平。

以结构调整推动“两烟”发展强优势 1992年，四川省烟草行业从抓数量转到注重抓质量，通过提高产品质量调整优化产品结构，争创名优品牌来增强发展优势；依靠技术进步，按照“增畅限平停滞”的原则，不断调整优化产品结构。全省启动名牌战略，省政府将“娇子”“佳品索玛”作为重点培育名牌产品；1998年，“娇子”“佳品索玛”进入全国十佳名优高档烟行列。1999年，卷烟产品结构调整优化度提高，适销对路的产品数量增加，通过产品的升级换代，重点骨干产品得到巩固提高。卷烟产品一、二类烟占总量的31%，三类烟占49.2%，生产结构与消费结构差距不断缩小，尤其“精品天下秀”“索玛王”“雪竹王”等品牌的开发，改善卷烟产品结构状况，四川名烟优势日渐彰显。2000年，以市场为导向的结构调整全面加强。烟叶结构调整以提高烟叶质量和单产、改进烟叶品质作为中心环节，积极推进优质烟叶基地和烟叶标准化站建设。产品结构的调整促进了卷烟牌号的压缩、名优产品的生产升级。市场结构调整按照开放型经济的要求，省内市场坚持以农村市场为主，搞好促销工作，提高市场占有率；省外市场突出重点，实现突破性进展；国际市场采取灵活有效的形式建立“两烟”出口渠道，扩大“两烟”出口量。2001 年，全省烟草行业以结构调整为主线，按照“抓大放小”的要求扶优扶强、关小治散，抓好工业企业组织结构调整；进一步调整省内卷烟品牌，压缩卷烟牌号，控制亏损产品，增加名优产品数量，增强企业竞争优势；在巩固“两烟”省内市场的同时，开拓省外市场和国际市场出现新的突破。2004—2005 年，全省积极挖掘卷烟产品结构调整上的潜力，进一步扩大一、二类烟的销售量，提高三类烟销售比例，弥补四、五类烟市场供应的矛盾。全省烤烟生产集中到 19 个县、286 个乡的 15.66 万户烟农，生产布局科学、合理；白肋烟户平均种烟面积达到 1.8 亩。集中连片种植结构明显优化，田烟与地烟比例上升到1∶3。

以市场优化催生“两烟”发展增效益 1986 年，全省卷烟工业大发展，川烟市场扩大，由主销省外烟转移到主销地产烟。1987 年，以川烟为主的卷烟销售突破 212 万箱。1993 年，全省烟草工商配合打总体战，建立川烟主销市场，川烟主导牌号的区域市场逐步形成，当年销售卷烟高达 259.59 万箱。次年，仅川烟省外销售达到 23 万箱，创历史好水平。1996 年，卷烟流通体制改革，全省提出“单渠道、少环节、网点化、送货制”的经营思路，市场环境优化。全省形成二级批发企业 21 家，三级批发企业 148 家，烟草公司直控的城乡批发网点 1044 个，卷烟零售经营户达 30 万户。全年销售卷烟 227.7 万箱。四川卷烟不仅牢固地占领省内市场，还销往省外和国际市场。2000 年，全省卷烟销售网络建设初见成效，销售市场进一步优化，持证零售户入网率达 78%，卷烟入网率达 94.2%，市场占有率达 80%。全省实行统一调拨价和批发价的“一价制”卷烟销售办法，规范了市场行为，扭转了价格下滑、商业效益下降局面，销售卷烟 164.47 万箱。2001 年 11 月，《四川省烟草专卖管理条例》颁布，次年 1 月 1 日实施。全省烟草行业结合专卖体制的特点，积极构建组织严密、灵活高效、专销结合、管理科学的营销体系，大力开拓和优化烟草市场，使营销活动与市场载体形成有机的结合，提高市场占有率。2003 年，针对烟草市场上出现的新情况、新问题，省烟草专卖局（公司）及时增添治理举措，提升“户籍化”管理水平，增强市场监控；强化国家烟草专卖局整顿卷烟生产经营秩序严格纪律的执行力，规范生产经营行为；以社区管理和零售协会为主要方式，加强零售队伍建设；从区域上、方位上全面部署，以高压态势严厉打假打私，进一步优化烟草市场。同时，全省烟草行业认真总结和吸取烟草市场不规范制约“两烟”发展的教训，着力整顿烟叶流通秩序，狠抓卷烟体外循环专项治理，加强内部监管自律，促进“两烟”走上规范有序、诚信自律的发展道路。

在优化市场的过程中，实施壮大名牌产品占领市场、决战城乡网络建设市场、“由乱到治”巩固市场、“外向”拓展发展市场等诸多措施，从而使全省烟草市场不断拓展与提升，市场效益也日益彰显，四川烟草主要经济指标跨入全国行业前 10 位，基本建成烟草大省。

三

专卖管理，是四川烟草行业发展的制度保障。历史上的烟草专卖，是国家控制市场，合理发展、平衡发展的管理方式。1986—2005 年 4 个五年计划时期，烟草行业处于重要的调整阶段。面对市场基础薄弱和秩序混乱、企业重组、工商分离、营销机制演变、管理职能转变等新问题，努力更新专卖管理方式，坚持依法行政、依法管理经营，整顿市场秩序，提高对市场的控制力。

“七五”期间，四川省加快建立烟草机构和烟草专卖行政许可制度，积极查处无证经营，基本完成体制的过渡，理顺各种管理关系。

“八五”期间，《中华人民共和国烟草专卖法》实施，全省关闭计划外烟厂、非法卷烟批发市场的力度加大，在地方政府、公安、工商等有关部门的支持配合下，坚持不懈地开展打击假冒烟、走私烟违法经营活动，整顿烟草市场取得阶段性成果。

“九五”期间，全省加强专卖管理机构、队伍建设，省、市（地、州）、县（市、区）分别建立烟草专卖稽查组织和队伍，大力开展市场清理整治工作，彻底关闭全省存在的13个卷烟非法批发交易市场，组织打击“假、私、非、超”烟的专项治理，查处违法案件3.6万起，市场实现“由乱到治”。

“十五”期间，四川省制定并实施《四川省烟草专卖管理条例》，烟草专卖管理提升管理水平。全省出动打假人员15.38余万人次，开展“端窝点、打团伙、断渠道、清市场”的“狂飙D行动”和“金叶行动”严厉打假，查处制售假烟案件2.8万起，收缴假烟6.6万余件，查获烟叶583.73吨，捣毁制假窝点140余个，地下烟厂42个。在坚持高压态势打假打私、侦破大要案的基础上，专卖管理工作将“户籍化”管理提升为诚信等级管理，制定出诚信等级管理办法对零售户挂牌公示。川渝两地双方联手打击非法渠道卷烟，共同抑制卷烟体外循环，营造公平竞争、开放有序的市场环境。依托社区力量实行联管共建，签订联管共建卷烟市场协议书，形成专卖管理新型模式。对于零售户的管理，坚持依法依规，优化资源配置，努力提高其许可证的含金量，因而使全省零售户始终保持在相对稳定的数量上。

在整治和优化市场管理中，四川烟草人紧紧抓住“专卖”这一关键，为烟草专卖与烟业发展找到最佳结合点，给“专卖”内涵增添新的底蕴。

四

科教兴烟，兴利除害，是四川烟草行业发展动力支撑。四川省实施科教兴烟战略，一以贯之，各个历史时期具有不同的侧重点。

“七五”和“八五”期间，全省烟草行业把科教兴烟的重点放在对资金的投入和设施设备的改造更新上，先后投入20亿元引进国外先进设备49台（套），更新国产设备243台（套），淘汰落后设备984台（套）。“八五”期间技术开发立项课题31项，投入科研经费1434余万元，新产品销售实现收入2.51亿元，税利1.28亿元。

“九五”期间，全省烟草行业重视新技术、新产品的科技含量。投入企业技术改造资金12.08亿元，科技攻关课题立项56项，卷烟工业企业普遍采用丙纤、烟草薄片和梗丝膨胀技术、烟丝膨胀技术有效降低了原料消耗；改造卷烟配方技术，降低焦油量，提高卷烟的内在质量，卷烟焦油含量降至16毫克/支以下，达到国家标准要求。成都卷烟厂、什邡卷烟厂、西昌卷烟厂工业技术装备整体水平达20世纪90年代初国际水平。成都卷烟厂“CIMS应用示范工程”列入国家科技“863”项目，达川烟科所“白肋烟雄性不育系”纳入国家烟草专卖局低焦油混合型卷烟的发展战略，什邡卷烟厂

“低焦油混合型卷烟的开发”列入国家局科研项目。四川烟草行业在实施“科教兴烟”战略中，不断采取有效的科技措施，兴利除害，降低卷烟生产的焦油含量和烟叶生产的烟碱含量，减少对烟民心身健康的危害，体现行业的担当精神和社会责任感。

“十五”期间，全省烟草行业着力助推科教人才兴企和自主创新。紧紧抓住培养、吸引和使用3个环节，形成鼓励人才干事业、支持人才成事业的良好氛围，转变人才观念，完善工作机制，分类指导队伍。对领导层面，抓好一把手的培养管理和后备干部工作；在专业技术层面，培养使用好中层管理人才和高级技术（技师）人才；对外聘人员，重点抓好基层网点、站点管理骨干的培养使用。在实施人才兴企和科教兴烟战略中，大力提高原创新能力、集成创新能力和引进消化吸收再创新能力，走自主创新的发展道路。

面对“北烟南移”，四川烟叶倍受大工业集团青睐，推动烟叶标准化、集约化和现代化发展的大好趋势，四川烟草行业实施精品科研项目，持久深入地组织“‘金攀西’优质烟叶项目开发”“国家级烟草农业标准化示范县”“凉山州优质烟叶生产技术规范化研究应用”“烤烟新品种实施、示范推广研究”“热风循环烤房建造与应用研究”“漂浮育苗实用性技术研究”“烟草包衣种开发研究”“中微元素对烟叶香气的影响及合理施用研究”“烤烟平衡施肥技术研究”“以成熟度为中心优质烟叶生产技术研究”“集约化烘烤技术研究”“部分替代进口烟叶研究”“会理县烤烟侵染性病害调查研究”等科研课题的研究、应用和推广，成功开发出“金攀西”品牌、“国际型”优质烟叶项目，为四川乃至全国烟叶行业标准化体系建设作出积极贡献。其中，漂浮育苗、平衡施肥、地膜栽培揭膜、绿肥栽培与秸秆还田等技术在烟区大面积推广应用，在全国也属少见。

发挥名牌效应，是烟草行业生存发展的必然选择。全省烟草行业要实现实力明显壮大、竞争力明显增强、经济增长质量和效益明显提高、整体素质明显提升的目标，关键在于实施科教兴烟战略，把培养献身于科教兴烟的人才作为全行业的核心因素、第一资源，把增强自主创新能力作为调整经济发展结构、转变经济增长方式的中心环节，把大力提高原始创新能力、集成创新能力和引进消化吸收再创新能力作为重要内容。同时，加强信息化建设，不断提高管理水平，走出一条人才兴企强业，自主创新的发展道路。据2005年统计，四川烟草行业拥有各类专业科技人才1356人，占总数的15.6%。其中高级技术职称7人，中级技术职称391人；研究生37人，大学本科128人，大学专科490人，中专291人，高中302人。1986—2005年，全省走出优秀科技拔尖人才38人，获“全国烟草技术能手”荣誉称号的凉山州烟草专卖局（分公司）屈建康，成功完成凉山州科研17个项目研究，尤其在会理县“‘金攀西’优质烟叶项目开发”和“国家级烟草农业标准化示范县”项目开发中，获得圆满的科学研究成果，产生瞩目的经济效益和社会效益。20年来，全行业荣获四川省烟草行业首批科技进步奖励项目15个，省部级以上科技成果奖励项目4个，重点科技攻关及推广应用项目4个，烟草农业科技推广项目4个。2001—2005年，省烟草公司组织科技项目成果鉴定9项，其中烟草农业8项，烟草工业1项；颁发第二届行业科学技术进步奖项15项，其中特等奖1项，一等奖2项，二等奖5项，三等奖7项；发表论文2480余篇，出版发行论文集3.6万册，组织开发性的科教调查考察10余次项，编发烟草刊物84期、25.2万册，并广泛参与国际、省际性的学术交流。

五

监管自律，是四川烟草行业发展的重要保证。1986—2005年，四川烟草行业通过对市场经济的一般规律和行业特殊规律的认识和把握，在强化发展政策的同时，严格按国家烟草专卖局的纪律要求规范市场经营行为，注重对行业的自律，加强内部管理。全行业树立大局意识和纪律观念，用坚定有力的措施治理地区之间跨区串货、非法渠道卷烟占领市场份额、工业企业超产瞒产、商业企业违反“一价制”以及整肃卷烟到货确认流通秩序等，以持之以恒的专项整治和制度约束相结合，完善内部监管体系，从源头上杜绝体外循环，遏制腐败现象的发生。

1986—2005 年四川烟草的发展，全行业始终高举两面旗帜：一面是改革创新的新理念，摆脱了经营旧思维、专卖管理老模式，开拓进取出实招，敢为人先争一流；一面是求真务实好作风，统一思想聚人心，积蓄力量创效益，实现奋发有为的新跨越。全省烟草行业从领导班子建设到各项业务工作、各类重大活动的开展与组织，都获得广泛赞誉，先后获国家烟草专卖局（总公司），中国共产党四川省委员会、四川省人民政府等授予的“四好领导班子”“文明单位”“模范纳税户”“省政府目标管理先进单位”“全国烟草行业审计先进单位”“栋梁工程社会实践基地”“四川省十佳慈善企业”等荣誉称号 20 多项（未含科研项目）；获评省部级先进集体 128 项次，涌现出全国劳动模范 8 人次，省部级劳动模范（先进工作者）119 人次。

同时，四川烟草处在重要调整期，全行业必须要有清醒的认识：经济增长的质量和效益仍然不高，综合经济指数考核处于全国中等水平；思想观念仍比较落后，缺乏主观努力影响行业发展；网络市场化程度仍然较低，市场自主调控力还非常薄弱；市场监管力度还不到位，经营管理不规范的问题仍然存在；管理模式老化，制度不健全，缺乏有效的激励机制和分配机制；企业文化、核心价值观等新思想、新思维还很薄弱，与现代企业管理和市场化的要求不适应。在新的发展起点上，全省烟草行业须从战略全局出发，不断挖掘和利用有利条件，认真解决好存在的突出矛盾和问题，趋利除弊，切实抓紧用好重要发展战略机遇期，构筑未来烟草梦。

第一篇 烟业体制

20世纪50年代至80年代初期，四川省烟草及其制品生产属多头管理，全行业无统一的管理制度和管理机构。

1983年3月，四川省烟草专卖局成立，与四川省烟草公司一套机构两块牌子，四川省人民政府批准暂设编140人，开始对属地实行统一的烟草专卖管理。1984年7月，四川省烟草工商企业统一上划中国烟草公司，四川省烟草行业便形成完整的统一领导、垂直管理、专卖专营的行业管理体制。1986年4月，四川省烟草专卖局（公司）被批准为正厅级单位。

从20世纪80年代开始，四川烟草结合行业实际，推行一系列的改革举措，从管理职能的转变到商业流通体制改革、管理制度改革、工业企业资产重组，四川烟草的改革步步深入，使烟草体制得以不断创新，充满生机活力。“十五”期间，组织结构调整成为烟草行业改革的主线。工业企业资产重组，为工商体制改革奠定了基础；新的工商体制的建立，为组建行业大集团、开辟大市场总结出丰富的实践经验。

第一章 管理体制

第一节 体制形成

20 世纪 50 年代至 80 年代初，烟叶生产由四川省农业局（厅）管理，卷烟工业由四川省轻工业局（厅）管理，卷烟销售由四川省商业局（厅）管理，烟叶收购由四川省供销社管理。此期间无统一的烟草行业管理机构。1982 年 5 月 6 日，经四川省轻工业局党组研究并征得四川省人民政府同意，决定成立四川省烟草公司筹备小组，由省轻工业局、省商业厅和省供销社有关领导人员组成，于 1982 年 8 月正式开展全省烟草专营机构的筹建工作。

1982 年 10 月 20 日，四川省人民政府下发《关于成立四川省烟草公司的通知》，确定四川省烟草公司是四川省的烟草专营机构、直属大型企业、副厅级单位。负责管理四川省烟叶、卷烟的生产、收购和销售等经营业务，为独立核算、自负盈亏的企业性公司。对全省烟叶和卷烟生产、收购、加工和市场安排，实行供产销、人财物集中统一管理，行使政府的行政管理权力。

1983 年 3 月，国务院同意设立烟草专卖局。同年 3 月 2 日，四川省人民政府发出《关于设立四川省烟草专卖局的通知》，决定设立四川省烟草专卖局，同四川省烟草公司一套机构两块牌子。各地、市、州、县已设立烟草公司机构的地方也同时设立烟草专卖局，同烟草分公司、县公司一套机构两块牌子。11 月 24 日，省政府同意省烟草专卖局从 1984 年起在全省计划中单立户头，仍由省轻工业局领导。按国务院发布的《烟草专卖条例》规定，实行上一级烟草专卖机构与当地同级政府双重领导、以上一级烟草专卖机构管理为主的领导体制。1986 年，四川省烟草专卖局（公司）被批准为正厅级单位。

1984 年 7 月，四川省烟草工商企业统一上划中国烟草总公司，上划后省级机构全称为：四川省烟草专卖局·中国烟草总公司四川省公司，简称省烟草专卖局（公司），实行国家烟草专卖局（总公司）和省政府双重领导，以国家烟草专卖局（总公司）为主的管理体制。供产销、人财物、内外贸由国家烟草专卖局（总公司）集中统一管理，党的工作和思想政治工作以地方领导为主，业务工作归口省计划经济委员会协调管理。四川省成为全国烟草系统最早完成上划、全面归口国家烟草专卖局（总公司）集中统一经营管理的省份之一。全省烟草公司的管理体制，实行省烟草公司、分公司和直属烟草生产企业、县（市）公司三级管理，为统一领导、垂直管理、专卖专营的管理体制。

2001—2003 年，省烟草专卖局（公司）先后取消县级公司法人资格，市（州）烟草分公司成为市场经营主体，全省分公司所在地实行“一个龙头放水”，减少利益主体和流通环节，形成专卖体制下的烟草分销管理体系。因而四川省烟草行业经历由省、市、县三级法人为主体的管理模式，取消县级公司法人资格后，由省、市两级法人为主体的管理模式。

2005年7月，经国家烟草专卖局批准，中国烟草总公司四川省公司（简称公司）制定出公司章程，明确中国烟草总公司四川省公司是原四川省烟草商业企业基础上组建的国有企业，是中国烟草总公司的全资子公司，从事卷烟经营、烟叶生产经营和资产经营等，具有独立企业法人资格。公司下属22个全资子公司，分别是四川省烟草公司成都、自贡、攀枝花、泸州、德阳、绵阳、广元、遂宁、内江、乐山、南充、宜宾、广安、达州、巴中、雅安、眉山、资阳、凉山、阿坝、甘孜、都江堰市（州）公司。由此，全省烟草企业便形成垂直经营管理的省、市（州）母子公司体制。

第二节　职能变化

自1983年3月四川省烟草专卖局（公司）成立以来，四川省烟草行业履行省烟草专卖局（公司）、市（地、州）烟草专卖局（分公司）、县级烟草专卖局（公司）三级垂直管理职能。

2003年8月后，根据四川省烟草行业改革发展的基本方针、主要任务及工作重点和烟草工商互为合作伙伴关系，省烟草专卖局（公司）管理职能也向市场监控、企业管理和工商协调合作上转变。其职能为：认真贯彻国家烟草专卖局（总公司）的宏观决策和重大战略部署，对行业全局性、长远性、前瞻性的重大问题作出研究决定，直接管理供产计划安排、产品结构调整、基础建设、技术改造和统配物资、部管物资的安排；对各市（州）烟草专卖局（分公司）进行工作指导，保证国家烟草专卖局（总公司）的宏观决策、工作任务和省烟草专卖局（公司）的主要工作落实到位；对市（州）烟草专卖局（分公司）市场监督和所属企业预算管理及国有资产实行监管，保证国有资产保值增值，提高市（州）烟草专卖局（分公司）在取消县级公司法人资格后，资金的使用率和安全性；促进工商企业间的协调工作，保证工商企业协调发展；建设省烟草专卖局（公司）服务性机关，帮助所属企业解决疑难，为企业发展创造良好的条件；加强各级领导班子建设，带好队伍管好人，搞好精神文明建设。全省烟草行业实现消费者、零售户、工业企业满意目标，为国家和地方经济建设提供更多的财税收入。2003年9月，四川烟草工商分开后，中国烟草总公司四川省公司修订公司章程，其主要职责任务是根据国家法律和国务院的有关法规、法令、方针政策，按照国家计划对所属企业的生产、供应、销售、进出口业务和对外经济技术合作实行集中统一的经营管理。统筹安排烟草行业农、工、商、贸的协调发展，对烟草基层工商企业进行领导、协调、管理和服务。合理有效利用公司财产，为国家提供税利，完成国家财政上缴任务。

2005年7月，中国烟草总公司四川省公司根据《中国烟草总公司四川省公司章程》，经国家烟草专卖局批准，进一步确定自身的主要职能是：执行《中华人民共和国烟草专卖法》等法律、法规和行业政策，在“统一领导、垂直管理、专卖专营”的烟草专卖体制下，组织各市（州）烟草分公司依法开展生产经营活动，实现国有资产保值增值；依法行使投资收益权，按国家规定办理投资收益；制定全省烟草商业发展规划、年度目标计划，改善市场环境，保持经济运行健康发展；按照干部管理规定，选拔和管理子公司经营者，制定全省烟草商业企业人事管理、劳动用工和分配制度，规划各子公司机构设置，组织人力资源开发；通过财务预算管理、会计核算、重大事项审批，对子公司资产、重大投资和重要决策实施内部监督和风险控制，通过内部审计、监察督查等方式强化监督，保证子公司国有资产保值增值。公司按照职能职责的要求，在国家烟草专卖局、中国烟草总公司的宏观调控和监督管理下，依法自主从事资产经营，指导、服务、协调、监督全省卷烟销售和烟叶生产经营，指导全省卷烟销售网络建设，对卷烟销售价格、品牌、库存、结构等进行宏观监测，推广普及科学种烟技术。

第二章　管理机构

第一节　省级管理机构

一、四川省烟草专卖局·中国烟草总公司四川省公司

（一）领导班子更迭

自1983年3月国务院同意设立烟草专卖局，四川省人民政府发出设立四川省烟草专卖局、与省烟草公司一套机构两块牌子的通知以来，至2005年12月，四川省烟草专卖局（公司）已经历4届领导班子任期（第四届领导班子在本志下限时未满期）。

图1－1　1982年12月至1988年9月届省烟草专卖局（公司）领导班子

1982年12月至1988年9月届任期，汪文敏任省烟草专卖局（公司）党委书记、局长、经理；领导班子成员有：梁敬尧、赵前锋、诸葛行、罗子全、金敖熙、陈有富。

1988年9月至1992年12月届任期，汪文敏任省烟草专卖局（公司）党委书记、局长、经理；领导班子成员有：黄文驰、罗子全、伍勤江（女）、诸葛行、金敖熙、傅学国、李德福。

图1－2　1988年9月至1992年12月届省烟草专卖局（公司）领导班子

1992年12月至2003年6月届任期，黄文驰任省烟草专卖局（公司）局长、总经理、党组书记；领导班子成员有：龚锦华、伍勤江（女）、李德福、黄行知、杨永法、何顺兴、金敖熙、傅学国等。

2003年6月至2005年12月（指本志下限期）届任期，龚锦华任省烟草专卖局（公司）局长、总经理、党组书记；领导班子成员有：伍勤江（女）、杨永法、黄行知、陈霖、黄晋南、石磊、董兴顺、胡志清等。

图1－3 1992年12月至2003年6月届省烟草专卖局（公司）领导班子

图1－4 2003年6月至2005年12月省烟草专卖局（公司）领导班子

（二）内设机构与编制设置

1983年3月，国务院同意设立烟草专卖局后，3月15日，四川省人民政府同意省烟草公司暂编140人。1983年11月，四川省轻工厅党组批准设立四川省烟草专卖局专卖管理处（1988年5月更名为专卖办公室，1993年9月改为专卖管理处）。

1984年4月，中国烟草总公司批准建立四川省卷烟工业质量检测站，人员编制12人。

1988年12月，直接从大中专院校毕业分配到机关工作的计22人，从部队转业的计20人，实有职工169人。

1992年7月，国家烟草专卖局下达给四川省烟草专卖局（公司）编制定员为200人。

1993年12月，省烟草专卖局（公司）内设机构调整为：办公室（与外事办公室合署办公）、行政管理处、专卖管理处、财务会计处（与国有资产处合署办公）、综合计划处（物价工作划入）、审计处、监察处（与纪检组合署办公）、人事处、劳动工资处、生产管理处、科学技术处、技改设备处、安全保卫处、老干部处、储运处、信息中心、机关党委办公室、工会工作委员会（与机关工委合署办公）、烟草学会、刊物编辑部（挂靠学会）。业务管理机构人员编制总人数控制在180人以内。直属事业单位有四川省烟草质量监督检测站。负有部分行政管理职能、独立核算、自主经营、自负盈亏的专业公司有四川省卷烟销售公司、四川省烟草物资公司、中国烟草四川进出口公司、四川省烟叶生产购销公司。并成立实业开发公司，下辖海南宏达实业开发有限公司、北海丰源实业开发有限公司、汕头泰欣实业开发有限公司、四川金叶实业发展公司、机关劳动服务公司、四川烟草峨眉山经营服务中心。

1995年，撤销实业开发公司，成立多种经营管理办公室（于2000年撤销），列入省烟草专卖局（公司）机关处室编制；成立教宣处（于1997年撤销）；成立目标管理办公室，与省烟草专卖局（公司）办公室合署办公。

1997年11月，国家烟草专卖局批复同意四川省烟草专卖局（公司）调整机关内部机构设置，具体为：办公室（与外事办公室、目标管理办公室合署办公）、专卖管理处、监察处（与纪检组合署办公）、审计处、综合计划处（与信息中心合署办公）、人事处、劳动工资处、政治工作处（与机关党办、工会工委、机关工会、政研会合署办公）、离退休干部处、政策法规处、科技教育处、财务会计处（与国有资产管理处合署办公）、生产管理处、安全储运处、多种经营管理处、行政管理处（与保卫处合署办公）、烟草质量监督检测站、烟草物资公司、卷烟销售公司（与调剂中心合署办公）、烟叶生产购销公司。

1999年8月，经省烟草专卖局（公司）党组决定，成立四川省烟草专卖稽查总队（与省局专卖管理处合署办公）。

2000年11月，省烟草专卖局下发《省烟草专卖局（公司）机关、专业公司机构调整方案》和《省烟草专卖局（公司）机关、专业公司机构调整实施意见》，对机构进行调整，分别列编。其中办公室、计划处、专卖处、政策法规处、财会处、审计处、经济运行处、人事劳资处（原人事处与劳资处合并）、政工处、科技处、监察处、安储处12个部门列为负有行政管理职能的内设机构；卷烟销售公司、烟草物资公司、烟叶生产购销公司为从事生产经营，又负有一定行政管理职能的专业公司；负责质量监测、经济信息的单位和部门，列为事业机构；机关后勤服务部门与机关分离，列为事业机构；不再单设目标管理部门和多种经营管理部门，多种经营实体与行政（业务）管理机关分离；监察处与省烟草专卖局（公司）党组纪律检查组合署办公；机关党委及办事机构、工会工作委员会及机关工会与政工处合署办公；专卖稽查总队与专卖处合署办公；设立离退休人员管理办公室；设立烟草学会办事机构；暂时保留省烟草专卖局（公司）驻北京办事处，由办公室负责管理；内设机构撤销科级建制。机关内设机构的职责与名称，原则上与国家局内设机构基本对应。

2001—2002年，省烟草专卖局（公司）内设机构（单位）为21个，即办公室（外事、目标）、发展计划处、专卖监督管理处（稽查大队）、政策法规与体制改革处、财务管理处、审计处、经济运行处、人事劳动处、政治工作处（党办、工会）、科技教育处、安全储运处、监察处（纪检组）、离退休人员管理处和质量检测站、机关服务中心、经济信息中心、烟草学会、卷烟销售公司、烟草物资公司、烟叶生产购销公司、中国烟草四川进出口公司。2003年，减少经济运行处和烟草物资公司，即有内设机构（单位）19个。

2004年，根据国烟人〔2004〕413号文件批复的省局（公司）职能配置、内设机构和人员编制，按照精简、统一、效能的原则，结合全省烟草商业实际，对建立母子公司体制后省局（公司）内部机构设置进行调整，撤销省卷烟销售公司和省烟叶生产购销公司，成立卷烟经营管理部和烟叶生产经营管理部，纳入内部机构管理。调整后省烟草专卖局（公司）内部机构设置17个，分别是：办公室（外事办公室）、综合计划处（经济运行处）、安全保卫处、专卖监督管理处、政策法规与体制改革处、财务管理处（国有资产管理处、资金管理中心）、审计处、人事劳资处、监察处（与党组纪检组合置办公）、思想政治工作处（机关党委）、科技处（与烟草质量监督检测站合署办公）、卷烟经营管理部、烟叶生产经营管理部、经济信息中心、离退休人员管理办公室、后勤服务管理中心、烟草职工教育培育中心（与职业技能鉴定站合署办公）。

同时，建立和健全投资委员会、预算委员会、薪酬委员会等决策机构，明确职责，有序运作，严格按照程序规范决策行为，实现科学决策、民主决策、依法决策。

二、四川省烟草发展领导小组

1991年5月，四川省人民政府决定成立四川省烟草发展领导小组。领导小组负责审定全省烟草行业发展规划、年度工作计划，特别是全省烟草工业的发展规划和企业布局；研究制定全省烟草工业发展的政策措施；协调解决烟草生产、经营和专卖管理的重大问题。第一任组长为谢世杰，成员由15个省级单位的17名成员组成。四川省烟草发展领导小组办公室设在四川省烟草专卖局（公司）并由其负责领导小组的日常工作。

1993 年 3 月 8 日，省烟草专卖局上报《关于调整省烟草发展领导小组成员的报告》，省政府调整了省烟草发展领导小组成员，由蒲海清任领导小组组长，15 个省级单位的 19 名成员组成。1996 年 6 月，中共四川省委办公厅、四川省人民政府办公厅发文再次对四川省烟草发展领导小组成员进行调整，由杨崇汇任组长，14 个省级单位的 17 名成员组成。

2000 年 1 月 26 日，省烟草专卖局（公司）建议对四川省烟草发展领导小组成员再次进行调整，省政府决定仍由杨崇汇任组长，14 个省级单位的 18 名成员组成。

2004 年 2 月 8 日，四川省烟草发展领导小组召开会议，确定全省烟草 2004 年发展的大政方针。省烟草发展领导小组组长陈文光主持会议，15 个领导小组成员单位参加会议并形成了共识：烟草作为支柱产业和特殊行业，要以更开放的精神，围绕培育大市场、打造大品牌、做大企业出主意想办法，为烟草发展创造更加适宜的舆论环境、品牌成长环境、企业工作环境；着重研究和推动企业组织结构调整、销售网络建设、名牌发展战略、烟叶基地建设和工商协作长效机制。省烟草发展领导小组对省烟草专卖局（公司）和川渝中烟工业公司所急需解决的问题作了认定，要求形成方案和意见汇总报省政府研究。

2005 年 1 月 22 日，四川省烟草发展领导小组召开会议，省烟草发展领导小组组长陈文光主持会议，15 个领导小组成员单位参加会议。会议的基调是全力支持烟草发展，为四川烟草的发展创造更好的条件。通过研究讨论，作出了原则性的决定：在烟草行业管理体制改革中组织关系的调整，由省国资委和省委组织部研究制定解决办法；烟草专卖打假执法，省工商、公安加强配合专题研究，坚决打击制假贩假窝点，净化全省烟草市场；烟叶生产面临的困难、烟叶化肥发运关系“三农”问题，分别由省农办和省经委负责，保证落实到位；烟叶基地建设，由省农办和省烟草专卖局（公司）共同出台政策性的文件，相关部门在水利、道路、农田、土壤改造等建设上给予支持。

三、川渝中烟工业公司

川渝中烟工业公司成立于 2003 年 8 月，是全国烟草行业第一家跨省组建的烟草工业集团。公司下辖四川、重庆两个全资子公司，共有成都、什邡、绵阳、西昌、重庆、涪陵、黔江 7 个卷烟分厂和 1 个雪茄烟厂。公司拥有在岗员工 8000 多人，卷烟产销规模 300 万箱以上，标准雪茄产能 50 万箱，是川、渝两省市第一纳税大户。

公司产品主要包括“天子”“娇子”品牌卷烟和“长城”“狮牌”雪茄烟。其中，“天子”是进军全国市场、谋篇高端升级的主力牌号，在 300 元以上价位段产品销量长期排名全国第六，其中 320 元单规格销量排名全国第一。公司将“天子”作为核心品牌进行培育，提炼了“天子 · 超越不平凡”的品牌文化内涵，固化了“天子黄”的品牌符号，突出了“原料天赋、科技领先、工艺一流”的产品优势。“娇子”品牌多次获得全国名优卷烟、中国驰名商标、中国 500 最具价值品牌等荣誉。公司也致力于培育“国产雪茄第一品牌”和“世界知名雪茄品牌”，“长城”雪茄市场份额位居国产标准雪茄第一位，产品被外交部纳入外事礼品采购目录。

公司坚持中式卷烟发展方向，始终强化自主创新，建立行业级技术中心，设立国家级博士后工作站，成立全国第一个通过省级认证的减害降焦重点实验室，申请专利 534 余项，获得专利 341 项，其中发明专利 155 项，国际专利 5 项。公司投入 10 多亿元用于减害技术研究，取得了“复合生物综合减害”“减缓烟气对呼吸系统危害”“纳米技术研究”等多项突破性科技成果，减害水平世界领先。

2003年8月至2005年12月，川渝中烟工业公司实行总经理负责制，主要领导成员有：总经理、党组书记吴应禄，副总经理、党组成员李德福，副总经理、党组成员李存林，副总经理、党组成员李增林，党组成员程佳华（2004年6月任职），党组成员易从宽（2004年6月任职），党组成员吴宪（2004年6月任职）。

图1－5　2003年8月，川渝中烟工业公司首届领导班子参加党组中心组学习会

四、省级各专业公司

（一）四川省烟草物资公司

1989年6月，中国烟草总公司批准成立四川省烟草物资公司，与四川省烟草公司物资供应处一套机构、两块牌子。1989年8月17日，四川省烟草公司撤销四川省烟草物资供应处。四川省烟草物资公司为正县级单位，机关编制20人，设经理、副经理各1人，实行独立经营、单独核算、自负盈亏。

四川省烟草物资公司是省烟草专卖局（公司）直属企业单位，负责全省烟草物资的采购、经营工作，并承担行业一定宏观管理和服务职能，负责全省卷烟生产材料的经营管理和生产加工专卖品卷烟材料，卷烟材料基地建设，行业内部烟用物资的经营管理和服务，烟用物资材料管理；监督、检查省内卷烟专卖品的材料经营、生产、加工、购销，协助查处违法违规案件；收集掌握卷烟材料生产、经营、管理、科技信息，烟厂、配套材料厂的政策咨询和技术咨询，提供新技术、推广新材料。

2003年8月，因烟草工商体制改革，四川省烟草物资公司划归烟草工业管理。

（二）四川省卷烟销售公司

1983年4月1日，四川省轻工厅党组批准设置四川省烟草公司销售经理处。1988年10月，省烟草专卖局（公司）将原省烟草公司销售经理处特供经营部改名为四川省烟草公司卷烟销售经理部。经理部主要负责全省进口烟、寄售烟、旅游外汇烟的货源组织和市场安排，负责全省大型的重点工矿区、高原部队、中央直属院校、科研单位、大型省级会议、大型社会活动等特殊用烟供应，开展调拨、批发业务等。到1990年，负责全省11家卷烟、雪茄烟厂，9个卷烟调拨供应站，18个分公司，152个县公司省内、外卷烟、雪茄烟的调拨供应及管理工作。1991年2月，经中国卷烟销售公司同意，省烟草专卖局将四川省烟草公司销售经理处和四川省烟草公司卷烟销售经理部合并，更名为四川省卷烟销售公司。1991年7月，经四川省生产委员会同意，在四川省烟草公司销售处及卷烟销售经理部的基础上成立四川省卷烟销售公司，属独立核算、自负盈亏、自主经营、具有法人资格的（县级）全民所有制经济实体，由省烟草专卖局（公司）管理，编制30人。1997年11月，卷烟销售公司与调剂中心合署办公。2000年11月，合并设置为四川省卷烟销售公司。

四川省卷烟销售公司是省烟草专卖局（公司）直属企业单位，负责全省卷烟销售、调剂交易工作并承担行业一定宏观管理和服务职能的经济实体，负责宏观管理全省卷烟销售工作；根据烟草专卖法规和市场经济运行规律，研究、制定全省卷烟销售工作的有关方针、政策和规章制度；组织、协调、指导和规范全省烟草行业卷烟销售工作，指导和协调市（地、州）县卷烟销售部门的工作；

组织实施全省卷烟销售网络建设，并且进行指导、检查、考核；建立健全网点建设各项制度和有关规定；组织、指导全省卷烟市场的调查和预测工作，参与全省卷烟销售计划的制定；建立并管理销售信息网络，提供市场信息；组织省烟草专卖局（公司）集中掌握的名优卷烟销售计划，协调组织特需烟计划的落实和分配工作；组织和管理全省卷烟集中交易、调剂工作，制定有关规章制度；负责进口卷烟的销售工作；管理下属的联营企业；负责全省卷烟仓储的宏观管理和检查指导工作。

2005 年 8 月，根据国家烟草专卖局《关于中国烟草总公司四川省公司建立母子公司体制实施方案的批复》精神，省烟草专卖局（公司）发文撤销四川省卷烟销售公司，成立四川省烟草公司卷烟经营管理部，负责卷烟经营的管理、指导和服务工作，为机关专业部门。卷烟经营管理部下设办公室、市场管理科、网建管理科，定员 27 人。

（三）四川省烟叶生产购销公司

1983 年 4 月 1 日，四川省轻工厅党组批准设置四川省烟草公司烟叶经理处。1984 年，成立成都烟叶经理部。1988 年 2 月，成都烟叶经理部改为四川省烟草公司烟叶购销公司，直属中国烟草总公司四川省公司领导，独立经营、独立核算、自负盈亏。1990 年 2 月，省烟草专卖局将中国烟草总公司四川省公司烟叶处与四川省烟草公司烟叶购销公司合并，更名为四川省烟叶生产购销公司。

2000 年，省烟叶生产购销公司有在职职工 109 人。公司设有办公室（含计划调拨）、生产收购部、储运部、国家烟叶储备库、烟叶生产技术中心、财务部、审计部、人劳部、政治办公室、业务部、安保科、工会等机构，直接为全省烟叶生产、收购、调拨服务的有办公室、生产收购部、储运部、技术中心、烟叶仓库 5 个部门，常年保持在 40 人以上，其中生产收购部常年保持在 15 人左右。

四川省烟叶生产购销公司是省烟草专卖局（公司）直属企业单位，具有独立法人资格，实行自负盈亏，为负责全省烟叶生产经营并承担一定行业宏观管理和服务职能的经济实体，是融全省烟叶生产管理、国内外经营于一体的烟草系统全民所有制企业。对全省烟叶种植、收购、加工、调拨、质检实行集中统一管理，担负着省内外烟叶、烟用物资和烟叶发展科学研究等任务，并负责国家烟叶储备任务的执行；负责编制烟叶生产、收购、储备、调拨、出口备货计划，并组织计划的实施；落实国家烟草专卖局（总公司）烟叶工作安排部署，汇总上报本省产、供、销、存情况；为全省烟叶生产提供国内外技术信息、市场信息；组织指导优质烟叶生产和烟叶基地建设，推广、普及科学种烟技术；组织实施和指导烟叶生产科研项目和技术推广项目，开展复烤加工技术交流；统一加工、供应烟草良种，组织协调、供应调运烟用复合肥；按照烟叶国家标准组织审定烟叶收购样品，培训分级技术人员；组织、指导、监督、协调烟叶收购工作，配合省烟草专卖局（公司）质量检测站监督烟叶收购质量；研究烟叶价格政策，提出烤烟、晾晒烟收购价格调整意见，提出省内、省际调拨基准价格；检查、考核复烤企业执行烟叶复烤质量标准、工艺规程和主要经济技术指标完成情况；指导复烤厂企业管理工作；组织全省产地、工厂签订烟叶省内、省际购销合同以及出口备货购销合同；下达调拨计划，检查、督促计划执行；审核办理准运手续；完成国家烟叶储备任务。

2005 年 8 月，根据国家烟草专卖局《关于中国烟草总公司四川省公司建立母子公司体制实施方案的批复》精神，省烟草专卖局（公司）发文撤销四川省烟叶生产购销公司，成立四川省烟草公司烟叶生产经营管理部，负责烟叶生产经营的管理、指导和服务工作，为机关专业部门。下设办公室、综合计划科、生产技术科、收购加工科，定员 55 人。

（四）中国烟草四川进出口有限责任公司

中国烟草四川进出口公司为国有独资外贸企业，经外经贸部和国家烟草专卖局批准，于1993年1月正式成立，2004年11月改制为有限责任公司，实行董事会领导下的总经理负责制。由中国烟草进出口（集团）公司、中国烟草总公司四川省公司、中国烟草总公司重庆市公司、成都卷烟厂、四川什邡卷烟厂、西昌卷烟厂共同投资组建。在管理上属中国烟草进出口总公司管理，四川省烟草专卖局（公司）代管。

图1－6　2005年4月，中国烟草四川进出口有限责任公司和凉山分公司与美国大陆烟草公司的代表（前中）通过谈判达成在凉山建立烟叶基地的协议

中国烟草四川进出口有限责任公司是川渝地区唯一具有烟草及其制品、烟用辅助材料和烟机设备等烟草专卖品进出口经营权的外贸企业。主要经营范围为烟草及烟草制品、烟草机械设备、原材料进出口自营和代理业务。公司在2003年8月工商分家之前，下设业务一部、业务二部、业务三部、储运部、财务部、办公室6个部门；工商分家之后，下设烟叶部、卷烟部、储运部、财务部和办公室5个部门。自成立以来，公司已与海外多个国家、地区的数十家客户建立了良好的业务联系，扩大了对外交流合作。公司治理结构和治理机制的不断推进和完善，更加适应参与全球化竞争的形势要求。

第二节　市（地、州）管理机构

1983年3月，四川省人民政府印发《关于设立四川省烟草专卖局的通知》，决定各市（地、州）、县已设立烟草公司机构的地方亦同时设立烟草专卖局，同烟草分公司、县公司（或经理部）一套机构、两块牌子。是年，四川省烟草公司在《关于搞好烟草公司组建工作的几个问题的汇报》中进一步明确分公司的组建办法：分公司的组建分两种类型，一类是烟叶重点产区、卷烟产地和设有二级批发业务的重庆、成都、德阳（设在什邡）、内江、绵阳、涪陵、万县等地，分公司实行供产销紧密结合，担负烟叶收购、调拨、卷烟工业生产、省内外卷烟调拨批发业务和所属县公司的业务领导及烟草专卖行政管理等职能；一类是其他各地市和凉山州分公司（甘孜、阿坝暂不设立），负责烟草专卖行政管理、负责对县公司的业务领导和所在地烟叶收购、调拨与卷烟批发等业务经营。分公司所在地的市、县业务由分公司统一经营，合并组建，不设重叠机构。在《关于组建烟草分、县公司和专卖局的意见》中进一步明确分公司、县烟草公司的性质、任务、业务范围以及在各地建立分公司和县公司的办法等。此后，各地分公司、县公司加快组建的步伐，当年11月，内江、涪陵、德阳、宜宾、雅安、自贡、达县、南充、万县、绵阳、凉山、泸州等烟草专卖局（分公司）相继建立；1984年2月和3月，乐山、渡口、成都市烟草专卖局（分公司）先后建立。

1983年11月，省政府决定四川省烟草公司、四川省烟草专卖局从1984年起在全省计划中单立户头，按国务院发布的《烟草专卖条例》规定，各市（地、州）、县烟草公司、烟草专卖局的级别与同级局相同，受当地党、政和上一级烟草公司、烟草专卖局双重领导，以上一级烟草公司、烟草专卖局领导为主。

1984年，重庆市烟草专卖局（公司）计划单列，成为国家烟草专卖局管理的副厅级单位，人财物、产供销由国家烟草专卖局（总公司）统一管理。

1984年7月，四川省烟草公司和15个分公司，138个市（县）公司（经理部），8个卷烟、雪茄烟厂，4个烟叶复烤厂，涪陵通用机械厂共计167个独立核算单位整体上划中国烟草总公司。全省烟草行业实行省烟草公司、分公司和县（市）公司三级管理体制。到1985年11月，全省共成立15个烟草分公司、159个县公司。

1985年，广元、遂宁建市。12月，四川省烟草专卖局（公司）正式发文，批准建立广元市烟草专卖局、广元烟草分公司，撤销原广元县烟草专卖局和广元县烟草公司。1986年3月，四川省烟草专卖局（公司）撤销原四川省绵阳地区遂宁县烟草专卖局、四川省烟草公司遂宁县公司，成立遂宁市烟草专卖局、四川省烟草公司遂宁分公司。

1988年，四川行政区划调整，成立黔江地区。经四川省烟草专卖局（公司）批准，于1988年12月成立黔江地区烟草专卖局（分公司）。至1989年，四川省共有18个烟草分公司、1个烟叶购销公司、138个县公司。

1992年6月，省烟草专卖局（公司）印发《四川省烟草系统各地、市、州、县烟草专卖局（公司）机构设置、人员编制暂行规定》，依据卷烟、雪茄烟销售量和烟叶产销量及管理工商企业等综合情况，将18个地、市、州烟草专卖局（分公司）分别划为3个档次，以此作为机构设置和人员编制的核定基础。成都、达县、万县、涪陵、凉山、南充、内江市、地、州烟草专卖局（分公司）为一类机构，内部机构限定在10—12个，人员编制控制数65—80人；德阳、泸州、宜宾、黔江、绵阳、乐山市、地烟草专卖局（分公司）为二类机构，内部机构设置数限定在9—11个，人员编制控制数50—70人；攀枝花、自贡、雅安、广元、遂宁市、地烟草专卖局（分公司）为三类机构，内部机构设置数限定在8—10个，人员编制控制数40—60人。此外，还对省烟叶生产购销公司和县烟草专卖局（公司）的机构设置、管理原则等作明确规定。县烟草专卖局（公司）机关内部机构设置数原则上限定为：纯销区4—5个，烟叶产区5—7个。人员编制标准为：年销卷烟3000箱，基本定员为10人；每增加销量1000箱，增加定员1.5人。纯销区县局（公司）机关人员编制控制在10—35人之内；烟叶产区县局（公司）根据烟叶种植面积和实际工作量，增加5—10名编制，机关人员编制控制在15—45人之内。

1993年7月，经国务院批准，四川省新设立广安地区和巴中地区。9月，省烟草专卖局（公司）设立四川省广安地区和巴中地区烟草专卖局、四川省烟草公司广安分公司和巴中分公司。

1994年6月，全省烟草系统有烟草分公司20个、县（区）烟草公司144个。

1997年，重庆市直辖，四川省烟草公司所辖的涪陵、万县和黔江分公司全部移交重庆市公司。9月，四川省新设眉山地区（2000年改为市），12月，四川省眉山地区烟草专卖局（分公司）正式成立。

1998 年 4 月，新设立资阳地区。7 月，根据国家烟草专卖局批复，设立资阳地区烟草专卖局（分公司）。

2000 年 6 月，四川省实现撤地设市，全省拥有 19 个市（州）烟草专卖局（分公司），2 个直属市局（公司），2 个烟草专卖分局（阿坝、甘孜），164 个县（市、区）公司（配送中心）。

2002 年 12 月，以四川省烟草专卖局阿坝州分局和阿坝州烟草有限责任公司为基础，上划组建阿坝藏族羌族自治州烟草专卖局、四川省烟草公司阿坝分公司和各县烟草专卖局、卷烟营销管理中心；2003 年 11 月，以四川省烟草专卖局甘孜州分局和甘孜州烟草有限责任公司为基础，上划组建甘孜藏族自治州烟草专卖局、四川省烟草公司甘孜分公司和各县烟草专卖局、卷烟营销管理中心。两州烟草系统上划组建后，实现四川省烟草专卖管理体制的全省统一。

2003 年 12 月底，四川省烟草专卖局（公司）取消所有县级公司法人资格（射洪县除外），下辖 21 个市（州）烟草专卖局（分公司），1 个直属市局（公司），163 个县（市、区）局（营销中心、公司）。

2005 年，四川省烟草专卖局（公司）下辖 22 个市（州）烟草专卖局（分公司），163 个县（市、区）局（营销部）。

第三章　体制改革

第一节　流通体制改革

一、改革卷烟三级批发价

1992 年 5 月 18 日，根据国家物价局和国家烟草专卖局《关于放开卷烟零售价格的通知》精神，四川省烟草专卖局和四川省物价局联合发文在全省范围内改革卷烟三级批发价格。省内外产卷烟（含雪茄烟、进口烟）的三级批发价格，实行分级指导价格；放开各等级卷烟零售价格，实行市场调节，由经营单位定价。

卷烟三级批发基准价的制定由省、市（地、州）烟草、物价两级指导管理〔省里负责制定五牛、嘴白芙蓉、红芙蓉、东狮、天下秀、三角、三峡、嘴攀枝花、黔龙、嘴小南海、绿屏、攀西、嘴索玛、奔驰、嘴国松 15 个牌号卷烟的三级批发基准价和浮动幅度；市（地、州）负责制定省定价以外省内卷烟、雪茄烟和省外烟、进口烟牌号的三级批发基准价和浮动幅度〕。其批发基准价的作价办法是：在略低于当地市场零售价上制定参考零售价，在此基础上，按原批零差率制定批发基准价。浮动幅度下限不得超过 5%。对于市场价格低于国家现行牌价的部分卷烟作价，在现行批发价下浮 20% 的范围内制定批发基准价；每季度由省发布 1—2 次 15 个牌号卷烟的批发基准价。

各县烟草专卖局在规定的批发基准价和浮动幅度内制定当地卷烟批发价格。委托代批发单位执行当地县烟草公司制定的卷烟批发价格。县烟草专卖局对委托代批发的经营单位仍采取现行规定的优扣政策，以扩大卷烟销售。

任何单位和个人不准搞低价竞销和从零售单位进货转批，严禁利用价格改革从事非法经营活动；未按价格管理权限批准的卷烟和雪茄烟不得投放市场；价格改革后，县与县、地区与地区间价格要合理衔接、平衡。同时，各市（地、州）烟草分公司、县公司加强专卖管理，维护合法经营；加强财务管理，严格审计监督；各级经营单位的供、进货范围和流通渠道按《中华人民共和国烟草专卖法》规定执行，保证市场供应。

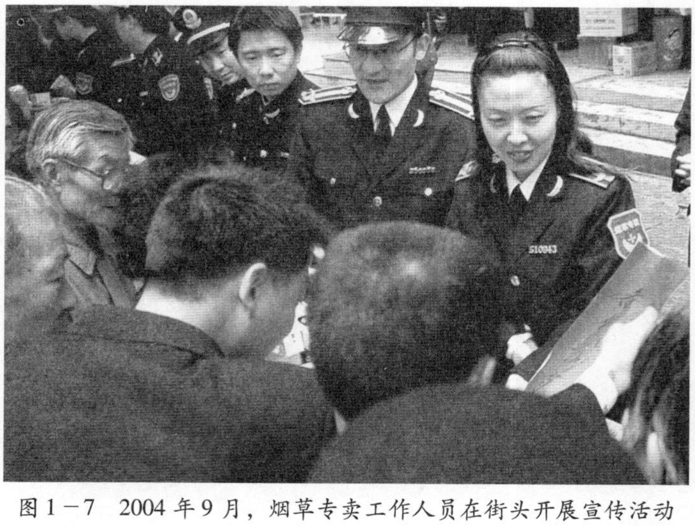

图 1－7　2004 年 9 月，烟草专卖工作人员在街头开展宣传活动

二、建立烟草管控批发网络

1995年6月26日，四川省烟草专卖局（公司）制定四川省卷烟流通体制改革意见，决定建立适应全省实际情况的由烟草公司直接管控的批发网络。在农村理顺三级公司以下的流通渠道，建立起由烟草公司控制的批发体系；在城镇直接参与零售市场的经营，发挥烟草行业在资金、信誉、商品方面的优势，逐步建立起以烟草公司自营点为核心，以联营点为辅助，以个体商户为主体的卷烟零售网络；创造条件建立全省性的卷烟交易市场。

批发网络建设的的基本步骤是：1995年规划、选点、试点；1996年推广、总结、提高；1997年巩固、充实、完善。对于卷烟批发站（部、点）的建设，分公司1995年试点面占所属企业户的20%，1996年推广面达80%以上，1997年全面完成；1995年试点单位通过直接控制的批发站（部、点）销售的卷烟占卷烟销量的40%以上，1996占80%以上，1997年占90%以上。县级公司在农村1995年试点面占所属单位的30%，1996年推广面达80%以上，1997年全面完成；1995年试点单位占公司卷烟销量的30%以上，1996年达80%以上，1997年占90%以上。对于零售门市部（店、柜）的建设，全省1995年建立直销、联营门市部（店、柜）1000个，1996年新增1000个，1997年新增1000个，共计3000个。分公司1995年每单位建立2—3个，1996年达到5—7个，1997年达到10—15个。年销量1万箱以上的县级公司1995年每单位建立8—10个，1996年达到13—16个，1997年达到21—23个；年销量1万箱以下的县级公司每单位1995年建立4—6个，1996年达到7—9个，1997年达到10—13个。1997年烟草行业卷烟零售数量占总销量的10%以上。

批发网点建设的形式是：因地制宜地建立卷烟批发零售网络，形式多样化。其中批发主要有公司直接下伸批发站（店）、与国（合）商业联营批发、委托国（合）商业代批发3种；零售主要有自营性零售门市部（店、柜），联营性零售门市部（店、柜）两种。

三、实行“一价制”销售

1998年10月20日，国家烟草专卖局印发《关于坚决制止低价倾销卷烟的通知》，要求坚决制止低价倾销卷烟和不正当的竞争行为，维护正常的生产经营秩序，确保行业经济效益稳定增长。

1999年3月31日至11月28日，四川省烟草专卖局连续5次发出《关于卷烟牌号全省最低批发限价的通知》，分别确定全省卷烟最低批发限价。1999年以来，全省卷烟价格始终处于低迷状态，市场疲软，销量下降，工商企业利润大幅度下降的状况未能彻底扭转。在此背景下，1999年12月27日，省烟草专卖局（公司）发出《关于实行全省卷烟销售一价制的通知》，决定在全省实行统一调拨价和批发价的“一价制”卷烟销售办法，规范卷烟销售行为，以扭转价格下滑的被动局面。对所有卷烟（包括国外烟）核定全省统一调拨价和批发价，要求各卷烟厂必须严格执行核定的调拨价；各烟草分公司、县公司必须严格执行核定的批发价；各烟厂必须严格执行“限产压库促销”政策，按计划均衡生产、均衡调拨，生产出的所有卷烟必须全部纳入卷烟产量统计范围。卷烟生产坚持以市场为导向，按照产品、结构服从于市场的要求搞好生产，产销对路，提高工商企业效益。“一价制”实施以后，不准低于全省统一三级批发价销售卷烟；不准分公司、县公司乱渠道调进卷烟；不准互相低价倾销和拼盘、补贴销售；不准卖大户；全省实行标识化销售；规范烟厂宣传促销行为，反对不正当竞争，不准搞任何形式的有奖促销补贴销售。

省烟草专卖局成立四川省卷烟销售“一价制”工作领导小组，负责研究制定全省卷烟销售“一价制”的具体方案，监督检查“一价制”工作的贯彻落实情况。省烟草专卖局与各烟草分公司、烟厂签订卷烟销售“一价制”目标责任书；同时，各烟草分公司与所属县级烟草公司、各烟厂对调拨站均签订目标责任书。2000 年 1 月 10 日，省烟草专卖局还印发《全省卷烟销售“一价制”的奖惩暂行规定》，省上每月一次考核、半年一次小结通报，年终进行总结评比。

2000 年 4 月 25 日，省烟草专卖局印发《关于实行卷烟统一批发价格的通知》，决定从 2000 年 4 月26 日起，全省实行卷烟统一批发价格。所有卷烟（含省内外卷烟、进口卷烟）全部实行全省统一批发价格，不许上下浮动。全省自执行“一价制”以后，烟草市场反应平稳，价格保持在省核定的批发价以上平稳销售，部分川烟和省外烟价格有所回升，高于核定批发价。同时，省烟草专卖局（公司）从全省抽调 91 名熟悉销售、专卖、财会的人员组成 31 个检查巡视组，从 4—8 月进行为期 4 个月的对全省 21 个市（州）分公司和 6 个卷烟厂执行“一价制”情况的全面检查，发现问题及时处理纠正。

2000 年 7 月 13 日，省烟草专卖局召开全省烟草行业贯彻执行卷烟销售“一价制”情况电视电话会，总结通报“一价制”执行落实情况。全省 1—6 月生产卷烟 65.1 万箱，完成半年计划的 106%。产品结构调整优化，一、二类卷烟产量占 31.3%，同比上升 1.84 个百分点；三类烟产量比重同比上升 2.46 个百分点；四类烟产量下降 20.3%，所占比重同比下降 1.39 个百分点。全省销售卷烟 78.51 万箱，其中川烟占 64.9 万箱，同比增长 11.8%；卷烟库存 20.75 万箱，同比下降 23.5%。销售总量增长较大的有遂宁、德阳、宜宾、资阳、雅安、巴中、乐山、南充、达州等烟草分公司；川烟销售增长较大的有宜宾、遂宁、德阳、巴中、雅安等烟草分公司；实现利润同比增加较多的有成都、广安、绵阳、眉山、德阳、达州、凉山、南充、攀枝花等烟草分公司。

四、卷烟流通管理体制改革试点

1998 年，根据国家烟草专卖局“1144”发展战略和“一要规范、二要改革、三要创新”的工作要求，四川省烟草专卖局（公司）在大量调查研究基础上，决定在雅安地区烟草系统进行卷烟流通管理体制改革试点。雅安地处成都平原西郊，与甘孜藏族自治州接壤，全市共辖名山、荥经、汉源、石棉、天全、芦山、宝兴7 县（其中宝兴县烟草机构未上划）。雅安地区烟草专卖局（分公司）共有职工 180 人。截至 1999 年底，资产总额 6189 万元，其中固定资产原值 1953 万元，固定资产 1841 万元，资产负债率 28.13%，所有者权益为 4448 万元。1999 年销售卷烟 6.4 万箱，实现销售收入 3.4 亿元，税金 317 万元，利润 219 万元。全区 4 个县级烟草公司均不亏损。雅安烟草分公司领导班子对改革目的认识明确，思想统一，愿意率先试点；同时该烟草分公司管理规范，基础比较好，无亏损单位；县烟草公司数量较少，工作面阻力不大。

2000 年 2 月 18 日，省烟草专卖局下发《关于在雅安地区烟草系统分公司进行卷烟流通体制改革试点的通知》，并就前期工作提出要求。2 月 29 日，雅安地区烟草专卖局成立体制改革领导小组，制定指导思想、基本原则、改革内容、实施办法和步骤等，同时向省烟草专卖局上报《雅安地区烟草系统卷烟流通管理体制改革方案》。

卷烟流通管理体制改革的主要目标为：建立健全卷烟配送中心，实行送货制，分公司成为卷烟调拨中心、核算中心；县公司成为配送中心，以求达到规范经营，加强管理，理顺关系，减少中间环节，降低经营成本，提高市场占有率和增加效益的目的。改革的主要步骤为：撤销名山、荥经、汉源、石棉、天全、芦山 6 县烟草公司，取消企业法人资格；成立四川省烟草公司雅安分公司名山、

图1－8　2001年，雅安市烟草专卖局向国家烟草专卖局、四川省烟草专卖局领导汇报卷烟流通管理体制改革后的企业经营情况

荥经、汉源、石棉、天全、芦山卷烟配送中心（正科级非独立核算单位），人员按1992年省下达的编制数掌握；保留名山、荥经、汉源、石棉、天全、芦山6县烟草专卖局，与6县卷烟配送中心合署办公；各卷烟配送中心的人、财、物及其债权、债务统一收归四川省烟草公司雅安分公司，实行集中统一管理。

2000年4月6日，省烟草专卖局下发《关于对雅安地区烟草系统进行卷烟流通管理体制改革》的批复，同意上述方案和雅安地区烟草专卖局（分公司）提出的卷烟经营以及财务、人事、劳资、税费等方面的实施办法，从2000年4月1日起按新体制运行。同年4月8日，省烟草专卖局在雅安召开全区烟草系统中层以上干部大会，宣布雅安地区烟草系统改革顺利完成。此后，全省又在自贡、眉山等地铺开改革工作。

雅安地区烟草系统商业流通体制改革经过一年的运行，取得了良好的经济效益。2000年销售卷烟3.94万箱，实现利润750万元，企业经营行为得到规范，企业管理得以加强。

五、明码标价管理

2004年10月，为保护卷烟经营者合法权益不受侵害，引导经营者规范经营，在结合国家计委《关于商品和服务实施明码标价的规定》基础上，省烟草专卖局（公司）与省物价局共同研究，联合下发《关于加强四川省卷烟市场明码标价管理的通知》，从2004年11月1日起，全省统一实施卷烟明码标价。

零售客户通过明码标价，一价一签，诚信销售，提高卷烟经营者满意度，促进形成“公平、公开、合法竞争”的卷烟零售市场氛围。同时，增强卷烟消费者自我保护意识和能力，发挥消费者监督卷烟经营行业的作用，令消费者满意。

省烟草专卖局（公司）采集全省卷烟零售价格，分析研究零售价格规律，制定出建议零售价格，同时分公司制定出相应的管理制度；省烟草专卖局与省物价部门协商，确定并制定全省烟草行业统一的卷烟标价签，明确价格标签内容，有品名、产地、规格、计价单位、等级、价格、举报电话等；各分公司根据所辖区内零售客户数量，统计需印制标价签的数量，在物价局监督下，由省卷烟销售公司负责印制，各分公司承担相关费用。

各单位到省销售公司领取标价签后，向下属各营销管理中心分发，营销管理中心具体负责组织一线服务人员向零售客户分发标价签，帮助填写，指导摆放，市（州）烟草专卖局组织专门人员对下属营销管理中心明码标价情况检查指导。

制定出客户分类及差异服务政策，各单位将明码标价作为客户等级测评项目，以鼓励零售客户自觉对卷烟零售明码标价；实行零售价格协商制定，根据市场变化情况及新投放卷烟情况，省烟草专卖局（公司）统一制定或调整卷烟建议零售价格，分公司安排落实，通过客户经理与卷烟零售户共同协商，调整或新增卷烟建议零售价；分公司制定监督管理制度，组织专卖稽查员、客户经理等相关人员定期检查明码标价执行情况，并与物价局联合检查，查处违规行为。

卷烟明码标价有利于形成良好的卷烟零售市场环境，维护大多数卷烟零售户和消费者的合法权益，不是统一卷烟零售价格和价格垄断。2004 年 11 月 1 日，全省 22 个单位全面实施卷烟明码标价工作，取得了一定的成效。主要有：各市（州）分公司根据省烟草专卖局（公司）建议的零售价格，结合当地实际，作了局部微调，在分公司范围内零售价格基本达到稳定和统一；实施卷烟明码标价后，零售客户赢利水平高于3%，客户满意度提高；全省形成批发、零售环节的新型价格体系，合理分配批零差率，兼顾了工、商、零售的利益，体现出“三满意”。

第二节　管理制度改革

一、计划管理制度改革

“八五”和“九五”期间，四川省烟草专卖局（公司）积极改革计划管理办法。在计划管理上，将卷烟产量向优势企业、效益好的企业倾斜；卷烟企业在严格执行产量计划的前提下，按照市场需求，自主决定产品的结构和档次，从计划上扶优限劣。

省烟草公司分别向烟草分公司、卷烟厂调拨站下达调拨计划，调拨、销售分别承包；烟草分公司和县烟草公司主要满足省内市场供应；卷烟厂调拨站在保证省内调拨的前提下，搞好省外调拨，避免在同一区域互相冲击，减少商品由于投放不当造成的价格波动。同时，也为工厂直接走向市场参与竞争提供了条件。

计划扶优不仅用于卷烟工业生产、销售上，也体现在烟叶种植计划的安排中。“十五”开局之年，在分配烟叶种植计划和与烟区签订合同时，认真进行区域规划和选择，将国家分配的烟叶计划向最宜烟区倾斜，使全省烟叶种植区域优化。“十五”中期，将国家烟草专卖局（总公司）给四川增加的20 万担烟叶收购计划安排给凉山、攀枝花和广元烟区，其中攀西占85%，支持攀西烟区、川北烟区的发展。

二、人事用工制度改革

“八五”期间，四川省烟草专卖局（公司）以贯彻实施《中华人民共和国劳动法》推动劳动合同制为重点，力行人事、用工、分配和养老保险制度改革。全行业正式签订合同制职工 25588 人，占职工总数的94.5%。结合基本养老保险制度改革，建立企业补充养老保险制度，解决职工的后顾之忧。

“九五”期间，配套抓好企业内部改革。工商企业根据生产经营的需要，依法自主确定企业与职工的劳动关系，精简管理机构，形成职工能进能出、干部能上能下，充实到生产经营的一线。企业根据自身的实际状况，依法自主决定内部的分配办法。按照效率优先、兼顾公平的原则，采取适合本企业特点的分配形式。企业管理人员的收入与岗位责任、管理绩效直接挂钩，职工的收入根据责任与贡献大小合理拉开分配差距。建立企业经营者的选任、激励、约束和淘汰机制，充分调动企业经营者的积极性和创造性。实行干部岗位交流制度，坚持把练内功抓管理、增效益作为全省烟草企业实现由“产量速度效益型”向“质量品种结构效益型”转变的重点。

图 1－9 四川省烟草专卖局（公司）强化干部聘任群众基础选拔处级干部。图为 2004 年省局（公司）召开机关机构调整总结暨政务会

“十五”期间，结合全省网络建设的推进，各单位普遍进行人事、用工、分配三项制度改革。省烟草专卖局（公司）机关调整机构、压缩编制、竞争上岗，内设机构由 16 个减少为 13 个，精简 19%；人员由 1992 年的编制 200 人减少为 110 人，精简 45%；22 个处级干部交流了岗位，占处级干部的 43%；对 14 个副处长岗位实行竞争上岗。什邡烟厂对中层干部实行末位淘汰制。商业企业在网点建设中引进竞争、激励机制，对网点人员实行收入与任务挂钩，职位按业绩确定，形成收入能增能减，职位能上能下，人员能进能出新机制。南充烟草分公司 9 个县区的中层干部全部实行竞争上岗，全市原中层干部落聘 7 人，新竞争上岗 9 人。达州烟草分公司把机关干部充实到第一线抓生产经营。巴中分公司从机关改革入手，中层干部 21 人在竞争中落聘，县、区公司共 40 人分流到一线网点工作。各分公司、县公司在网络建设中积极探索分配制度改革办法，公司领导和中层干部的工作都与责任目标挂钩，“三员”的收入与经营销量、工作实绩挂钩。绵阳、德阳、广安、广元烟草分公司完成流通体制改革后，也结合本地实际走出一条人事用工分配制度改革的路子，调动了干部职工的积极性，提高了经济效益，为企业增添了活力。

1988—2005 年四川省烟草专卖局（公司）人事用工制度改革进程表

表 1－1

时 间	改 革 内 容
从 1988 年 3 月起	各级烟草专卖局（分公司、县公司）领导干部和省烟草专卖局（公司）机关处、科级干部实行任期制，新提拔的各级局（公司）行政领导干部和省烟草专卖局（公司）处、科级干部实行试用制，工业企业全面推行厂长负责制，专业技术干部实行技术职务聘用制
从 1993 年 12 月起	省烟草专卖局（公司）机关及下属单位推行干部聘任制，省烟草专卖局（公司）机关撤并 4 个处室，新设 2 个处室，规范 5 个处室称谓，新设 5 个科
从 1999 年 12 月起	健全、完善各种形式的干部任用制度，对市（地、州）局（分公司），卷烟厂，县局（公司）领导干部实行任期制，省局及以下机关干部实行聘任制；推行干部任前公推、公示制度
从 2001 年 4 月起	对省烟草专卖局（公司）机关、专业公司公开选拔处级领导干部，领导岗位分别实行聘任制和选举制
2004 年 5 月起	规范领导干部选拔任用制度，对市（州）局（分公司）领导干部实行公开选拔、竞争上岗制度
从 2005 年 9 月起	规范中层干部选拔聘用制度，对市（州）局（分公司）中层干部实行竞争上岗、公开推荐选拔聘任
从 2005 年 11 月起	优化职工队伍结构，对省烟草专卖局（公司）机关、专业公司职工实行离岗待退制度

三、财务管理制度改革

（一）改革三级法人主体财务

2001年4月以来，全省在卷烟流通体制改革中，先后取消了自贡、绵阳、德阳、乐山、广元、眉山、成都、广安、南充等分公司所属区、县公司的法人资格，减少利益主体和流通环节，成立卷烟配送中心或烟草营销管理中心，实现分公司所在地“一个龙头放水”。取消区、县公司法人资格后，将其改建为配送中心或营销管理中心，实行统一会计核算，统一货源调拨，统一费用管理，统一解缴税费，统一资金管理。全省绝大多数分公司依靠银行的资金结算网络，与有关银行签约建立资金结算系统，成立财务结算中心，对区、县公司和配送中心的资金结算实行集中管理，形成“集中管理，统一平衡，内部调剂，有偿使用”的资金管理模式。财务结算中心建立后，资金周转天数加快，资金周转次数提高，全省降低财务费用5000多万元。各分公司把资金管理的重点放在网点，实行收支两条线，货款回笼快捷安全，提高了资金周转速度和效率。成立预算管理委员会，严格按照制定的预算执行，严格费用支出，大额费用需经分公司审批，总的费用开支控制在预算之内。

针对区、县公司法人资格取消、由原三级法人主体变为两级法人主体的经营模式的改变，省烟草专卖局（公司）提出了新的财务管理模式，即“统一核算，四级管理，属地纳税，全面考核”。取消区、县公司法人资格后由分公司统一核算，财会由分公司统一管理，资金由分公司统一调度；分公司、区县局（配售中心）、网点和网点各小组为四级管理；考虑到各地政府的利益，纳税的关系先暂不集中到市（州），仍原地纳税；区、县取消了法人资格后，配售中心和网点是经营第一线，对其进行全面的经营成果考核，加强财务管理，明确责任，奖罚兑现。对新的经营模式，严格规范管理，提高第一线人员的市场意识、成本意识、责任意识和效益意识，以保证新机制的正常运转。

（二）实行“三集中”流通财务制度

2005年7月，网络建设基本实现“呼叫集中、配送集中、营销集中、分片管理”目标后，建立起“三集中”流通财务制度。

1. 工作职责

市（州）分公司财务管理科（资金管理中心）主要工作职责是：按省烟草专卖局（公司）统一核算、分级管理要求，全面履行市烟草专卖局（分公司）区域会计核算和财务管理工作；认真及时做好记账、算账、报账工作，依法搞好（两烟）会计核算，如实反映财务成果，监督企业所有资产的增减变动，监督财务收支，依法计缴各项税费，及时足额向省烟草专卖局（公司）上缴投资收益；编制、审核、汇总、上报、分解、执行、评价、考核财务预算；积极参与企业经营决策，认真执行国家有关财经法律法规及行业各项规章制度；遵守省烟草专卖局（公司）规定，承担国有资产保值增值责任；按省烟草专卖局（公司）管理规定进行投资、融资和资产处置；指导物流中心、县级营销部财务人员开展会计核算和财务管理工作；作好会计电算化以及财务信息系统管理工作；按省烟草专卖局（公司）资金集中管理要求，做好资金上划、下拨以及监督管理工作和会计基础规范化管理工作和会计档案管理工作；积极组织财务人员理论学习和专业知识培训，加强职业道德教育，不断提高财务人员政治思想素质和专业技术水平；履行省烟草专卖局（公司）管理规定，处理好其他财务活动事项。

县级营销部财务部门工作职责是：履行全面预算管理工作职责，确保企业全面预算管理工作落到实处；履行资金集中监管和账户管理工作，确保企业各项资金使用合规、合法；履行监管国有资产职责，确保国有资产增值保值；履行日常会计核算工作，确保企业会计核算工作规范有序；履行国、地税收申报、解缴工作，确保企业各项税费正确计算，及时足额解缴；积极参与企业经营、管理决策，建立健全各项企业内部控制制度，完善相关手续，如实填制、审查各种原始记录和基础财务资料，做好会计基础工作、会计档案管理工作、会计电算化管理等工作；负责对财务、经营活动进行监督、控制和评价，及时、准确地提供财务管理信息；完成上级财务管理部门和领导交办的其他工作。

物流中心财务部门工作职责是：物流中心财务部除履行县级营销部财务部门工作职责外，主要承担卷烟购、销、存和卷烟内部移库核算、管理职能。履行全面预算管理工作职责，确保企业全面预算管理工作落到实处；履行资金集中监管和账户管理工作，确保企业各项资金使用合规、合法；履行监管国有资产职责，确保国有资产增值保值；履行日常会计核算工作，确保企业会计核算工作规范有序；履行卷烟购进、销售、库存、内部移库核算管理以及库存卷烟盘点、清查、对账工作；履行国、地税收申报、解缴工作，确保企业各项税费正确计算，及时解缴；积极参与企业经营、管理决策，建立健全各项企业内部控制制度，完善相关手续，如实填制、审查各种原始记录和基础财务资料，做好会计基础工作、会计档案管理工作、会计电算化管理等工作；负责对财务、经营活动进行监督、控制和评价，及时、准确地提供财务管理信息；完成上级财务管理部门和领导交办的其他工作。同时对财务负责人、会计人员、出纳人员建立了岗位主要职责。

2. 制定核算流程

会计核算流程明确了烟叶核算流程按原各市烟草专卖局（分公司）核算流程不变、卷烟其他核算流程按原各市烟草专卖局（分公司）核算流程不变外，卷烟购、销、存核算按“三集中”业务流程作相应调整。

（1）卷烟配送模式

根据“配送集中”的工作要求，各市烟草专卖局（分公司）设立物流中心库以及根据本公司实际设中转库。物流中心中心库负责卷烟直配，以及中心库和各中转库之间的移库，各中转库负责各自片区的卷烟直配，其卷烟进出库工作指令由物流中心直接下达。

（2）卷烟核算职责

各市烟草专卖局（分公司）财务管理科（资金管理中心）负责资金审查、结算、管理工作；物流中心财务部门负责全市商品采购、采购资金结算的账务处理工作，负责全市卷烟入库、卷烟移库、直配卷烟销售收入及成本核算工作。各市烟草专卖局（分公司）财务管理科（资金管理中心）应加强对物流中心财务部门管理和指导，健全完善采购资金结算单据和各种凭证交接手续；各营销部财务部门在税收体制尚未完全解决的前提下，负责其本区域的卷烟销售收入及成本核算，同时，基于网络财务软件的应用，在一套财务体系下进行远程核算操作可以解决集中核算所要达到的目的，各市烟草专卖局（分公司）可以在物流集中程度上根据需要进行取舍。

（3）卷烟库存核算处理

卷烟购进。物流中心财务部门作“借：商品采购；贷：银行存款（市分公司支出账户或市分公司内部存款户）等科目”。

卷烟入库。“借：库存商品——物流中心中心库；贷：商品采购”。

物流中心中心库向各中转库内部移库。“借：库存商品——××中转库；贷：库存商品——物流中心中心库”，各中转库向物流中心中心库回调时，作相反账务处理。

各中转库之间内部移库。应根据财务核算软件应用情况，可采用由发货中转库向物流中心中心库回调后，再由物流中心中心库向收货中转库内部移库办法。

未设中转库的各营销部为计算成本要设虚拟库存，按各营销部当月实际销售移库。“借：库存商品——未设中转库的各营销部库；贷：库存商品——物流中心中心库”。月末成本结转完毕后，其营销部所有库存商品账面数量、金额为零。

（4）库存商品盘点核对

卷烟仓库每月盘点一次，一律以库存实际为准，严禁白条抵库。每月末账务处理结束后，要进行库存商品账实、账账核对工作。各营销部及物流中心在进行核对时，对记账过程中出现的错记、漏记等问题及时说明并进行账务调整。

（三）建立财务三个体系

由省、市（州）、县三级法人主体的财务制度变为省、市（州）两级法人主体的财务制度后，从2003年起，全省逐步建立起财务管理“三个体系”。

建立会计核算体系 贯彻执行《中华人民共和国会计法》，建立健全企业内控制度，及时、真实、准确地上报反映企业的生产经营状况，提高会计信息质量，深入持久地开展会计基础规范化和电算化验收工作，实施烟叶结算资金监管软件，建立商业企业量本利报表制度，贯彻《成本费用管理办法》《成本费用核算规程》，做好会计资料真实性的基础工作。

建立财务管理体系 一是加强预算管理，以全面预算管理为“龙头”，带动财务管理的各项工作。编制预算时，不仅有费用成本预算，还包括投资预算和资本预算；制定有效的激励和约束机制，加强对预算执行的考核和控制。二是实行目标成本费用管理，降低成本费用水平。鉴于影响全省烟草行业成本费用高低的关键是工业企业的采购成本、商业企业的“三项费用”，从2003年起，各企业严格执行《烟草企业成本费用管理办法》《烟草企业成本费用核算规程》，所有企业必须按照实际成本法核算。三是加强资金管理，提高资金使用效率。实行生产经营各环节的资金预算管理，限制无预算资金支出，加强对应收账款清理，杜绝虚假销售，对预算内资金支出实行“一支笔”制度，大额资金支出集体核签；建立健全严格的监督、考核制度，防止决策失误；充分发挥资金管理中心的作用，从源头上堵塞资金管理的漏洞，防范资金风险。

建立内部审计监督体系 从2003年起，全面推行经济责任审计，做到有离必审，先审后升，任期内三年轮审一次。建立健全审计、人事、纪检、监察和财务部门参加的经济责任审计联席会议制度，提高经济责任审计成果的利用率。把推行和普及基建审计、经济合同审计和物资比价采购管理审计作为内审的重要工作来抓，这样既符合内审工作的特点，又是审计“关口前移”的要求，起到了反腐倡廉，为企业创造经济效益的作用。

2005年，在行业“管理年”活动中，省烟草专卖局（公司）制定财务科学管理、民主管理、依法管理的现代管理模式。主要有：核算管理方案、财务管理中心模式、内部控制制度、财务岗位制度和定额管理体系5种。

图1－10 2005年3月，四川省烟草专卖局（公司）党组中心组集中学习讨论，将改革作为总启动器，推进行业跨越式发展

第三节 工商企业改革

一、工业企业资产重组试点

1997年下半年，四川省烟草专卖局（公司）根据中共十五大精神，努力探索国有资产重组、转换机制、调整结构的新路子，以求实现烟草工业的规模化经营。经与德阳市人民政府协商，决定在德阳市进行卷烟工业企业资产重组试点，由什邡卷烟厂对中江烟厂、光明烟厂实行整体兼并。

1997年什邡卷烟厂有职工1945人，有3000公斤制丝线1条，卷接包设备45台（套），固定资产2.6亿元，卷烟生产能力40万箱，年产销售卷烟29万箱，完成工业总产值9.19亿元，实现销售收入10.6亿元，实现税利5.18亿元，其中利润3833万元。该厂生产的“特制天下秀”“佛兰”分别被国家烟草专卖局评为全国优等品，被四川省人民政府评为四川省名牌产品。当年又被国家烟草专卖局确定为烟草行业10%重点技术改造企业。1997年1—9月生产销售卷烟20.2万箱，其中一、二类卷烟5.34万箱占26.44%；实现税利4.27亿元，其中利润2617万元，单箱税利2100元，产销率100%。企业经济效益良好，具备实现资产重组的条件。而中江、光明两厂规模小（每个厂年计销5.5万箱）、人员多（中江、光明两厂共有职工1700余人），产品结构不合理，以生产中、低档烟为主，亏损严重，技改贷款余额分别达到5288万元和7250万元。截至1997年9月，两厂资产负债率分别为109.13%和84.82%；资金利税率分别为28.27%和22.62%，经济效益低下。从四川烟草行业全局看，工业企业数量多，规模小，布局不合理，在德阳市显得特别突出。

1997年10月30日，四川省烟草专卖局在成都召开什邡、中江、光明3家烟厂和德阳烟草分公司分别参加的《关于什邡卷烟厂、中江雪茄烟厂、光明雪茄烟厂实行资产重组的协议》的签字仪式。1997年10月31日，四川省烟草专卖局正式向国家烟草专卖局上报《关于什邡卷烟厂兼并中江烟厂、光明烟厂的请示》，提出了具体方案和实施办法：什邡卷烟厂兼并中江、光明两厂后，注销中江、光明两厂的法人资格，人财物、产供销由什邡卷烟厂统一集中管理，资产一体化；中江、光明两厂的人员、资产、债权、债务全部划归什邡卷烟厂。计划到2000年，什邡卷烟厂年产量达到40万箱，工业总产值25亿元，销售收入26亿元，利税12亿元，其中利润1亿元以上，单箱税利3000元。

为了确保兼并工作的顺利实施，省烟草专卖局（公司）成立了德阳地区烟草企业资产重组领导小组，下设方案起草组、资产清查组、劳资人事组、生产计划组，旋即开展工作。1997年11月28日，四川省人民政府函告国家烟草专卖局，同意什邡卷烟厂兼并中江烟厂、光明烟厂的方案，对兼并企业和被兼并企业，按照“三分”的政策（即工业总产值、销售收入和上缴税费）以1997年3厂实际数为基础，按其所占比例，在烟厂所在地财政进行分配。

1997年12月31日，国家烟草专卖局下发《关于四川什邡卷烟厂兼并中江烟厂、光明烟厂问题的批复》，同意什邡卷烟厂对中江烟厂、光明烟厂实行整体兼并，取消中江烟厂、光明烟厂法人资格，实行资产重组。并要求按《中华人民共和国公司法》和现代企业制度，对企业进行公司制改造。

1998年2月11日，省政府在什邡召开四川省卷烟工业企业资产重组大会。当年10月，国家烟草专卖局到什邡卷烟厂检查工作，充分肯定什邡卷烟厂兼并中江烟厂、光明烟厂工作取得的成绩。什邡卷烟厂通过兼并，在生产经营、技术改造、人员安置和多元经济同步发展等方面取得多项成果。

生产经营情况 1998年1—9月，什邡卷烟厂生产卷烟29万箱，占全年计划的74%；同比增长1.2%。其中：一类烟2.5万箱，同比增长40%；二类烟7.9万箱，同比增长80%；三类烟18.2万箱，同比增长2.6%；四类烟0.4万箱，同比下降90%。雪茄烟2.8万箱，同比下降38%。完成工业总产值（1990年不变价）8.6亿元，同比持平；现价13.31亿元；同比增长10%。实现产品销售收入（不含税）11.4亿元，同比增长10.1%；实现税利6.5亿元，同比增长23.5%。单箱耗烟叶41.3公斤，同比下降0.24%；耗嘴棒8602支，同比下降0.85%；耗盘纸3411米，同比下降0.92%；耗盒皮2558张，同比下降0.15%。国家抽查产品合格率100%，省抽查产品合格率96%，工厂抽查产品合格率95%，较1997年同期提高了约5个百分点。新产品“峨眉山”的开发获得初步成功，1998年上半年在全省80多个分公司、县公司销售2000多箱。

技术改造 1998年1—9月，投入技改资金1.4亿元，完成技改工程12项，其中重点完成了平房式卷接车间改造工程、建筑面积达1万平方米，8月21日全部搬迁，搬迁设备40多台套，10月1日正式投入生产。

职工安置 1998年中江、光明两烟厂共有正式职工1356人，有临时工950余人。对两厂临时工采取一次性发给生活补助，全面清退。3月16日，光明分厂停止卷烟生产，285名正式职工经过转岗培训，分配到制丝和卷接包车间，154名职工分流到雪茄烟车间，80余名职工分流到纸箱厂和铝箔厂，40名职工通过考核任促销员。10月10日，停止中江分厂卷烟生产，临时工全面清退；正式职工部分分流到印刷厂，部分分流到雪茄烟车间。对中江、光明两厂1356名正式职工，工厂采取4个渠道进行安置：卷烟生产实行四班三运转，安排了356人；雪茄烟车间安排了500人；多种经营安排了400人；调拨站促销安排了100人。

发展多种经营 1998年9月底，什邡卷烟厂利用存量资产新办6个企业（铝箔纸厂、纸箱厂、运输公司、劳动服务公司、物业公司和合资彩印厂），其中4个企业投产，已创产值1020万元，实现税利250万元。

图1－11　1998年12月，成都卷烟厂和四川卷烟厂举行资产重组签字仪式

在德阳市进行工业企业资产重组改革试点之后，全省各地根据自身实际进行工业企业组织结构调整。1998年12月，成都卷烟厂和四川卷烟厂实行资产重组；2000年，在巩固什邡卷烟厂资产重组成果的基础上，进一步完成什邡卷烟厂、成都卷烟厂建立现代企业制度的试点；根据国家烟草专卖局要求，西昌烟厂与凉山烟草专卖局（分公司）分设，实现政企分开。实施大企业、大集团战略，扶持优势企业发展，鼓励和支持企业联合、兼并和资产重组，并研究制定关停地方烟厂的规则和论证方案。2003年，蓬安烟厂破产，泸州、宜宾烟厂关闭，全省14家烟叶挂杆复烤厂关闭获得国家烟草专卖局验收，为增强烟草工业企业奠定了良好基础。

二、工商体制改革

2002—2003年，四川烟草行业积极应对行业改革和国内市场变化新形势、新情况，联合重庆烟草行业率先在全国烟草行业推进卷烟工业企业跨省（市）联合重组，完成烟草工商体制改革（工商分离）任务，为推进卷烟工业企业战略性调整创造了有利条件。

省烟草专卖局（公司）党组认为改革烟草工商体制实行工商管理分开，是打破地区封锁、优化烟草资源配置、建立统一的烟草大市场的基础和前提，早搞早受益，必须大力推进。为此，四川省烟草专卖局（公司）主动约请重庆市烟草专卖局（公司）洽商达成共识，并取得国家烟草专卖局（总公司）党组认同和双方党政领导的支持。2003年4月7日，经过紧张周密的筹备之后，成立四川省、重庆市卷烟工业联合重组协调小组（后成立四川省烟草工商体制改革领导小组）负责协调两省（市）政府相关事宜和具体工作，并起草《四川省、重庆市卷烟工业联合重组实施方案》和《川渝中烟工业公司章程》。同年4月18日，向国家烟草专卖局正式报送《关于成立川渝中烟工业公司的请示》。5月16日，国家烟草专卖局发出《关于成立川渝中烟工业公司有关问题的批复》，原则同意两省（市）按《四川省、重庆市卷烟工业联合重组实施方案》组建川渝中烟工业公司（以下简称工业公司）。

新组建的川渝卷烟工业公司与四川烟草专卖局（公司）及重庆市烟草专卖局（公司）并列，负责管理四川省和重庆市的卷烟工业企业。川渝工商体制改革以后，四川省烟草专卖局与四川省烟草公司、重庆市烟草专卖局与重庆市烟草公司仍分别实行“一套机构，两块牌子”，领导和管理所属烟草专卖局（公司）和烟叶复烤企业，但不再领导和管理卷烟工业企业。

工业公司实行总经理负责制，按照精简、统一、效能的原则，公司本部机构设六部一室，公司本部人员编制60人，所需人员从四川省烟草专卖局（公司）、重庆市烟草专卖局（公司）调配。

工业公司由四川4家、重庆两家卷烟工业企业联合重组，重新注册，为大型国有企业。主要承担烟草制品生产和销售、烟草物资、烟机零配件及其他与卷烟生产相关的生产经营任务。注册本金为人民币5000万元。川渝两地6家卷烟工业企业共有203万箱的卷烟生产计划，有中国人口最为众多的传统消费市场，从历史、文化、地域上都具有利条件。

工业公司由国家烟草专卖局（总公司）领导和管理，机构、人员、财务与四川省、重庆市烟草专卖机构脱钩。公司领导班子成员由国家烟草专卖局（总公司）任免、考核、奖惩。

工业公司领导和管理所属卷烟工业企业，按干部管理权限任免所属企业的领导班子成员；保留重点卷烟工业企业的法人资格和现行运行机制；卷烟工业企业纳税渠道不变；工业公司及所属企业在四川省辖区内从事烟草专卖品的生产经营活动，接受四川省烟草专卖局的专卖管理和执法监督；在重庆市辖区内从事烟草专卖品的生产经营活动，接受重庆市烟草专卖局的专卖管理和执法监督。

2003 年 5—6 月，《四川省、重庆市卷烟工业联合重组实施方案》分别获得四川省、重庆市政府批准，四川省烟草专卖局（公司）、重庆市烟草专卖局（公司）随即开始工商管理体制改革的实施工作。

剥离省（市）卷烟工业企业，划转工业公司。两地共有卷烟工业企业 8 家（含四川 2 家地方企业），1993 年卷烟生产计划基数 197 万箱；2002 年生产卷烟 202.8 万箱。两地 6 家中央预算内企业共有正式职工 15402 人，其中：在职职工 12451 人，离退休职工 2951 人。卷烟工业企业资产总额 125.6 亿元，负债总额 88 亿元，所有者权益 37.6 亿元，平均资产负债为 70%。

剥离工业经营管理机构、职责，将烟草物资公司和管理工业的机构及其职责划转到工业公司。

划转资产和债权债务。四川省烟草专卖局（公司）将成都市红星中路二段 82 号的办公大楼及其附属设施划转工业公司，作为工业公司的办公地点；在一次性清算与四川省烟草物资公司的债权债务后，将原四川省烟草物资公司的资产、负债和权益整体划转到工业公司；将原为绵阳卷烟厂转贷的 2400 万元银行贷款的债权债务划转工业公司；一次性划转 8800 万元资金到工业公司。重庆市烟草专卖局一次性转 5000 万元资金到工业公司。

调配人员、划转工效挂钩工资总额和工资结存。按四川省烟草专卖局（公司）45 名、重庆市烟草专卖局（公司）15 名的比例，从与工业管理有关岗位调配人员；以当时人均工效挂钩工资总额和工资结存数为基础，按实际调配人数确定划转额，划入工业公司；整体划转单位的工效挂钩工资总额和工资结存全部划入工业公司。国家烟草专卖局下达的当年工资总额计划也按以上原则划转工业公司。

在工商管理体制分开后，由四川省烟草专卖局（公司）协助工业公司共同完成宜宾、泸州卷烟厂的关闭和绵阳卷烟厂的兼并重组，由重庆市烟草专卖局（公司）协助工业公司共同完成黔江卷烟厂的兼并重组。在工业公司成立初期，由两省（市）烟草公司共同协助工业公司组织卷烟生产计划和卷烟产销衔接。工业公司可以无偿使用四川省烟草专卖局（公司）信息系统中可供工业使用的全部信息。

2003 年 8 月 6 日，川渝烟草工商体制改革在四川成都召开大会宣告四川省、重庆市烟草工商体制改革任务的顺利完成。

烟草工商分开后，各自的管理职能发生变化，为了确保改革发展的顺利进行，工商双方建立新型的关系。2003 年 8 月，四川省烟草专卖局（公司）提出处理工商关系“市场导向，利益纽带，搞好服务、亲密合作、共同发展”方针，使川渝烟草工商保持平稳协调发展。2004—2005 年，川渝工商的主要任务是推进工业企业的联合重组。为此，四川烟草商业企业积极主动为工业企业创造相对宽松市场环境，解决川渝工业的高端产品稳定发展与省外强势品牌进入的矛盾。平稳协调使川渝工业的高端产品稳住了市场占有率，并有所发展。全省烟草商业企业都一致认识到，没有川渝卷烟工业企业的强大，也就没有四川烟草的强大，与工商利益关系上必须讲政治顾大局，视工商为一体，相互促进，共同发展。烟草工商体制改革，不但建成具有核心竞争力的大公司，而且形成密切烟草工商的新型关系。

图1－12　2003年4月，四川省烟草专卖局（公司）局长、总经理、党组书记黄文驰（左）与重庆市烟草专卖局（公司）局长、总经理、党组书记吴应禄（右）各代表川渝两地烟草专卖局（公司）签署组建川渝中烟工业公司方案

第二篇　烟草生产

烟草生产包括烟叶种植和卷烟生产的基本内容及其中间环节烟叶复烤加工。

烟叶是烟草行业赖以生存和发展的基础。随着烟草企业的组建和发展，四川烟叶种植得到更为有利的发展条件。形成了川西名晒烟生产基地，川西南、川南优质烤烟生产基地，川北、川东北晒烟、白肋烟生产基地，烟叶种植规模、产量、技术、品种、结构同步得到提升和优化。20 世纪 90 年代末，四川可生产晒烟、烤烟、白肋烟、香料烟等多个品种，四川烟叶生产位居全国前列。“十五”期间，烟叶的科技含量明显提高，优质烟叶的示范基地形成大规模，各类名优烟叶品牌纷纷涌现，累计收购烟叶 886 万担，年均增幅 3.7%，烟叶成为四川烟草新的经济增长点，四川省成为中国产烟大省。

1989 年，四川省共有卷烟厂 11 家，复烤厂 10 家。1997 年重庆市直辖川渝分治，四川省烟草行业划出计划内卷烟厂 3 家，地方烟厂 1 家，计划内复烤厂 4 家归重庆市烟草专卖局（公司）管理。至 2000 年，全省烟草行业下辖计划内卷烟厂 6 家（成都、什邡、绵阳、西昌、泸州、宜宾卷烟厂），烟叶复烤厂 9 家，卷烟配套材料厂 1 家。2003 年 8 月，四川烟草行业与重庆市烟草行业率先在全国烟草行业推行卷烟工业企业跨省（市）联合重组（四川省因产业调整泸州、宜宾卷烟厂关闭，仅有卷烟厂 4 家），完成烟草工商体制改革（工商分离）任务。1986—2005 年间，四川烟草工业经历了“七五”狠抓技改上规模、“八五”转轨变型增效益、“九五”深化改革上台阶、“十五”工商分制重组的发展历程。

第一章 烟叶生产

第一节 生产规模

1983—1985 年，四川省积极推行“科技兴烟”战略，贯彻“良种化、区域化、规范化”的烟草生产方针，实行“调整价格、动员种植、适当扶持”政策，鼓励发展烤烟生产。1978—1988 年，四川生产烤烟 841 万担，是 1950 年以后 29 年总产量的 2 倍多。1985 年以后，白肋烟生产经营工作移交省烟草公司，白肋烟生产实行“以销定产”方针，年产量均控制在 6 万担左右。

1987 年，四川省烟草公司安排凉山州试种香料烟，烟区主要分布在凉山州会理、会东、宁南等区县。

1987—1988 年，由于卷烟工业的迅速发展，导致对烟叶生产需求猛增，全国各地出现烟叶大战。国家烟草专卖局（总公司）从 1989 年开始连续 3 年对烟叶生产实行以销定购，以购定产促进产销渠道畅通、产销协调发展。由于政策明确、科技兴烟力度大，四川省烟叶种植规模和烟叶质量上了一个台阶，烟叶年收购量基本上满足省内卷烟工业的需要。1992 年，四川烟叶总产量达到 394 万担，占全国第 3 位。1990—1993 年，四川烤烟年均种植面积均在 90 万亩以上，年总产量均达 330 万担以上。

从 1993 年起，四川省提出“市场引导、计划种植、主攻质量、调整布局”的生产方针，在抓适度规模生产的同时，主攻烟叶质量，调整布局，集中发展凉山、黔江、泸州、涪陵、宜宾 5 个传统优质烟区。同时，确定发展万县白肋烟和什邡的晒烟，不适宜区即停止生产种植。1996 年，烤烟种植面积达 145.5 万亩，总产达 393.4 万担，为 20 世纪最高纪录。

1997 年重庆市划归中央直辖后，四川省重点发展凉山、泸州、宜宾 3 个地区的烟叶生产。在凉山建立了良种繁育基地，实行全省统一供种，1997 年推广包衣种。全省实现了育苗基地化、专业化，大力推广地膜烟，建立健全生产服务体系，成立四川金叶化肥有限公司，保障化肥供应。大力普及三段式烘烤技术，推广病虫害综合防治措施，建立健全病虫害预测预防网络，厂县挂钩，建设和扩大优质烟叶基地规模。

1997 年，由于粮食、棉花价格走低，导致烟粮比价过高，烤烟出现盲目发展现象，全国年收购烟叶创历史最高纪录。随后国家对烤烟种植进行调整，严格的宏观调控，四川省提出“控制总量、提高质量、调整结构、增加效益”的烟叶生产方针，严格执行国家控制面积、控制总量的“双控”政策，烤烟种植面积年均控制在 45 万亩左右。

至 2000 年，四川省的烟草农业生产进入良性发展阶段。烟草农业生产全面贯彻计划种植、主攻质量、提高单产、增加效益的指导方针，实现了产、供、销基本平衡，略有贮备，并有一定数

图2－1　2001年9月，四川省烟草专卖局局长、省烟草公司总经理黄文驰（左一）陪同国家烟草专卖局局长倪益瑾（右一）考察凉山州加大科技投入、生产优质烟叶情况

量的出口。四川省的烟草农业生产具备品种类型齐全、风格各异的形态，并已形成区域化种植和完整的烟叶生产管理体系，烟叶生产技术得到极大改进. 建立了良种推广体系及繁育制度，育苗、施肥、管理、烘烤、病虫害防治等技术工艺得到改进和提高，技术推广网络初步形成，为烟草农业生产的进一步发展打下了坚实的基础。全省种植烤烟48万亩，收购烟叶135.6万担。

经过多年的努力，四川烟草行业初步建成德阳名晒烟生产基地，凉山、泸州、宜宾、攀枝花等优质烤烟生产基地和达川、巴中晒烟、白肋烟生产基地，烟叶产量、质量和等级合格率大幅度提高。烟叶年产量（三类烟）由1983年的80万担发展到2000年的135.6万担。上等烟（烤烟）比例由3％提高到25％，增加22百分点；烟叶（烤烟）亩产量由75公斤提高到125公斤，增长67％。四川烤烟质量、知名度和整体水平明显提高，可作卷烟主料烟使用。四川烟叶除满足本省卷烟生产需要外，还调往全国40多家烟厂，并出口到美国、英国、法国、日本和东南亚等10多个国家和地区，成为全国重点优质烟叶生产省之一。

2001年，在烟草农业持续发展的基础上，全省种植烤烟48万亩，收购103.72万担，等级合格率达到78％。

2002年，为了实现四川“十五”期间烤烟生产200万担的规模，烟叶质量水平达到全国先进水平，优化生产规模结构，省烟草专卖局（公司）制发《四川省烤烟生产优化布局实施方案》，调整2万担以下的县、3000担以下的乡、压缩3亩以下的种烟户。利用2—3年时间，建立一批5万担以上的基地县，发展一批5000担以上的规模乡，扶持一批5亩以上的专业种烟户；实现基地县产量占全省总产的90％，规模乡产量占当地总产90％，专业户产量占当地总产40％—50％，达到集中种植、规模发展目标。按照实施方案要求，凉山产区主要发展会理、会东、宁南、德昌、冕宁、西昌、普格种烟县，产量占全州总数的90％；泸州产区稳定古蔺、叙永县，全市种烟乡压缩到35个乡之内；宜宾产区以筠连、兴文、珙县为主，三县产量占全市总量的90％以上；广元产区主要发展剑阁、元坝两县（区），产量占全市总量的90％以上；攀枝花产区为具有发展潜力的产区，对每个种烟乡按5000担的标准进行安排。是年全省烟叶种植46.1万亩，收购烟叶137万担。

2003年，全省烟叶生产保持良好发展势头。各烟区加大投入完善基础设施和加强技术指导，坚持“双控”政策不动摇，种植规模和收购计划得到有效控制，重视烟叶收购质量，收购烟叶137万担，收购等级合格率达到81.9％。

2004年，根据国家烟草专卖局调整“三优化”原则和“重点扶持，发展5万担以上种烟县，5000担以上种烟乡和5亩以上种烟农户”要求，全省调整不适宜种烟县5个，不适宜种烟乡150个，烤烟种植户降至14.3万户；烤烟收购计划增加50万担，户平均种烟面积达到3.85亩，规模化程度提高。同时，全省“金攀西”示范面积累计达到3万余亩，“国际型”优质烟叶开发示范面积近2万亩，优质产烟基地规模扩大。全省烟叶种植规模明显优化。全年收购计划193万担，上等烟叶占28.78%，中等烟叶占59.22%，收购烟叶担均价达464.69元。

2005年，烟叶发展取得历史性突破，各烟叶产区战胜前所未有的自然灾害，注重基础设施建设，规范经营管理和技术服务，全省烟叶种植面积94.02万亩，收购烟叶267万担，上等烟比例达到31.33%，烟农总收入12.7亿元，四川烟叶种植规模和质量知名度整体水平进一步提高。

第二节　生产管理

1982年10月成立四川省烟草公司后，全省烟草生产实行统一领导，计划管理，专卖专营。四川省人民政府和烟叶产区市（州）县均成立烟草发展领导小组和烟叶生产办公室。各级政府的烟叶管理机构领导并扶持烟草专卖局（公司）进行生产管理。每年由省烟草专卖局（公司）按照国家烟草专卖局（总公司）下达的烟叶生产收购计划，结合四川实际，分解计划到各烟叶产区。

具体的生产管理工作，由省烟草专卖局（公司）实行统一领导分级管理。1989年前，由省烟草公司烟叶生产管理处具体负责烟叶生产的管理工作。1990年，四川省烟叶生产购销公司成立后，负责安排和实施生产计划、生产管理、技术指导、新技术开发推广，并建立工作、会议制度，每年承办全省性的烟叶工作会、烟叶收购会、烟叶订货会、烟叶政策座谈会、烟叶技术总结、研讨会，部署工作，制定生产政策、措施，建立生产管理各项制度，确定目标管理考核办法，实行责任目标管理。

图2－2　2004年5月，攀枝花市烟草专卖局（分公司）局长、经理王钟（中）与烟技人员、烟农研究提高田间管理，促进烟叶优质增收

1991年6月29日，第七届全国人民代表大会委员会第二十次会议通过《中华人民共和国烟草专卖法》，从1992年1月1日起执行。规定烟叶收购计划由县级以上地方人民政府计划部门根据国务院计划部门下达的计划分解下达，烟草公司或者其委托单位应当与烟叶种植者签订烟叶收购合同。烟叶生产成为国家指令性计划，“计划种植”成为烟叶生产发展最基本的方针，生产计划管理体制和管理程序得到加强。20世纪90年代初中期，烟叶生产收购合同遍及全省，生产计划落实到每户烟农。90年代后期，贯彻种植计划的“双控”措施，生产秩序逐步规范，四川烟叶生产实现产销良性循环。2000年，实施烟叶生产“户籍化”管理，产区每户烟农的种植收购数量等信息进入信息网络管理系统。

2001—2005年，四川烟叶生产实行有效的宏观调控管理，贯彻国家“双控”政策，“稳定规模，稳定政策”。烟叶生产规模严格控制在国家下达的计划内，将“双控”指标纳入烟区责任目标考核范围；通过国家法律的合同契约形式指导、约束烟农的经济行为，严格合同管理，按生产计划组织烟叶生产。2005年，进一步理顺烟叶生产经营管理体制，撤销省烟叶生产购销公司，建立省烟叶生产经营管理部，强化烟叶生产经营管理和监督服务，全程监控烟叶生产种植、收购调拨工作。

第三节 政策措施

一、行政扶持

从1988年起，四川省人民政府出台多项行政扶持烟叶生产的措施，加快全省烟叶生产的发展。采取经济的、行政的措施，调整烤烟生产政策；按照优质优价的原则，调整不合理的烟粮比价关系；调整生产扶持费标准，调动农民种烟积极性；严格执行国家烟草专卖局制定的烟叶收购价格，不准擅自调整价格；与烟农签订烟叶收购合同，将分配的国家计划向适宜区和最宜区集中安排，形成生产区域化，培养发展种烟专业户等。具体的行政扶持政策有：

1988年6月6日，省政府发出《关于加快全省烟草生产发展的几项经济政策的通知》，决定采取相关经济措施，加快全省烟草生产的发展。从1987年起，将烟厂调进的4个等级（中一、中二、中三、上一）烤烟的供应价总值的10%，由烟厂所在地财政返还烤烟产地财政，主要用于扶持烤烟生产和补贴烟农；从1988年起，全省实行确定烤烟调拨基数的办法。基数内调拨的烤烟，按原规定继续执行；超基数部分的中一、中二、中三、中四、上一、上二、上三共7个等级的上中等烤烟，实行卷烟产地财政向烤烟产地财政返还的办法，每50公斤上等烤烟按全省卷烟平均单箱税450元的20%、每50公斤中等烤烟按10%的比例返还。上述及按销售川烟产品税6%返还（包括其中应上缴中央财政40%负担）的具体财政结算办法，双方在不影响中央和省级财政的前提下，按1987年有关规定办理；烤烟产地县建立烤烟发展基金，基金来源包括卷烟产地对烤烟10%的财政补贴、烟叶超基数返还部分以及各地已经采取的从烟叶税收中投入的部分等。发展基金由县烟叶生产领导小组或县烟办直接掌握，专项用于粮烟挂钩、化肥、农膜、良种繁育、新技术推广等补贴。

1992年，省政府发出《关于调整烤烟生产有关政策的通知》，对1988年规定的有关扶持烤烟生产发展的政策作出调整和完善。从1992年烤烟生产年度开始，全省实行卷烟产地财政向烤烟产地定额返还的办法，即：烟厂调进每50公斤上等烤烟、中等烤烟，分别按80元、45元定额返还。其中，由烟厂所在地财政按每50公斤上等烤烟60元、中等烤烟35元返还烤烟产地，专项用于扶持烤烟生产和国家规定补贴烟农；其余每50公斤上等烤烟20元、中等烤烟10元，由烟厂所在地财政直接解缴省烟叶生产购销公司，作为烤烟发展基金。为加速凉山州优质烤烟基地建设，从1992年烤烟生产年度开始，烟厂调进凉山州每50公斤上等烤烟、中等烤烟分别按120元、65元定额返还。其中，由烟厂所在地财政按每50公斤上等烤烟100元、中等烤烟55元返还烤烟产地，按国家规定补贴烟农；其余每50公斤上等烤烟20元、中等烤烟10元，由烟厂所在地财政直接解缴省烟叶生产购销公司，作为烤烟发展基金。烟厂所在地财政解缴省烟叶生产购销公司的烤烟发展基金，专款用于扶持全省烤烟生产发展。卷烟产地对烤烟产地返还的烤烟扶持资金，各地严格按上述政策规定执行，不得擅自降低或提高返还标准。同时，调整烤烟奖售肥政策，烤烟专项补助肥，实行包干使用，全省1992年按17370吨（标肥）基数不变。烟农每交售1公斤上等烤烟奖售尿素1公斤，由省上的基数内解决；中等烤烟奖售化肥，各地根据实际情况自行决定。取消低等烤烟奖售尿素0.2公斤的规定。鉴于省、地（市、州）烟草公司不直接经营烤烟，各烤烟产地县烟草公司从烤烟销售额中提取0.7%，作为烟叶生产组织协调服务性资金进入成本，由省烟叶生产购销公司和烤烟产地分公司各按50%的比例集中，作为烤烟生产的组织协调和业务指导费用。

1994年6月23日，省政府发出《关于推动我省烟叶生产稳定发展的通知》，继续加强对烟叶生产的政策扶持。省烟叶扶持资金是卷烟产地财政对烟叶产地的生产扶持资金，不列入计税基数，各地将烟叶扶持资金单独列支，全部用于扶持烟叶生产，不得挪作他用。加强烟叶生产的宏观调控，建立烟叶发展基金和风险基金。省烟叶生产办公室会同财政、审计部门，对基金的解缴、使用情况进行年度审计检查，按照文件规定统一管理使用烟叶发展基金和风险基金。

1995年1月16日，省政府发出《关于加大扶持力度促进烟叶生产实现恢复性发展的通知》，调整不合理的烟粮比价关系，推动全省烟叶生产实现恢复性发展。在国家1995年调整烤烟收购价格的基础上，烤烟15级扶持标准在省政府有关文件的基础上调整为每50公斤优质烤烟中一90元、中二100元、中三100元、中四70元、中五20元、上一90元、上二75元、上三40元，直接兑现给烟农。对烟叶专用复合肥实行与优质烤烟挂钩补贴的政策，在烟农交售烤烟时，按照中一、中二、上一烤烟每公斤补贴1元，中三每公斤补贴0.5元的标准，兑现肥料补贴款。烤烟扶持资金由烟叶产地按照省政府有关文件的规定，根据各地实际和财政的承受能力，将卷烟产地财政支持烟叶产地的生产扶持资金补贴给烟农，不足部分由烟叶产地县烟草公司解决。

图2－3 由于政策扶持并通过“科技兴烟”与“公司加农户”发展模式，2004年叙永县烟农喜获烟叶大丰收

1996年4月23日，省政府发出《关于继续稳定提高烟叶生产扶持政策的通知》，决定继续加大对烟叶生产的扶持力度。1996年烤烟生产按国家烤烟40级标准扶持，使全省烤烟收购均价达到每0.5公斤1元（含扶持费）。国家对1996年烤烟40级收购价进行调整，四川省收购价减去国家价即为实际扶持标准，收购时直接兑现给烟农。卷烟产地财政支持烟叶产地的生产扶持资金，不列入计税基数，可先征入库单独列支，全部用于扶持烟叶生产，不得挪作他用。1999年7月，省政府发出《关于确保全省烟叶生产稳定发展的通知》，严肃查处烟叶收购抬级抬价、压级压价、越权调价或以价外补贴等形式变相调整价格等违法违纪行为。同时，将分配的国家计划向适宜区和最宜区安排，与烟农签订合同，形成适度的规模经营。

2001年，贯彻国家局烟叶种植烤烟执行国家指令性计划，白肋烟、晒烟坚持指导性计划，以销定购、以购定产政策，发挥烟叶购销合同管理的调控作用，规范全省烟叶生产经营。执行省政府《关于2001年烟叶生产有关问题的通知》，暂不收购市场无销路的B2K、B3K、GY1、GY2、CX2K 5个等级烟叶，使2001年上等烟叶比例上升到21.13%，下低等烟叶降到15.5%。烟叶担均价

413.78元，比上年每担增加45元。全省烟叶收购质量合格率达到75.1%。

2001—2003年，坚持“双控”政策不动摇，贯彻提高质量、优化布局的原则，实行优化区域、优化烟农，优化地块，推动烟叶生产向全省最宜地区和烟农转移。

从2003年6月起，贯彻执行省政府关于停征烟叶特产税政策，烟叶农业特产税及附加两项返税烟农作为政府对烟农的扶持资金，纳入专户管理。按照国家发展和改革委员会、国家烟草专卖局下达的烟叶种植收购计划的实际收购数量的总价款为基数，以24%的比率，经地税部门核定后，由烟叶收购部门直接划转到同级财政部门开设的烟农扶持资金专户。根据省烟草专卖局（公司）的要求，四川省烟草专卖局经济信息中心在烟农户籍综合信息系统基础上增加独立的扶持资金返还功能模块，提供每户烟农准确的返还数据。

2004年，针对粮食、生产资料涨价等因素，省烟草专卖局（公司）会同省物价局及时确定烟叶价格，保证1.41亿元烟叶扶持资金兑现给烟农，稳定烟农的种烟积极性和烟叶种植规模。

2005年，全省深入贯彻执行“双控”政策，烟叶生产做到稳定规模，稳定政策，规范布局，主攻质量。规范布局的重点放在优化田间、优化烟农户上，烤烟种植户平均面积不少于5亩，白肋烟不低于1亩，未达到者不予签订种植合同。积极扶持一批10—50亩以上的种植大户，从政策上给予支持，使这部分烟农起带头作用，引导烟叶集约化生产经营。围绕“助农增收”问题，加大对烟叶生产基础设施的投入，全省使用4.03亿元资金完成烟水系列配套工程建设。

二、生产扶持费

1985年，四川省烟草公司决定，对晒烟、白肋烟取消价外补贴，从是年产新烟之日起，实行生产扶持费。收购部门在支付中不作收购价款，不计工商统一税，不计技术改进费和代购手续费，但列入调拨成本，市场销价不变。

1987年，省烟草公司发出《关于调整晒烟生产扶持费的通知》，晒烟收购价格不动，适当调高生产扶持费。成都、德阳市九级制毛烟生产扶持费均有较大提高。

1989年底，省烟草公司发出《关于调整五级制晒烟收购价格和整顿生产扶持费的通知》，决定自1990年新烟上市起，适当提高五级制晒烟收购价格，并对晒烟生产扶持费进行整顿。根据“上等烟基本不动，中、下等烟多提一点，缩小等级差价”的原则，白毛烟标准级（三级）收购价格由每50公斤65元提高到75元，按1987—1989年的等级比重加权计算，全省晒烟收购均价每50公斤由60.06元提高到64.75元，提高幅度为7.81%。为制止各地补贴烟农生产扶持费标准不一致造成的混乱状况，决定将全省（除成都、德阳市外）晒烟扶持费统一为一个标准：白毛烟（每50公斤）一、二级30元，三、四、五级25元，级外5元，全省平均24.16元。收购结束后凭烟叶产销合同（或种烟证）和收购凭据，以现金形式按规定标准如数向烟农兑现。成都、德阳市九级制晒烟价格中的生产扶持费已提到较高水平，决定上述地区九级制晒烟（含绵竹柳烟）收购价格（含扶持费）不动，仍按现行价格和扶持费标准执行。根据国家规定，晒烟生产扶持费不作为计税基础，不征产品税和其他税费，但必须专立账户，全部用于发展烟叶生产，不得挪作他用。

20世纪90年代初，粮烟收益差异大，农民多不愿种烟。根据实际情况，1990年，四川省烟草专卖局、四川省物价局决定提高烤烟收购价格。中四由每50公斤90元提高到105元；统一生产扶持费标准，上、中等烟每50公斤分别为30元、25元；继续执行付给烟农的生产扶持费在财政返还中支付的政策，收购结束后以现金形式兑现。四川省与云南省接壤收购点的收购价格和生产扶持费标准与云南平衡。

1990—1995年，四川省名晒烟产地多次提高收购价。达川、巴中地区两年内共调整两次白毛烟收购价，1990年每50公斤白毛烟一级为117元，二级110元，三级100元，四级85元，五级70元，外级31元；1995年每50公斤一级127元，二级120元，三级115元，四级100元，五级85元，外级35元。

1993年，省政府发出《贯彻国务院办公厅转发国家经贸委〈关于调整烟叶经济政策实施方案请示的通知〉的通知》，决定国家规定的烟叶生产扶持费（上等烟30元/50公斤、中等烟25元/50公斤）并入烟叶收购价；烟叶产品税税率由38%降为31%；卷烟产地财政向烤烟产地定额返还水平不变，烟厂承付财政返还款时，扣除国家规定的烟叶生产扶持费。

1994年，省政府发出《关于推动我省烟叶生产稳定发展的通知》，决定烟叶扶持资金单列，不列入计税基数，全部用于扶持烟叶生产。烟草公司全等级收购烟叶（包括低次等级），收购的低次等级烟叶不进入统计总量，不征收农林特产税，由收购单位就地作报废处理，损失由烟草公司和烟厂共同承担。

1995年5月15日，省政府规定，在国家1995年调整白肋烟、晒烟收购价格的基础上，从烟税中拨出部分费用，用以扶持生产。扶贫资金中的发展晾、晒烟生产的项目资金，直接兑现给烟农。省烟草公司在国家1995年调整烤烟收购价格的基础上，烤烟15级扶持标准调整为：对中一、中二、中三、中四、中五、上一、上二、上三8个等级再进行补贴，使50公斤均价达到250元，亩产120公斤计算，收购达到600元，直接兑现给烟农。

1996年6月15日，省烟草公司对凉山州在烤烟收购扶持费上继续给予政策倾斜，即在省扶持标准基础上每50公斤上等烟增加53元，每50公斤中等烟增加48元，40级收购50公斤均价达450元。

1996年，省政府发出《关于继续稳定提高烟叶生产扶持政策的通知》，决定实行烤烟40级标准收购，取消15级的扶持标准；当年按40级提高扶持标准，使全省烤烟收购均价达到每0.5公斤4元（含扶持费）；卷烟产地财政支持烟叶产地的生产扶持资金不列入计税基数。

1997年，省政府发出《关于稳定烤烟扶持政策促进我省烤烟生产持续稳定发展的通知》，决定建立烤烟生产发展基金，来源为对烤烟生产扶持费征收的农特税。同年，省烟草公司发出《关于稳定晾晒烟扶持政策保持晾晒烟生产稳定发展的通知》，为避免晾晒烟生产大起大落，保持晾晒烟生产的稳定发展，根据省政府规定，决定稳定晾晒烟扶持政策。严格执行晾晒烟收购价格、扶持标准，建立晾晒烟生产发展基金。对晾晒烟生产扶持费征收的农特税不计入财政预算，全额退交当地烟草公司专户存储，专项用于扶持晾晒烟生产。各地可以在资金总额15%以内对组织烟叶生产的会议和技术培训、对发展生产的先进单位和个人进行开支和奖励。

2004年2月，根据全省烟叶生产的实际情况，省烟草专卖局（公司）进一步明确了烟叶扶持政策，制定烟叶生产扶持费用的标准和使用范围，规定了烟叶产前扶持费用的列支渠道。决定从2004年起，全省烟叶生产统一扶持标准，每担烟叶按60—80元的标准在产前投入扶持，主要用于新品种示范、新技术推广运用、标准化站点及网络信息化建设、烤房改造、烟水工程、防灾保险、优质烟叶基地开发，病虫害预防、技术培训、生产收购奖励等项目。

三、灾害应急保障与救助

20世纪80年代中后期以后，四川省出台一系列政策，形成对烤烟生产灾害应急救助的政策保障。

1988 年 6 月，四川省人民政府发出《关于加快全省烟草生产发展的几项经济政策的通知》，决定从 1987 年起，烤烟产地县建立烤烟发展基金，基金来源包括卷烟产地对烤烟产地 10% 的财政补贴、烟叶超基数返还部分及各地采取的从烟叶税收中投入的部分。

1992 年 6 月，四川省烟草发展领导小组发出《关于印发调整烤烟生产有关政策实施细则的通知》，决定全省集中建立风险基金。省集中的烤烟生产发展基金，设立专项账户，其中 80%—90% 以烟用化肥等生产资料形式返还到县，以增加烟叶生产的投入；10%—20% 用于新品种、新技术开发等综合性服务以及优质烟叶基地建设等费用支出。对调出省外的烤烟，全省集中建立风险基金。1992 年按调出上等烟叶每 50 公斤 10 元，中等烟叶 50 公斤 5 元，由调出烟草公司按季度向省烟叶生产购销公司解缴。

1995 年，省烟草公司发出《关于收取调省外烤烟风险金和生产发展基金的通知》，规定：各烤烟产地分、县公司按每 50 公斤上等烟 40 元，每 50 公斤中等烟 20 元收取风险金和生产发展基金；分公司集中留存 40%，60% 由烟草分公司集中解缴省烟草公司。

1996 年，根据省政府办公厅《关于印发四川省烤烟风险基金征收管理使用办法的通知》，四川省地方税务局发出《四川省烤烟风险基金征收办法》，规定：凡省外烟草企业在四川省外调上等烤烟、中等烤烟（包括省外烟厂在四川省内建立了烤烟基地的），均应按规定缴纳烤烟风险基金。烤烟风险基金实行价外征收，标准为每 50 公斤上等烤烟 40 元，每 50 公斤中等烤烟 20 元；烤烟风险基金由烤烟产地市（地、州）烟草公司或县（市、区）烟草公司等烤烟调出单位直接向省外烟草企业价外收取，所在地地方税务局负责征收。烤烟调出单位必须严格按照规定履行代征代缴义务，及时足额划解所在地地方税务局烤烟风险基金过渡户。烤烟风险基金的使用，按省政府规定，用于产地县的烤烟基地建设、扶持生产、抗灾救灾、以丰补歉等。

1996 年 12 月，根据国家烟草专卖局调拨收取经营管理费的精神，省烟草公司发出《关于烟叶生产组织协调服务费收取办法的通知》，要求省、地两级烟草专卖局（分公司）加强对烟叶生产的救助与保障工作，强化技术指导和协调服务。决定从 1996 年 7 月 1 日起将国家局提高的 3 个百分点的经营管理费分解为省烟草公司、分公司、县公司各得 1 个百分点，按 1996 年烤烟国家基准价核定，经营管理费平均每 50 公斤 1 个百分点约为 5 元。县公司向省烟叶生产购销公司和产地分公司各按每 50 公斤 5 元解缴烟叶生产组织协调服务费，此项费用在烟叶经营管理费中列支。

2004 年 8 月，省烟草专卖局（公司）鉴于烟叶生产受自然条件和市场因素影响较大，广大烟农和烟叶生产企业要承担较大的自然风险和经营风险的实际，建立烟叶生产经营风险机制。努力降低风险，加大对资金的投入改善其基础生产设施。同时采取烟草公司和烟农共同出资投保，通过保险解决重大灾害的影响和损失，保障烟叶生产的稳定发展。

2005 年 3 月，由于烟叶种植投入大、风险高、技术难度大，调节环节多，烟叶生产属弱势产业的特性，省烟草专卖局建立“四川省烟叶生产发展专项奖励金”，用于奖励对烟叶生产发展有重大贡献的市（州）、县、乡各级党政领导。资金来源由省烟草专卖局统筹，其中省烟草专卖局的奖励金仅用于奖励对烟叶生产发展有重大贡献的市（州）党政主要领导（市州委一把手、市州政府一把手、分管烟叶工作副职）；县、乡党政的奖励，由各产区市（州）烟草专卖局照此办理。

四、物资供应

（一）农药供应

1984—1998 年，四川烟草农药由省农资公司、省烟草公司共同组织供应。1998 年，国家烟草专卖局发出《关于加强烟草农药管理的通知》，要求规范烟草农药的使用、普及推广。从 1999 年开始，全省烟草农药由产地县烟草公司报送用药计划，四川省烟叶生产购销公司统一组织。

（二）肥料供应

1980—1998 年，烟用化肥主要由省供销社农资公司及各基层供销社组织供应，每年由农业部门根据需要量，向当地农业经济委员会或农资公司提出订货计划，农资公司统一向化肥厂衔接计划，负责组织、调运、供应。烟草公司组建后，亦多方设法组织货源。20 世纪 80 年代初，国家动用外汇，专项安排进口化肥，分配各地使用。1984 年 1 月，省烟草公司发出《关于烟叶专用复合化肥分配办法的通知》，将国家专项安排进口分配四川省 8000 吨三元素复合化肥分配指标下达各地，专项分配给种烟主产县。

1988 年 3 月，省农业生产资料公司、省烟草公司联合发出《关于下达 1988 年第一次烟草专用化肥分配计划的通知》，将 1988 年分配四川省烟草专用肥 11500 标准吨的使用指标分配下达各地，除会东、会理、筠连、巴中县及德阳、广元、内江、南充地区外，均由各地区烟草分公司提供。

1988 年，省烟草公司与中国农资公司成都分公司、什邡化肥厂联合开发了四川省烟草专用复合肥加工生产项目。1989 年月正式开工投产，至 1990 年 5 月，共供应省内各地 2 万余吨。

1999 年 12 月，省烟草专卖局发出《四川省烟草农用物资管理办法》，公布了经省烟草专卖局确定的首批烟草农用物资定点供应企业（产品）名单。

根据国务院 1998 年下发的《关于改革化肥流通体制的通知》精神，从 2000 年开始，四川省的烟用化肥由各县烟草公司统一组织、供应，实行统一配方、统一货源、统一价格、统一质量标准、统一供应渠道供肥，各县农资公司和基层供销社不再经营烟用化肥。烟草专用肥料的供应采取赊销和现金购买两种办法，价格由物价局核准。赊销价格略高，以鼓励烟农用现款购肥。对确实买肥困难的农户经烟草经营站核实后挂账销售，于交烟时扣回，利息和风险金用两种价格的价差部分弥补。

2000 年 6 月，省烟草专卖局下发《关于 2000 年度烟草专用复混肥质量抽查结果的通报》，公布了检查各产区使用的 6 个化肥生产厂家的 7 个样品，非定点企业产品质量参差不齐，其生产也得不到监督。决定用三年时间，建立优质烟用化肥生产供应体系。要求各地必须选用省定点企业产品，对不按此规定办的，将追究责任。

2001 年，全省组织供应专用复合肥 2.06 万吨，硝酸钾 1178 吨，硝酸纳钾 735 吨，硝铵 600 吨，油枯 1725 吨，叶面肥 424 吨。凉山州大力推广使用硝态氮肥料，基肥、追肥并重。

2003 年 11 月，为进一步理顺全省烟草农用物资销售供应渠道，省烟草专卖局下发《四川省烟草农用物资管理办法》，烟叶生产所需烟草专用肥料、微肥、叶面肥，农药、化学抑芽剂，农用地膜、育苗用物资等，由省烟叶生产购销公司负责管理；省烟叶生产购销公司下设烟叶生产技术经济服务中心（以下简称“中心”），为农用物资管理专门机构。烟站作为物资使用基本单位，将所需农用物资品种情况上报县烟草公司（营销中心），再经县报市、市报省“中心”汇总后报省烟草专卖局（公司）审批，作为次年全省烟草农用物资需求计划。

农用物资由省“中心”本着“公开、透明”原则，采取“比质比价、择优定购”办法，根据需求计划实行竞价统一采购供应。对不按规定造成药害、农药残留超标、影响烟叶品质等不良后果的单位和个人，视情节轻重给予惩处。

五、烟叶生产基地建设

1973年4月，四川省农业局、省轻工局提出烤烟生产要合理布局、适当集中、重点发展、有计划地建立烤烟生产基地。1973年6月，国家外贸部确定在四川达县、万县两地建立出口白肋烟生产基地，动用出口工业贷款，扶持白肋烟发展。1974年2月，省农业局、省商业局、省轻工局联合向省委、省革委提出在宜宾、内江、万县、涪陵、西昌、黔江、达县、南充、重庆等地建设烤烟生产基地；1975年省委决定扩大烤烟产区，在重庆、内江、万县、涪陵、宜宾、乐山、绵阳、凉山等8个地市州的29个县建立生产基地。

1986年1月，省烟草公司向省委、省政府上报《关于加快全省烟草生产发展的请示报告》，提出在适产地区建设生产基地，采取政策扶持的意见。1987年10月，再次上报《关于加快烤烟生产发展的报告》，提出1988—1990年烤烟生产的具体计划及安排，加快烤烟生产基地建设工作，得到省委、省政府的重视。

20世纪80年代中期，古蔺、黔江、叙永、会理、秀山、彭水、会东、普格、武隆、酉阳、珙县、兴文、筠连县年烤烟产量约占全省年总产量的90%，成为烤烟生产的主产（基地）县。

图2－4　叙永县优质烤烟试验示范地

1987年12月，全国烟叶生产工作会议决定在全国建立100.5万亩优质烟叶生产基地，作为国内烟叶生产发展的样板。四川省万县被列为全国唯一的优质白肋烟生产基地县。中共万县县委和县政府为此建立万县优质白肋烟生产领导小组，负责落实种植面积，督促、检查从播种育苗到采收晾制整个生产流程科技项目的实施。

1990年，省烟草公司在全省安排33.45万亩烤烟优质示范片，示范片烟叶产量亩产145.5公斤，较之全省大面积单产增产49.1公斤；上等烟占12.84%，比大面积上等烟提高4个百分点。

1992年7月，省烟草公司会同省农工委、省农牧厅、省烟叶生产购销公司、成都卷烟厂等单位到攀枝花市的米易县、盐边县、仁和区就加快优质烤烟基地建设问题进行实地考察和研讨，认为四川省发展烤烟生产必须坚持走优质、高产、高效的路子，搞好规划，合理布局，集中成片开发，实现规模效益。省上在物资、技术、资金和政策等方面予以扶持和照顾，帮助市、县、区、乡建立健全服务体系，逐步改善生产条件和经营条件。优质示范片区尽力做好良种统供、技术统训、病虫害统防、肥料统配。为了加速优质烤烟基地建设，省上组织成都、四川等烟厂的所在城市与攀枝花市的两县一区进行市、县挂钩，按合同从技术、物资、资金等方面加以扶持，互惠互利，共同促进优质烤烟的开发。

1994年5月，省烟叶生产办公室、省烟叶生产购销公司，在彭水县、武隆县、古蔺县建立省级优质烤烟示范片，实施期为两年（1994—1995年），下发了《关于建立省级烤烟示范片的实施意见》，下达了示范片种植面积、生产指标。为支持优质烤烟示范片，经省以工代赈办同意，一次性安排180万元补助彭水、武隆、古蔺县各60万元。省烟叶生产购销公司派出得力的技术人员到示范片负责技术指导，为县、乡、村、组建立培训体系和服务网络，使各项技术措施落实到农户田块。省烟叶生产办公室与省烟叶生产购销公司成立项目领导小组，负责省级优质烤烟示范片生产的经费落实、检查督促、验收和生产技术服务等工作，并派人到示范片进行田间生产技术指导和解决技术中的难题。示范片所在县也相应成立项目实施执行小组，并由专人负责示范片生产的全过程工作。示范片建立目标考核责任制，省、县签订责任合同书，在两年实施期分年考核验收，完成或达到合同规定的指标，按省烟叶科技承包奖励办法进行奖励。

1997年，省烟草公司分别制定省内烟厂和省外烟厂在四川烤烟产区建立烤烟生产基地的规定。产地以县为单位与烟厂建立基地，根据烟厂实际需要和产烟县实际生产能力，可“一县一厂”或“一县多厂”。到产地建立烟叶生产基地的烟厂，在资金、物资、技术等方面对烟叶产地进行投入，把烟叶基地作为工厂第一车间给予支持。扶持烟叶基地的资金投入标准为：省内烟厂每亩70元，省外烟厂每亩140元，投入方式由烟叶产地和烟厂协商确定。基地县按照“三化”生产要求组织好优质烟叶生产，认真改善生产条件，加强水利、道路、烤房等基础设施建设，积极开展技术培训，引进推广新技术，不断提高烟叶生产水平和质量水平。烟叶生产的下限指标为：亩单产125公斤，上、中等烟达85%。基地烟叶的供应原则为：实行单收、单复烤和全等级调拨；上等烟叶比例不低于当年基地实际生产水平；平均调拨等级合格率达80%；按烤烟40级标准全部供应给办基地的烟厂。各烟厂和基地县成立“厂县挂钩建立烟叶生产基地”领导机构，厂县双方建立烟叶基地以合同（协议）形式确立。省烟草公司负责组织、安排建立基地事宜，对基地建设规模进行统一规划，将其纳入全省烟叶生产、调拨计划进行管理，并做好对基地县、工厂的协调、服务工作。经省烟草专卖局批准的省外烟厂基地，由省烟草公司与省外烟厂签订《在四川省建立烟叶基地协议》，并按每50公斤10元标准向调入厂收取基地建设组织协调服务费。

2000年4月，省烟草公司下发《关于开展国际型优质烤烟示范工作的通知》，决定从当年起开展国际型优质烟叶生产示范，力争生产出具备进口烟叶质量的原料，作为替代高价位卷烟所需要的进口烟叶。示范地点：凉山州西昌市、德昌县各300亩，由英美烟草公司直接参与；泸州市叙永县、古蔺县各495亩；广元市剑阁县495亩。各示范点分别成立示范领导组、示范技术组，制定了《国际型优质烤烟生产示范技术方案》并按其实施。

2000年，四川省强化对烟叶生产的组织管理、烟叶生产基地建设成效显著。先后建立德阳、万县、黔江、凉山、宜宾、攀枝花等优质烟叶生产基地，促使四川省的烟叶生产实现结构性调整和种植区域转移，烟叶质量得到大幅度提高，为四川省成为全国烟叶生产大省奠定基础。

2001年，四川省烟草行业加大与英美烟草公司的合作，扩大国际型优质烟叶示范片。全省示范面积4800亩，四川省烟草公司自行开发1500亩。国际型优质烟叶示范片的烟叶质量、等级结构、收购均价都优于其他的烟叶生产片。

为利于给卷烟企业提供优质原料，建成国家烤烟型卷烟原料基地，2003年，四川烟叶生产创立“金攀西”品牌、“国际型”优质烟开发项目。“金攀西”项目辐射面积达到3000多亩，对推动优质烤烟基地质量建设起到了带头作用。同年10月，省烟草专卖局（公司）向中国烟草生产购销公司推荐凉山和泸州两地烟草分公司为2004年全国优质烟生产示范基地。凉山州成为全国优质烟叶生产供应基地，泸州为全国重点卷烟企业提供优质可靠的烟叶原料，并与之成为紧密型的合作伙伴。

2004 年 9 月，为提高烟叶生产水平和烟叶质量，建立全国优质烟叶生产供应基地，中共四川省委农村工作领导小组和省烟草专卖局，提出攀西地区优质烟叶基地建设的发展目标、生产技术和政策措施。基地建设规模为：凉山烤烟基地布局在安宁河流域烤烟生产最适宜区和生产基础较好的9 个县市，共 130 万担，45 万亩；攀枝花烤烟基地布局在生态条件优越，土地资源丰富、农业人口集中的仁和区、米易县、盐边县，共 30 万担，10 万亩。2004 年，凉山州种植面积 35 万亩，年产烤烟 100 万担，攀枝花种植面积 5 万亩，年产烤烟 12. 5 万担；2005 年，攀枝花种植面积 10 万亩，年产烤烟 19. 6 万担。每亩单产 150—180 公斤，上中等烟比例达 92%，收购等级合格率达 80% 以上，工商交接合格率 80% 以上。基地建设主要措施是：夯实基地的基础建设，改善烟区烟叶生长的生态环境；加强烟叶生产适用技术开发和推广，积极引进、推广示范国内外先进科技项目，解决制约烟叶质量提高的关键性技术难题，强力打造“金攀西”和国际型优质烟叶品牌；完善政策，增大资金投入，整合各方资源对攀西地区优质烟叶基地建设的支持；推进“烟水、烤（晾）房、小型农机具、站点、防雹增雨、烟路”基础设施建设，以烟田为核心，对 6 项工程进行精细化管理，确保烟叶基础设施建设工程顺利实施，同时规范工程建设项目资金的管理，提高其使用效率。

2005 年，随着烟叶生产“北烟南移”、全国各大卷烟工业企业纷纷面向四川争购优质烟叶的形势，省烟草专卖局（公司）提出用 2—3 年把四川建设成 300 万担规模的全国优质烟叶生产基地。省烟草专卖局（公司）制定《烟叶可持续发展纲要》推进优质烟叶的基地建设，确立基本烟田保护制度，提高烟叶生产的科技含量。烟叶生产成为全省烟草行业发展新的经济增长点。

第四节　产区变化

一、烤烟产区

（一）川中烟区

1986—1990 年，川中烟区的烤烟种植面积、产量逐年递减，质量逐年提高。产量减少的主要原因是面积大幅度减少。资阳由 1981—1985 年的年均 6. 13 万亩降为 1986—1990 年的年均 1. 03 万亩，简阳也由同期的 4600. 5 亩减为 105 亩。1988 年起，种植区新增加了威远、资中两县，虽面积有限，不足以弥补主产县的下降，但连年烟叶质量提高，成绩显著。主产县资阳上中等烟 1986 年占 46. 34%，1987 年占 48%，1988 年占 46. 8%，1989 年占 37%，1990 年占 49. 83%。威远、资中、简阳的烟叶质量也有明显提高，国家注重奖励政策兑现，上中等烟达 65%—70% 者，分别奖励区、乡干部、区烟站现金；烟农交售 0. 5 公斤上中等烟，减定购粮任务；交售上等烟 50 公斤返税 30 元，每 50 公斤中一烟补贴 34 元，青一烟补 1 元。

1988 年，按照“成片、集中、自愿”的原则，在资中、威远、安岳、乐至县试种烤烟，在资中、威远获得成功。

1991 年，川中烟区烤烟种植面积达 1. 42 万亩，当年由于花叶病影响，烟叶收购只有 1020 担，上中等烟仅占 40. 6%。1992 年，烟叶产、质量都有较大提高，烟叶收购达到 1820 担，比上年增长 80% 左右，上、中等烟上升到 64. 12%，比上年提高了 23. 52 个百分点。1993 年烤烟种植下滑，烟叶收购降为1580担，上中等烟仅占50%，比上年下降了14.12%。此后，由于全国性烟叶产大于销，国家实行限产调整，要求烟区集中种植，上中等烟叶须保证在70%以上，川中烤烟种植区在产量、质量上均达不到国家要求。1994年，国家停止向川中烟区下达烤烟种植计划，川中烟区种植烤烟的历史基本终结。

（二）川东北烟区

川东北烟区的达州地理条件优越，海拔高度在600—1200米的地域广阔，适宜种烟的耕地面积较多，丘陵与山地分布合理，便于套种和轮作，是种植烟叶、发展生产较为良好的地理环境。达州种烟区经过多年的发展，本着“适当集中，合理布局”的原则，尽量将烟叶种植在适宜区和最适宜区。

1993年10月，达州行政区划调整后，烟草分公司坚持“因地制宜，抓住基地，改革品种，提高效益”的原则，着重抓好烟叶生产区、烟叶基地乡、重点产烟村、种烟专业户的发展，实现烟叶生产向生产条件最优、种植历史较长、优质高产的适宜发展地区转移，充分发挥烟叶生长优势。至1999年末，达州烟区共有种烟农户3.85万户，晾棚5608个，烤房1098座。其中烤烟种植区域分布在万源市的蒿坎乡、铁矿乡，大竹县的八渡乡、中和乡、西河乡，达县的米城乡、龙滩乡、檬双乡、高坪乡。

2000年6月，达州市烟草专卖局（分公司）制订《达州市烟叶发展规划》，根据“市场引导，计划种植，主攻质量，因土制宜，合理布局，发展优势”的原则，重新调整了烟叶种植布局规划。烤烟种植分布在达县的堡子、米城、檬双、龙滩、虎让、新溪、江陵、道让、滴河、桥湾、金石、青宁、北山等72个乡，大竹县的八渡、中和、黄家、吉星、天城、田坎、西河乡，万源市的蒿坎、皮窝、庙坡、大竹河、庙子、铁矿、官渡乡。

2001年后，烤烟种植集中安排在达县。计划面积3000亩，计划数量6000担，主要分布在米城、檬双、堡子、龙滩、高坪5个乡镇；实际种植面积853亩，收购数量1770担，亩产量2.08担。

2002年，烤烟计划面积2000亩，计划数量4000担，主要分布在米城、檬双、堡子、龙滩、高坪5个乡镇；实际种植面积1480亩，收购数量2831担，亩产量1.91担。

2003年，烤烟计划面积2000亩，计划数量4000担，主要分布在米城、檬双、堡子、龙滩、高坪5个乡镇；实际种植面积580亩，收购数量1140担，亩产量1.97担。

2004年，烤烟计划面积2500亩，计划数量5000担，主要分布在米城、檬双、堡子、龙滩、高坪、江陵、北山7个乡镇；实际种植面积610亩，收购数量1308担，亩产量2.14担。

2005年，烤烟计划面积3000亩，计划数量6000担，主要分布在米城、檬双、堡子、龙滩、北山5个乡镇；实际种植面积800亩，收购数量1625担，亩产量2.03担。

（三）川东南烟区

1978—1988年，川东南黔江烟区烤烟生产、产量全面增长。总产281.68万担，年均25.61万担，是1959—1977年间年均数的12.5倍。

1989—1995年，烤烟生产大规模发展（1992年烤烟种植面积占农作面积的7.2%），产量大幅度增长（是前一时期的3.8倍），质量好（中上等烟占80%以上，上等烟占20%—48%），上、中等烟比例由1971年的13.5%到1992年的86.6%，增长5.42倍，烟叶含青度由1971年的18%下降到1995年的0.5%，成为四川省优质烟叶生产基地。

黔江烤烟含糖量次于河南、贵州，而优于云烟；蛋白质含量与河南、贵州相近，优于云南；总氮量次于云贵烟，高于河南；烟碱含量与云南烤烟近似，优于河南、贵州；烟碱与总氮量之比为1.09，高于河南、贵州、云南烟；总糖与烟碱比值与云南相似，优于河南、贵州烟。黔江烤烟内质优良，化学组分协调平衡，具有云烟外观色泽，而无云烟多蛋白质的弱点，具有贵州烟柔和吸味的优点，而无贵烟色淡翻白的弱点。

综合历次土壤普查、农业资源普查和种烟实践经验等各方面情况，黔江烟区可分为低丘谷坝优质土晒烟区、低山高坡优质烤烟区、中山盖岭烤烟适产区、高寒山地土烟适产区四大部分。其中，低山、高坡优质烤烟区总面积337.5万亩，以矿子黄泥、粗骨黄泥、石灰岩等适烟土壤为主。大于25度的坡地有123万亩，占总耕地的36.3%，其气候、土壤均适合优质烤烟栽培。

1997年，重庆市直辖，川东南烟区划归重庆市烟草公司管理。

（四）川东（涪陵、万县）烟区

涪陵烟区位于四川盆地东南缘，辖涪陵、垫江、南川、丰都、石柱、武隆等县；万县烟区位于四川盆地东部边缘，辖万县市、巫山、巫溪、奉节、梁平、忠县、云阳、城口、开县、万县等县（市）。

1985年，川东烟区开始进行烤烟布局调整，推行科学种植和良种化、区域化、栽培技术规范化的基地建设，当年全区总产达到40.34万担，1986年达55.54万担（含万县、涪陵、黔江及其他产烟地区产量），1988年全区产烤烟1.64万担（仅统计万县、涪陵地区产量），1992年达5.31万担。1993—1994年，烤烟产量下降。1995年，四川省人民政府发出《加大扶持力度，促进烟叶生产实现恢复性发展的通知》，调整对烟农种烟价格的扶持，烤烟生产取得了恢复性发展。1996年，烤烟产量6.61万担。

1997年重庆市直辖，川东烟区划归重庆市烟草公司管理。

（五）川南烟区

泸州烟区　1986—1992年，泸州烟区叙永县连续7年被国家烟草专卖局、中国烟草总公司评为全国烤烟生产收购先进县，1989年被确定为四川省唯一优质烤烟生产基地。1991—1992年，叙永烤烟出口英国。在此期间，纳溪县打古乡于1988年开始试种烤烟，有5个村20个生产队落实试种面积225亩，建烤房70间。县政府制定优惠政策，聘烤烟技师和烟技员，纳溪县烟草公司还增设专门机构（烟草生产股）抓烤烟生产。1989年，实际种植面积82.5亩，收购50担。

1989年，对烤烟种植进行区划调整，推行改普遍种植为适宜区种植、零星分散种植为集中连片种植、用下等土荒地种植为用中上等肥力土种植的方针，叙永县形成“南烟北粮”格局，古蔺县烤烟乡由68个缩小为62个，烤烟区集中到海拔800—1300米地区。

1991年，泸州烟区烤烟总产量首次超过50万担，达到50.2万担。1984—1992年，全区累计烤烟种植面积为153.75万亩，总产量306万担，年均种植烤烟面积17.1万亩，年均产量34万担。

1992年，泸州烟区调整烟叶生产区域，烤烟种植向最适宜区转移，主产烟乡、镇21个，其中：种植烤烟9.75万亩以上的有5个乡、镇（叙永县的分水镇、观兴乡、水潦乡，古蔺县的观文镇、双沙镇）；4.8万亩以上16个乡、镇（叙永县的摩尼、麻城、营山、枧槽、黄泥、赤水、后山，古蔺县的古蔺镇、龙山镇、大村镇、石宝镇、丹桂镇、水口镇、护家乡、金星乡、箭竹乡）；种植1995亩以上的有14个乡镇。

1998年，泸州市首次被评为全国烤烟种植先进地区，受到国家烟草专卖局、中国烟草总公司的表彰。1993—2000年，全区累计烤烟种植面积132万亩，总产量278万担，年均种植面积16.5万亩，年均产量34.8万担。

2000年，古蔺县29个乡镇中，28个乡镇均产烤烟；叙永县26个乡镇中，南部山区紧邻云、贵的17个乡镇种植烤烟。全烟区种烟乡、镇46个，711个种烟村，4011个种烟组，种烟农户6.11万户，分别分布在叙永、古蔺县海拔700米以上半高山、高山地区。

2001年，泸州烟区严格按计划种植烟叶，种植烤烟9万亩，收购烟叶17.33万担。组织烤烟专用肥9400吨，全面推广种植“五项技术”。古蔺县、叙永县与英美烟草公司合作建立国际型优质烤烟基地1050亩。

2002年，虽遭受低温和连续暴雨天气，泸州烟区烟叶收购仍达到25.92万担，上中等烟占91.9%。叙永、古蔺县麻城乡、护家乡共承包315亩土地兴办两个烟叶农场，开展15个科研项目试验，取得良好成效。

2003年，全市优化布局和规模种植烟叶取得明显进展，成片种烟在100亩以上的村和10亩以上的大户大量增加。国际烟叶基地建设示范带动了4个乡、13个村、63个社、1095户烟农，面积69万亩。全年收购烟叶31万担。

2004年，泸州烟区收购烟叶28.96万担。

2005年，全市投入烟叶生产资金320万元，烟叶种植乡镇34个，种烟村372个、社1950个，种烟户2.69万户，移栽面积17.3万亩，收获面积16.53万亩，收购烟叶40.17万担。

宜宾烟区 1984—1990年，宜宾烟区贯彻落实“计划种植、主攻质量、提高单产、增加效益”的生产指导方针，普及推广良种化、区域化、规范化“三化”措施，调整生产布局，制定优惠扶持政策，加大对生产的投入，使烤烟生产获得长足的发展，烤烟生产的数量和质量同步逐年增长。1986年，形成筠连县、兴文县、珙县主产县，宜宾县、屏山县、长宁县、高县次产县。2000年，宜宾烟区6个产烟县（即筠连县、兴文县、珙县、宜宾县、屏山县、长宁县）共有57个乡（镇）、1.4万户农户种植烤烟，种植面积达7.5万亩。

20世纪80年代末期至90年代初期，宜宾烟区被列为四川烤烟的主产区，全烟区年产烟叶一直稳定在年产30万担水平。1992年，收购烟叶36.6万担，位列四川省三大烤烟产区之一。

2001年，宜宾市5个县、52个乡镇、327个村、1.11万户烟农种植烤烟5万亩，收购烟叶10.24万担，上中等烟叶占86%。

2002年，全市坚持优化布局集中成片种植烤烟4.42万亩，遍布44个乡镇。加大资金和技术投入，每亩地膜烟补助10元，漂浮育苗补助20元，国际型烟叶基地补助40元。

2003年，全市种植烤烟4.42万亩，收购烟叶11.89万担。

2004年，全市种值烤烟4.61万亩，收购烟叶10.88万担。

2005年，烟叶种植加强了领导，成立3个督查组定期对全市烤烟生产各环节进行检查考核；产前投入1400多万元改善生产环境条件；狠抓烟叶生产“三支队伍”建设，保障科学种烟技术到位。全市种烟面积6.36万亩，收购烟叶13.04万担，上中等烟叶占86.07%。

（六）川西烟区

凉山烟区 1975年，会理县从云南省玉溪地区引进烤烟种子，种植5308.5亩，当年收购烤烟

1.36万担，会东、西昌、德昌、宁南、普格等县相继推广种植。到1985年，凉山烟区烤烟种植面积达10.98万亩，收购烤烟24.2万担，成为全国优质烤烟生产基地。1990年，西昌市有22个乡（镇）、82个村、3152家农户种烤烟，因当年自然灾害，实际种植面积8910亩，收干烟1.53万担，总产值260万元。

20世纪90年代，凉山烟区生产实现历史性跨越式增长。年种植面积从不足15万亩增加到1997年的57万亩，年总产量从20万担增加到158万担。2000年，凉山烟区烤烟种植面积33万亩，总产量68万担，中上等烟比例达63.51%，为四川省烤烟种植面积最集中、产量最高、质量最好的烟区。

2001年，凉山烟区种植烤烟37.31万亩，收购烟叶86.36万担，上中等烟叶占79.8%，烟农收入3.5亿元。

2002年，凉山州收购烟叶89.49万担，上中等烟叶占78.55%，烟农收入4.64亿元。

2003年，全州生产烟叶增至103.3万担，上中等烟叶上升到88.4%。

2004年，全州收购烟叶130.4万担，比上年增加27.1万担。

2005年，全州党政领导把烤烟种植作为脱贫致富的支柱产业，在国家烟草专卖局扶持政策的支持下，以抓工业理念抓烟叶生产，推行标准化种烟的生产技术措施到位，全州种植烤烟60万亩，共收购烟叶176万担，上等烟比例上升到31.38%，桔色烟比例达33.08%，烟农收入10亿元，比上年净增3.5亿元。

攀枝花烟区 攀枝花烟区位于四川西南部，地处川滇交界山区，境内多属中山山地，8%的地区为丘陵、盆地、河谷谷地，海拔937—4195.9米，高差为3258.5米。1985年全市种植烤烟108亩，收烟叶280担；1986年种植99亩，总产102担；1987年种植196亩，总产150担。

1988—1992年，攀枝花烟区先后派出人员进行考察学习，制定烤烟生产扶持政策，鼓励发展烤烟。年均种植面积约1005亩，单产不足80公斤，主要在仁和区的平地，盐边县的江西，米易县的普威、宁华等地种植。1991年，全市烤烟实种面积2115亩，收购烟叶5284担，烟农增加收入54万元，实现农产品税21万元。

1997—2000年，实行以点带面、建立示范片的方法，在仁和区的大龙潭乡、米易县的头碾乡、新河乡，盐边县的江西乡建立了生产、收购配套的技术、物资、设施体系，烤烟生产出现稳步发展的态势。1997年种烤烟2687亩，产烟1.42万担；2000年种烤烟5863亩，总产量1.26万担。

2001年，攀枝花市13个乡镇、1554户烟农种植烟叶5000亩，收购烟叶1万担，上中等烟叶占90.32%，受到省烟草专卖局（公司）肯定。

2002年，攀枝花市优化布局、优化结构，形成相对集中的烟叶种植片区，每片区保持在1000—2000亩以上，建立6个示范片，种植示范面积4935亩，示范烟农1312户。收购烟叶2.92万担。

2003年，全市种烟乡镇增加到36个共7365户烟农，种植面积2.49万亩，收购烤烟叶6.08万担，上中等烟叶占92.2%。

2004年，烟叶生产上新台阶，与烟厂共建烟叶生产基地，实行农场化种植、专业化管理，积极推广适用性技术和规范化栽培，全年收购烟叶13.7万担，上中等烟叶占92%。

2005年，烟叶生产经受40年不遇干旱和洪涝灾害双重考验，烟区狠抓基础设施建设，收购烟叶

20.38 万担，创历史最高纪录。

（七）川北烟区

南充烟区 1986 年，南充烟草分公司在蓬安县发展烤烟生产。1987—1990 年，先后从会理、会东、武隆等地引进“红花大金元”“G28”“K326”“NC82”等烤烟良种，在蓬安、华蓥等地试种，由县烟草公司与种植户签订产销合同，烟草公司发给烟叶生产扶持费，给予价格补贴，并批拨化肥，帮助种植户修建烤房，派出技术员定期指导技术。1988 年，蓬安县试种烤烟 64.5 亩，总产 136 担，平均亩产 106.5 公斤；1990 年，种植 1068 亩，总产 2500 担，平均亩产 115 公斤。该县南燕乡当年收购量达到 978 担，上交产品税达 4 万元。

1991 年，全区种植烤烟 3195 亩，实产烤烟 5100 担，平均亩产 79.5 公斤。其中仪陇县开展了较大规模的烤烟试种工作，给每座在建烤烟房补助 200 元。全区共建烤烟房 890 个，组织 K326 和 NC82 种子 20 公斤，烟叶叶面肥 10 吨，无偿供给农民；组织供应平价尿素 350 吨，由户户种烟向科技示范户、专业户转移。其中蓬安县种烤烟纯收入上 1000 元的有 91 户，2000 元以上的 6 户。

1992 年，全区先后举办短期培训班 5 次，培训技术员 4500 人次，新建烤烟房 237 个，改造老式烤烟房 286 个，投入资金 14 万元，全年种烤烟 4125 亩。由于自然灾害严重，烟苗前期低温，旺长期持续干旱，采收期阴雨连绵，仅收烤烟 3700 担。此后，因烟叶滞销，烟价低迷，烟农不愿种植，停止烤烟生产。

广元烟区 1987 年，广元市委组织烟草专卖局等单位赴四川凉山、云南玉溪等地考察烤烟种植情况，决定发展烤烟生产。1988 年，剑阁、元坝、旺苍、苍溪县（区）开始试种烤烟，共试种 223.5 亩，产烟叶 366 担。此后朝天区、青川县等地也积极试种并取得成功。经过数年试种，发现剑阁、元坝、旺苍三地的气候、土壤、技术条件较为优越，烤烟质量好，定为主要产区。

1989 年，全区种植面积 6750 亩，年产烟叶 2.07 万担。

在烤烟种植过程中，剑阁烟区和元坝烟区由波动转为稳定。

1990—1993 年，剑阁烟区全县普种烤烟，烤烟年均种植面积 3 万亩，年均约产烤烟 4 万担。1994—1996 年，由于盲目种植，技术条件较差，烤烟质量较差，农民收益差，影响了种烟积极性，种植面积下降。1997—2000 年，剑阁烟区种植区集中在剑门镇、兴义乡、柳沟镇、汉阳镇、木马镇西庙乡、秀钟乡等最适宜区，种植面积稳定，年 1.5 万—1.95 万亩左右，年产量 4 万—5 万担。

1988—1993 年，元坝烟区烤烟种植面积有 4 个年份种植面积超过 1500 亩，1993 年种烟 5295 亩，产烟叶 1.2 万担，为最高年份。1994 年扩大种植区域，在最适宜区的观音乡、卫子镇、柏林乡、梅树乡大量种植，同时调整品种，引进技术人才，改进种植技术。1997—2000 年，元坝烟区的大部分乡镇都有成片规模化种植，全区年均产烟叶 2 万—3 万担，成为广元烟区的烤烟生产基地。

2001 年，全市收购烟叶 0.89 万担。2002 年，烟叶生产管理精细化程度提高，虽遭受涝、旱、雹灾仍收购烟叶 2 万担，上中等烟叶达 92%。2003 年收购烟叶 2.26 万担。2004 年，落实烟叶种植面积 2.4 万亩，收购烟叶 2.33 万担。2005 年，烟叶收购增加到 6.75 万担。

二、晒烟产区

（一）成都烟区

成都平原区是四川晒烟主产区，也是四川晒烟名品的集中产地，久以什邡毛烟、绵竹泉烟、郫县大烟、新都柳烟驰名中外，区内晒烟年产量占全省 50%—80%，商品交易量占全省 80% 以上，远销云、贵、陕、甘、藏、新疆等地，是晒烟商品率最高的烟区。

1986年前，成都烟区晒烟生产一直曲折起伏发展。1986—1990年，平均种植面积3.73万亩，产量8.66万担。

1998年，种植面积仅2万亩，产量5.57万担，成都烟区晒烟的规模化生产基本结束。

（二）德阳烟区

德阳市所辖旌阳区（原德阳县）、广汉市、什邡市、绵竹市、中江县、罗江县都有久远的烟叶生产历史。什邡市、绵竹市、广汉市是中国名晾晒烟的主产地之一，什邡、绵竹是中国名晾晒烟生产的重要基地。清代绵竹县遵道镇秦家坎所产的柳烟，就以“贡烟”而闻名全国。据1919年《绵竹县志》记载，所产烟叶“大宗行销本省各地及湖广等处”。

1993年发布的《名晾晒烟草目录》中德阳市位列名录榜首，2003年经国家烟草专卖局调整后重新发布新目录中将什邡市作为名录榜首；2005年德阳烟区种植晾晒烟5万亩，并从2004年开始与川渝中烟公司共建晒烟基地，从50亩发展到3000亩。

（三）广元烟区

民国时期，广元、昭化两县生产晾晒烟年产量一直在20万公斤左右。20世纪80年代新版《什邡县志·烟草志》记载：阆中、剑阁、南江、南部、巴中、万源、犍为等县所产的晒烟，可做雪茄包皮烟，比什邡、绵竹晒烟便宜，很受烟民欢迎。

1986年1月，广元烟草分公司依靠当地政府，把烟叶生产作为农民脱贫致富、财政增收的项目，纳入广元市政府农业发展规划。制定“稳定面积、提高质量、提高单产、增加效益”的发展方针，以品种良种化、种植区域化和栽培规范化为措施，推广科学种植，并扩大种植区域。种烟区域由原来的剑阁、苍溪和旺苍3县发展到4县（剑阁、苍溪、旺苍、青川）3区（市中区、元坝区、朝天区），普遍实行集中成片，规范种植。剑阁县、苍溪县成为全国和全省名晒烟基地。

1985年剑阁县被列为国家晒烟生产基地县，全县有529户种烟重点户并有249户科技示范户负责推广、指导种烟技术。1989年晒烟种植面积为8.5万亩，亩产83公斤，总产14.11万担，是晒烟种植面积、产量的最高年份，全县60个乡镇中31个乡镇种植烟叶。1991年，全县36个乡（镇）中尚有剑门、江口、柳沟、秀中、汉阳、高观、张王、田家、闻溪、城北、普安、木马、义兴、武连、高池、东宝、龙源、姚家、盐店19个乡（镇）种值。

1984—2000年，苍溪县主要烟区是五龙、伏公、白鹤、茶店、永宁、鸳溪、浙水、石马、白山、漓江、烟丰、王渡、彭店等乡镇，主要品种是白毛烟、柳烟和苍溪土烟，亦是全省、全国烟叶晒烟基地县之一。

旺苍县晒烟主要产区为白水、嘉川、五峰、普济、东凡、双汇、国华、英萃、五权、九龙、木门、茶园、农建、化龙、远景、龙凤、复坝、张华、枣林等乡镇，主要品种为毛烟、柳烟以及旺苍土烟。1992年停止晒烟种植。

（四）南充烟区

南充县沿嘉陵江的羊呼坝、牛肚坝、桑树坝、渭中沱等24坝，土质肥沃，是传统土烟生产地。营山县各地均种植烟草，以双河、老林、消水等区最多，新店区次之。新店区之大庙乡所产烟叶劲头足、香味浓，最受消费者欢迎。1984年，南充地区将蓬安、广安、岳池、南部、仪陇、阆中6县定为晒烟主产县，国家烟草专卖局将蓬安县列为全国名晾晒烟产区，当年全区种晒烟1.95万亩，总产量3.94万担。

1986年，仪陇县烟草公司在大寅区建立晒烟基地和经营站，并与该区签订产销合同。自筹资金1.5万元，作为扶持晒烟生产专项基金，无偿向农民发放良种20公斤。栽培晒烟3000亩，发展晒烟重点户210户。南部县当年晒烟种植面积3555亩，总产7120担，平均亩产100公斤。1986年12月24日，四川省烟草公司同意将南部县视同四川省晒烟主产县管理。1988年全区种植晒烟1.36万亩，总产2.01万担，亩产73.3公斤。

1989年，对区、乡、镇实行定收购基数，基数以外，允许农民交售或自行销售。对晒烟主产县，政府优先解决资金、物资和技术问题，并从产品税和经营环节税税后留得中分别提取适当比例的资金，建立烟草生产发展基金，以补偿农民在发展烟叶生产中的风险损失。初步摸清根结线虫病的发生、分布和危害情况，找出晒烟病虫害的发生规律和防治办法；同时进行品种普查，研究出晒烟最佳播种期，推广了麦、烟、稻套种的经验。

1990年，晒烟生产由零星分散种植转达向集中成片种植，重点发展烟叶基地，确定南部县大桥、伏虎、升钟，蓬安县锦屏、金溪、徐家、岳池县顿县，广安县恒升、观阁，仪陇县复兴、大寅，阆中县文成、二龙等13个地区作为晒烟生产基地。

1990年晒烟种植面积2.07万亩，总产4.79万担，比1989年扩大面积17.84%，增产14.27%，基本实现品种良种化、种植区域化、技术规范化。

1991年，继续贯彻计划种植、主攻质量、提高单产、增加效益方针，全烟区种植晒烟6335亩，各县市公司统一供种，辅之以技术支持措施，当年产烟2.5万担，烟农从中增加收入400余万元，为地方财政提供产品税150余万元。1992年，种晒烟1.5万亩，产晒烟2.8万担，平均亩产93.5公斤。1993年按计划种植烟叶2.15万亩，实种晒烟1.5万亩，总产达3万担，平均亩产100公斤。

1994年，南充地区改市，广安、岳池县划归广安地区，南充市种烟面积减少；烟农普遍认为烟价偏低，种烟不如种其他经济作物划算，晒烟种植衰退。1994年，全市种晒烟3000亩，产烟8000担；1995年下降到1005亩，总产2200担。1996年，晒烟滞销，政府不再安排晒烟种植计划，停止规模化种植。

（五）达州烟区

明朝万历年间（1573—1620年），达州烟区开始种植烟叶，时人称为土烟，即晒烟的一种。1986年前，达州烟草晒烟生产已具规模，达县、宣汉县、大竹县、渠县、万源县境内大量种植，其中檀木乡、石板乡、金垭乡、河市镇、石梯镇及石河、八角、高庙、清溪等产区品质尤佳。1984年，万源晒烟列入《全国名晒烟名录》。

1986年春，宣汉县烟草公司根据省烟草公司要求成立晒烟普查领导小组，用3年时间对全县5个主要乡镇2554户烟农抽样调查，筛选出11个优良品种。1993年，国家烟草专卖局发出《关于公布名晾烟名录的通知》，达州烟区的宣汉县、万源县列入全国名晾晒烟名录。1994年，达州烟科所对晒烟进行品种筛选，共保存11个优良品种。达州烟区成为全省烟草行业直接生产经营晒烟的主要产区之一。

（六）巴中烟区

民国时期（1912—1949年），巴中地带轮番种植的晒烟品种有大黄烟、二黄烟、兰花烟、芝麻烟、茄把烟、大乌烟、柳叶烟、青烟、金堂烟、芭蕉烟，各县均有种植，尤以通江、南江两县最广。

1973年，通江、南江、平昌县试种白毛烟成功，各县相继引进白毛烟新品种，土烟仍列入种植计划。1975年以后，各县将烟叶列为脱贫骨干项目，逐年调整布局，选择土壤适宜、气候宜种的村社下达种植计划。

1986年，全国烟叶工作会议将巴中县列为全国晒烟基地，巴中县在上年的基础上，增加5个乡种烟，计划种植面积2.41万亩，签产销合同5.96万份，实栽面积1.33万亩。

1988年，各县调整烟叶生产布局，通江、南江、平昌县稳定晒烟，大种白肋烟，试种烤烟。巴中县则以晒烟为主，选择土壤、气候、技术最适宜的42个乡种植，把其中28个乡列入烟叶生产基地乡，其余14乡列人烟叶试种乡，后落实34乡8.16万户，毛烟种植占"两烟"种植面积的64%。1989年，巴中县落实烟叶生产计划调整布局，下达种植4.5万亩、收购1万担生产计划，把烟叶生产计划集中落实到6个主产区乡，占全县烟叶种植总面积和总产量的80%以上。

图2－5　晒烟种植

1990年后，通江、南江、平昌县白毛烟种植面积日渐缩小。1996年，全市毛烟种植区缩减到10个乡。1998年，调整生产布局，缩小种植区域，压缩种植面积，适当集中，计划种植，集中到有多年种植习惯、技术、管理经验丰富的玉山、顶山片区的7个乡全种白毛烟。1999年缩小到4个乡。2000年，将毛烟种植安排在玉山、双凤、三星、同乐、顶山、果敢、羊凤等乡，种植面积4005亩。2001—2005年，巴中烟区主要生产白肋烟。

（七）眉山烟区

清嘉庆二十一年（1816年），眉山县开始种植晒烟，至清末已具相当规模。眉山烟叶称为州烟，历史悠久。据眉山县志办《眉山县概况》记载：1935年全县种植面积2.83万亩，1953年种烟1.93万亩，1957年种烟1.92万亩，1960年下降到3385亩，此后种植面积长期限定在1.13万—1.17万亩之间。

1982年以后，眉山烟区烟农种烟积极性高涨，纷纷扩大种烟面积，烟叶生产有较大发展。1982年，全县种晒烟1.36万亩，总产3.09万担。1985年，种烟1.78万亩，总产3.68万担，总产创眉山种晒烟史上最高纪录。20世纪90年代后，常年种植面积均保持在1.5万—1.65万亩之间，总产量保持在2.4万—2.8万担，其中，1997年面积1.59万亩，总产3.83万担。1999—2000年，面积和总产有所减少，但幅度不大。2001—2005年，眉山烟区无晒烟生产纪录。

三、白肋烟产区

（一）达州烟区

达州烟区白肋烟烟叶品质优良，曾出口20多个国家，宣汉县被第一批列为全国白肋烟出口基地县，种烟区平均海拔800米。1986年12月，中国烟草总公司与美国伊顿世界贸易财团签订协议，决定扩大在华技术合作范围，增加四川省为白肋烟生产试验点。四川省烟草公司把宣汉县、万县作为白肋烟生产试验点。1987—1989年，宣汉县承担了白肋烟品比、不同氮肥用量、不同磷肥、不同钾肥、不同移栽密度、不同成熟度、不同采收方式、不同打顶时期、示范试验共9个试验项目，按美国先进的技术标准和达县地区生产实际制定试验方案。达县地区烟草公司从主产白肋烟县的宣汉、开江、通江、南江、平昌县抽派农民技术员组成优质白肋烟生产技术研究实施小组，驻点试验，试验结束后回原地当中心辅导技术员。1987—1989 年，先后培训了技术干部和技术人员 1300 多人次，租用试验地近 30 亩，使用木材 11 立方米，组织农膜 114 吨、化肥 3216 吨、农药 7.1 吨，聘用技术员 37 人，投入科研费 16.1 万元。参试人员按人定课题，划地块包干，每段检查考核后及时兑现奖惩，并按育苗、移栽、田管、采收调制、分级扎把、观察记载等项目，分段进行验收，打分考核。

1989 年，在宣汉县柳池乡试点 15 亩生产示范地，并在宣汉县明月乡、通江县民胜乡和地区烟草公司烟科所推广种植 67.5 亩，均收到较好的效果。之后，进一步扩大示范，在宣汉、开江、通江、平昌、南江等县的 400 米、600 米、800 米、1000 米、1200 米的不同海拔高度共示范推广了 1995 亩，辐射带动面积 8 万亩。在宣汉、开江、南江、通江、平昌等县推广了优良品种“Ky10”“Ky14”“va509”营养杯假植育苗，合理密植，配方施肥，初花期打顶，半斩株收获、简易晾棚等项目，计 8.1 万亩，占当年全烟区实栽面积的 40%，新增总产量达 8.19 万担。同时，达县地区烟草分公司与示范推广优质白肋烟生产技术的烟农签订示范推广合同面积 8.1 万亩，如当年亩产达不到 150 公斤，单产值达不到 300 元，不足部分由地区烟草公司赔偿，为示范户解除后顾之忧。各示范点建立了示范推广制度：制定了一段一部署，一旬一检查，一月一总结的检查督促制度，发现问题，及时解决；建立区、乡、村、社干部烟叶生产岗位责任制，制定了以烟叶生产完成情况为内容的政绩考核制和工资、奖金联挂奖惩制，对按示范推广方案实施，示范较成功，在收购结束后分别兑奖。地、县成立了示范推广技术指导小组，统一拟订示范推广方案，并采取多种形式进行技术传授和指导。烟草、农资、农行、林业等部门通力协作，密切配合，切实抓好种子、农膜、农药、肥料、资金、木材的落实，保证示范农户有各生产环节所需的农用物资。

图 2－6　白肋烟示范生产片

1991—1993 年，中国烟草总公司、郑州烟草研究所、西南农大、四川大学等单位及中美合作技术合作项目（中国烟草总公司和美国伊顿财团）先后在达县地区开展大量的科学试验，取得了重大科研成果。在新调制技术应用上，依据美国 Ky 式晾房原理，成功设计了“简易晾棚”，经 4 年试验研究表明，简易晾棚可调节晾房温湿度。“简易晾棚”晾制的白肋烟，经外国专家和客商鉴定，外观质量已达到国际先进水平。在新品种示范推广上，确认从美国引进的少叶型“Ky14”“Ky10”“Va509”为优良品种，淘汰了达川地区多年使用的多叶型的当家品种“宣明 12 号”。在地膜覆盖新技术使用中，通过试验证明：采取地膜覆盖能提高土温，保持土温，保持温度养分，有利于疏松土地，改善土壤养分状态，增强田间光照，促进根系生长，缩短田间生长期，提早成熟，提高烟叶产量 15%—20%，提高烟中质量 20% 左右。在防治黑茎病新技术上，1991 年，西南农大与宣汉县公司联合，研究出防治黑茎病农业防治与化学防治办法，防治效果在 90% 以上，重病区（或田块）防病后每亩纯增收 31.94—188.77 元。

2001 年，达州市种植白肋烟 1.43 万亩，收购烟叶 2.48 万担，等级合格率 81.5%。

2002 年，种植烟叶 8100 亩，收购烟叶 2.51 万担，面积比上年减少，却比上年增加 0.03 万担，烟叶生产步入良性发展轨道。

2003 年，全市种植烟叶 1.24 万亩，收购烟叶 1.8 万担。

2004 年，种植面积减少到 9961 亩，收购烟叶 1.32 担。

2005 年，因停止白肋烟生产计划，全市收购烟叶仅 0.5 万担。

（二）万县烟区

1985 年，白肋烟业务由外贸部门移交万县地区烟草分公司。烟草部门开展生产调查、调整生产布局、纠正盲目发展倾向，提出“振兴山区经济，扶持贫困农民，增加地方财政收入，为四化作贡献”的指导思想，把扶持白肋烟生产、帮助烟农脱贫致富、实行科学种烟作为大事来抓，从经营环节尽可能地挤出资金、人力、物力扶持生产，调动烟农种烟积极性，建立了一批优质白肋烟生产基地。1986 年，收购白肋烟 2.85 万担，出口加工 369.67 吨，其中把烟 139.92 吨、片烟 229.75 吨。

1986 年 12 月，中国烟草总公司与美国伊顿世界贸易财团在北京召开中美（伊顿财团）技术合作改进中国烟草质量试验总结会议，安排 1987 年的试验项目。中国烟草总公司于 1987 年 1 月 19 日下发《关于抓好中美（伊顿财团）技术合作改进烟草质量试验的通知》，增加四川（白肋烟）和安徽（烤烟）两省参加试验。四川省烟草公司决定由万县和宣汉县承担优质白肋烟生产试验点工作，试验期为 3 年（1987—1989 年），试验项目 10 个，试验面积每年为 15 亩。试验结果，3 年平均亩产 151.70 公斤，上等烟占 34.63%。万县地区优质白肋烟生产试验点的技术指导，自始至终都由中美烟草专家具体负责。每年的试验设计方案经由中美技术合作双方协商后，由中国烟草总公司下达。中美烟草专家亲临试验点，实地指导。万县烟草分公司烟叶科农艺师及有关技术人员组成试验技术组，长期驻点试验。全区示范面积 4800 亩，带动种植面积 7.9 万亩，亩产由 99.5 公斤提高到 133 公斤，均价由 1.60 元/公斤提高到 2.40 元/公斤，增加产值 1264 万元。示范田的各项经济指标高于大田，取得良好的经济效益，涌现出不少种烟专业户和“种烟状元”、种烟致富户。万县优质白肋烟生产技术试验成果荣获中国烟草总公司科学技术进步一等奖。

1987 年 12 月，中国烟草总公司在北京召开全国烟叶生产工作会议，鉴于万县烟草公司接管白肋烟业务仅两年时间，白肋烟种植面积和产量迅速上升，特别是中美技术合作优质白肋烟生产试验点的承办和试验工作的顺利推行，在全国影响很大，将白肋烟生产基地县定在四川省万县。1988 年 1 月，中国烟叶生产购销公司与万县烟草公司签订《关于联合建立优质烟叶生产基地的备忘录》。

1988—1992 年，万县优质白肋烟基地共办试验田 7500 亩，每个乡每年在试验田召开现场会 4—6 次，参加现场会培训的烟农达 2500 多人次，全面推广从美国引进并经试验点试验成功的 Ky14 号。1990 年，将原有 8 个区 33 个乡调整在最适宜区的 4 个区 18 个乡，每户种烟 1.5 亩以上。

1991—1992 年，万县优质白肋烟基地经过不断调整，烟叶种植在最适宜区集中成片、好地种植、净作栽培形成了规模，种植面积达到 10.05 万亩以上；种植专业技术力量得到了充实，形成了一支技术素较高的技术队伍，开展技术服务；“三化”措施进一步落实，质量迅速提高。白肋烟产品远销日本、联邦德国、英国、法国、新加坡等 20 多个国家以及中国香港地区，并向国内数十家烟厂供货。1991 年，收购烟叶 11.1 万担，出口 2200.74 吨；1992 年，收购烟叶 15 万担，出口外销 1804 吨片烟，出现了烟叶供不应求的局面。

1993 年，全区白肋烟种植面积达到 10.07 万亩，因采收晾制期遭遇连续 50 多天阴雨，烟叶大量腐烂，全区只收购烟叶 12.48 万担，出口片烟 1985 吨。

1994 年，全区白肋烟种植面积下降到 5.15 万亩，当年仅收烟 7.31 万担，出口片烟 1466.9 吨。

1995—1996 年，国家大幅度提高烟叶收购价格（25% 左右），地方政府出台种烟优惠政策，对种烟大户给予重奖；烟草公司增加种烟扶持补贴，在地膜、肥料供应、晾房修建等方面给予优惠和帮助。烟区加大了调整布局的力度，白肋烟种植区调为 74 个乡，在最适宜区集中成片种植，积极推行“三化”配套措施，1995 年种烟面积达到 8.15 万亩，收购量达到 4.46 万担，出口片烟 831.36 吨；1996 年复烤厂收购白肋烟 7.57 万担，出口片烟 864.95 吨。

1997 年，全区种植面积 12.4 万亩，收购烟叶达到 30.75 万担，其中复烤厂收购白肋烟 19.97 万担，加工出口片烟 3058.24 吨，创历史最高纪录。

1997 年重庆市直辖，万县烟区划归重庆市烟草公司管理。

（三）巴中烟区

1986 年，巴中烟区各县将“两烟”（晒烟、白肋烟）列为脱贫致富的骨干项目，层层组织烟叶生产领导小组，重点发展优质品种，种植区域化、规范化、良种化，种植区域适当集中。通江县规划在 6 区、1.81 万户中种植 1.087 万亩，同时确定铁佛、至诚、麻石为种值优势区；南江县安排白肋烟种植 27 个乡；平昌县安排 6 区 18 乡种植 3417 亩；巴中县“两烟”分布在南阳、寺岭乡。

1987 年，烟叶生产列为各县“七五”脱贫开发项目，各县政府给区、乡、村、社层层落实责任制，实行“定人定点定任务”制度，是年烟叶生产再创高潮。通江县落实种植计划 2.5 万亩，并建立基地乡 19 个、专业户 1752 户；南江县以长征、石滩、朱公、正直 4 乡为白肋烟出口基地乡，全县 22 个乡种白肋烟 1.09 万亩；平昌县落实 4 个区、20 个乡、1.8 万户种烟 4600.5 亩；巴中县在稳定发展毛烟的基础上，试种白肋烟 3.6 万亩。1987 年 12 月 10 日，通江县被中国烟草总公司授予全国白肋烟生产基地县称号。1988 年，全县大种白肋烟，当年有 12 个区、64 个乡的 6 万户农户种烟。其中，重点乡 14 个，专业户 1.58 万户，示范片 260 个。

1989 年，通江县安排 12 个区、69 个乡共落实“两烟”种植面积 6.18 万亩，其中示范片464 处，重点乡 44 个，重点村 267 个，重点社 788 个，重点户 2.54 万户。平昌县安排 10 区 56 乡种“两烟”4.9 万亩。南江县 48 乡种白肋烟 5.4 万亩。巴中县也在清江区的太河乡，平梁区的青山、枣林乡，化成区的南阳、寺岭乡种植白肋烟。

1993 年后，白肋烟主要分布在通江、南江、平昌县。当年南江县在调整布局中，重点抓 100 个烟叶优质丰产村，由区乡政府派 100 名领导干部、100 名一般干部、100 名烟叶技术员分赴丰产村具体指导。重点为大河镇、石滩乡、关门乡、正直镇、和平乡等 5 个优质烟叶基地乡。通江县种烟区重点是铁沸、麻石、洪口、至诚 4 区 4 乡。平昌县将种烟区由原 30 个乡缩小为 20 乡。1994—1995 年，因自然灾害及粮烟比价不合理等因素影响，烟叶生产下滑。1996 年下半年，烟草市场呈饱和趋势，通江县提出“缩小阵地、合理布局、指定乡村、发展重点、狠抓大户”的政策，保留铁佛、麻石、至诚、洪口 4 区 25 乡种白肋烟；平昌县在 4 区、8 乡、2500 户烟农中集中种植。1999 年，巴中地区注重宏观导向，稳定发展烟叶生产，以市场需求为主，坚持以销定购，以购定产，适度安排烟叶生产，烟叶种植量基本适度。2000 年，贯彻国家烟草专卖局“控制面积、稳定规模、提高质量”的烟叶生产指导方针，结合实际，逐区、逐乡、逐户落实种烟计划；巴中烟区种植 2.26 万亩，白肋烟分布于南江县3区、10乡、6348户，通江县3区7乡，平昌县3区12乡。

2001年，巴中市定植烟叶6530亩，种植区域调整为通江县、南江县的15个乡镇4508户烟农，其中种3亩以上的有162户。南江县定植的烟叶3200亩中，白肋烟2800亩，烤烟400亩，全年收购烟叶6439担。

2002年，采取“优化布局，适度规模，抓好专业乡、村及种烟户”的方法发展白肋烟生产，通江、南江两县13个乡镇2173户烟农种植面积3653亩，收购烟叶4405担。

2003年，全市白肋烟种植4019亩，分布于通江县、南江县8个乡镇3226户烟农中，收购烟叶4733担。

2004年，全市白肋烟种植向适宜区和最宜区集中，通江县分布在至诚、麻石烟叶生产片区，南江分布在高塔、大河、下两生产片区。

2005年，结合全国白肋烟市场现状，经四川省烟草专卖局（公司）决定，从当年1月起停止白肋烟生产。

第五节　技术服务

一、良种繁育

20世纪80年代初，四川省开始实行烤烟统一供种。1983年，四川省农业厅经作处制定烤烟生产技术的若干意见，提出选用良种，实现统一供种的技术措施。1984年，全省18个烤烟生产县中已有14个县建立良种基地，做到自己繁育良种，统一供种。1981—1985年，凉山州繁殖优良种子地面积累计305亩，统一供种面积由47.9%上升到99%，烟叶产量、上中等烟比例大幅提高。

1986年1月6日，省烟草公司颁布《四川省烟草种子管理试行办法》，对四川省烟草种子管理提出规范化意见。全省烟草种子实行集中管理，统一繁种，统一供种；建立固定繁种基地，统一安排繁种基地集中定点繁殖。烤烟的繁种基地为会理、普格、古蔺、叙永、兴文、筠连、黔江烟科所、秀山、资阳；晒烟的繁种基地为什邡、绵竹、宣汉、忠县、垫江；白肋烟的繁种基地为宣汉、万县。基地县繁殖的种子供全省生产用，其他地县不再自行留种，所需种子由省和有关分公司统一分配。繁种计划与调出种子任务由省烟草公司统一安排，每年生产用种计划，各县公司报省烟草公司后经平衡确定下达到基地县，再由需种县与繁种基地签订供种合同；繁种基地所使用的原种由省烟草公司提供；繁种基地县按要求选择好繁种点（繁种场或专业户）。制定繁殖技术规程与特约繁种户签订合同，固定专人管理，落实岗位责任。建立健全繁种档案，定期进行检查，保证繁种质量。每年繁种工作结束后，将种子质量的室内、室外鉴定材料报省烟草公司，经省烟草公司同意后，方可在生产上使用，如擅自供种造成经济损失由供种单位赔偿。产烟区实行县公司统一供种，供种办法以不误农时为原则。按发放种烟证或签订的生产收购合同，将种子分成小袋供应到烟农手中，供种量每亩不超过5克，未发种烟证和未签订生产合同的不供应种子。调种县派人到供种县取种，调供种子按以质论价的原则收费，种子价格由双方协商，原则上每公斤种子不超过20—30元。繁种基地县除从县留烟叶技改费中提成5%作为繁种基金外，调出县外种子，由省烟草公司每公斤补8元（在省掌握改进费内开支）。

1986年9月，省烟草公司按照烟叶生产“良种化、区域化、规范化”的要求，继续实行烟草公司“统一繁育、统一供应良种”的原则。全省繁育良种5个，收种3215.5公斤，其中“红大”2350公斤，“G28”451.5公斤，“NC82”39公斤，“NC89”245公斤，“长脖黄”130公斤。可调剂品种4个，其中“红大”775公斤，“NC89”245公斤，“G28”115公斤，“长脖黄”105公斤，由产、需对口衔接。“红大”以会理、叙永、古蔺、兴文、黔江为主，“G28”以秀山、叙永、会东为主，“NC82”以筠连为主，“NC89”以资阳为主，“长脖黄”以秀山为主。

1989年5月，省烟草公司召开全省地方晾晒烟品种普查工作座谈会议，交流宣汉、什邡、绵竹等县开展晒晾烟品种普查的经验。在全省范围内，不分主、次、零星晒晾烟（包括土烟、不含白肋烟）产区，全面地开展普查。对各个不同品种进行调查、登记、收集烟样和种子，经县和地区分公司分别统一组织评选后，交省烟草公司烟叶处，然后送青州烟草研究所参加全国统一鉴定。

1990年，“三烟”生产良种稳定烤烟品种“NC82”“G28”“红花大金元”，白肋烟品种为“宣明12号”“万白1号”，晒烟品种为“红花”“白花铁杆子”“半铁泡”“葵柳”“黑蛮柳”。推广烤烟品种“K326”，白肋烟品种“Ky14”“K14”，做到良种结合良法配套进行。开展品种比较试验：烤烟品种有“COK176”“COK319”“K394”“温得尔”“8021”“H81D1231”“黔所1号”；白肋烟品种有“Va509”“Va528”“TN86”“Ky10”“Ky49”；晒烟为1989年普查品种。开展品种生产示范：烤烟品种为“G80”，晒烟品种为“什烟30号”“毛兰81-1”“毛兰81-2”“大附耳”。建立原种—良种二级繁殖体系：原种由省烟草公司统一组织供应，良种由基地县繁殖。实行定点繁殖良种，建立“三烟”繁种基地县。基地县固定专人负责良繁工作，委托农户繁种实行承包合同制，并加强技术指导，一个繁种基地县只能繁殖2个品种。种子实行分级管理制度：省烟草公司主要负责安排全省品种区试、组织新品种推广、原种繁殖供应、良种繁育检查和省际、地区间种子调剂工作；分公司主要负责完成省下达品种区试和当地品种布局、繁种、供种、良种繁育检查工作；县公司主要负责完成省烟草公司、分公司下达的良种繁育任务和本县的统一供种、品种布局工作。

1992年3月2日，省烟草公司根据《全国烟草种子管理办法》有关规定，制定下发《四川省烟草种子管理办法实施细则》，对烟草新品种选育、引进、推广、种子生产、经营、种子管理工作作出相应规定。

2001年，优良品种的繁育和更新换代取得突出进步。全省除红花大金元之外，都实现更新换代，新品种种植面积“新K326”占35.5%，“云烟85”占24.6%，“红大”占23.15%，“K346”占8.75%，“云烟317”占7.09%。

2002年，根据市场的需求和四川生态类型，良种选用攀西以“红大”“云烟85”“云烟87”为主，辅之“K326”“云烟317”；川南、川北以“K326”“云烟85”“云烟87”为主，辅之“K346”“云烟317”。全部使用包衣种子。抓好50亩云烟85的良种繁殖工作，保证全省大面积生产用种；进一步提高烟叶种子的包衣加工质量。加快漂浮育苗推广，全面普及漂浮育苗技术，以村或组为单位集中育苗，全省相对集中育苗达到90%以上。

二、适用技术推广

1975年11月，四川省计划委员会、省农业局发出《四川省烤烟生产会议纪要》，要求因地制宜地改进烤烟生产耕作制度，实行科学种烟。移栽、田间管理、烘烤、分级扎把的各个生产环节，都要搞好技术指导培训。1979年1月，全国供销合作社棉麻烟局、农林部农业局、轻工业部食品局召开会议，研究制定了提高烟叶质量的措施；从1979年开始，在烟叶生产基地县积极推行“优质适产”的农业技术和调制措施。

1986年11月，省烟草公司召开全省晒烟生产技术座谈会议，明确提出烟叶生产种子良种化、布局区域化、栽培规范化，要求各烟叶主产县继续壮大晾晒烟技术队伍，加强对烟农的生产技术指导。采用少叶、优质、抗病品种，淘汰多叶劣质品种，逐步做到统一供种。在适宜区内适当集中，成片种植。一个县以1—2个品种为宜，集中种好一个类型的烟，以形成骨干品种；不能在一个县内晾、晒、烤三个品种一齐上。在什邡、绵竹大面积推广获得显著效益的营养土假植苗、地膜覆盖栽培，主攻头烟（晒烟），改进采收方法，提高中部烟叶产量和质量的新技术。

1991—1993年，省烟草公司在西昌、会东、会理实施“凉山州优质烟叶生产技术规范化研究及应用”项目，把研究出的一整套栽培技术和生产优质烟的成功经验撰写成专著、教材、推广手册，设计图、烘烤表等材料，发放到烟农户，并集中培训出一批种烟能手。每年平均开展优质烟示范4.5万—6万亩，示范片亩产达145公斤，上等烟占25.23%，三年累计示范面积19.8万亩。研究项目新增纯产值2855.51万元，税收1144.75万元，利润190.38万元，1993年12月获省政府星火计划科技三等奖。

1994年，全省大力推广包衣种培育壮苗、因地制宜双层施肥、地膜覆盖、化学抑芽剂、标准化烤房和远红外涂料应用五项技术，由省烟叶公司负责开发包衣种子工作。凉山、万县和达县烟科所负责烤烟、白肋烟原种生产；会东、会理、叙永、武隆、黔江、彭水等县负责烤烟良种繁育；五桥、宣汉、南江县负责白肋烟良种繁育。同时，抓好择优布局、假植育苗、打顶抹芽、成熟采收、分级扎把和防治病虫害等项工作。

图2－7　攀枝花市烟技人员现场指导烟农种植生产

1996年，以“五项技术”为重点的科技兴烟措施配套推广成效显著。全省烤烟推广面积9.6万亩，大面积生长较为平衡，生产整体水平明显提高，平均亩产达到125公斤，其中凉山州烤烟平均亩产达到147公斤，会理县平均亩产达到165公斤。包衣种推广取得成功，共推广包衣种34.5万亩，占全省种植面积的31%。其中凉山州烤烟面积6.9万亩，节约用种90%，出苗率比裸种高8—16个百分点，缩短苗期10多天，亩产提高11公斤，单位面积增值近100元。会东县种植地膜烟3万亩，收购烟叶8.6万担，亩产143.5公斤，单位面积增值160元。古蔺县的地膜烟经受了1995年特大洪灾和连续28天高温的考验，有495亩仍然取得亩产147.5公斤、上等烟达30%、单位面积产值868元的成果。1995年推广双层施肥52.5万亩，占全省种植面积的48.3%，实现了增产增收。抑芽剂技术推广有较大进步，单位面积增值75.4元，总产值增加1734万元。推广先进烤房和配套使用远红外涂料，降低了烘烤成本，提高了烟叶烘烤质量。1995年全省改建和新建烤房4.18万座，占全省烤房总数的10.2%，加上往年改造的11万座，共计15.18万座，占全省烤房的37.4%。每50公斤烟均价提高50元，投入与效益比为1∶9。省烟草公司在武隆、叙永、剑阁等县进行溴甲烷熏蒸苗床试验，对于防治苗期病虫草害、培育壮苗、节省用工有很好的效果；促根剂在武隆、万县试验成功，对促进烟株根系发育，抗旱省肥，提高产量和质量效果显著；生物钾肥在叙永县应用8.3万亩，增产增收。省烟草公司通过举办三段式烘烤工艺培训班，发放技术资料，在全省进行示范，各地普遍反映效果良好。经彭水县和剑阁县试验，证明立式炉具有升温效果好，转火容易，缩短烘烤时间35小时左右，比卧式炉省煤25%—30%，上部5—7片叶一次采烤使烟叶成熟度提高一个档次，显著提升上部烟叶品质。

1996—1997年，全省进行三段式烘烤工艺的示范应用。该工艺具有阶段划分简单、量化指标明确、烘烤的橘黄烟增多、烟叶香气增加等优点，烟农易于掌握便于操作。

1997年，全省配套推广“五项技术”经综合测算投入产出比为1∶6至1∶8，平均单位面积增收节支200—400元。同年，溴甲烷熏蒸苗床技术试验成功。

1998年，在凉山、泸州举办了两期溴甲烷熏蒸苗床技术培训班，并在多点进行了示范，特别是在凉山州的6个县进行示范取得了成功。示范结果表明，溴甲烷熏蒸苗床除草效果达95%以上，杀虫效果100%，对真菌和细菌性病害防效达100%，对花叶病防效在40%以上，可使烟叶单位面积增值90元左右，全省在会理、会东、古蔺、叙永、宁南5个主产县全面推广。是年，全省包衣种推广面积达100%，溴甲烷苗床熏蒸技术推广面在主产县达80%以上，双层施肥技术全省推广面为90%，地膜覆盖技术60%以上，化学抑芽剂推广面达60%，三段式烘烤工艺推广应用面达80%以上。7月中旬，省烟草公司在西昌召开了田间管理现场观摩会，示范了抑芽剂、烤房改造和三段式烘烤工艺，推动良种繁育等生产技术的推广应用。同年，全省开展“云烟85”“红大”“V2”“K326”等优良品种的繁育工作，分别对烤烟新品种“云烟85”“317”“K346”“RG11”“RG17”“Va116”和“云烟87”“K730”“品4”“CF965”“RG17”和“Va116”进行了示范和区试，品种区试比较规范。

1999年，四川省加速“五项技术”的全面普及和重点技术的推广应用，进一步规范供种渠道，实行统一供种，良种率达到100%，包衣种推广达到91.3%。各地普遍研究试验新品种，结合当地实际引进烤烟新品种，杜绝自留种和劣杂品种，集中育苗有了突破性进展；配合采用溴甲烷苗床熏蒸技术，开展了斯美地土壤消毒剂试验，漂浮育苗试验获得成功，集中育苗2621亩，占总育苗面积的62.5%。双层施肥推广面积达78%，因地制宜推广地膜烟占全省种植面积的61.4%，抑芽剂推广面积为68.4%。三段式烘烤工艺技术的应用推广面积占95%，比1998年提高了16个百分点。全省开展新品种的引进、区试和示范工作，引进了“云烟85”“K346”“V2”“云317”。

2000年以后，全省烟叶生产围绕品种更新换代、漂浮育苗、平衡施肥、密集烘烤和国内主料烟叶开发提高烟叶生产水平，烤烟新品种占移栽面积的50.4%，品种结构更趋合理。烟草种子统一由四川天实烟草种子有限责任公司供应，初步形成了烟草种子育繁推销一体化服务体系，保证了优良品种的供应。全省包衣种达100%；集约化育苗技术示范推广普遍展开，相对集中育苗达71.1%，漂浮育苗、托盘育苗技术试验示范也取得了成功；改建热风循环烤房7250座，新建6211座；平衡施肥技术的推广全面展开。根据各地土壤情况，省烟草专卖局（公司）对全省定点厂的烟草专用肥的配方进行改革，使硝态氮达45%，初步形成了烟叶专用肥研制开发、生产供应体系。双层施肥、地膜烟等实用技术进一步巩固，双层施肥推广面积达90%以上，地膜烟达

65.4%，抑芽剂达59.4%。省烟草公司与英美烟草公司合作，在德昌和西昌分别开发示范了300亩国际型优质烤烟，并在古蔺、叙永、剑阁3个县开展了试验示范。国际型优质烤烟示范点的烟叶生产水平和烟叶质量总体明显优于大田，烟株营养较均衡，发育较充分，采收成熟度较好。四川省送郑州烟草研究院化验分析的烟叶外观质量和香气质及香气量有明显的改善，可用作配方的主料烟和优质填充料。全省国际型优质烤烟上等烟比例平均达到24.5%，平均亩产达到172公斤，收购均价7.81元/公斤，取得明显效果。

2001年，集约化育苗突破性进展，各地漂浮育苗和托盘育苗的规模扩大，移栽面积1600多亩。全省集中育苗面积4万多亩，以村或组相对集中育苗面积达85%以上。根据南方烟草专用肥标准要求，改进传统施肥方法，推广平衡施肥方法。在配方施肥、平衡施肥上有机肥和无机肥结合、大量元素和中微量元素结合、基肥与追肥结合；重施基肥、早施追肥，基肥硝态氮基本达到45%—50%。追肥硝态氮基本达到100%；不用尿素直接施用或作为专用肥配方肥料。

2002年，大力推广平衡施肥技术。在河南农大和中国农科院专家的指导下做好植烟土壤养分的测土普查，建立烟土养分数据库。施足测土配方肥量，注意氮素形态的合理配比，采用双层施肥或环形施肥技术，并统一使用省定点厂的烟草专用复合肥。

2004年，省烟草专卖局（公司）在狠抓适用技术的推广中，把基层站点建设与抓烟技人员队伍建设密切结合起来，全省基层技术员队伍稳定地保持在2300余人，实现了每80—100户烟农拥有1名烟技员。其中具有专业技术职称人员423人，占总数的18%，经过生产实践锻炼，相当部分成为烟叶生产的技术中坚力量。通过站点阵地把技术队伍紧密地联系起来，保证了烟叶生产各项适用技术的推广及时有效地落实到田间地头。同年3月，省烟草专卖局（公司）成立“四川省烟叶生产新技术、新产品研究开发推广应用领导小组”，统一组织、领导全省烟叶新技术，新产品研究开发推广应用。建立新技术、新产品研究开发、推广应用、专家顾问3个小组，在领导小组领导下开展工作。在2002—2003年已取得菌剂类、药肥类、有机肥类、育苗基质、烘烤辅助设备10余种新技术产品的研究成果和第一手材料的基础上，2004—2005年重点开发、推广应用“金叶99植保”试验示范成果、菌剂促腐技术、开发新型烟草专用肥、工厂化有机肥生产、研究开发新的育苗基质、开发生产硝酸钾肥等新技术产品。

2005年，全省建立完善烟叶质量保障体系，以提高烟叶质量为核心，大力普及推广先进适用技术漂浮育苗、平衡施肥和烟叶成熟采摘与三段式烘烤技术，深化收购预检和烟农“户籍化”管理，保证等级合格率和工商交接合格率达到80%以上。

三、各类型烟栽种技术应用及发展

（一）烤烟栽种技术

烤烟的良种繁育，全省实行集中管理，统一繁种，统一供种。1985年11月，四川省烟草公司制定《四川省烟草种子管理办法》，规定良种繁育计划由省烟草公司统一安排给繁种基地县，每年用种计划，由省烟草公司平衡后下达到基地县。1990年，品种繁育以“K326”“NC82”“G28”为主。1992年，省烟草公司开始全面推广使用包衣良种，坚持统一供种，避免烟农自留种和劣质种。1995年，品种以“NC83”为主；1996—1998年，品种以“K326”为主，包衣种推广率达90%以上。1997年12月，国家烟草专卖局印发《烟草良种繁殖基地管理办法（试行）》，四川省保留凉山州为良种繁殖基地。1998年，省烟草公司发出《关于下达一九九八年烤烟良种繁育计划的通知》，明确规定四川省建立凉山烤烟良种繁育基地，禁止其他地区繁种或从省外调种。1999年，烤烟品种结构为"K326"占62.8%，"云烟85"占34.4%，"云烟317"占2.7%，包衣种推广率达100%，彻底淘汰裸种。2002年12月，省烟草专卖局结合本省实际制定并下发2003年《四川省烤烟生产技术方案》。技术方案提出良种布局要根据气候、土壤、栽培水平等因地制宜选用优良品种，并结合卷烟配方对不同品种风格需求，调整品种布局。实行一乡一品，一站一品。省烟叶公司负责全省烟草新品种引进、区试和配套栽培技术研究等工作。要采用漂浮育苗和常规育苗培育壮苗。在漂浮育苗中，重点解决的技术问题有苗床选择、基质、剪叶、消除藻类和盐害、预防生长螺旋根、防治病害等。常规育苗须首先选择好苗床地并科学制作苗床，同时在播种、盖膜、施肥、揭膜、水分管理、病虫防治、营养土配制、装袋假植、炼苗及苗床卫生方面严格技术操作。

烤烟的栽培管理，在1986—2002年间，其技术实施要求是选用良种、培育壮苗、轮作改制、合理密植、打顶抹杈、科学施肥。2003年，《四川省烤烟生产技术方案》对栽培管理技术补充了新的、更具体的标准：在移栽前一周整细耙平地块，单厢提埂，施底肥，地烟埂高25厘米以上，田烟30厘米以上；据烟株生长规律和气候确定移栽期，开始移栽到结束全省不超过20天，每个县不超过15天，每个站不超过7天，每一户不超过3天，麦套烟套种时间不超过25天；移栽密度行窜距110—120厘米，50—55厘米，1050—1250株/亩；采用大窝深栽，推行抗旱栽烟的移载方法。在平衡施肥方面，立足于土壤肥力诊断、烟株营养诊断、烟叶质量诊断，推行平衡施肥技术，掌握施肥量，把握好比例，学会施肥方法，全面提高烟叶科学施肥水平。在田间管理上，突出水分管理，田烟培土垄高30厘米以上，地烟25厘米以上；一般掌握在50%中心花开时打顶，打顶后及时抹杈，使用化学抑制剂除杈，做到杈不过寸；地膜烟栽后30—35天揭膜、除草、培土上厢、看苗施肥；地膜烟推行化学除草剂技术，亩用100—260毫升敌草胺（50%可湿性粉剂）在栽后杂草出土前喷施于表土；烤烟病害种类较多，根茎病害中黑茎、青枯、根黑腐病常并合发生，1986—2002年，对病害主要采用药剂防治。2003年后实施《四川省烤烟生产技术方案》，对烟区发生的赤星病，发病重的地区调整品种，选用抗赤星病品种"K326""红大""云烟85感病""K346中抗"；适时早栽、适当稀植，控氮增磷、钾，喷施2—3次磷酸二氢钾减轻危害；使用40%菌核净500倍、10%宝丽安1000倍，每周喷施一次，喷施2—3次。对黑胫病，选用抗病品种"K326""云烟85""K346"较抗病，红大易感病；实行轮作，提高垄高，排水良好；发病后及时清除病株；采用25%甲霜灵500倍初期灌根1—2次；易发地块在栽后连续施药2—3次。对青枯病，实地轮作，高起垄，排水良好；喷施硼砂增强抗病能力；药剂防治用200单位/毫升农用链霉素每株50毫升灌根。对野火病与角斑病，实行轮作，初发时采用1∶1∶160波尔多液、200单位/毫升农用链霉素喷施，一周左右一次，

图2－8　烤烟田间管理

喷2—3次。对根结线虫病，实行轮作，移栽时施用铁灭克防治。对花叶病，通过栽培、施肥等提高自身抵抗力；实行轮作，不与茄科、十字花科等同病源轮作或相邻；防治蚜虫，推行地膜栽培、麦套烟，打顶、抹杈时减少交叉感染机会；药剂防治采用毒消、宁南霉素250倍栽后喷2—3次防治。对烟蚜，苗床采用银色膜、防虫网等防治；适时打顶抹杈；药剂防治用征虫（较安全性农药）5—10毫升兑水15公斤或稀释3000—4000倍喷雾。对烟青虫、地下害虫等可使用药剂进行防治，并建立和完善烟草病虫害预测预报和综合防治网络，加强技术队伍建设和技术培训，结合实际开展病虫害综合防治技术研究，提高测报手段。

烤烟采收烘烤，是一项技术性强的工作。烟叶的采收必须掌握每次采收同品种、同部位，性质相同的烟叶，适时、适熟采收。烟叶的烘烤，采收的烟叶先进行青叶、熟叶、过熟叶、病斑叶分级，再上竿，并分别装在烤房的适宜位置。1974—1987年，四川多采用多段式烘烤模式；1988—1993年，多采用低温变慢黄工艺的五段式烘烤模式；1994年以后逐步推广三段式烘烤模式，并把握好“三段式”关键技术，提高烘烤成熟度，物质转化充分，降低淀粉。2003—2005年，全省烤烟区实施《四川省烤烟生产技术方案》，降低杂烟、烤青烟、挂灰烟比例，提高下部烟叶单叶重，增加香气和上部叶可用性，平衡烟叶正背面颜色。

（二）晒烟栽种技术

晒烟的良种繁育，按晒红烟和晒黄烟分类，四川的毛烟、柳烟和泉烟、大烟为中国晒红烟与晒黄烟中早已定型的优良品种。四川传统名晒烟代表产品为什邡毛烟、新都柳烟、郫县大烟、绵竹泉烟。种植面积最大的是毛烟，毛烟原主要分布在川西平原的温江地区，后发展到川东的涪陵、达县、万县、巴中等地。

晒烟的田间管理，初期要选择苗床地适当播种育苗，并加强苗床浇水、匀苗、搭棚、施肥管理；宜选用上年未种过烟草和其他茄科作物的水稻绿肥田轮作；整地打厢要厢端窝匀、沟深沟直、厢面瓦背形、平整无坑凼，结合整地做厢一次性全层施肥；幼苗移载做到合理密植。在大田管理中，烟苗移栽后及时浇定根水，2—3天后灌“还苗水”；烟苗生长分季节施用比例合理的氮、磷、钾肥，做到巧施提苗肥，饱施开盘肥，猛施翻顶肥，促进烟叶丰产优质。在田间管理中，以农业防治、人工扑杀、药物防治等，方法防治土蚕、烟青虫、烟蚜、蓟马、蛞蝓、烟潜叶娥、根结线虫等虫害。

晒烟的采收与调制，根据烟农的经验，在采收上必须分批采摘，适时采摘，成熟一批，采摘一批；在正常情况下先采脚叶、幺叶，再采中部叶片，最后采顶叶。在调制上，要勤掀勤晒、及时收索、勤于撕烟、注意烘色和科学回潮下架、精心选择扎把。

晒烟的收藏与醇化，常用川西地区（什邡毛烟）特有的烟叶调制技术“糊米加工”、川西地区（新都柳烟）特有的烟叶调制技术“红米加工”、川南名烟泥溪烟特有的加工方法“茶砂加工”3种调制技术。

（三）白肋烟栽种技术

白肋烟的良种繁育，全省自繁品种有“宣明2号”“万白1号”“白交3号”“白交5号”“通烟1号”“宣明12号”“白杂81号”等。万县烟区主要品种有“白肋21”“白肋37（BrrLeg37）”“建白80号”“Ky14”“EB2#”“TN90”和“Ky8959”。1987—1989年，由中美合作改进培育出“Ky14”“Ky10”两个品种，成为达县地区生产上的推广品种。1994年，达川烟科所研究试验的达所24是选育出来的新品系，为达川地区推广的优质白肋烟“Ky14”的接班新品种。在巴中烟区，为克服种性退化的固有特征，通江实验培育出适合山区生态条件的新品种，进行人工杂交后得出产、质量高的种子“通烟1号”。1991年，为进一步摸清“通烟1号”在生长期所需氨肥量、适应的土质、最佳海拔、培植密度等，通江县烟草公司“通烟1号”课题组利用白肋烟品种“Ky14（ck）”“Va589”“通烟1号”“宣明12号”“万白1号”在通江至诚乡进行品种对比试验，实验数据统计分析结果表明，“通烟1号”具有增值的品质因素。1992年，通江县烟草公司“通烟1号”课题组再次检验5个品种的优劣，试验又证明“通烟1号”产量、产值均居5个品种第1位。2002年12月，省烟草专卖局制定下发2003年《白肋烟生产技术方案》，要求全省良种选用时，白肋烟种子由达州烟科所统一提供，1100米以下的地方种植“达所1426”，1100米以上地方种植“达所24-11”。

图2－9　白肋烟良种育苗

白肋烟的栽培管理，四川烟农在长期实践中积累了丰富的管理技术。主要有：苗床制作根据育苗方式而定，白肋烟产区主要采用露地保温育苗方式。在播种之前对种子进行精选、晾晒、消毒和催芽，在众多的催芽方法中，深受烟农欢迎的是体温催芽法。早间苗、早定苗，是培育壮苗的重要措施。地膜覆盖技术适用于白肋烟栽培，地膜覆盖栽培生长期提前10—15天，单产量提高15%—20.1%，上中等烟增加8.4%—12.3%。在大田管理中，移栽时应当选准半苗，保证移栽质量，一次栽齐，及早防治病虫；追肥时结合浇水，确保苗全、苗齐、苗壮，促进烟株平衡生长；中耕要点是近锄浅、远锄深、不盖苗、不伤根；烟田灌溉前期小水勤浇，中期适当重灌，后期见旱才浇。同时，根据气候、栽培条件、品种特性、生产水平来把握白肋烟的打顶抹芽技术。2003年，省烟草专卖局（公司）制定实施的《白肋烟生产技术方案》，在烟农丰富的栽培管理经验的基础上，提升了白肋烟在移栽、施肥、田间管理上的科技含量。

白肋烟的植物保护，一是合理的施肥。白肋烟以施用氮、磷、钾完全复合肥为最适宜，施用硝酸铵、尿素、碳酸氢铵、硫酸钾、过磷酸钙、草木灰、菜枯饼等肥为适宜，禁用氯化钾、氯化铵、人粪尿、垃圾肥等。一般情况下，底肥占60%，追肥占40%，在移栽后30天左右追肥为好。二是有效的病害防治。黑茎病是白肋烟的主要病害之一，采取以抗病品种为中心的综合防治；普通花叶病对烟叶的产量质量均有极大影响，选用抗病品种是防治普通花叶病的最好办法；黄瓜花叶病在大巴山区各县分布较广，主要防治方法是栽培防治、治蚜防病、银膜栽培、药物防治；白粉病主要防治方法是选用抗病品种、药物防治；炭疽病主要防治方法是使用无病种子和栽培防治、药物防治。2003—2005年，全省白肋烟区实施《白肋烟生产技术方案》，病虫害防治坚持“以防为主，以治为辅”和“农药生物防治”相结合的综合防治措施，一旦发现病虫害，及时进行药剂防治，对病害以防为主，以治为辅；对虫害以治为主，无虫不得轻易用药。

图 2－10　白肋烟晾制

白肋烟的采收调制，1986—2002 年，白肋烟采收方法主要有分片采收、全砍株采收、半砍株采收、摘叶采收、半整株采收。2003—2005 年，全省白肋烟区实施《白肋烟生产技术方案》，烟叶采收方式有摘叶采收，即叶片成熟后，一片一片地采收的方式；半整株采收，即烟株下部 6—7 片叶摘叶采收后，剩余部分待成熟后一次性砍株收获，在晾房内整株倒挂。白肋烟在晾制中，分为凋萎期、变色期、定色期、干筋期，其技术要求是：凋萎期的相对湿度标准是 70%—80%，变色期相对湿度是 66%—70%，定色期相对湿度为 65%—68%，干筋期相对湿度保持在 45% 以下。2003—2005 年，《白肋烟生产技术方案》要求白肋烟叶的调制，必须有符合白肋烟晾制要求的正规晾房和适宜的自然环境，做到种烟先有晾房，有晾房才签订种烟合同。同时指出，使用半整株晾制，是白肋烟生产中重要技术环节，主要方法有：把砍收的烟株用套有活动铁尖的烟竿从烟株基部穿过，每竿穿烟 6—7 株，株与株间距 20 厘米；烟竿用竹竿或木杆均可，竿粗茎围 10 厘米左右，长 1.3—1.4 米，每亩约需 230 根；烟株按规定穿好后挂入晾房内进行晾制，每竿距离为 20—25 厘米。

第二章　烟叶复烤加工

第一节　复烤业发展与管理

烟叶复烤，是指对农民通过烤房初次烘烤后的烟叶进行再次烘烤。经过初烤的烟叶，水分在15%—22%之间，且初烤烟带有杂味、尘土和杂物。这样的烟叶含霉菌较多，吸湿性较强，容易发生霉变，既不利于长期储存，又不适合卷烟工业的应用。因此，要对初烤烟叶进行第二次调制，把水分降低到11%—13%之间。第二次调制的过程称为复烤，烤出的烟叶称为复烤烟叶。

根据烟叶复烤技术的要求和工业企业加工服务的需要，四川省早在1964年起就开始在资阳筹建复烤加工厂，逐年形成具有相当规模的企业。

1976—1984年，眉山、古蔺、叙永复烤厂陆续建成。1984年，新建成西昌微波复烤厂。1985年，宜宾、会理复烤厂建成。至此，全省共有7个复烤厂，复烤能力共2.6万吨。

1986—1994年，全省又陆续建立了彭水、达县、武隆、丰都、会东、德昌、石柱、黔江、綦江、巫山等17个烟叶复烤厂，累计年生产能力达到225万吨。

1992年2月，国家烟草专卖局发出《关于整顿核定烟草复烤厂的通知》，规定开办烟草制品生产企业，必须经国务院烟草专卖行政主管部门批准，取得烟草专卖生产企业许可证。根据各地烟叶产量的分布，对主要产区的烟叶复烤厂进行了审核，并按照《烟叶复烤厂暂行管理办法》的有关规定，确定并公布全国157个复烤厂为定点烟叶复烤企业。经国家烟草专卖局核定，四川省的资阳复烤厂、叙永复烤厂、古蔺复烤厂、宜宾复烤厂、达县白肋烟复烤厂、彭水复烤厂、西昌复烤厂、会理复烤厂、眉山复烤厂、武隆复烤厂、万县白肋烟复烤厂、丰都复烤厂12家为定点烟叶复烤企业。

1994年6月，四川省烟草公司制定《烟叶复烤质量检查评比考核办法》，对复烤企业管理制定并实施了具体的考核指标及评分办法。

1996年12月，成都卷烟厂、凉山州会理县烟草公司和西昌卷烟厂根据国家烟草专卖局提出的重点卷烟企业在2001年以内实现片烟生产工艺的要求，同时也为了使烟叶在质量和数量上供应保持稳定，3家共同投资建立四川三益烟草有限责任公司，新建一条打叶复烤线生产片烟，厂址位于会理县境内。按照合资建厂协议，由成都卷烟厂出资建复烤线，拥有40%股权，并取得一定数量的烟叶采购权。

1997年，因区划调整，彭水、武隆、丰都、酉阳、石柱、黔江、綦江、巫山8个复烤厂整体划归重庆市烟草公司管理。

1997年4月，四川省烟草公司制定下发《四川省烟叶复烤管理办法》，有针对性地提出内部管理、生产工艺管理、质量管理、设备管理和目标管理。

1999年初，什邡卷烟厂、泸州烟草分公司共同协商，决定在泸州联合修建四川三友打叶复烤厂。2000年10月，四川三友打叶复烤有限公司成立，由四川省烟草公司、什邡卷烟厂、泸州市烟草分公司，叙永县烟草公司和古蔺县烟草公司5家法人单位出资1.4亿元在叙永县城郊建厂，一年后建成投产，第一期工程投产后年生产能力30万担。

至2002年12月，四川省拥有挂杆复烤企业15家，21条生产线，325万担复烤加工能力。其中行业内属于中央上划企业13家，即会理、会东、宁南、德昌、西昌、西昌市、资阳、眉山、宜宾、叙永、古蔺、达州、剑阁复烤厂；行业外属地方企业2家，即凉山州会东县明珠复烤厂、会理县供销社复烤厂。

2002年12月31日，根据国家烟草专卖局关于整顿规范烟草市场经济秩序，合理利用和配置资源，提高烟草行业经济整体实力的要求，决定关停封存全省13家挂杆复烤企业，按照宣传动员、停产封存、清理检查、人员分流、设备销毁、检查验收6个步骤全面完成关停工作。

对原13家行业内的挂杆复烤厂关闭停产后，为了满足工业企业加工服务的需要，深化工商原料战略合作，实施打叶复烤企业技术改造规划，在“十五”期间，改制和重组形成股份制三益、三友、三鑫打叶复烤企业。结合全省打叶复烤企业的实际，省烟草专卖局（公司）逐步完善四川省打叶复烤企业管理办法，加强对复烤业的发展与管理。

第二节　主要复烤技术

一、土复烤

土复烤用人工操作，利用自然压风、管道传热的形式复烤，以达到降低初烤烟叶中的水分的目的。

二、挂杆复烤

挂杆复烤借助加热设备提供的蒸汽或热风，对烟叶进行强化干燥，以排出烟叶中多余的水分和青杂气味，改善烟叶品质。复烤设备分机头、烤房、凉房、潮房、机尾5个部分。原烟进入车间后，经解包回潮，逐把摇去附着的烟片上的尘土和杂质，然后挂在烟架上，从机头进入机烤房，烤房湿度控制在60%—100%之间，经50—60分钟进入凉房，通过自然或强制通风使烟叶湿度降低到30℃以下，再进入回潮房用蒸汽回软，使烟叶水分保持在11%—13%之间，出烟后冷凉24小时打包。20世纪90年代末，四川省基本淘汰挂杆复烤设备。

三、微波复烤

微波复烤是运用微波设备，将烟叶置于微波场中，脱去烟叶中的一部分水分。微波复烤的工艺流程为：初烤烟领料—烟叶质量挑选—解把—上机摆把—微波辐射升温—排湿降温—下机装箱—计量—打包—捆包—计量复秤—缝包—刷字—晾包—成品检验入库。

四、打叶复烤

打叶复烤为20世纪80年代世界较先进的复烤新工艺。主要设备由真空回潮机、切尖机、加热加湿筒、喂料机、打叶机、混合喂料柜、复烤机7个部分组成。为了满足工业需求，2000年后主要采用单品种打叶复烤方式，推行多种原料混合打叶方式。通过提高叶片的大中片率，降低叶梗和带叶，增加成丝率，为卷烟厂提供叶片纯净、烟叶包装量偏小的优质原料，减少浪费，提高专业水平。经测定，先打叶复烤可比卷烟厂在使用时打叶提高利用率3%，平均每生产一箱卷烟能节约1.8公斤烟叶，又能改善复烤厂和卷烟厂工人的劳动条件。20世纪90年代末挂杆复烤设备淘汰后，2000—2005年，全省打叶复烤一直沿用此项技术，仅在部分技术环节作了升级调整。

第三节　主要复烤企业

一、宜宾烟叶复烤厂

宜宾烟叶复烤厂是宜宾市烟草专卖局（分公司）下属的烟叶复烤加工企业（委托法人）。始建于1984年，位于象鼻镇方水村，占地面积57亩，厂房建筑面积2.95万平方米（其中库房8000平方米，生产车间8306平方米，生产辅助建筑1168.5平方米，办公楼800平方米，后勤设施3400平方米）。固定资产4100多万元，有正式职工104人（其中专业技术人员23人；大专以上学历27人，中专高中学历36人，初中学历41人；人平年龄36岁）。工厂内设复烤车间和6个科室（生技设科，财务科、储运科、质管科、安保科、办公室），拥有两条年复烤加工15万担烟叶的挂杆复烤生产线和一条年复烤加工30万担烟叶的打叶复烤生产线，年复烤加工生产能力为60万担烟叶。

复烤厂建立以来坚持以质量为中心的企业管理，1999年推行ISO 9002标准的贯标认证工作，组织建立实施质量保证体系，2000年新通过审核获证，2002年换版为ISO 9001：2000质量管理体系并通过认证。建厂投产后累计复烤加工烟叶280多万担，其中加工把烟200多万担，加工片烟80多万担。1986—2000年复烤加工烟产量如表所示。

1986—2000年宜宾烟叶复烤厂复烤加工烟叶产量统计表

表2－1　　单位：担

年度＼数量＼品名	复烤把烟		打叶复烤片烟		合计
	微波	挂杆	国内	出口	
1986	19563	—	—	—	19563
1987	33000	—	—	—	33000
1988	46220	—	—	—	46220
1989	60000	60283	—	—	120283
1990	13160	13620	38800	—	65580
1991	—	142920	24940	4080	171940
1992	25280	194400	4340	29060	253080
1993	—	127440	—	19656	147096
1994	—	73080	—	34600	107680
1995	—	107820	—	20796	128616

续表 2－1

品名 数量 年度	复烤把烟		打叶复烤片烟		合计
	微波	挂杆	国内	出口	
1996	—	227600	—	3144	230744
1997	—	292520	97388	2072	391980
1998	—	74740	113520	22720	210980
1999	—	110719	116136	4060	230915
2000	—	182367	89657	—	272024
累计	197223	1607509	484781	140188	2429701

“九五”期间，宜宾烟叶复烤厂投入 1000 万元进行两次打叶设备技改，设备性能和自动化程度很大提高，加工工艺采用柔打新工艺机器，打叶由原来的四打五分一回梗改为四打十分一回梗，烟叶复烤也改成低温慢烤工艺。合格片率由原来的 80% 提高到 90% 以上，烤透率由原来的 90% 提高到 95% 以上，加工质量满足了加工客户的要求。2002 年，复烤加工片烟成品 11935 吨，复烤加工把烟 2499.4 吨，复烤加工烟梗 1104 吨；实现税利 1099.3 万元，利润 645.5 万元；费用率比上年下降 4.5%。2003 年，加工片烟成品 7141 吨，烟梗 1336 吨；实现税利 817.7 万元，利润 520 万元。2004 年，加工片烟成品 9105 吨，烟梗 1728 吨；实现税利 1147.1 万元，利润 756.5 万元。

图 2－11 1992 年 8 月 6 日，中共四川省委书记杨汝岱（前中）考察宜宾烟叶复烤厂况

二、四川三益烟草有限责任公司

1996 年 12 月，成都卷烟厂、西昌卷烟厂、会理县烟叶复烤厂三家联合筹建四川三益烟草有限责任公司，属董事会领导下的股份制企业，以烟叶打叶复烤加工为主要生产业务，主管机关为中国烟草总公司四川省公司。厂址为会理县烟叶复烤厂。

1997 年 6 月，国家烟草总局以国烟计〔1997〕第 77 号文正式批准四川三益烟草有限责任公司成立。公司内设办公室、财务室、质检部、供销部、生产计划部、设备动力部。1999 年，公司成立选叶车间，隶属供销部管理。

2001 年 11 月，公司第一次董事会表决产生新的董事会，调整领导班子。公司取消片烟销售权，停止挂杆复烤烟叶，全面推行打叶复烤工艺，并成立站房维修组。2002 年，公司供销部下设选叶车间，划归生产计划部管理。2003 年，公司成立监事会和安保部。2004 年，公司成立工会。

2005 年，公司进行机构改革，撤销供销部，相继成立市场部、制造中心、工会办公室，审计办公室。至此，通过机构改革，公司内设组织机构为：行政办公室、财务室、审计办公室、质检部、制造中心、设备动力部、工会办公室、安保部、市场部。

2001—2005 年四川三益烟草有限责任公司主要经济指标统计表

表 2－2　　　　单位：万担、万元

年　度	加工原烟	实现销售收入	利润总额
2001	53	9355	8565
2002	75	5717	2399
2003	51	5400	2521
2004	94	7111	6467
2005	78	6893	2379

三、四川三友打叶复烤有限公司

四川三友打叶复烤有限公司位于泸州市叙永县，是由四川省烟草公司、什邡卷烟厂、泸州市烟草分公司、叙永县烟草公司和古蔺县烟草公司 5 家法人单位共同投资兴建的具有独立法人资格和烟叶经营权的股份制打叶复烤企业。公司打叶线总体规划年打叶复烤能力 60 万担，分两期实施，第一期为 30 万担，投资总额 1.4 亿元，其中四川省烟草公司占 10% 股份，什邡卷烟厂占 60% 股份，泸州分公司、叙永县公司、古蔺县公司各占 10% 股份，由什邡卷烟厂控股。

公司于 2000 年 10 月成立，生产厂房 2000 年 11 月动工，占地面积 9.99 万平方米，建筑面积 6.6 万平方米，2001 年 9 月试车生产，年处理原烟 60 万担。公司内设办公室、财务审计部、营销部、生产安全部、工艺质检部和打叶复烤车间。有职工 120 人，大中专以上学历占 65%，平均年龄 45 岁。

公司 2001 年投产以来，至 2005 年的主要经济指标如表所示。

2001—2005 年四川三友打叶复烤有限公司主要经济指标统计表

表 2－3　　　　单位：万担、万元

年　度	加工原烟	利税总额	利润总额
2001	11.20	6.16	-1.00
2002	25.20	1546.75	747.78
2003	32.00	976.14	358.90
2004	50.70	1825.03	743.25
2005	45.50	1376.20	354.15

四、四川三鑫烟草有限责任公司

四川三鑫烟草有限责任公司位于凉山州会东县城北，占地面积 115.6 亩。公司由西昌烟厂相对控股，凉山烟草公司、上海烟草（集团）公司、常德卷烟厂、什邡卷烟厂、四川省烟草公司共同参股建设的打叶复烤企业，主要加工凉山地区的优质烟叶原料，是国家烟草实施“北烟南移”战略指导下建设的创业重点工程；总投资 1.15 亿元，具有年加工 30 万担以上烟叶的生产能力，年产片烟 30 万担以上，烟梗 3274.5 吨、烟末 420 吨。厂部内设办公室、综合管理科、工艺质量管理科、设备管理科、安全储运管理科、财务管理和生产制造中心。有招聘人员及派驻人员152人，生产期间使用各类辅助工、临时工300余人。公司于2004年9月正式投产，2005年为滁州卷烟厂、汉中卷烟厂、什邡卷烟厂、常德卷烟厂、上海卷烟厂、重庆工业集团公司等客户共加工烟叶37.42万担，产片烟6.15万箱，长梗60.5万袋，短梗1.28万袋，碎末1.06万袋。烤前大中片率平均为87.27%，出片率69.6%，出梗率25.3%，碎片率1.47%，库品总得率96.3%。叶中含梗率、梗中含叶率、成品片烟装箱水份、长梗率工艺指标都达到或超过了加工厂家的要求。如汇总表所示。

2005年四川三鑫烟草有限责任公司打叶复烤工艺质量、经济指标汇总表

表2－4　　单位:%

烟叶等级	大中片率	碎片率	叶中含梗率	长梗率	梗中含叶率	出片率	出梗率	出碎片率	成品得率
上等烟	89.00	0.20	1.40	81.30	0.70	69.80	26.10	1.40	97.10
中等烟	88.30	0.30	1.50	82.00	0.70	70.50	24.90	1.40	96.80
下等烟	84.50	0.50	1.70	80.30	0.60	68.60	24.90	1.60	95.10

图2－12　四川三鑫烟草有限责任公司打叶复烤车间

第三章　卷烟生产

第一节　生产规模

1960年前后，卷烟生产原料奇缺，辅料供应紧张，成、渝两地烟厂一方面组织力量与省外烟厂建立协作关系，一方面派出人员组织进货，赴乡村建立原料生产基地，努力维持生产规模。1963年，全国烟草行业建立“托拉斯”，实行产、供、销一体化管理，西南诸省卷烟厂划归中国烟草工业公司贵阳分公司管辖，长期存在的原料供应等问题得到解决。由地方国营成都烟厂更名为国营的成都卷烟厂陆续调进一批设备，年生产能力为3.25万箱。1968年，四川省革委会转报国家经委、轻工部批准，选址新建年产20万箱的四川省卷烟厂。次年四川省温江专区工农烟厂扩建5万箱卷烟生产线，国家先后投资114万元支持该厂以卷烟生产为主。1974—1975年，国家拨款80万元技术改造重庆卷烟厂，企业卷烟产量突破10万箱，产品质量明显提高。1976年，国家投入10万元用于成都卷烟厂第二次技术工程，年生产能力提高到8万箱。1978年，由地方国营绵阳烟厂更名后的四川省绵阳卷烟厂，卷烟产量首次突破1万箱。至此，全省共有卷烟厂7家，即重庆卷烟厂、成都卷烟厂、温江地区工农烟厂、四川省卷烟厂、绵阳卷烟厂、黔江卷烟厂和巫山卷烟厂。1984年，重庆、成都卷烟厂被中国烟草总公司列入“七五”重点改造企业；成都卷烟厂槐树店新厂一期工程动工建设；绵阳卷烟厂拥有固定资产540万元，年生产能力超过5万箱；涪陵通用机械厂经四川省烟草公司同意以黔江卷烟厂分厂名义恢复卷烟生产，年产量超过1.2万箱。

1985年，经中国烟草总公司批准，设计年产量为10万箱的西昌卷烟厂动工兴建，试产少量卷烟作为内销评吸品；四川卷烟厂完成易地扩建新厂一期工程，搬迁至资阳建设北路西段9号新厂，年生产能力达15万箱；经四川省烟草公司批准，中江雪茄烟厂将新建龙王阁厂房改为卷烟生产线；巫山卷烟厂经扩建，卷烟机增至19台，具备年产5万箱的生产能力。

1986年，德阳市人民政府对什邡卷烟厂实行“入库税金超基数分成”政策，主要用于企业技改还贷；西昌卷烟厂完成建厂一期工程，形成年产5万箱的生产能力，开始正式生产“华昌”“索玛”“织女星”等牌卷烟；四川卷烟厂完成扩建新厂二期工程，引进英国、意大利制丝及卷接包设备，年生产能力增至20万箱（其中嘴烟3万箱）；蓬安雪茄烟厂购进四川卷烟厂所淘汰的制丝旧设备，开始试制生产“保宁”牌丁级卷烟。

1987年，成都卷烟厂新厂区一期工程竣工，工厂从东安南街11号老厂区迁至槐树店路4号新厂区投入生产；什邡卷烟厂经过逐年技术改造，卷烟综合生产能力得到提高，其年产量已突破20箱大关；宜宾卷烟厂简易厂房基本建成，开始试产“金红茶”牌卷烟。同年，中国烟草总公司批复什邡卷烟厂“七五”技术改造项目（综合生产能力30万箱/年，含雪茄烟）；成都市人民政府对成都卷烟厂实行税利超基数增拨技改资金政策，支持工厂进行技术改造；绵阳市人民政府对绵阳卷烟厂实行“包死基数、确保上交、超收多留、用于还贷”的财政税收政策，帮助企业解决技改资金贷款。

1988年，四川省烟草公司开始对所辖卷烟厂实行以经营承包为内容的厂长任期目标责任制。1989年，成都卷烟厂生产规模进一步扩大，年产量已达20万箱；黔江卷烟厂二期技改工程全面竣工，拥有固定资产2473万元，主要设备199台套，年生产能力增至20万箱；绵阳、巫山卷烟厂年产量已分别超过15万箱和10万箱。

1990年，经过“七五”技改的重庆卷烟厂新建3.6万平方米的现代化厂房，新增滤嘴卷烟机34台，先后从意大利、联邦德国引进SASIB-6000型高速卷烟机、5000公斤/小时制丝生产线等关键设备，年生产能力已达29万箱；西昌卷烟厂完成二期技改工程，引进安装英国MK9-5、SUPER9（长城）卷接机组等设备，形成年产10万箱的生产规模；什邡光明雪茄烟厂开始生产烤烟型卷烟。

1991年，国家烟草专卖局与四川省人民政府签订《关于处理遗留计划外烟厂问题的协议书》，决定保留宜宾卷烟厂，将叙永、古蔺卷烟厂合并组建泸州卷烟厂，秀山、酉阳卷烟厂合并组建武陵卷烟厂。同年，成都卷烟厂“七五”技改项目全面完成，总投资4144.9万元，分别从德国、英国、美国、意大利引进技术设备，其年制丝能力增至40万箱（两班制生产），卷烟年生产能力达30万箱（其中嘴烟15万箱），“五牛”牌卷烟被评为部优产品，工厂获四川省人民政府颁发的“‘七五’推进技术进步先进企业”称号；四川卷烟厂“七五”技改工程全部竣工，主要完成制丝线配套改造、新增部分卷接包设备、新建10吨锅炉房等，形成年产30万箱的生产能力（其中嘴烟9万箱）。

1992年，国家烟草专卖局正式向宜宾、泸州、武陵卷烟厂颁发生产许可证；巫山卷烟厂迁入扩建后的新厂房投入生产，其生产能力增至20万箱；绵阳卷烟厂在产量压缩的情况下，首次实现年产值超过2亿元，年税利1.35亿元。

1993年，国家烟草专卖局提出“控制总量、提高质量、调整结构、增加效益”的工业生产方针，在具有一定经营规模的企业中选择10%实施重点技术改造。成都卷烟厂被列为全国烟草行业第二批重点改造企业之一。当年，什邡卷烟厂投资5562万元全面完成“七五”技术改造项目，新增卷烟制丝生产线及中高速卷接、包装机组等设备188台（套），初步形成年产30万箱的综合生产能力；西昌卷烟厂三期（制丝线）技改工程竣工投产，新增设备497台套，初步形成年产20万箱的综合生产能力；中江雪茄烟厂相继投入资金5600余万元，完成二期技术改造，卷烟年生产能力即增至10万箱；经国家烟草专卖局批准，原涪陵通用机械厂更名为涪陵卷烟厂，正式列入国家计划，直隶四川省烟草专卖局（公司）。至此，四川境内有15家计划内烟草工业企业，其中成都、四川、什邡、绵阳、西昌、重庆、黔江、涪陵、巫山卷烟厂和蓬安、中江、什邡光明雪茄烟厂属计划内国家烟厂，宜宾、泸州、武陵卷烟厂属计划内地方烟厂。

1994年，四川烟草行业依靠科技进步，提高产品的技术含量和附加值，先后开发“名犬”、盖“雪竹”、特制“天下秀”“德牌”“佛兰”“中冠”等一批高中档产品投入市场，销路逐步扩大，嘴“重庆”“古典”牌卷烟首次打入国际市场，分别销往罗马尼亚和缅甸等国；以市场为导向，继续大幅度调整产品结构，按照“增畅、限平、停滞”的原则，坚决停产高亏、双亏牌号，限产滞销牌号，增产名优牌号，其中甲、乙级卷烟和嘴烟产量已分别占总产量的83%和75%；原材料消耗进一步降低，单箱综合耗叶46.4公斤，比以往减少近4公斤。四川省烟草薄片的推广应用亦走在国内同行前列，被国家烟草专卖局授予“烟草薄片推广应用先进单位”称号；企业单箱平均税利由上年的

960元上升到1124元，其中成都卷烟厂1554元、西昌卷烟厂1431元、绵阳卷烟厂1366元。

1995年，绵阳卷烟厂建成标准生产大楼，形成年产20万箱卷烟的生产能力，只因计划所限，控制产品数量，实际仅发挥了滤嘴烟设备的能力；宜宾卷烟厂技术改造基本完成，新增固定资产4400万元，年生产能力达到10万箱；重庆卷烟厂实行车间封闭式管理，挖掘内部潜力，企业实现扭亏为盈，并冲抵了“八五”以来的部分挂亏包袱，但由于数年停止技改，生产规模缩小。

1996年，国务院副总理朱镕基到西昌卷烟厂视察，明确指示给予政策扶持。后经国家烟草专卖局调剂，使西昌卷烟厂年生产计划由12.9万箱增至15.4万箱，企业发展步伐由此加快。什邡卷烟厂被列入全国烟草行业重点技术改造企业，确定投资5亿元（含1799万美元）进口成套设备，使其顺利启动“九五”技术改造工程。成都卷烟厂“八五”技术改造项目验收合格，设备生产能力达到全部嘴烟化，当年实际生产滤嘴卷烟30万箱，实现税利7.29亿元，单箱税利达2436元，人均创税利57.77万元。泸州卷烟厂投资8500万元完成新厂建设一期工程，新增机器设备288台（套），形成年产5万箱的生产能力，并从叙永旧址迁至泸州江北开发区新址投入生产。此外，成都、什邡、绵阳、涪陵等卷烟厂高价位产品“娇子”“梅花王”“星河”、特醇“5牌”“龙凤呈祥”等品牌的开发投产，结束了四川无高档烟的历史，打破省外高档卷烟一统省内市场的格局。

1997年，成都、什邡卷烟厂被省政府列为扩张型企业，在新一轮发展中处于领先地位，当年分别盈利9300万元和5000万元。同年，重庆市由中央直辖，川渝分治，涪陵、黔江、巫山、武陵、重庆卷烟厂划归重庆市烟草公司管辖，同时划转四川40%的卷烟生产计划。

1998年，经国家烟草专卖局批准，省内5家卷烟、雪茄烟生产企业先后实行资产重组。什邡卷烟厂整体兼并中江卷烟厂、什邡光明雪茄烟厂，使其卷烟生产计划、资产总额分别增加39.3%和32.4%，成为四川唯一集卷烟、雪茄烟生产于一体的大型烟草工业企业；成都卷烟厂整体兼并四川卷烟厂，原四川卷烟厂19万箱生产计划并入新的成都卷烟厂，使其生产规模达49万箱，资产总额达23.5亿元，在岗员工数达2718名，成为四川规模最大、实力最强的卷烟工业企业。四川卷烟工业企业全年生产卷烟126.44万箱，其中一类烟6.4万箱（同比增长35.9%）、二类烟26.04万箱（同比增长91.1%）、三类烟74.94万箱、四类烟19.06万箱；“娇子”“五牛”“佛兰”“天下秀”等骨干产品增量增效，“红五牛”“峨眉山”“航天城”“红芙蓉”等品牌相继开发投产，使全省名优卷烟产品产量达60万箱，占总量的49.8%，实现税利占工业税利的65.5%以上。同年，什邡卷烟厂顺利完成平房式卷接包车间主厂房、动力车间厂房、成品仓库、烟叶仓库和烟叶醇化库等“九五”技术改造重点工程项目。

1999年，成都卷烟厂建成硬盒卷包一体化生产车间和片烟制丝生产线，使其硬盒烟生产能力增至20万箱以上。从德国引进TSA-AP立式切片机、TR-S回潮松散加料筒、TB-R烟梗回潮加料筒等设备，建成片烟投料制丝生产，并采用电子技术对制丝生产线进行实时监控，实现全自动化制丝生产。精品“娇子”系列新产品开发投产，改善了卷烟产品的结构状况。西昌卷烟厂开始卷接包一体化生产，同时加强对产品的技术改造，推出盖红“攀西’品牌，与宁波卷烟厂联产“宁波”牌卷烟2.12万箱（创税4461万元），并恢复“古典”牌卷烟出口生产，直销缅甸230箱，创汇4.14万美元。同年，经四川省烟草专卖局批准，蓬安雪茄烟厂向西昌卷烟厂有偿转让生产计划1.6万箱。翌年，蓬安雪茄烟厂停止生产。

2000年，四川省共有成都、什邡、绵阳、西昌、宜宾、泸州6家卷烟工业企业，实际（按计划）生产卷烟128.66万箱，其中一类烟8.2万箱、二类烟32.3万箱、三类烟65.7万箱、四类烟22.5万箱，单箱平均税利2505元，全行业实现工业税利31.9亿元。成都、什邡卷烟厂实现税利占全行业实现税利总额的70%以上，初步形成规模经营与规模效益。

2001年，全省卷烟工业企业大力实施组织结构调整，按照国家局"抓大放小"原则，把优势企业做大做强，推动了"扶优扶强、关小治散"工业企业工作的进展。全省生产卷烟132.9万箱，比上年增长3.3%。名优卷烟产量增大，"娇子""天下秀"被国家烟草专卖局评为全国烟草行业名优烟，当年"娇子"系列生产5.7万箱，"天下秀"系列生产35万箱。

2002年，全省卷烟生产规模达到134.13万箱，比2001年增长0.9%，并形成"娇子""国宝""五牛""天下秀""九寨沟""神驹"6个卷烟重点品牌。全年娇子系列生产8.5万箱，国宝系列生产3.9万箱，五牛系列生产47万箱，天下秀系列生产34.4万箱，四大系列品牌占总产量的67.4%，创税利28.08亿元，占卷烟工业总税利的76.94%。通过品牌发展战略的实施，成都卷烟厂实现税利20亿元，什邡卷烟厂实现税利10.85亿元。

2003年8月，四川省烟草专卖局（公司）实行工商管理体制分开，四川烟草工业企业与重庆烟草工业企业跨省组建川渝中烟工业公司，具有相当生产规模的成都卷烟厂、什邡卷烟厂、西昌卷烟厂、绵阳卷烟厂（泸州、宜宾卷烟厂分别于2003年6、7月按政策关闭）以及物资公司析出划归川渝工业公司经营管理，四川省烟草专卖局（公司）不再领导和管理卷烟工业企业。

川渝中烟工业公司下属6家卷烟工业企业，其中成都卷烟厂、重庆烟草工业公司和什邡卷烟厂系全国36家重点工业企业。卷烟生产计划214.2万箱。

2003年，川渝烟草工业企业经受了工商体制分离、工业跨省联合重组的考验，全年生产卷烟213.6万箱，同比增长5.3%；销售卷烟226万箱，同比增长8.2%。产品整合见成效，重点品牌稳步发展。卷烟品牌由37个精简到26个，规格由111个减到94个。为保证产品质量，企业进行产品提质改造，改造后的"阳光娇子""喜庆龙凤呈祥"销势旺盛；"五牛""天下秀""宏声""朝天门""九寨沟"稳步增长。6大品牌全年总销量达到137万箱，占公司总销量的60%，创税利47亿元，占税利总额的80%。

2004年，川渝中烟工业公司下辖的工业企业生产卷烟215.98万箱，同比增长2.4%；实现税利63亿元，同比增长8%。品牌整合突出发展，"娇子""龙凤呈祥""国宝""五牛""宏声""天下秀""九寨沟""小南海"和"凉烟""攀西""索玛"，市场销售良好。

2005年，生产卷烟216.3万箱，其中低档烟104.2万箱，占总产量的48.2%，高出全国平均水平7.3个百分点。实现税利75亿元，同比增长12%。公司以"打造强势品牌，寻求一、二类烟的突破"作为战略发展的核心要务，进行产品结构调整和品牌整合，使在产卷烟牌号由2003年川渝中烟工业公司成立时的37个精简到2005年的10个。是年，入选《卷烟产品百牌号目录》的"娇子""龙凤呈祥""国宝""五牛""宏声""天下秀""九寨沟""小南海"和"凉烟""攀西""索玛"等品牌烟实现销量178.7万箱，同比增长13.6%，占总销量的82.5%。

第二节　生产条件

一、工厂建设

（一）成都卷烟厂

1984年，中国烟草总公司将成都卷烟厂列入“七五”重点改造企业，并批准其槐树店迁建工程项目正式开工，初定迁建规模为年产卷烟15万箱、项目总投资600万元，后追加为30万箱生产能力（其中嘴烟8万箱）、总投资达3590万元（其中外汇额度254万美元）、土建面积控制在1万平方米以内，全部工程项目分期完成。1986年，成都卷烟厂与紧邻新厂区的成都第一机制砖瓦厂签订4公顷土地划拨协议，并向其支付转让补偿费680.4万元，使槐树店迁建工程土地使用面积增至7.2公顷。翌年，迁建一期工程之主厂房、办公楼、职工宿舍等约2万平方米全部竣工，工厂完成搬迁投产。1991年，成都卷烟厂迁建二期工程竣工，累计建筑面积37127平方米；包括新增烟叶周转库5196平方米、发酵室2819平方米、食堂综合楼3222平方米、职工宿舍4775平方米等。

1993—1995年，配合“八五”技改，成都卷烟厂完成土建工程6个，建筑面积11217平方米（含7767平方米烟叶醇化库）。1998年，成都卷烟厂与成都油漆化工总厂签订购地协议，购得该厂所属土地6.67公顷（位于卷烟厂东面约1公里处），用于建造烟叶库房。2000年，成都卷烟厂4万平方米烟叶库房竣工，并投入使用，项目总投资8.17亿元。

2001年，成都卷烟厂制定以品牌生产为核心的企业发展、以机制创新为目标的现代管理、以技改为载体的科技提升为“十五”期间的发展思路，使工厂建设成为由本土企业逐步走向全国性的企业。全年生产卷烟54万箱，销售卷烟58.91万箱。

图2－13　成都卷烟厂制丝生产线

2002年3月，为了整合企业资源，成都卷烟厂关闭了资阳分厂生产线，实现集中生产；集中生产后，各种运行费用下降，规模经济效益充分体现。全年共生产卷烟53.9万箱，销售卷烟65万箱。

（二）四川卷烟厂

四川卷烟厂是20世纪60年代末经国家经委、轻工部批准，20世纪70年代几经择址在资阳烟叶复烤厂内就地建设成立的厂，征用土地仅4.8亩。20世纪80年代初，针对省内卷烟供应紧张的状况，省轻工局、省计委相继批准四川卷烟厂进行易地扩建，投资700万元，征地124.5亩，建设年产20万箱卷烟的新厂区。1985年，四川卷烟厂易地扩建一期工程竣工，形成15万箱的生产能力，工厂从资阳和平路旧址迁至建设北路新址投入生产，并于1986年完成以设备配套引进为主的二期工程，达到20万箱的设计能力。1998年12月，四川卷烟厂重组合并到成都卷烟厂。

（三）什邡卷烟厂

1987 年，经德阳市计委批准，什邡卷烟厂自筹资金 196 万元，在厂区南面 1.5 公里处李子园建成 4 层框架结构烤烟原料仓库 2 幢，并安装电梯设施，建筑面积 9977 平方米。

1991 年，什邡卷烟厂完成卷烟楼扩建工程项目，建筑面积 6156 平方米，沿原卷烟楼东端向南扩展，楼体长 57 米、宽 36 米、高 18.4 米。

图 2－14　什邡卷烟厂

1998 年，什邡卷烟厂完成“九五”技改土建工程项目，建成平房式卷接包车间主厂房 1.1 万平方米、动力车间房 3500 平方米、烟叶仓库 9331 平方米、卷烟成品库 9104 平方米、烟叶醇化库 13292 平方米。1999 年，经国家烟草专卖局和四川省经委批准，什邡卷烟厂分别投资 300 万元和 1300 万元用于建设技术中心大楼（实验车间）、扩建制丝车间厂房，完成土建工程面积 2656 平方米。

2001 年，工厂拥有总资产 26.86 亿元，其中固定资产 6.88 亿元。全年共生产卷烟 40.4 万箱，形成“天下秀”“佛兰”“国宝”三大品牌产品生产格局。

2002 年，投入两亿多元建设制丝线片烟化工程，2003 年完成其厂房主体工程建设；厂办公楼、技术中心、李子园 1—3 号片烟库工程建成并投入使用；雪茄烟车间搬迁经过整改投入正常生产。

2003 年，烟厂形成年卷烟实际生产能力 45 万箱。主要产品有卷烟“国宝”“天下秀”“佛兰”；雪茄烟“长城”“狮牌”“工字”。

（四）绵阳卷烟厂

图 2－15　绵阳卷烟厂

1982 年，绵阳地区经委报省经委批准，同意绵阳卷烟厂将过滤嘴烟项目原安排的 1500 平方米车间用房和追加贷款的土建工程合并，修建 2600 平方米的生产厂房，资金控制在 40 万元以内，因工厂考虑到要逐步实现年产 10 万箱的能力，遂将新增嘴烟 1 万箱工程和新建薄片车间工程合并修建主厂房，并于翌年竣工，实际面积 9066 平方米，大大超出批准面积和资金标准，工厂因此多次向上级作出书面检查。1985 年，绵阳卷烟厂建成烟叶发酵室主楼 3 层、附楼 6 层（职工集体宿舍），竣工面积 3801 平方米。1992 年，经绵阳市计经委批准，绵阳卷烟厂新建 6 层框架式物资综合仓库，建筑面积 1.5 万平方米；另修建 336 平方米配气站，使用绵阳热电厂蒸汽。

1993—1995 年，绵阳卷烟厂建成标准生产大楼，连同其他辅助设施，亦形成年产 20 万箱的综合配套能力。

绵阳卷烟厂经过持续发展，成为国家中型卷烟工业企业，为绵阳市第二税利大户。2003 年，绵阳卷烟厂拥有国内外先进水平的豪尼制丝生产线和帕西姆卷烟接机组、GDX_2 包装机组等卷烟设备40多台套，建成生产车间中央空调系统和MIS管理系统，生产的品牌“九寨沟”被川渝中烟工业公司列为重点牌号。

（五）巫山卷烟厂

1985年，巫山卷烟厂经过扩建，拥有主厂房3700平方米、原料仓库8200平方米、职工宿舍1200平方米，具备年产5万箱卷烟的基础设施配套能力。

1993—1995年，巫山卷烟厂相继建成主厂房2.1万平方米、发酵室4200平方米、烟叶室5100平方米、成品库5400平方米以及锅炉房、变电房等辅助建筑。

1997年，重庆市被设为中央直辖市，巫山卷烟厂归属重庆市烟草公司管理。

（六）西昌卷烟厂

1985年，经省计经委、省城建环保厅批准，兴建西昌卷烟厂工程项目正式动工，并于翌年完成一期工程，计修建主车间6185平方米、辅助车间1088平方米、烟叶库6599平方米、发酵室2474平方米、锅炉房637平方米、厂区道路2499平方米，厂区占地面积从原西昌红旗氮肥厂遗留的83.7亩扩大至97.5亩。

1990年，西昌卷烟厂完成二期土建工程项目，竣工面积29925平方米，其中醇化库3523平方米、发酵室2220平方米、原料库11627平方米、成品库2459平方米，征地54.9亩，厂区面积扩大到152.4亩。1991年，西昌卷烟厂对生产车间进行改建，新建主厂房及其附属设施醇化库、锅炉房、空压泵房等，竣工建筑面积13884平方米。1997年，经国家烟草专卖局批准，西昌卷烟厂征地50亩，开始修建烟叶库房。1999年，西昌卷烟厂建成1.5万平方米烟叶库房，并对厂区主车间进行装修改造，使其环境条件更利于卷接包一体化生产。

图2－16　西昌卷烟厂

2001年，西昌卷烟厂经过“八五”“九五”期间的厂房建设，形成了拥有11个科室、1个科技中心、3个车间和4个经营单位以及办公设施齐备的企业规模。全年生产卷烟22.3万箱（新标准101万箱），销售卷烟22.3万箱。

2003年，西昌卷烟厂强化企业管理，通过ISO 9001：2000版转换，认证审核，全年设备有效作业率为83.72%。全年生产卷烟18.25万箱，销售卷烟18万箱。节能降耗成效显著，部分指标低于全国平均水平。

（七）涪陵卷烟厂

1987年，以黔江卷烟厂分厂名义从事卷烟生产的涪陵通用机械厂投资400万元新建主厂房，形成年产10万箱规模的配套能力。1993年3月，经国家烟草专卖局批准，定名为涪陵卷烟厂，隶属于四川省烟草公司，正式列入国家计划。该年12月，产量达到9.5万箱，实现工业总产值1.3亿元。

1997年，重庆市被设为中央直辖市，涪陵卷烟厂归属重庆市烟草公司管理。

（八）黔江卷烟厂

1989年，黔江卷烟厂经过技改扩建，占地面积增至12万余平方米，建筑面积8万余平方米，其主厂房参照玉溪卷烟厂设计，车间容量增大，工艺排布更趋合理，生产能力年产20万箱，1990年四川省计划工作会确定为省重点企业。1997年重庆市直辖，黔江卷烟厂划归重庆市烟草公司管理。

（九）泸州卷烟厂

1991年，泸州卷烟厂已有厂房面积1.6万平方米，其中配套设施面积3000余平方米。1996年，泸州卷烟厂迁建一期工程竣工，共征用土地157.5亩，完成建筑面积5万平方米，其中主厂房1.02万平方米，土建工程投资5487万元。2003年6月，泸州卷烟厂因国家产业政策调整关闭。

（十）蓬安卷烟厂

1992年，经省计经委批准，蓬安雪茄烟厂建成卷烟主厂房8982平方米、烟叶醇化库3307平方米以及空压除尘房、中心配电房等辅助设施。2003年2月，蓬安卷烟厂经四川省烟草专卖局批准破产。

（十一）宜宾卷烟厂

1993—1995年，宜宾卷烟厂完成生产用建筑面积1.4万余平方米，形成年产10万箱卷烟的基建配套能力。2003年7月，宜宾卷烟厂因国家产业政策调整关闭。

二、技术改造

（一）重庆卷烟厂

1991年，重庆卷烟厂经过“六五”“七五”技术改造，新建了大型现代化联合厂房及其配套设施，引进5000公斤/小时制丝线1条、MKg-5等型卷接机组9套、SASIB-6000型横包机组4套等关键设备，使企业年生产能力增至29万箱。1997年重庆市直辖，重庆卷烟厂划归重庆市烟草公司管理。

（二）成都卷烟厂

1987年，由中国烟草总公司批准建设的成都卷烟厂兴建槐树店新厂一期工程竣工，并搬迁投产。1991年，成都卷烟厂槐树店新厂迁建二期工程的顺利竣工，该厂“七五”技改项目亦全面完成，包括引进5000公斤/小时制丝线和打叶线各1条、MK8等型卷接机组12台（套）、萨西普6000型横包机1台、MMF-4000型包装机组3套等，使其甲乙级卷烟比例增至77%以上，企业年生产能力增至30万箱。1993年，成都卷烟厂被国家烟草专卖局列为全行业第二批重点改造企业之一，其“八五”技改亦按21个项目分别立项，其中中国烟草总公司、四川省烟草公司分别批准立项一个，其余19个则由成都市经委批准立项。

1996年，成都卷烟厂“八五”技改项目暨迁建槐树店新厂二期工程竣工，累计投入资金5.47亿元，购置设备214台（套），完成土建工程6个计1.12万平方米，主要项目包括现代化卷包一体化车间建设、建造烟叶醇化库、建设现代化管理系统等，其单箱平均烟叶消耗较技改前降低6.2公斤，企业年生产能力达30万箱（全部嘴烟）。

2000年，成都卷烟厂累计完成“九五”技改投资6.3亿元，相继进行打叶复烤生产线、片烟制丝生产线、二氧化碳膨胀烟丝生产线、片烟仓库、硬盒烟卷包一体化生产车间建设和资阳分厂（原四川卷烟厂）配套设施改造，其单箱平均烟叶消耗仅为38.24公斤，实际年产量已超过50万箱。“十五”期间，为了增强卷烟工业企业，成都卷烟厂实行大规模的异地技术改造，加快易地迁建工程建设。2002年12月，以“高度信息化、适度自动化、恰当柔性化”作为项目设计的“十五”工厂易地技改总体方案中标通过，并举行开工奠基典礼。2003年，全面启动“十五”技改工程，先后购并蓬安、宜宾、泸州卷烟厂，使生产计划达到58.2万箱，增强了企业资源。

（三）四川卷烟厂

20世纪80年代初，四川卷烟厂被中国烟草总公司列为重点技改企业，1986年，四川卷烟厂继迁建一期工程完工后，经省计经委批准，分别从英国、意大利引进安装制丝和卷接包成套设备，完成迁建二期工程，达到年产卷烟20万箱的设计能力。1988年，经中国烟草总公司批准，四川卷烟厂开始实施“七五”技术改造。1991年，四川卷烟厂顺利完成“七五”技术工程项目，先后对制丝生产线（前段）实施配套改造，新增部分卷接包设备，扩建发酵室，新建综合附房及10吨锅炉房等，其年生产能力达到30万箱（含嘴烟9万箱）。

（四）什邡卷烟厂

1985年，什邡烟厂已经对其制丝生产线及卷接包设备实施更新改造，进一步理顺了工艺流程，新增嘴烟生产项目，并自行生产过滤嘴棒，还添置安装锅炉、维修机具等一批通用设备，完成“六五”期间企业技术改造，较“五五”期间增加卷烟产量约5万箱。中江雪茄烟厂（1998年1月并入什邡卷烟厂）投入资金1500余万元，完成一期技术改造，形成年产卷烟5万箱和雪茄烟3万箱的生产能力。1990年，经中国烟草总公司批准，什邡卷烟厂“七五”技改工程项目正式开工。1993年，什邡卷烟厂“七五”技改工程项目全部竣工，实际投资5561.87万元，新建建筑面积1.44万平方米，新增卷烟制丝生产线及中高速卷接机组、包装机组等设备188台（套），初步形成年产30万箱卷烟的综合生产能力，其单箱平均消耗烟叶由改造前的57.2公斤降至43.9公斤，取得明显的投资效益。

1995年，什邡卷烟厂已完成“八五”技改工程项目，先后购置安装3000公斤/小时制丝生产线和一批中高速卷接包机组，实现制丝高度自动化和卷烟生产嘴烟化、横包化，并实施通用设施配套改造，提高了卷烟生产工艺的整体水平。中江雪茄烟厂、什邡光明雪茄烟厂（1998年1月并入什邡卷烟厂）分别投资5600万元和3770万元完成“八五”技改工程项目，除雪茄烟外，均形成年产10万箱卷烟的生产能力。

1996年，什邡卷烟厂被国家烟草专卖局列为全行业“九五”期间重点技术改造企业，“九五”技改工程正式启动。

2000年，什邡卷烟厂累计完成“九五”技改投资4.66亿元，分别实施卷接包生产能力全面更新改造、制丝线设备改造、技术中心和片烟醇化库主体工程建设，使生产装备焕然一新，实际年产量已达42万箱。

2003年，实施总投资为5.3亿元的“十五”技改项目，新建单层制丝车间厂房一万平方米，更新两条白肋烟生产线，新建烟叶醇化仓库，建设计算机集成系统（CIMS），建设完善科技中心及配套公用设施。

（五）绵阳卷烟厂

1987年，省计经委批准绵阳卷烟厂“七五”技改立项，并委托省烟草公司对其技改项目可行性论证报告作了批复，同意当年增加技改项目用款计划1000万元，使其“七五”技改总投资达2813万元。

1994年，延期进行的绵阳卷烟厂“七五”技改工程项目（实与“八五”技改项目合并执行）竣工投产，实际投入资金7104.3万元，完成建筑面积1.99万平方米，新增SUPER9卷接机组、SASIB-6000型横包机组、叶丝膨胀线等设备322台（套），单箱平均消耗烟叶较技改前减少6.9公斤，形成年产20万箱卷烟的综合生产能力。

（六）黔江卷烟厂

1985年，黔江卷烟厂经涪陵地区经委批准，已先后投入资金495万元用于一期技改工程，完成主厂房及发酵室建设，新增制丝、卷包设备，使年生产能力达到5万箱。1989年，黔江卷烟厂二期技改工程全面竣工，主要设备增至199台（套），其甲乙级嘴烟产量已占总产量的30%，企业年生产能力达至20万箱。1992年，黔江卷烟厂更新制丝线及配套技改工程项目竣工并投入生产，该项目由省计经委批准实施，总投资3022.85万元，完成建筑面积3567平方米，新增设备279台（套），形成年产25万箱的生产能力，且使嘴烟单箱平均消耗烟叶从改造前的48.7公斤降至46.2公斤，仅此一项全年即可降低成本230万元。

1996年，黔江卷烟厂先后购置安装YJ14/23、MK9-5型卷接机组17套和SASIB-6000、YHB-3000型横包机组6套以及COMAS制丝机等设备，淘汰超期使用卷接包设备31台（套），并购进嘴棒成型设备，自产嘴棒满足生产需要。

（七）西昌卷烟厂

1986年，经省计经委批准开工的西昌卷烟厂一期技改工程竣工，总投资2249.9万元，购置安装设备386台（套），其中1500公斤/小时制丝生产线1条、卷烟机18台（套）、包装机13台（套），加上原西昌红旗氮肥厂遗留的土地房屋及水、电、气设施，工厂已形成年产5万箱卷烟的生产能力，且主车间、制丝车间部分工序达到年产10万箱的生产能力。1990年，被国家烟草专卖局纳入行业计划的西昌卷烟厂“填平补齐”二期技改工程共21个子项目全部竣工，实际投资6227.58万元，主要完成卷接包能力、生产辅助设施、办公和生活福利设施的配套，形成年产10万箱卷烟的综合生产能力。1993年，西昌卷烟厂改造制丝线工程项目竣工投产，该项目由省经委批准实施，共投入资金7504万元，完成建筑面积2.25万平方米，新增3000公斤/小时科马斯带丝线等设备497台（套），单箱平均消耗烟叶较技改前减少5.5公斤，初步形成年产20万箱的生产能力。

2000年，西昌卷烟厂完成卷接包设备技术改造，实现高度自动化的卷包一体化生产。

2002年，投入960万元改造制丝、卷接包生产线；增添SP31在线烟膨胀系统、片烟系统和SQ317切丝机等设备。

2003年，实施蒸气管道保温工程、帕西姆卷烟机加长烟支改造等9项技术改造，完成制丝线大规模技改项目的论证工作。

（八）巫山卷烟厂

1986年，经万县地区计经委批准，巫山卷烟厂先后投入技改资金408万元，征地48亩，进行厂房扩建与设备配套改造，新增YJ11卷烟机8台（共拥有29台）、小包机7台、条包机3台、旋转式切丝机2台、锅炉2座，已接近达到年产10万箱的生产能力。

1996年，巫山卷烟厂“八五”技改项目竣工，投资1亿多元，修建主厂房等生产设施；购置仿科马斯制丝线及中高速卷接包机组，使其生产水平进一步提高。

（九）涪陵卷烟厂

1987 年，以黔江卷烟厂分厂名义从事卷烟生产的涪陵通用机械厂进行大规模技术改造，除新建主厂房外，另从昆明船舶公司购进仿虹霓 2000 公斤/小时制丝线一条，使企业年生产能力增至 10 万箱。

1993 年，经国家烟草专卖局批准，涪陵通用机械厂更名涪陵卷烟厂，并购置帕西姆 7000 型卷烟机等设备，完成一期技术改造。

（十）宜宾卷烟厂

1995 年，经国家烟草专卖局核准，宜宾卷烟厂顺利实施“八五”技术改造，修建主车间并安装 1000 公斤/小时仿虹霓制丝线，使主要生产设备增至 172 台（套），亦形成年产 10 万箱卷烟的生产能力。

（十一）泸州卷烟厂

1996 年，泸州卷烟厂迁建技改一期工程竣工，其年生产能力增至 5 万箱，工厂开始从叙永旧址搬迁至泸州江北开发区新址投入生产。

1996 年，四川烟草工业企业“八五”技改项目全面完成，共投入资金 14.3 亿元，比“七五”期间净增 9.2 亿元，计改造制丝线 11 条、引进各类烟机设备 72 台（套）、更新国产烟机 243 台（套）。1997 年，成都、什邡卷烟厂又被四川省人民政府确定为扩张型企业。为了促进行业资产优化重组，保证重点企业的技术改造，四川省“九五”期间停止地方卷烟厂及长期亏损企业的技术改造，其他企业除进行必要的填平补齐之外，不再搞大规模投资改造。全省卷烟工业企业“九五”技术改造以开发名优产品、提高产品质量和结构、降低物资消耗、推广新工艺新技术为中心，立足于技术进步，促进经济效益稳步增长。至 2000 年，四川省完成“九五”期间技术改造投资 12.08 亿元，形成烟叶打叶复烤年生产能力 4500 万公斤、卷烟年综合生产能力 138 万箱（不包括地方卷烟厂）。

三、设备配置

四川省烟草公司成立后，通过举办技术培训、建立设备报表制度、开展专项大检查和设备管理评优活动等方式不断加强所属企业的设备管理工作，使其沿着制度化、正规化方向发展。至 1988 年，根据中国烟草总公司的评分标准，全省设备管理检查总平均分为 825 分，比上年提高 191 分，黔江、四川、成都、巫山卷烟厂被评为设备管理良好单位，其余 7 家企业均为及格单位。省烟草公司还特别注重进口设备的专项管理，要求所属企业坚持二级保养制度，使用、维修情况有记录，且每月向其报表一次。从 1984 年起，全省卷烟工业系统共引进设备 31 台（套），其中包括 MK9-5 卷接机组 7 套、MK-8 卷接机组 6 套、MK-8 卷烟机 8 台、6000 型横包机组 4 套、5000 型横包机组1 套、PA-8N 接嘴机 1 台等。省烟草公司制定下发《四川省烟草工业企业设备管理升（定）级主要技术指标的级别标准及考核办法》，作为企业设备管理升（定）级的考核依据。

1992 年，成都卷烟厂实行综合治理，强化设备的维护保养，推行定置管理，生产现场建立整洁文明的生产工作秩序，工厂中、高速卷接包设备平均有效作业率 67%，其中 MK9-5 卷接机组有效作业率达 77.5%，处于全行业先进水平，受到中国烟草总公司和四川省烟草公司的表彰奖励。1993 年，宜宾、泸州卷烟厂相继购置安装 YJ-14 卷烟机、YJ-23 接嘴机、3000 型横包机组、1000 公斤/小时制丝生产线等设备；绵阳卷烟厂 3000 公斤/小时制丝生产线及 6000 型包装机组亦正式投入运行。同年，全省烟草企业生产设备完好率为93%、故障停机率为7.6%，企业生产设备超过使用年限的占7.9%，属国家公布的淘汰设备占20.5%；成都、绵阳卷烟厂获年度设备管理优秀单位标号，四川、什邡卷烟厂获年度设备管理先进单位称号。

1994年，省烟草公司转发《国家烟草专卖局管理的设备的管理规定》，要求凡属国家烟草专卖局管理的设备，新机投产交验3个月内或旧机大修改造1个月内，各企业将有关交验资料上报国家局，同时将复印件报省烟草公司备案；将设计能力为2000—4000支/分的卷接机组及单机、3000—4000支/分的包装机组及单机确定为省烟草公司管理的设备，实行分级管理，其设备的闲置、调拨、转让、报废按总公司有关规定办理。

1995年，成都卷烟厂配合其现代化卷包一体化车间建设，相继引进PASSIM高速卷接机8台（8000支/分）、ALFA包装机5台、CDX2包装机3台（均为400包/分）、MATCH卷包连接设备8台、装大箱机4台、嘴棒输送机和物料输送机各1套、烟条提升机8套等设备，初步形成8条集卷接、包装、辅料供应、产品输送及装大箱于一体的、年产嘴烟20万箱的联动生产线；什邡卷烟厂陆续引进、购置MK9-5机组5套、SUPERg机组2套、PASSIM机组7套、GDXZ机组4套、MATCH-2连接设备7套、S-2000大箱机2套等设备；四川卷烟厂先后购置安装84PER卷接机组1套、YJ14/23卷接机组4套、YB41-3000型翻盖硬盒包装机组2套、YJ23接嘴机2台和6000型包装机组4套；西昌卷厂引进SUPER-9卷接机组2套（6500支/分）、帕西姆7000型卷接机组1套、B1包装机组4套、水冷螺杆式制冷机组2套、雅达牌空调机5套、ZR4空气压缩机2台；绵阳卷烟厂新购HLP2硬盒包装机3台、GBC型氟里昂烟丝膨胀装置1套。通过技术引进和设备更新，全省卷烟工业技术装备基本达到全国平均水平，形成年产嘴烟170万箱的生产能力。

1997年，四川卷烟工业企业中、高速卷接包设备有效作业率达74%。其中成都卷烟厂有效作业率81.65%，达到全行业先进水平，国家烟草专卖局专门在该厂召开全国烟草工业企业设备管理达标升级观摩示范会。省烟草公司设备处与什邡卷烟厂联合开发的烟机零配件计算机管理系统经过一年多时间的试运行，各项指标均达到设计要求，并顺利通过省级鉴定。

1998年，成都、什邡卷烟厂分别进行兼并重组，扩大生产规模，并被列为全国烟草行业重点技术改造企业，通过“九五”技术改造，其主要技术装备达到20世纪90年代初国际水平暨国内一流水平；西昌卷烟厂经过三期技术改造，翌年实现卷接包一体化生产，其技术水平居国内同类企业前列；省内其他卷烟企业的技术装备亦普遍提高到80年代水平。

1999年，成都卷烟厂在实行ISO 9002质量标准过程中，根据实际情况对有关设备管理的控制程序作业指导书进行修订完善，制定《安全、设备操作规程》《项修标准及检修验收标准》等多项制度，实行标准化、规范化管理，并顺利通过国家烟草专卖局组织的“烟草工业设备管理二级企业”达标考核；绵阳卷烟厂积极引进计算机技术，在设备大、中修理及原始记录、工量器具管理中全面应用，实现设备管理的程序化、系统化、网络化。

2000年，四川卷烟工业企业“九五”技术改造顺利结束，四川卷烟工业技术装备水平明显提高，设备有效作业率普遍提高，仅成都卷烟厂引进卷接机组、包装机组的有效作业率即达86.48%和85.17%。

第三节 产品开发

一、产品生产

（一）成都卷烟厂

20世纪50年代，成都卷烟厂只能生产乙级以下烤烟型卷烟。1958年，试制出甲级新产品“金凤”牌，次年又推出“金星”和“成都”新产品。1961年，试制出“峨眉”和“芙蓉”两个甲级新产品。1964—1966年，成都卷烟厂和重庆卷烟厂共同成立新配方试制小组，统一配方生产。1996年成都卷烟厂推出“红梅”（丙级）、“红花”（丁级）、“红松”（丁级），1970年推出“泸定桥”“岷山”（乙级）、“新蓉”（丁级），1972年推出“峨眉”（甲二级）和“红花”（丙级），1973年研制出“玫瑰”（乙级），1974年推出“猫牌”（乙级），1975年推出“玉兰”（乙二级），1976年推出“绵竹”（乙级）。1977—1984年，成都卷烟厂生产的主要产品有：甲级嘴“成都”、嘴“望江楼”、嘴“黄芪”、嘴“宝光”、嘴“白芙蓉”，甲二级无嘴“白芙蓉”、乙级“峨眉”“玫瑰”“红芙蓉”“锦竹”“泸定桥”“大前门”“成都”“兰叶”，丙级“红梅”“飞雁”，丁级“月月红”“桂湖”“红花”，戊级“经济”“美艳”等。

1986—2000年，成都卷烟厂培育出“芙蓉”“五牛”“娇子”三大名牌系列产品，同时也生产其他卷烟产品。2001年，成都卷烟厂成功开发“时代娇子”“特醇五牛”，改造老产品“成都”“太和”，推出“太和”系列产品。2002年，成都卷烟厂开发“娇子”系列新产品占领市场，推出新产品“阳光娇子”。

（二）什邡卷烟厂

1958年，什邡卷烟厂开发出丁级“美叶”牌雪茄型卷烟，次年增加丙级“都江”“岷江”牌，1960年又增加丙级“南山”“石亭江”牌雪茄型卷烟。1969年，什邡卷烟厂正式扩产卷烟，开发出乙二级“长江”、丙一级“险峰”、丙二级“雪山”、丁级“金河”牌烤烟型卷烟。1974年，工厂在国内率先使用涂布纸卷制的带嘴雪茄型卷烟。1981—1983年，工厂研制开发的品种类型包括烤烟型、混合型、外香型和雪茄型，形成批量生产的有“百合花”“三角”“梅花”“紫罗兰”等24个牌号。1985年，在改造提高嘴“三角”、嘴“菊乐”牌的同时，集中力量开发“天下秀”，逐步形成系列品牌。

1986年，什邡卷烟厂首次推出嘴“华西”、嘴“居庸关”混合型卷烟。1988—1995年，企业推出的牌号主要是甲、乙级滤嘴烟，有“东狮”系列和“奥林”“佛兰”牌等，也适时推出丙级嘴“知春”“川红椒”和乙级无嘴“小草”牌。2000年，什邡卷烟厂已先后开发出“梅花王”“都江堰”“中华龙”“鳄鱼王”“峨眉山”等较高价位卷烟，其中“天下秀”系列、“佛兰”系列、“峨眉山”系列已成为骨干品牌。2002年，什邡卷烟厂成功开发出新产品“名品天下秀”，日销量超过200箱；研发出“欢乐国宝”充实品牌结构。2003年，什邡卷烟厂对“国宝”“天下秀”和“长城”“狮牌”进行形象提升与技术整合。

（三）绵阳卷烟厂

1971年，绵阳卷烟厂研制出“涪城”牌卷烟；1972年研制出简装丁级“南塔”牌卷烟；

1973年研制出乙级精装“绵阳”牌和“东风桥”“银燕”牌卷烟。1978年，绵阳卷烟厂改进配方，重新研制了“绵阳”牌，还研制了药用型“麦冬”牌乙级卷烟、混合型“霜叶”牌甲级卷烟；1980年研制出甲一级“巴蜀”烤烟型卷烟和“小金塔”牌甲级卷烟；1981年研制生产乙级烤烟型“雪竹”牌卷烟，次年改造甲级卷烟并使之逐步成为该厂主导型产品；1983年开始生产细支“雪竹”牌、细长支“绵阳”牌等10多个品种卷烟。

1985年底，绵阳卷烟厂共研制生产22个牌号、多种规格的卷烟，有烤烟型、混合型、外香型3种类型。1988年，绵阳卷烟厂根据市场销售情况，清理整顿卷烟牌号，保留了12个牌号，即甲级“雪竹”“彩莲”，乙级“巴蜀”“绵阳”“铜羊”“虫草”“麦冬”，丙级“翠竹”“霜叶”“奔驰”、丁级“雄鸡”。1991年，绵阳卷烟厂成立新产品开发办公室，与原技术科各自研究新产品，相互竞争选优。同年，绵阳卷烟厂研制改进的5号香烟，以“神鹰”的牌号向中国烟草总公司申报，被列入配方改革中标产品，定名为“5”牌商标投产上市，成为工厂继“雪竹”牌香烟之后的又一骨干品牌。1996年以后，工厂按照高起点、高技术含量、高效益，低焦油的指导思想，研制出精品“5”牌、特醇“雪竹”、珍品“贵族”等牌号。2000年底，绵阳卷烟厂形成“雪竹”“5”牌、“贵族”“九寨沟”系列产品，品牌的技术含量和内外质量都达到了新的高度。2002年，“九寨沟”荣获“中国烟酒茶新产品金奖”。2003年，绵阳卷烟厂实施以“5牌”为基础、“九寨沟”为重点的品牌生产战略，共生产卷烟64.5万箱，产值5.36亿元。

（四）四川卷烟厂

1973年，四川卷烟厂开始生产烤烟型丙级卷烟“长空”“飞雁”“雁江”和乙级卷烟“青城”。1974年研制生产出甲级卷烟“巫山”。

1980年，四川卷烟厂开发生产出81毫米嘴“青城”；先后开发研制出混合型、外香型、雪茄型、药物疗效型等烟型的卷烟，而规格上也有70毫米粗支、70毫米细支、80毫米细支、81毫米嘴烟、84毫米嘴烟、100毫米嘴烟等品种。至1998年，四川卷烟厂已逐步形成“并蒂莲”“攀枝花”“青城”三大系列品牌。

（五）西昌卷烟厂

1985年11月，西昌卷烟厂开始生产1—8号试制卷烟，仿云南配方和牌号，分等分级。1986年10月，“华昌”“索玛”“织女星”“牛头”“青龙”5种牌号卷烟经国家工商行政管理局批准注册，正式投入生产。1987年，西昌卷烟厂注册生产的乙级类卷烟达7个牌号、9个品种，嘴甲级“攀西”、丙级“牧童”、丁级“青龙”，共10个注册商标、17个品种，其中嘴烟有“月城”“索玛”“华昌”“邛海”“攀西”5个牌号。1990年，在全国卷烟配方改革评比中，“凉烟”成为省内唯一甲级烤烟型中标产品。1991年11月，“凉烟”经商标注册，开始批量生产，投放市场。同年，84毫米嘴“索玛”、84毫米嘴“攀西”评为四川省优质产品。1992年，在全国卷烟配方改革审核中，甲一级“和合”烤烟型卷烟中标，正式注册商标为“澳赛特”，开始进行批量生产。1994年，西昌卷烟厂共有7个牌号、9个品种卷烟投放市场。2000年，西昌卷烟厂共有佳品“索玛”“索玛王”“龙禧”、金“索玛”“航天城”“凉烟”“攀西”“索玛”等10个牌号、15个品种卷烟投入生产，其中一、二类烟占总量的14.7%。2001年，西昌卷烟厂开发出二类烟“神驹”（红尊）和三类烟“神驹”（蓝尊）优质卷烟，形成“攀西”“凉烟”“神驹”三大系列卷烟。2003年，在原红盖“神驹”、蓝盖“神驹”的基础上，西昌卷烟厂开发出“风行神韵”，投放市场销售强劲；对“攀西”“索玛”

产品进行配方改造提高了品质，市场销量大。

二、主要品牌

（一）烤烟型

四川烤烟型卷烟产品配方以地产烤烟为主，适当选配贵州、云南、河南等省烟叶，经充分发酵，施以香精香料，严格按照国家颁布的卷烟制造标准制作而成。主要品牌有：

1.“芙蓉”系列

“芙蓉”系列产品20世纪60年代创牌，到2000年仍是成都卷烟厂、也是四川省内生产历史最悠久的大宗骨干产品。

“红芙蓉”　“红芙蓉”创牌于1979年，使用优质中四、中三档次的四川烟叶配方而成。1986年被评为四川省优质产品，1990年产量突破10万箱。1994年成都卷烟厂停止生产无嘴烟，该产品亦停止生产。

嘴“白芙蓉”　创牌于1985年，精选四川优质中、上等烟，以及部分云贵优质烟叶并施以天然香料配方而成，1986年和1991年两次荣获四川省优质产品称号，1993年产量突破10万箱。

翻盖“红芙蓉”　系1999年推出的“芙蓉”系列换代产品，选用四川及云贵优质烟叶，辅以天然高档香精香料精心研制而成。到2000年底，产销量达11173箱，成为成都卷烟厂跨世纪的骨干产品。

2.“五牛”系列

“五牛”系列诞生于1985年，2000年产量达35万箱以上，成为四川省单牌号产销量居首位的重点骨干产品。

“五牛”（绿）　于1987年推出，采用云、贵、川优质中等烟叶为主要原料，辅以天然香精香料配方而成。该产品系成都卷烟厂大宗骨干产品，年产量在10万箱以上。1991年获中国烟草总公司优质产品称号（部优），是四川卷烟产品中首次获得这一称号的品牌；1993年和1997年连续两次被四川省人民政府命名为“四川名牌”；1994年和1996年被国家烟草专卖局评为质量优等品；1997—1998年度被国家烟草专卖局评定为全国名优卷烟牌号。

硬盒“五牛”（金）　于1994年推出，采用云、贵、川优质中、上等烟叶为主要原料，辅以高档香精香料精制而成。2000年生产达到8万多箱，是成都卷烟厂骨干产品之一。1995年，硬盒“五牛”（金）获四川省烟草科技进步一等奖，1999年被评为全国名优卷烟。

极品“五牛”　于1996年推出，精选云、贵、川优质上等烟叶为主要原料、辅以天然高档香精香料精制而成，1996年获成都市名、特、新、优产品博览会金奖。

2002年，“五牛”系列生产47万箱，连同8.5万箱“娇子”产品等品牌，实现税利20亿元。2003年，“五牛”保持“四川省名牌产品”称号，“天地五牛”获“全国卷烟优等品”称号。

3.“娇子”系列

1995年，成都卷烟厂推出以大熊猫形象为主体图案的高档卷烟“娇子”系列，2000年生产达到4万多箱，成为四川省产销量最大、市场占有率最高的高档名牌产品。

硬盒“娇子”　“娇子”（蓝）1995年研制成功并投放市场。硬盒“娇子”（红）于1998年推出，采用国际最新工艺印刷，整体风格热烈而不失雅致。该产品配方在“蓝娇子”的基础上有进一步提高，烟香浓郁，香气细腻、高雅，吸味更醇和、舒适。“娇子”卷烟问世以来，深得消费者喜爱，成为高档川烟的代表，1996 年获成都名、特、优、新产品博览会金奖，1997 年获四川省名牌产品称号，被国家烟草专卖局命名为“全国名优卷烟”，1998 年被评为成都市著名商标，1999 年获四川省名、优、特、新产品博览会金奖。

精品“娇子”　系成都卷烟厂 1999 年推出的特醇高档卷烟，精选自然醇化云、贵、川优质上等烟叶为主要原料，配以津巴布韦优质烟叶，施以天然优质香料及部分进口香料配方，并采用进口卷烟纸、滤嘴精心制作而成，焦油含量降至 15 毫克。2000 年销售量已达 1650 箱。2001 年 11 月，“娇子”品牌被国家局评为全国名优卷烟，工厂由本土企业走向全国性企业。2002 年，“娇子”系列生产 8.5 万箱畅销。2003 年，“娇子”（红）获“全国卷烟优等品”称号。

4.“三峡”系列

“三峡”系列由什邡卷烟厂 1975 年初投产，系乙二级无嘴烤烟型卷烟。1986 年，四川烟叶的比重达 80% 左右，特别受农村顾客欢迎。1986 年、1991 年该产品均被评为四川省优质产品；1991 年被四川省烟草公司评为同等产品第一名。

5.“三角”系列

“三角”系列由什邡卷烟厂 1981 年投产，系甲二级混合型卷烟，1984 年改为烤烟型。该产品 1980 年被评为全国轻工业产品包装装潢优秀作品，1981 年被评为四川省轻工行业优质产品，1987 年被评为四川省烟草行业优秀产品，1988 年被评为四川省优质产品，1992 年获四川省首届巴蜀食品节金奖，1996 年获首届“四川省农民最喜爱的十大商品品牌”称号。

6.“天下秀”系列

什邡卷烟厂 1985 年生产的“天下秀”系列，是甲级烤烟型滤嘴卷烟。自 1985 年投产以来，为适应不同层次的消费需求，在第一代产品的基础上，以同一牌名不同的商标装潢为特征，形成系列产品。除第一代“天下秀”沿用传统配方外，从新“天下秀”到名品“天下秀”都是应用现代立体配方技术，即将国内主要产烟区的优质烟叶原料进行多等级、多地区、小比例配方，突出香味特色。

“天下秀”系列产品 1989 年获四川省优质产品奖，1992 年获四川省首届巴蜀食品节金奖，1994 年获四川省名优特新产品金奖，1994 年、1995 年、1997 年、1999 年均获“四川省名牌产品”称号，1996 年被国家烟草专卖局评为全国优等品。

2001 年，“天下秀”与“佛兰”“国宝”成为什邡卷烟厂三大品牌产品，全年共生产品牌烟 40.4 万箱。2002 年，什邡卷烟厂生产“天下秀”系列 34.4 万箱，生产“国宝”3.9 万箱，通过实施品牌战略实现税利 10.85 亿元。

7.“佛兰”系列

什邡卷烟厂 1994 年推出，选取云南、四川、贵州优质烟叶原料精心配制而成。

“佛兰”上市以来，深受消费者欢迎，是什邡卷烟厂较高档次价位的骨干产品。1995 年被中国烟草总公司评为全国十六类名烟优等品，1997 年被评为四川省名牌产品，1998 年被评为中国烟草专卖局优等品。

8.“并蒂莲”系列

四川卷烟厂 1986 年引进先进卷接机组后生产 84 毫米和 100 毫米过滤嘴烟，并形成以旅游为特色的“并蒂莲”系列卷烟。该系列产品在省内外都有一定声誉和市场占有率，1986 年荣获“四川省优质产品”称号。

9.“攀枝花”系列

该系列产品开拓并占领了省内中低档烟市场，产品一度供不应求，并逐步成为四川卷烟厂的骨干产品，1991 年荣获四川省优质产品称号。

（二）混合型

四川混合型卷烟产品配方以烤烟为主，适当选配一定比例的白肋烟、晒烟和香料烟，经充分发酵及特殊工艺处理卷制而成，产品焦油含量较烤烟型卷烟低。

成都卷烟厂 1976 年开始生产“黄芪”牌甲级混合型卷烟，1981 年又推出嘴“望江楼”、嘴“宝光”两个甲级品牌。

什邡卷烟厂 1981 年首次推出 84 毫米“都江堰”（1984 年改为烤烟型）、84 毫米“三角”、81 毫米“蓝天鹅”和 81 毫米（无嘴）“巧配”牌混合型卷烟。1982 年推出（无嘴）丙二级“蜀竹梅”牌混合型卷烟，因价廉，较好销。1986 年又推出 84 毫米“华西”“居庸关”两个甲级混合型卷烟产品，定格为中味，在试销中即受好评。2000 年，“华西”牌混合型卷烟被国家烟草专卖局列入重点科技攻关项目。

此外，四川卷烟厂 1981—1998 年曾生产“蜀秀”“古车”“恐龙”“梅花鹿”“剑门关”“涛花”牌混合型卷烟，绵阳卷烟厂 1981—1993 年生产“霜叶”“子云亭”牌混合型卷烟，什邡光明雪茄烟厂 1992—1995 年相继生产“玉象”“莲花”“博采”“盛世”牌混合型卷烟，西昌卷烟厂 1994—1999 年生产“古典”（CLAS-SICS）牌混合型卷烟。

第四节　雪茄烟生产

一、生产沿革

雪茄烟，称叶卷烟，在机制与手工卷烟流行之前也称“卷烟”，它是四川境内生产的主要烟草制品之一。

四川省雪茄烟生产历史悠久，清末民国以来，中江县、什邡县、酉阳县、巴县、彭水县及金堂、达县、南充、广安等地均有私营家庭作坊生产。中华人民共和国成立后，人民政府对私营雪茄烟厂坊采取扶持发展的方针，积极帮助其具有一定规模的什邡县、中江县、新都县和成都、广汉、德阳、乐山、万县等地的雪茄烟厂坊恢复生产。1955 年 7 月，中江县人民政府将荣隆、凯江烟厂合并成立公私合营中江凯江烟厂，当年生产各牌雪茄烟 3302 箱。1956 年，新都私营新川烟厂、万县私营工联自救烟厂分别改为公私合营，私营协心烟厂、公私合营裕华烟厂分别并入公私合营新川烟厂和地方国营什邡县益川烟厂。彭县将 5 家规模较大的丝烟作坊改组为公私合营烟厂，生产丝烟和雪茄烟。1957 年，地方国营什邡县益川烟厂兼并公私合营大生烟厂，当年生产雪茄烟 1.23 万箱。1960 年，地方国营什邡县益川烟厂、公私合营广汉烟厂合并成立温江专区益川烟厂，隶属温江专区工业局管辖，职工达 1365 人，当年生产雪茄烟 1.49 万箱。1966 年，温江专区益川烟厂更名为四川省温江专区工农烟厂，其试制的“长城”牌高档雪茄烟定型，投产试销后首次在广州出口商品交易会上签订成交合同，次年正式销往中国港、澳地区和东南亚国家，成为中国 20 世纪 50 年代后打入国际市场的唯一雪茄烟产品。1969 年，温江专区工农烟厂扩建卷烟生产线，1970 生产叶卷雪茄烟 1.6 万箱。

1972 年，中江凯江烟厂试制“山花”牌半叶卷高档雪茄烟，选用加工处理后的白肋烟做外包皮，获得较满意效果。次年改进工艺技术，采用山东棕色卷纸，开始批量生产“中江”牌雪茄型卷烟。1974 年，工农烟厂率先使用涂布纸生产“峨眉”牌高档雪茄型卷烟，此后 10 余年涂布纸卷烟制品在省内乃至全国不少厂家纷纷仿效。1976 年，中江凯江烟厂利用国家投资 15.54 万元完成 2033 平方米生产、办公综合楼改建工程，当年雪茄烟产量增至 1.1 万箱。1978 年中江凯江烟厂采用白肋烟做外包皮的“山花”牌半叶卷雪茄烟在全国卷烟工业第七协作组第五次会议上被评为一类品。

改革开放后，具有发展实力的蓬安县雪茄烟厂基本建成，设备更新添置，试制的“小果城”“大果城”牌雪茄烟正式投产，年产量 3456 箱。1981 年温江地区工农烟厂更名为四川什邡烟厂。1983 年，经四川省计经委批准中江凯江烟厂、蓬安县雪茄烟厂和什邡烟厂一、二分厂正式纳入国家计划内管理。1984 年 7 月，中江凯江烟厂改称中江雪茄烟厂，蓬安县雪茄烟厂改称蓬安雪茄烟厂，连同什邡烟厂省内 3 家雪茄生产企业上划中国烟草总公司，实行以总公司为主的双重领导体制，集中统一管理。1985 年 1 月，经省烟草公司批准，中江雪茄烟厂计划投资 390 万元，建成年产 5 万箱卷烟生产线。11 月，国家正式将雪茄型卷烟纳入烟类统计。

1986 年，什邡烟厂更名为什邡卷烟厂，雪茄烟产量由 1982 年的 1.73 万箱增至 8.87 万箱，创雪茄烟年产量历史最高水平。1998 年 1 月，经国家烟草专卖局批准，省内 3 家雪茄烟生产企业实行资产重组，由什邡卷烟厂整体兼并中江和原什邡烟厂一、二分厂合并后组成的什邡光明雪茄烟厂，取消中江、什邡光明雪茄烟厂的法人资格，原两厂资产及其卷烟生产计划交由新的什邡卷烟厂统一经营。1999 年，什邡卷烟厂、蓬安雪茄烟厂分别生产各牌雪茄烟 2.67 万箱和 7089 箱。是年，蓬安雪茄烟厂将其卷烟生产计划有偿转让给西昌卷烟厂，并于次年破产。2000 年，什邡卷烟厂仅生产“长城”“狮牌”雪茄烟 629 箱。

什邡卷烟厂是中国定点生产雪茄烟的 4 家企业之一，其雪茄烟产量达到全国雪茄烟总产量的 86%，产值为全国第一。2003 年 8 月工商体制改革后，川渝中烟工业公司突出发展品牌卷烟，雪茄烟叶现良好发展态势，2005 年生产雪茄烟 3 万余箱，销售 2.8 万余箱。当年什邡雪茄烟荣获“中国雪茄最具影响力品牌”称号。

2001—2005 年什邡卷烟厂雪茄烟产销情况统计表

表 2－5　　单位：万箱、万元

年　度	产　　量	销　　量	收　　入
2001	0.07	0.06	−201.93
2002	1.14	0.78	636.31
2003	1.00	1.16	1179.00
2004	1.57	1.53	2182.21
2005	3.00	2.82	6116.39

二、生产产品

（一）全叶卷雪茄烟

早期雪茄烟制作简单，将晒烟叶喷水吸潮，剪节理伸，碎片包入其中，放几根竹签在内，卷制成“火炮筒”式的烟支，晒干后抽出竹签，便于吸烟时通气。后在烟支上穿一层外包皮，剪去头尾，形成平头尖尾、平头平尾、尖头开孔平尾等形式样的全叶卷圆支雪茄烟。为了便于包装运输，减少损失，制烟商用铁皮夹子将部分圆支烟夹方，烘烤成方型烟，使雪茄烟生产进一步发展。1952—2000年，什邡卷烟厂开发并批量生产过的全叶卷圆支或方形雪茄烟有特级“青城”“峨眉”“宝光”，一级“雄狮”“特制3号”“特制25号”，三级“工农”“常乐”“小白鸽”“双寿”等牌号。四川其余雪茄烟厂没有生产过全叶卷雪茄产品。

（二）半叶卷雪茄烟

半叶雪茄系用棕色卷纸或烟草薄片作内包皮、烟叶作外包皮卷制的雪茄产品。20世纪80—90年代，除什邡卷烟厂、中江雪茄烟厂外，蓬发雪茄烟厂、什邡光明雪茄烟厂均使用卷烟机、切烟机等设备辅助生产半叶卷雪茄烟产品。

按照雪茄烟消费多样化的特点，全省形成多品种、多规格、高中低配套的雪茄品牌规格体系，雪茄烟主要生产品牌有工字、长城、狮牌。

1.“工字”牌

“工字”牌雪茄以什邡毛烟为主要原料，采用传统糊米发酵等方法调制，突出优质晒烟固有香味，劲头较大，余味舒适，系什邡卷烟厂20世纪30年代至21世纪初批量生产的半叶卷浓味型二级雪茄烟，为什邡卷烟厂大宗产品。半个多世纪以来，“工字”牌以其质优、价廉、量大称雄国内雪茄市场，被消费者誉为“雪茄之王”，1987年被评为全国骨干畅销产品。

2.“长城”牌

“长城”牌雪茄以什邡毛烟、新都柳烟、浙江桐乡晒烟等国内名优晒烟为原料，经传统糊米、红米发酵和快速工艺处理，并辅以天然植物精油、酊剂为主的香精香料精巧调配，上外包皮采用手工板卷方法卷制而成，是什邡卷烟厂与郑州烟草科研所（院）等单位研制开发的半卷中味型一级雪茄烟。“长城”牌于1967年正式出口，至1990年长期免检出口，并内销20余个省（自治区、市）。2000年，什邡卷烟厂推出香吃味风格、安全性指标及包装全新的大号“长城”中号、“长城”，在北京、上海、宁波等大中城市很受消费者喜爱。2005年，生产的主要牌号有“长城（小号）”“长城（132）”，雪茄烟质量抽检合格率达98%。

3.“狮”牌

“狮”牌系20世纪30年代独创的著名醇味型半叶卷雪茄烟品牌（初称“大雪茄”）。50年代，什邡卷烟厂采取技术措施提前投料，延后收场，“狮”牌产品销售范围扩大，1963年生产38箱，1965—1972年共生产49箱。2003年，“狮”牌产品充分挖掘和利用企业生产雪茄烟的悠久历史及配方制作技术优势，对具有一定雪茄烟文化底蕴的“狮”品牌进行形象提升和技术整合，根据雪茄烟终端市场的需要，开发中档“迷你型”雪茄烟产品以满足市场需求。该产品包装方式为铁盒10支装。

第三篇　烟草营销

1983—2005 年，四川省烟草经营市场变化大、发展快。市场由卖方市场向买方市场转变，面临诸多严峻的困难与挑战；经营模式由传统商业向现代流通转变，思想认识和创新举措都要快步紧跟发展变化；经营网络由农村依靠大户下伸批发网点向城市网转变，需要统筹兼顾，齐头发展，全面提升量与质。省烟草专卖局（公司）坚持以改革发展为主线，紧紧抓住卷烟销售、烟叶生产、进出口三大核心业务，依靠两个市场、两种资源，努力克服非市场因素，全省行业经济运行及烟草经营指标全面增长。经过 20 年的奋发努力、砥砺前行，展现出令人瞩目的新形势、新成就。2005 年，卷烟销售取得历史性突破，年销售卷烟 201.78 万箱，自 1997 年国家提出控制面积、控制总量“双控”政策以来，首次突破 200 万箱大关；年收购烟叶 267 万担，质量明显提升；进出口业务取得好成绩，烟叶出口 1 万吨，创汇 2258.75 万美元；烟草商业企业实现税利 31.73 亿元，位居全国烟草商业第 6 位；市场网络建设和经营机制不断深化和创新，走在全国烟草的先进行列。

第一章 国内销售

第一节 市场变化

1957年，四川省城市居民人均卷烟消费量为2.8条，吸卷烟的人数在城区占吸烟人数的97%。1962年，城区人口卷烟供应量为人均1.7条，卷烟成为紧俏商品。1963年，卷烟开始实行凭票供应。1966—1976年，卷烟的生产和消费受到限制，卷烟实行计口分配供应。1988年，全省城市居民人均可支配收入由1978年的340元提高到644元，农村年人均纯收入提高到2634元，城乡居民收入比1978年增长17.8倍，卷烟的生产和消费量增大。

1988—1998年，城市居民家庭人均年卷烟消费量为3.4条，人均卷烟消费支出50—100元，吸甲级烟、名牌烟的人群增多。云南省产的“嘴红塔山”“嘴阿诗玛”“嘴红梅”“红山茶”“盖云烟”“嘴三塔”“盖美登”“盖红河”，贵州省产的“嘴桫椤”“盖驰牌”，山东省产的“嘴哈德门”“嘴大鸡”，湖南省产的“盖白沙”，北京产的“盖牡丹”等在全省市场畅销。

20世纪90年代，四川省卷烟购销以川烟为主，从组合配供比例看，川烟占80%，其他品种约占20%。1992年以后，卷烟经营体制实行一系列改革，各烟草分公司在省烟草公司指导下进行业务往来，调剂余缺，各县烟草公司可在省内选购地方烟调剂，卷烟市场批价放开，价格随行就市；同时，区、县供销社体制改革，基层供销社基本不再代批业务，农村市场卷烟经营主要为个体批发商，流通环节竞争日趋激烈。

2000年，卷烟销售实行“一价制”，省烟草公司坚持川烟销售和属地销售，以销地产卷烟为重点，加大执法力度，清理整顿卷烟市场秩序，取缔卷烟批发“黑市”；加快卷烟批发网点建设，继续加大对软、硬件及配套设施的投入，增加新的网点，卷烟销售量开始回升，市场发生变化。根据成都市烟草专卖局调查，成都市年销量达28.3万箱，全市人均销量7.01条；吸烟人数为110万人，占总人口的11%，年吸烟量94157箱，占年吸烟总量的34%；农村人口为635万人，吸烟人数为179万人，占总人口的19%，年吸烟总量18930箱，占年吸烟总量的66%，农村吸烟人数比城市吸烟人数高出7个百分点，人均卷烟消费性支出96.13元。同时，卷烟销售品牌集中度提高，主要集中在省产的特盖“天下秀”“嘴五牛”，特嘴“天下秀”“金五牛”4个品牌，其销量之和占川烟销量的74%，在市场上的份额占有率增大。吸烟的类别随着货源的变化发生了相应变化。其中：吸一、二类卷烟的人数占吸烟人数的39%，占年吸烟总量的40%；吸三类烟的人数占吸烟人数的50%，占吸烟总量的39%；吸四、五类烟的人数占吸烟人数的8%，占总吸烟量的13%；吸混合烟的人数占吸烟人数的3%，占年吸烟总量的8%。吸100元/条以上的为20万人，占吸烟人数的7%；吸50—100元/条的人数为35万人，占吸烟人数的12%；吸30—50元/条的人数为54万人，占吸烟人数的19%；吸20—30元/条的人数为90万人，占吸烟人数的31%；吸10—20元/条的人数为69万人，占吸烟人数的24%；吸10元/条以下的人数为21万人，占吸烟人数的7%。

“九五”“十五”期间，全省烟草市场起伏变化大，多次面临困难与挑战。20世纪90年代中后期，烟草市场由短缺转向供求平衡，甚至供大于求，由卖方市场转向买方市场，烟草市场需求关系发生了根本变化；假烟、走私烟等非法渠道对全省烟草市场造成很大冲击和影响；烟草行业内部的竞争越来越激烈，一些卷烟生产大省为了生存发展，千方百计挤占市场，作为四川是销大于产的省份，成为卷烟市场竞争的重点。同时，全省烟草行业思想观念、营销策略、营销渠道还不适应市场经济发展的要求，营销观念仍停留在计划经济和卖方市场条件下的思维方式和工作方式，习惯于按老办法运作。在营销策略上，有的单位仍沿用“让利促销、勤进快销”等传统作法，甚至亏本也卖，致使限量、保价、增效措施落实不到位；在销售渠道上，批发网络虽已形成，但网络水平不高，功能发挥不够，送货率较低，网络的销售数量与市场需求有大差距。

国家在2001年加入世界贸易组织后，市场国际化的趋势显现。其一，国外烟草界直接与中国烟草业展开竞争，烟草专卖品关税率逐年下降，进口卷烟和其他烟草专卖品的销售价格也下降，其竞争力逐渐增强；取消进口卷烟特许证，外国卷烟进一步挤占国内市场份额，其销量有所增长，均对国内、省内的卷烟产品和卷烟市场造成直接的冲击。“入世”以来，烟草专卖品进口关税持续下降，从2001年的28%，下降到2004年的10%；烟叶关税从2001年的49%下降到2003年的25%，使国外“两烟”进入国内省内市场的竞争力得到增强。同时，随着“特零证”取消卷烟零售市场全面放开，国内市场国际化的趋势更加明显。其二，国外烟草大公司、大集团经过多年世界范围内的经营，无论在品牌知名度、内在质量、科技含量方面，还是在市场营销理念、策略、手段上，都具有十分明显的优势，对川烟的发展和市场销售都形成威胁。其三，国内烟草在市场需求总量趋于饱和状况下，生产总量增长余地非常小，保持烟草税利的持续增长难度和压力很大。同时，上海、江苏、浙江、湖南、安徽等省市地产品牌卷烟发展迅猛，名优卷烟扩大所占的市场份额，川烟面临着更加激烈的竞争。

面对烟草市场的困难和挑战，四川省烟草专卖局（公司）积极应对，主动作为。主要措施有：

实施名优产品工程，壮大名牌产品。在烟叶生产方面，提高生产技术水平和上等烟比例。在卷烟生产上，在发展名优产品的同时，抓好产品的改造和开发，增加产品科技含量，促进产品升级换代。以产品为龙头，质量为核心，市场为基础，销售为重点，综合运用经济的、行政的手段打总体战，2002年保证生产四川名优产品“娇子”系列35万箱，“国宝”系列3.5万箱，“太和”15万箱，“成都”7.5万箱，“天下秀”165万箱，“佛兰”25万箱销售，并在培育一批上规模、有高科技含量、深受消费者欢迎和名优卷烟品牌上取得较大进展。

实施城乡卷烟销售网络建设工程，建设川烟大市场。以城市网建为重点，提高质量上水平，专销结合，双向延伸，建管同步，访销配送，增强烟草系统对城市市场的控制力和占有率，有效抵御“入世”后外烟的冲击；农村网建狠抓访送分离、规范运作、夯实基础，基本达到“营销网络化，经营配送化，管理户籍化，运作规范化，考核标准化，处理信息化”。

明确职责任务，抓好“两烟”促销。促销是生产经营和占领市场的中心环节。各烟草工商企业按照压库促销、保价增效、扩销增量要求，大力开拓市场，采取多种形式和有效措施搞好促销，寻找新的销售增长点；市（州）、县两级公司采取积极措施认真抓好网络建设，建立卷烟配送中心和批发卷烟零售网络，在保价的前提下扩大销售数量；各烟厂制定出市场发展规划，在稳定占有省内市场的同时，拓展省外市场，有计划、有步骤地把特色产品推向省外市场，拓展销售空间，同时加大出口推销，稳定地建立出口渠道和销售基地。

加强市场整顿，规范经营秩序。首先，以提高市场控制力为重点，深化专卖管理，出重拳以高压态势开展卷烟打假打私专项斗争，有效制止非法渠道卷烟进入省内市场。其次，严格控制总量，规范工业企业生产经营行为。第三，商业企业坚持卷烟销售“一价制”，不许降价销售、低价倾销、体外循环、卖大户等不良行为。第四，巩固烟叶流通秩序整顿成果，严查顶风作案。烟草市场经过建设性的开拓和规范性的整治，成效显著。“九五”期间，全省共建成城乡销售网点628个，持证零售户入网率达到78.8%，卷烟入网销售率达到94.2%，市场占有率达到80%；省外调拨烟叶193.6万担，其中烤烟153.1万担，晾晒烟40.5万担；累计出口烟叶1.32万吨，出口卷烟12.35万件，出口创汇4662万美元，拓展了国外销售市场。

“十五”期间，全省烟草市场环境得到根本性的改善，形成城乡一体，统一运行，专销结合的销售网络，强化专卖管理，卷烟市场体外循环得到有效扼制；实行卷烟销售“一价制”，执行到货确认制度，市场销售秩序进一步优化；“以我为主，由我调控，归我管理”市场管理体系基本形成。卷烟销售总量达到965万箱，较“九五”期间增长8.18%。仅2005年，卷烟销售、烟叶产销、进出口三大核心业务市场运作经济效益良好。全省卷烟销售量达201.78万箱，烟叶收购达267万担，烟农收入12.7亿元；是年，烟叶出口突破1万吨，创汇2258.75万美元，利润3483.21万元，国际贸易进一步扩展；全年商业企业实现税利总额31.73亿元，利润21.81亿元，税金7.92亿元，税利总量位居全国商业第6位。

第二节　网络建设

一、建设目标

20世纪50至80年代，四川卷烟三级批发以下环节长期依靠和委托供销社经营。1994年，国家烟草专卖局发出《关于进一步建立和完善农村卷烟批发网络的意见》，提出“加强卷烟商业企业管理，深化卷烟流通体制改革，集中力量加强下伸批发网点的建设”要求，最终实现“以我为主，归我管理，由我调控”的市场经营格局。是年底，四川省烟草专卖局（公司）提出完善自己的卷烟销售网络，并对农村实行零售户的送货制。1995年1月，省烟草专卖局（公司）发出《关于建立1000个川烟零售门市部的有关规定的通知》，在各地根据市场的实际，建设零售部门部，并通过调查研究，在全省农村和城镇建立多种形式的经营网点。

1995—2005年，四川省卷烟销售网络建设工作经历3个历史阶段，即由开始的农村网向城市网转变，从网点下伸向全面访销、集中配送转变，从传统商业向现代流通转变。2001年初，国家烟草专卖局在成都开展网络建设试点工作后，全省卷烟销售网络建设步入“快车道”。2001年以点带面随即全省铺开，2002年以城市为重点的卷烟访销配送体系全面运行；到2005年，全省卷烟销售网络建设基本达到上海的网建目标。

（一）总体思路

全省以成都、上海经验为榜样，加快“城乡一体、统一运行，全面访销、集中配送，专销结合、信息管理，提高素质、注重激励”为模式的网络建设，从传统烟草商业向现代流通转变，达到“电话订货、网上配货、电子结算、现代物流”；把“三满意”作为网建工作的中心，为卷烟工业企业服务作为销售网络的责任和义务，与零售客户结为战略伙伴实现批零双赢作为网建工作的重点，为消费者服务并使其满意作为卷烟工业企业和卷烟销售工作的根本要求。

（二）具体目标

总体要求是省城辐射，川西带动，南北推进，发展东部。2003 年成都烟草分公司基本达到上海水平；2004 年，德阳、绵阳、乐山、宜宾、眉山、攀枝花、自贡、泸州、广元、广安、南充、资阳、雅安、巴中、内江、遂宁、达州、都江堰 18 个分（市）公司基本达到或接近上海网建水平；凉山、甘孜、阿坝逐步向“电话订货、电子结算、网上配货、现代物流”发展；2005 年以南充、广元、资阳为试点，建立“三集中”营销模式，推动全省网络建设的整体推进、全面提升。

（三）工作要求

一是做到“三满意”。把提高服务质量贯穿于网建工作全过程，实现消费者、零售户、工业企业都满意。二是确保提高“运行质量”。通过统一卷烟批发价格、整合内部组织机构、建立先进实用的管理信息系统，实现规范化经营、专业化分工、信息化营销。三是推进“现代流通”。对卷烟商业企业实行业务重组、资源整合和流程再造，提高企业运作效率；运用信息化支撑现代营销体系、物流体系和现代信息，实现向现代流通转变。

二、实施举措

（一）农村销售网络建设

20 世纪 80 年代，四川卷烟三级批发以下环节依靠和委托供销社经营。90 年代，供销社体制发生变化，地方供销社基本失去经营卷烟能力，卷烟市场一度被烟贩子所控制，严重地冲击正常的卷烟销售市场和秩序，影响川烟的销售。由于烟草系统没有自己的下伸网点，卷烟经营主要依靠经营大户。

1995 年 1 月 1 日，四川省卷烟销售公司发出《关于建立 1000 个川烟零售门市部的有关规定的通知》，要求各地根据市场实际，在各级市场建立零售门市部，并对零售门市部名称、人员、财务、价格、经营和信息管理、货源及供应办法、建点形式等提出具体要求。1995 年 3 月初，省烟草公司组织调查组赴成都、乐山、涪陵、达州、德阳、绵阳地区的 11 个县、8 个市中区、15 个烟草经营管理站、47 个批零网点、7 个大中型宾馆及酒店的特种零售经营点进行卷烟经营下伸网点的专题调查。据调查情况统计，四川卷烟销售在农村经营网点主要存在委托批发、联营批发、以烟草公司为主体下伸网点等经营模式；在城镇有多种形式的专卖点、联营批发部、流动批发点、联营店、自营性零售商场等，摸清全省情况。

1995 年 4 月 27—29 日，省烟草专卖局召开全省卷烟销售网点建设工作现场会，会后发出《四川省卷烟流通体制改革的意见》，把网点建设工作作为流通体制改革的重要内容。

1995 年 10 月 23 日，省烟草公司发出《关于进一步深化流通体制改革搞好卷烟销售网络建设的意见》，进一步加快农村卷烟销售网络建设，全面推行城市卷烟连锁经营，城乡齐头并进，在全省建成“以我为主，由我调控”的高度垄断经营的城乡卷烟销售网络体系。并从1996年1月开始，在成都、绵阳、乐山、内江、南充等地市州所在城市，进行以连锁经营为主要形式的城市卷烟销售网络试点。试点内容做到：统一管理，统一配送货，统一价格，统一核算，统一装饰、服饰，统一店名标识，统一服务规范，统一广告宣传。各地制定统一的管理、经营办法。农村销售网络建设遵循“自营为主、联营为辅”的原则，理顺农村三级以下流通渠道，建立销售网络体系。抓紧在中心集镇和经济、交通发达的乡镇建立网点；在边远地区和山区建网点有困难的，坚持开展送货下乡，流动批发，方便广大零售户进货；所有下伸网点都要紧密联系周围零售户，大力开展不同形式的送货服务，做到批发与零售户直接见面。

至20世纪90年代中期，四川省农村基层卷烟销售网点发展成为5种基本形式。

自营批发点 在交通方便、经济比较发达、商品辐射较强的中心城镇，建立由烟草公司直接控制的下伸批发网点。

与现存供销社建立联营批发点 供销社提供人员和经营场地，统一挂牌，由烟草公司统一配送货源、制定价格，对专卖进行指导。在每个点选派烟草公司人员参与管理，联营点按烟草公司规定的价格和方式销售，销售货款当日存入烟草公司在当地开设的只存不取的专用账户，按月结算劳务费用。

委托批发 由烟草公司与供销社签订协议，供销社到主管公司进货，实行现款现货，依照制定的统一价格销售卷烟，自主经营、自负盈亏，烟草公司强化经营指导，传递信息，检查执行协议情况，统一考核。

送货流动批发 烟草公司配备流动批发人员专门从事流动批发工作。利用农村逢场赶集的机会和城镇消费相对集中的特点，按时到赶集的场镇定点定时批发。

由烟草公司自建零售点 在大中城市的大型商场租赁设施和场地，创办卷烟销售专柜；利用烟草系统自有设施和人员开办名优卷烟零售商场；在大中城市的车站、码头等旅客流量大的地区开办卷烟零售商场（点）。至1995年，全省烟草系统自建批发网点813个，占全省已建网点数的56.3%，其中城市169个，农村644个。

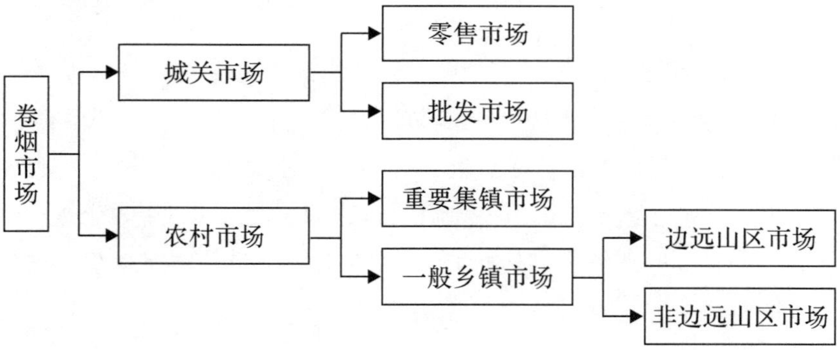

图3－1 四川省三级卷烟市场区域示意图

1998年底，四川省已建农村卷烟销售网点950个，其中：自建网点841个，占网点总数的88.5%；委托联营点109个，占网点总数的11.5%。全省农村网络覆盖3441乡（镇），覆盖面为78%；供应141086个零售户，平均每个网点辐射3.62个乡（镇），6.91万人口，供应148.5个零售户。农村网点分布于各县城城关、交通要道和辐射力较强的中心场镇，全省基本形成以自建点为主的覆盖全省农村卷烟销售网络。

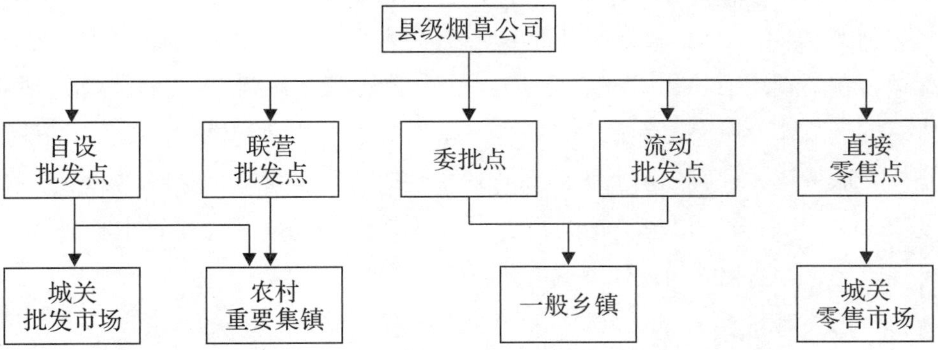

图 3－2　四川省三级卷烟市场隶属关系示意图

1999 年 12 月 15 日，省烟草专卖局发出《关于进一步加强农村卷烟销售网络建设工作的通知》，决定把网建工作纳入年度生产经营目标管理。各市（地、州）及县（市、区）烟草专卖局（公司）成立网建工作领导小组，确保网建工作的开展。卷烟批发部承担所在地卷烟批发及管理当地市场的职能。县级局（公司）50%—60% 的人员充实到批发部和专卖工作岗位；卷烟销售必须以配送为主，并 90% 以上货源通过网络销售，批发部的送货率要达到 100%；执行统一批发价，无权变价销售；对零售户送货数量占其销量的比例，确定平原占 80% 以上，丘陵 50% 以上，山区 40% 以上，货款回笼达到 100%。

2000 年 8 月 21 日，省烟草公司发出《设立农村卷烟配送员的暂行规定》，决定在农村村以下设立卷烟配送员并实行定时间、定路线、定人员、定区域配送制度。

图 3－3　2002 年 4 月，四川省烟草专卖局（公司）局长、总经理黄文驰（右一）在南充检查农村销售网络建设

2001 年 3 月，针对农村网建工作网络功能发挥不够的状况，省烟草专卖局（公司）制定《农村卷烟销售网络建设工作方案》，要求进一步狠抓网建基础，严格规范管理与经营行为，实现管销联动、专销一体，大力推动送货服务，建立访送一体的营销制度，将服务工作细化到每个环节。一是清户、建档、划片定位。以县级公司为单位，抽调业务网建人员清理无证经营和卷烟经营户，建立卷烟经营户档案，并对经营户划片，科学划定每个批发部合理的经营户管理范围。二是全面访销，全面配送，访送分离。批发部负责访销，县（区）配送中心负责送货。三是实行联销联管考核计酬办法，向网建第一线人员倾斜。四是制定全省农村网建工作考核标准。做到机构稳定，人员落实；设施齐全，硬件具备；管理严格，制度健全；配送全面，功能到位。县级公司卷烟入网率达 100%，县级公司对网点送货率达 100%，城关批发部送货率确保 80%，送货覆盖率达 95%，零售户入网率达 95%，市场占有率达 95%；乡镇批发部送货率确保 75%，送货覆盖率达 90%，市场占有率达 90%；市（州）分公司、县区公司市场占有率确保 90%。至 2003 年 6 月，全

省农村访销部（批发部）334个。

2004年，全省开展“网建决战年”活动，网建整体水平提升。全省入网销售率达到100%，电话订货率达到91.14%，电子结算率分公司所在地达到55.43%，网上配货在城市推进，各分公司实现物流集中配送，卷烟直配面达45.2%，全省19个分公司基本达到上海网建水平，形成“集中呼叫、电话订货、电子结算、现代物流、专销结合、差异服务”的网建模式，提升了市场化运作的水平。各单位坚持“服务第一、客户至上”的经营理念，把“三满意”贯穿网建的全过程，全省零售户综合满意度75.35%。各分公司基本成立了呼叫中心、配送中心、资金结算中心、信息中心，实现管理程序化、规范化、专业化，向现代商业流通转变。

（二）城市销售网络建设

1. 全省城市网络建设

1998年11月14日，四川省烟草公司按照国家烟草专卖局统一部署，对开展全省城市卷烟销售网络建设工作作出规划，逐步形成一个统一、完整、有效的城乡卷烟销售网络。从1999年起，用两年左右时间，在全省建立起烟草行业自有的、与农村卷烟销售网络有机结合的，与社会主义市场经济和烟草专卖体制及烟草行业发展相适应的城市卷烟销售网络。全省21市（地、州）城市自建批发点100个；城市批发网点由烟草公司自设，不搞任何形式的委托批发或联营批发；批发网点的设置，以方便对零售户送货服务为前提，合理划分供应范围；批发网点的货源由分公司及其辖属的城区区公司统一供应，实行一个龙头放水，不得多渠道进货；批发网点做到统一管理制度、统一配送、统一价格、统一核算、统一标识。同时，批发网点设立访销员，实行拜访客户制度；组建零售户网络，将其吸纳入网；批发网络实现网络管理，逐步达到城市卷烟销售网络管理科学化、现代化、系统化。

1999年12月15日，省烟草专卖局发出《关于进一步加强城市卷烟销售网络建设工作的意见》，成立省城市卷烟销售网络建设办公室，与原农村网销售网络建设办公室合并办公。分公司城市卷烟销售网络建设工作，与农村卷烟销售网络建设工作一并纳入网建办公室管理，具体负责本地卷烟销售网络的规划、管理、协调，货源安排，价格管理，制定各项管理制度、具体措施和办法。各市（地、州）烟草专卖局（分公司）因地制宜地解决城市卷烟批发“一个龙头放水”和网点合理布局的问题，并成立相应的专卖机构和配送机构，坚持管销结合，双向延伸，加强市场控制力度。

批发部（专卖管理所）人员配备不得少于7人。严格实行人员聘用淘汰制，以岗位实绩考核评价优劣；货源供应配送制，保证批发部货源100%由公司配送；批发销售一价制，有效稳定市场价位，争取经营主动权；财务管理报账制，各项费用全部进入公司大账，统一核算，统一管理；工资分配激励制，分别对门市、内勤、访销、配送、专卖管理人员考核兑现分配；市场管销区域制，对访销员实行定点、定片、定责任，确保批发部管销责任落实；批发部责任包干制，严格按各类人员的职责明确分工，实行责任包干，把市场管理、商品保管、台账整理、计算机操作、收缴货款、店容店貌包干到责任人；管理目标量化制，按专卖管理、经营指标、销售结构、内部管理、送货服务、品牌培育逐项量化，合理确定量化指标；工作实绩考核制，每月由网建办牵头组织考核打分；重点品牌奖励制，对省内外重点品牌的销售实行专项定量奖励制。

2001年6月，省烟草专卖局（公司）下发《关于大力推进城市卷烟销售网络建设工作的安排意见》，立足高起点、高质量、超一流的标准，建立“全面访销、全面配送、专销结合、访送分离”的访销配送系统，建成“以我为主，归我管理，由我调控”的卷烟销售体系。全省分步组织实施：第一阶段，硬件设施配齐到位，“全面访销、全面配送、访送分离、专销结合”的运行框架基本形成。第二阶段，建立完善内部网络运行机制，制定有效地考核管理办法。全省烟草行业各单位“一把手”把网建作为烟草行业的“生命工程”“饭碗工程”“发展工程”来抓，层层签订责任书，将目标分解到各批发部、相关科室和具体人员。充分发挥访销员、配送员、专卖稽查员作用，实现访销覆盖面达100%，零售户入网率达95%，市场占有率达95%。

图3－4　川渝中烟工业公司党组书记、总经理吴应禄（右一）在绵阳考察川烟工业产品销售行情

2004年，根据中烟销网〔2004〕12号文件《关于对重点城市中2003年网建联动工作达标单位进行检查考评的通知》精神和《2004年四川省“网建学上海”达标验收工作检查考评表》，省烟草专卖局（公司）组成检查考评小组于4月下旬集中详细地对成都分公司、彭州营销管理中心、郫县营销管理中心等5个单位进行检查考评。以成都网建典型引路，及时准确掌握全省城市卷烟销售网络建设工作开展情况，强化对网建工作的管理、指导、协调、服务工作。7月中下旬，省烟草专卖局（公司）在分片督查的基础上，组织了对全省19个市烟草专卖局（分公司）所属35个区（县）营销管理中心“网建学上海”工作的督导检查。督导检查后针对出现的带共性和个性问题提出整改措施，限期整改到位。到2004年12月，全省“网建学上海”工作取得阶段性成绩，上海网建模式得以顺利推开，城市卷烟销售网络工作取得突破性进展，运行效果良好。

2005年，按照国家烟草专卖局继续推进全国卷烟销售网络建设电视电话会议精神和《全国卷烟销售网络建设整体推进全面提升工作方案》要求，以“效率最高、成本最低、服务最优”为目标，编制《四川省卷烟销售网络建设“呼叫集中、配送集中、营销集中、分片管理”工作方案》《四川省卷烟销售网络建设“三集中”工作指导意见》《2005年四川省卷烟营销网络建设运行规范》等，统一网络运行模式，优化业务流程，完善管理机制、技术标准、工作标准，突出市级公司市场营销主体地位。全省撤销167个呼叫中心，设立22个呼叫中心，整合物流配送点139个，建立22个物流中心，形成了22个营销片区。

2. 成都市网络建设

2000年底，国家烟草专卖局确定成都为网建试点城市，提出“高标准、高起点、创一流”的网建要求。经过2001—2003年的创建，成都市烟草专卖局（分公司）基本达到上海水平，形成了现代流通模式。

统一经营体制　成都市烟草专卖局（分公司）按照市场经济运行规律，2001年撤销9个区（县）公司法人和委托法人资格，将其改制为卷烟配送中心，统一会计核算，统一货源调拨，统一费用管理，统一解缴税费。将市区两个最大的配送中心合并为第一卷烟配送中心（一分局），减少了销售环节，精简了机构和人员，形成了两个区的访销、配送、专卖稽查为一体的大格局。

统一运行模式　在6城区郊县全面启动“访送分离”，将农网“访送一体”改为“访送分离”。

统一资金管理 成都市烟草专卖局（公司）与四川省建设银行签约建立资金结算网络，成立财务结算中心，对区、市（县）公司和配送中心的资金结算实行集中管理，形成“集中管理，统一平衡，内部调剂，有偿使用”的资金管理模式。

统一流程管理 按照网络建设的总体思路，构建访销、配送、稽查和财务结算四位一体的营销网络，分别形成访销商流网、配送物流网、专卖稽查网、资金结算网。结合成都实际，制定《卷烟销售网络运行规范》，明确职责，统一流程，把单一的销售网络升级为营销网络，使商流、物流、资金流、信息流既各自顺畅，又相互联系，实现网络功能最大化和网络增值。商流从零售户→访销员→访销部→配送中心，物流从仓库→送货员→零售户，资金流通过移动 POS 机从零售户→银行→财务结算中心，达到了“三线”清晰、“四网”联控。

成都市在网络建设过程中，始终把实现专销结合、信息管理，作为完善和提高网络建设的重要途径，提出了市场净化率最大化、市场占有率最大化目标，确定了“双线延伸，‘三员’联动，信息共享，互相监督，统一考核”的专销结合新思路。

分类管理 访销部以商流管理为主线，负责对访销员和零售户管理教育、品牌宣传教育、信息收集整理和组织实施访销。配送中心以物流管理为主线，负责组织货源和配送，管理对象为送货员。稽查中队以市场管理为主线，负责对稽查员的管理教育和辖区内零售户的服务、监督、管理，稽查员与访销员对应设置，同点办公。访销部和稽查中队定期召开联席会议，交流信息，及时沟通，达到“三网”既自成一体，又相互贯通。全市配设访销部 58 个，稽查中队 77 个，稽查车 72 台。

“三员”联动监督 访销员定人、定时、定路线、定零售户进行访销，并听取零售户的合理化建议，随时掌握送货员是否按访销数量送达零售户；稽查员对有关问题是否及时处理；送货员接访销单及时、安全、准确送货到指定的零售户，随时掌握访销员是否按规定访销，服务态度是否端正；稽查员定人、定时、定路线、定零售户实施市场检查，随时掌握零售户的经营动态和访销员、送货员的工作质量。

“户籍化”管理 在机构设置上，检查稽查中队进驻访销部，机构分设，职责明确，利益联动，统一考核。在基础管理上，集中清户，取缔大户，健全档案，跟踪管理，按守法经营状况对零售户实行 A、B、C 分类管理，服务 A 类，帮助 B 类，重点监控 C 类。全市零售户比“清户”前增加 14398 户，并彻底取缔了大户，零售户入网率和持证入网率大提高。

三级督察 三级督察由基层自查、中层检查、领导层督察 3 个层次构成。督察的主要内容是零售户经营状况、“三员”的工作质量和业绩管理。基层督察由访销部和稽查中队分别对“三员”工作进行内部自查；中层督察由配送中心（分局）对访销部和稽查中队进行质量考评，重点考评访销部主任和稽查中队长履行职责情况。领导层督察由市局（分公司）组成考评组，对各配送中心（分局）和所有网点人员的工作质量进行抽查考评。

信息网络建设 2000 年底，成都烟草专卖局（公司）投资 200 多万元，建立计算机信息网络，2001 年投资 100 多万元，开发一套适合成都网建管理使用的软件操作系统。局域网全部联通，销售、专卖、财务三大子系统实现信息共享。

网络队伍建设 为合理配置人力资源，采取“人才引进、双向选择、竞争上岗、优化组合”等形式，面向社会择优录用了 1100 多名人员充实网建队伍。配送中心领导和访销部主任以竞争上岗的方式产生，访销员、送货员、稽查员（简称“三员”）以双向选择的方式上岗。

培训机制　逐步建立“个人自学，定期培训，岗位成才，升级考核”的培训模式。2001年制定《网络运行岗位规范》和《访销员培训教材》，并邀请四川大学的教授和省内外网建专家进行辅导授课，举办培训班41期，累计培训人员3200多人次。

竞争激励机制　网络运行全面启动后，引入竞争激励机制，建立了物质奖励与精神奖励相结合的考评奖罚制度。在分配机制上，全面实行联销联管计酬，职工收入靠贡献，上不封顶，下不保底，按月考核，逐月兑现。分公司领导和机关人员，以收入的一定比例与所挂网点挂钩，责任同担，同奖同罚；配送中心领导和其他人员，以收入的30%与工作职责挂钩，70%与销量、结构挂钩；访销部主任、访销员、送货员、营业员的收入，与销量、结构及工作质量挂钩；稽查中队长、稽查员的收入，与市场净化率及销量、结构挂钩。各配送中心和（县）市公司每月评选一次“明星”访销员、送货员、稽查员和红旗访销部，市烟草专卖局（分公司）每半年表彰奖励一次。

监督考核机制　成都市烟草专卖局（公司）始终坚持网建例会制度、跟踪检查制度、自查自纠制度、相互交流制度、整改反馈制度、情况通报制度、目标责任制度和目标考评制度，做到全面监控，全员考核，使网点在内部管理、卷烟销售、服务规范、专销结合、纪律约束等方面有改进和提高，有效保证全市网建工作的整体推进。

2001年10月16—18日，国家烟草专卖局在成都市召开全国卷烟销售网络建设现场会，会议一致认为成都网建工作达到全国一流水平。成都市经过城市网建试点到网建精细化管理以整合市场资源，整合呼叫中心，集中物流配送，实行营销集中，提高客户服务质量，实现了全市烟草5年持续增长态势。2000年至2005年上半年，卷烟销售从22.7万箱提高到55万箱，税利从7783万元上升到11.1亿元，利润从6000万元上升到5.5亿元。

图3－5　成都市烟草专卖局（分公司）电话访销中心

三、网络模式优化

四川卷烟销售现代网络建设起步于2001年成都网建试点。2002年上海网建现场会明确“电话订货、电子结算、网上配货、现代物流”的现代网络发展模式后，全省网络建设取得长足进步，经历3次飞跃。

第一次飞跃以成都网建试点为先行，卷烟网络从“粗”到“实”开启大转折。1994年卷烟网络建设开展后，到2000年，一个布局基本合理、拥有一定数量、发挥一定功能的卷烟销售网络在全省范围内初步形成，但这段时期的网络不是现代化的网络。全省网络建设实质性的开展，是2001年国家烟草专卖局把成都确定为中国西部卷烟销售网络建设试点城市时。成都烟草行业抓住烟草网建试点的机遇，将营销网络建设作为企业的生命线。从运行模式入手，建立“城乡一体、统一运行、专销结合、信息管理、提高素质、注重激励”的运行模式；从运行机制入手，以“职能分解、三线互控、三级督查、高效规范”为着力点，实现“全面访销，集中配送，专销结合，提高效益”的运行目标。成都网建试点成功对全省网建工作起到极大的示范推动作用，全省烟草行业形成大抓网建热潮，网建水平整体推进。

第二次飞跃以“网建决战”为引领，卷烟网络从“点”到“面”，实现大跨越。作为西部经济欠发达地区，四川省区域发展不平衡，大部分市（州）分公司跟不上全国步伐。为实现全省网建模式的统一和提升，省烟草专卖局（公司）把2004年确定为“网建决战年”，通过一年时间全省网络建设全面达到上海网建水平，实现四川烟草发展新跨越。在思想上，认识到上海网建代表了现代流通的本质特征，代表了中国网建的发展方向；在措施上，全省烟草行业自我加压，按照上海网建模式目标加快由传统商业向现代流通转变；在责任上，层层签订达标责任书，谁完成不了任务谁就自动辞职，或省烟草专卖局（公司）党组责令辞职。是年年底，全省入网销售率达到100%，电话订货率达91.14%，电子结算率分公司所在地达到55.43%，网上配货在大中小城市积极推进，各分公司实现物流集中配送，卷烟直配面达45.01%，全省19个分公司基本达到上海网建水平，形成了“集中呼叫，电话订货，电子结算，现代物流，专销结合，差异服务”的网建模式，提升了市场化运作水平。

第三次飞跃以“三集中”为内核，卷烟网络从“广”到“深”，推进大发展。为了使网络建设更加深入，2005年按照国家烟草专卖局“整体推进，全面提升”的总要求，省烟草专卖局（公司）结合实际大力实施“呼叫集中、配送集中、营销集中，分片管理”的“三集中”网建模式。根据经济水平、地理状况和企业特点等因素，选取广元、南充、资阳三地为试点单位，培育具有生机活力的市场营销主体。“三集中”后，原来的5种模式被“三集中”模式统一取代，实现全省性规范运作。由于“三集中”的创新，市级公司实质性地成为市场营销主体，市场资源在更大范围更深层次得到发掘和利用，并从业务流程上杜绝不规范行为，卷烟销售网络的成本降低，效率提高。通过“整体规划、改革试点、完善总结、分步实施、稳步推进、考评验收”6个阶段的工作，完成“三集中”网络营销新模式在全省的推广任务，使全省22万卷烟零售户的电话订货率达到97%，电话订货成功率达到93.5%，入网销售率达到100%，市（州）烟草分公司零售客户电子结算率达到62%以上。

四、营销机构调整

卷烟销售网络建设与优化，应建立与之相适应的组织机构，须得调整原设营销机构。2003年12月，省烟草专卖局（公司）设置了3种模式，由各分公司根据自身实际选择运用。

组织机构模式的设置，围绕客户服务为中心，突出“客户服务、市场营销”的两大职能，辅之“电话订货，电子结算，网上配货，集中配送”的手段，全面提升全省卷烟销售网络运行质量；优化人员结构，深化专业分工，建立较为完整的卷烟市场营销及客户服务体系，实现卷烟工业企业、零售客户、消费者“三满意”。

模式一：分公司所在地的营销管理中心改为客户服务中心，原有设置的办公室、专卖、财务部门与工作职能保留；撤销信息科，增设销售、客户服务、市场营销3个部门，所辖访销部撤销人员重组，按片区设置区域经理及营销员。县营销管理中心改为客户服务中心，原设办公室、专卖、财务部门与职能保留，若原设有仓储配送科的继续保留；增设销售、客户服务、市场营销3个部门，所辖访销部及批发部撤销，人员重组，按片区设置区域经理及营销员（访销员）。组织机构框架如3－6图。

模式二：分公司所在地的营销管理中心及原有办公室、专卖、财务部门及其工作职能保留，保留访销信息科；增设客户服务、市场营销两个部门，所辖访销部撤销，人员重组，按片区设置区域

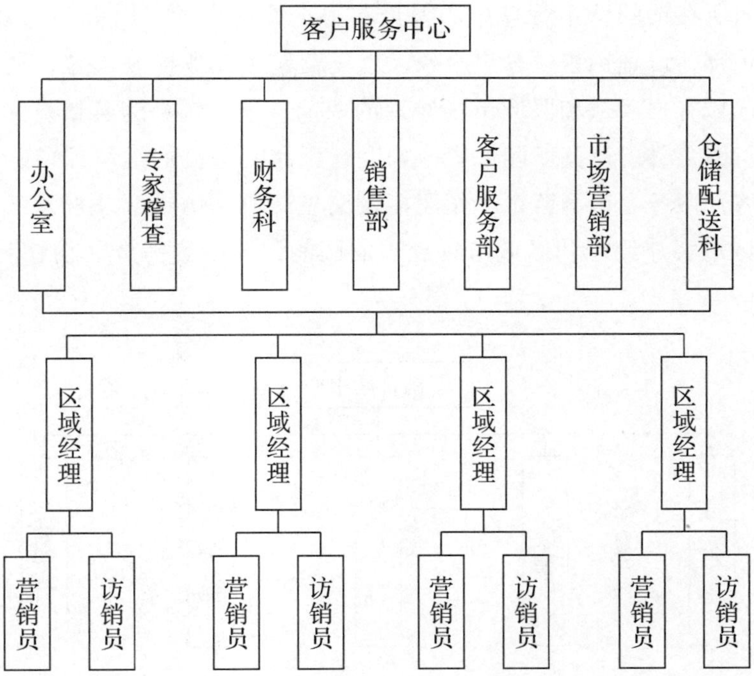

图 3-6 分公司卷烟销售客户服务中心模式一示意图

经理及营销员。县营销管理中心改为客户服务中心，原有办公室、专卖、财务部门及其职能保留，若设有仓储配送科的继续保留；增设客户服务、市场营销两个部门，所辖访销部及批发部撤销，人员重组，按片区设置区域经理及营销员（访销员）。组织机构框架如图 3-7。

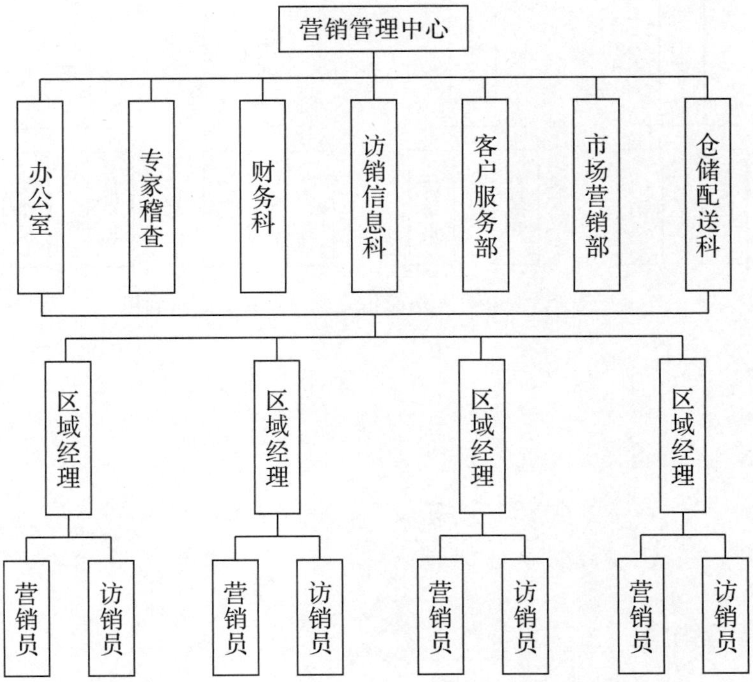

图 3-7 分公司卷烟营销管理中心模式二示意图

模式三：分公司所在地的营销管理中心及原有办公室、专卖、财务部门及其工作职能保留，改访销信息科为营销部，设置销售、客户服务、市场营销工作职能及岗位，所辖访销部保留，访销部主任主要担负区域客户经理和区域市场经理的职能，改访销员为营销员。县营销管理中心及原有办公室、专卖、财务部门及其职能保留，若设有仓储配送科的继续保留，改访销信息科为营销部，设置销售、客户服务、市场营销工作职能及岗位，所辖访销部及批发部保留，访销部（批发部）主任要担负区域客户经理和区域市场经理的职能，下设营销员（访销员）。组织机构框架如图 3－8。

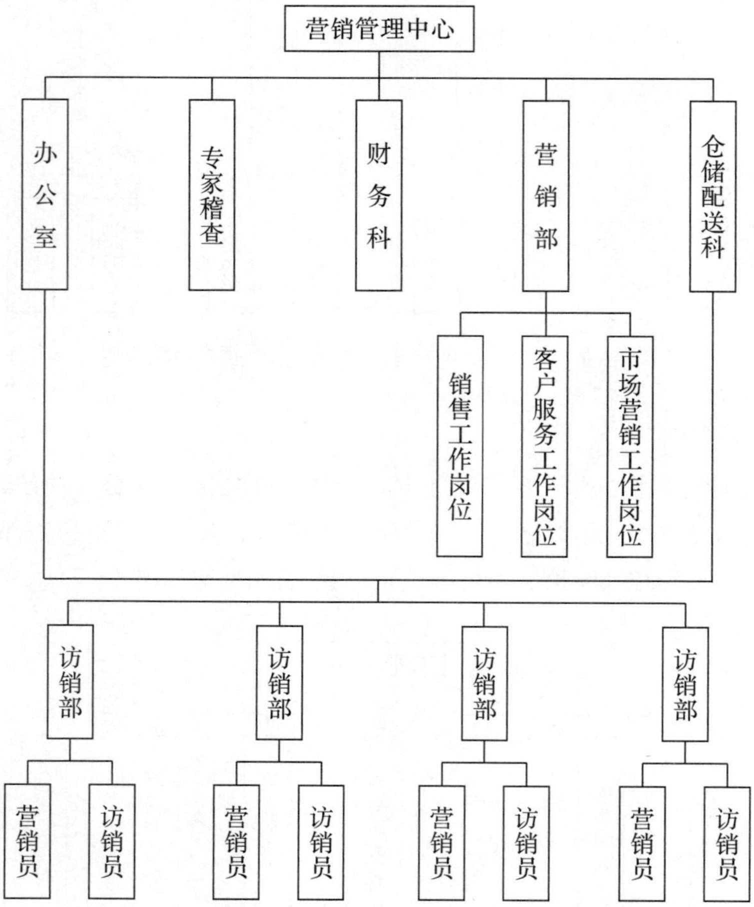

图 3－8 分公司卷烟营销管理中心模式三示意图

第三节 卷烟销售

一、品牌培育与销售

1987 年，四川省委、省政府发文要求各地“多销川烟，多产川烟，振兴川烟”，将地产烟纳入与各县（区）烟草公司签订的《卷烟销售承包合同》。同年 12 月，配合省委、省政府文件的贯彻落实，省烟草专卖局将卷烟厂所在地烟草分公司承担的地产烟调拨业务移交给卷烟厂，成立卷烟调拨供应站，实行厂站合一管理体制。

1988 年 5 月，省烟草公司在成都、什邡、四川卷烟厂分别成立卷烟调拨供应站（以下简称调拨站），对内是工厂的销售部门，对外为独立经营实体，促使卷烟厂直接面对市场，面对客户，形成营销体系。各调拨站成立后，卷烟工业企业拥有二级调拨职能，主要利用省内外订货会与各地衔接、落实销售计划，开辟销售川烟新渠道、新市场。成都卷烟厂产品的省内市场至 20 世纪 80 年代末扩展到 109 个县（市），并在西藏、青海、陕西等 10 个省（区）也实现了销售。

1991 年，全省烟草工作会进一步提出要求卷烟销售坚持以销地产烟为主，扩大川烟的销售渠道。要求通过多渠道加强批发网点建设：可委托供销社代批发或与其联营批发，利用供销社设备、场地送货批发，支持并帮助供销社扩大经营业务，委托其他国营、集体商业代批发，有条件的地方可下伸批发机构等。

1992 年以后，川烟的培育与销售的势头更大，措施更完善具体。商业方面，1993 年全省提出工商配合打总体战的思路，要求各商业企业根据创名牌和培育主导产品的需要，建立川烟主销市场（即区域市场），形成川西、川北、川南、川东市场，地产烟的市场占有率显著提高。有长期消费云贵烟习惯的泸州、宜宾、自贡、攀枝花和非产地的达州、南充、广安、巴中等地区，各烟草分公司、县公司积极引导川烟消费，大力培育川烟市场，消费习惯也有较大改变，川烟已成当地的主销品。1996 年，卷烟流通体制改革，全省烟草行业提出“单渠道、少环节、网点化、送货制”的经营思路，进一步提高了烟草商业的经营效益。全省形成了纵横交错、联系紧密的卷烟销售网络体系，有 21 个二级批发企业，148 个独立核算的三级批发企业，由烟草行业直接管控的城乡批发网点 1044 个，卷烟零售经营户 30 万户。由于四川坚持以销川烟为主，“八五”期间，全省累计销售卷烟 1056.17 万箱，其中销售川烟 830.8 万箱。工业方面，狠抓发展川烟骨干产品带动川烟主导市场。在全省选择了具有一定批量、市场信誉较高、发展前景较好的 18 个牌号作为市场的主销产品。采取价格跟踪调查，对其进行市场监测；组织召开骨干产品营销研讨会，探讨营销策略；清理压缩卷烟牌号，为川烟重点产品提供市场环境。成都卷烟厂把产品和市场作为工厂发展战略的主线，在制订年度目标时，列入年度工作计划中。一方面稳步提高甲级嘴“五牛”、嘴“白芙蓉”的产量，争取城市中等收入消费者，扩大两个骨干牌号的产销量，以此为龙头带动工厂销售工作；另一方面采取联产形式，发展乙二级“红芙蓉”供应农村市场。1994 年，成都卷烟厂生产的“红芙蓉”、嘴“白芙蓉”成为畅销四川各地价廉物美的川烟名牌。什邡卷烟厂选择条件好的烟草分公司建立直销点，实行“依靠分公司、抓好县公司”的营销策略。重点面向高结构的场镇市场，首选抓好县城市场，并开拓了川北市场，部分启动了川南和重庆市场。1997 年，什邡卷烟厂成立营销领导小组，把全省市场划分为川北、川南、川西 3 片区，分片负责，层层承包。1998 年，什邡卷烟厂兼并中江、光明烟厂，实现资产重组聚集了主导产品开发与营销实力，是年卷烟销售 39 万箱，产销率达 100%。2000 年，什邡卷烟厂主导产品“天下秀”销售量达 35.2 万箱，占卷烟销售的 84.9%。主销区成都、德阳、绵阳、乐山、眉山市场占该厂卷烟总销量 62%，省外销售点也发展近 20 个区域。在营销责任方面，省烟草专卖局（公司）根据工商双方的效能和市场变化的需求，改变过去由商业全包销为部分包销，部分由工厂自行营销，商业承销约 70%，工业安排 30%，把企业推向市场。

2001年，省烟草专卖局（公司）成立实施品牌发展战略领导小组，负责抓《川烟品牌发展战略规划》的落实工作，精心培育品牌卷烟，集中推广如代表四川形象产品的“娇子”等8个品牌，使一、二类川烟牢固地占领市场，让川烟品牌叫响全国。成都烟厂开发的低焦油“娇子”“成都”，什邡烟厂开发的“国宝”“佛兰”，西昌烟厂开发的“红盖凉烟”等新产品优化产品结构，为商业企业提供盈利空间。

2002年，省烟草专卖局（公司）以产品为龙头，质量为核心，销售为重点，综合运用经济的、行政的手段打总体战，大力发展四川名优产品，生产“娇子”系列35万箱，“国宝”系列3.5万箱，“太和”10万箱，“成都”7.5万箱，“天下秀”165万箱，“佛兰”25万箱投放市场；同时加快推进“金攀西”优势烤烟品牌开发，取得突破性进展。

2003年，在坚持专卖的前提下，烟草商业企业发挥服务生产、服务客户、满足市场的作用，与工业企业建立互动、互信的合作关系，以销售网络培育名牌、引导消费。实施“走出去”战略，使“娇子”系列和“天下秀”名优产品巩固川内市场，拓展省外市场，开拓国际市场，全面提高川烟名牌在省外、国外的竞争能力。省烟草专卖局（公司）强化责任制，加大对“娇子”系列品牌销售的支持，拿出6000万元资金奖励品牌产品市场销售。

2005年，四川坚持川烟优先、做强“娇子”品牌原则，将“娇子”培育成全省烟草市场的强势品牌。根据国家烟草专卖局制定的《卷烟产品百牌号》战略发展要求，除川渝工业公司生产的“成都”“神韵”“凉烟”“佛兰”“醇香5牌”“朝天门”6个牌号作为过渡性产品在市场销售外，《百牌号目录》以外的不调入，保证全省的卷烟品牌进一步优化。同时，在市场销售上，全省有效整合品牌卷烟销售，向高档消费市场要效益；确定区域销售优势品牌，把酒店、宾馆、茶楼等高档消费场所作为品牌增效的突破口，提高名优烟的销售比重；以开展“管理年”活动为载体，强力推进以“娇子”为代表的名牌川烟销售，扩销增量取得历史性突破，全省销售卷烟201.78万箱，一、二类名烟销售量达34.43万箱，上升幅度大于全国平均水平。

二、客户服务

（一）农村网络销售服务

四川省农村地域广阔，人口众多，卷烟消费量大。省烟草专卖局（公司）根据不同历史时期农村社会环境的变化，建立健全客户服务体系，以满足客户需要。

1985—1986年，省烟草专卖局（公司）积极与供销社实行多种形式的联合经营，扩大卷烟销售服务。并在全省范围内普遍推行让利承包办法，将供销社代批发手续费扣率提高到1.5%—1.8%，以此为基础实行卷烟销售承包责任制。

四川省烤烟生产区95%以上在盆地周围山区，人口分散，网点不足。经过调查研究，省烟草专卖局（公司）在各烟叶产区广泛推行区乡烟叶经营站直接经营卷烟批发业务的办法。同时，以下伸批发网点为依托，依靠农村零售网点和个体销烟户零售卷烟。在货源供应上优先安排，在畅销品种上优先照顾，在滞销品种上进行调剂。对个体销烟户组织卷烟上山下乡销售，在货源供应上与国营和供销社零售网点一视同仁。农村卷烟批发网点不足的状况得以解决。

1990年，农村批发网点得到发展。全省拥有批发点1064个，委托批发点339个，零售点28.67万个，其覆盖率为平均204个零售点即有一个批发点，348人即有一个零售点，卷烟销售基本上实现便购多销。

四川农村消费卷烟的显著特点，即是认定牌号。为此，烟草行业注意新牌号的定点开发和老牌号的再开发。1991 年上半年，全省定了 13 个开发牌号；下半年，全省为农村市场新开发卷烟产品 23 个，其中有畅销品 6 个，平销品 11 个。是年，全省卷烟零售按质论价，随行就市，上下浮动，农村销售卷烟 209.3 万箱，成为全国农村销售第一大省。

20 世纪 90 年代中后期，全省烟草行业过去建立的以三级公司为主体，以农村供销社代批发单位为依托，以农村“双代店”及众多零售点（店）为纽带的农村卷烟流通网络逐步解体。省烟草专卖局（公司）审时度势，及时组织调整农村销售模式以满足农村需要。其主要卷烟销售模式有联营联销、下伸网点、挂牌联营联销、流动批发、委托批发、县烟草公司延伸批发 6 种，受到广大农村客户的欢迎。2001 年以后，全省农村大力开展网络规范建设与管理，建立访销部（批发部）364 个，流动送货组 279 个，送货率达 90%。针对全省 16 个百万农业人口大县人口众多，地方经济落后，人均可支配收入低的状况，通过对其经济运行情况的调查分析，提出百万人口大县的销售网络建设和卷烟营销服务工作思路，赢得广大卷烟零售户的欢迎和支持。2004 年，全省农村狠抓“决战网建”，按照“上海模式”强力推进网络建设。各单位坚持“服务第一，客户至上”贯穿于农网建设全过程，以客户满意度为核心，通过诚信服务提高零售户和消费者的满意度，实现对农村销售市场的占有率。

四川烟草行业始终坚持“销售卷烟以地产烟为主，销售市场以农村客户为主”的经营思路，致力于全省农村市场的发展，服务于农村客户的需要。农村市场卷烟销量一直占全省总销量的 70% 左右，四川地产烟近 65% 的产品在农村消费，农村卷烟市场已成为四川省的主要卷烟销售市场，服务农村客户并使其满意成为全省烟草行业的重要职责。

（二）城市网络销售服务

在注重农网为重点服务对象的同时，根据国家烟草专卖局《关于全国 36 个重点城市卷烟销售网络建设联动工作方案》的要求，省烟草专卖局（公司）逐步转变为城市网、农村网客户服务并举的经营思路。为此，加强城市卷烟流通销售网络的建设与管理。

建立健全城市访销配送体系。按照全面访销、集中配送的模式科学设计其业务流程，合理地进行机构、人员设置，减少中间环节，提高商流、物流、信息流、资金流的专业化程度，实现“四流”相对独立，相互监控又有机结合，构建完善的访销配送体系。首先，推动访销员向客户经理职能转型，培养其分析、判断和把握市场的能力，能引导零售户科学规范经营卷烟，增加与零售户间的亲和力，对零售户实施差异化的个性服务。其次，实行电话订货工作方式，建立电话订货系统，零售户通过语言或可视系统直接在电话上订货，并提供在线访问和在线服务，降低运行成本，提高服务效率。其三，是推进电子结算工作，为零售户提供方便、快捷的服务，确保资金周转的安全和零售户存款便利。其四，建立以分公司为单位的物流配送体系，将所属营销管理中心的卷烟配送业务全剥离出来，实行“分区访销，集中配送”，整个物流配送工作由分公司物流中心集中管理，实现机构、人员、货源、配送等工作的统一。2003 年 6 月，全省建立城市访销部 142 个。

合理布局，有效管理零售户。以经济地段或人口密度为依据，合理制定零售户布局标准，形成适合当地商业格局、区域特点和人口流动变化的卷烟零售格局，最大限度地保证零售户的正常利益。并通过许可证年检工作、查处违规及宣传引导等方式，清理整顿零售摊点，在对零售户实现总量控制的基础上，进行合理布局。

至2003年，全省不少单位采取零售户协会的形式把广大零售户联结起来，通过协会来规范零售户的卷烟经营行为，形成零售户间相互制约、相互监督的机制。在中心城市和一般城镇，大约25%的重点零售户卷烟销量约占总销量的75%以上。因此，根据零售户的分类情况，把在商场、超市、大型宾馆及餐饮娱乐场所及长期遵纪守法从事较大卷烟经营量有能力的零售户纳入重点管理和服务，成为网络工作的重要组成部分。对纳入重点的零售户，从销售、结构、零售价格、遵纪守法等方面都制定合理的业绩考核指标，年终评审。通过对重点零售户的管理服务，辐射、延伸对其他零售户的管理，巩固批零关系，建立牢固的营销服务网络。

重点抓好16个百万人口大县城市网络销售工作。2002年，省烟草专卖局（公司）对全省16个百万人口大县城市的卷烟销售网建形成了务实求效的工作思路。要求烟草行业加强基层观念、转变工作作风，定期或不定期地到百万人口大县现场督导工作；积极开展访送分离最大化工作，清理、整顿县城城关餐饮、娱乐场所，加强对零售户的服务管理，组织适销对路的卷烟产品，满足其城镇结构卷烟消费的需求，从品牌上找到烟草部门与城镇消费者的结合点；从管理和经济两方面调整烟草公司与城镇零售户的关系，发挥好零售户的作用，使其形成自我管理和自觉维护卷烟市场秩序的意识。百万人口大县城镇的烟草单位，以高度负责的精神，抓住发展机遇，确保专卖管理和网络营销上质量、上台阶，实现百万人口大县烟草行业整体水平的提升。

强化网络功能，促销名优品牌。在通过城市网络引导卷烟消费过程中，大力宣传和促进名优卷烟、川烟重点品牌的销售，保证名优卷烟和重点品牌的上柜率。同时，加大对卷烟销量的考核力度，做到品牌让客户选择，货源满足客户需要。

第四节　烟叶经营

一、经营机构

1956—1983年，按照国家的规定，在经历了四川省农产品采购厅、省供销合作社、省商业厅土产公司、省轻工业厅、省烟草公司等部门经营全省烟叶购销业务之后，1983年6月9日，四川省商业厅、省轻工厅、省烟草公司联合通知，原来省供销社主管的烤、晒烟叶收购，复烤加工，储存保管，调拨供应；省轻工厅主管的卷烟生产及有关设备、材料供应和省商业厅主管的卷烟收购、调拨批发销售业务、市场安排等，全部划归四川省烟草公司归口经营管理。省烟草公司全面接收烟叶生产、经营业务，对烟叶收购、调拨实行集中统一管理。

1984年8月，原省供销社棉麻烟公司成都棉麻烟茶站的涉烟业务正式分出，成立成都烟叶经理部，成都烟叶经理部的业务由成都烟草分公司领导。1990年2月，成都烟叶经理部与四川省烟草公司烟叶生产管理处合并，更名为四川省烟叶生产购销公司，受省烟草专卖局（公司）直接领导。四川省烟叶生产购销公司负责全省烟叶生产、收购、调拨、加工、质量检验的指导与管理、烤烟生产技术的推广与示范、国际型优质烤烟的开发和国家烟草专卖局（总公司）下达的国家储备烟的经营。具有独立法人资格，财务独立核算，自负盈亏。

2005年8月，根据国烟人〔2004〕413号文件，四川省烟叶生产购销公司撤销，成立烟叶生产经营管理部，负责全省烟叶生产经营的管理、指导和服务工作。

二、烟叶收购

（一）收购管理

烟叶收购技术性强，工作量大，涉及到烟农、当地政府和收购单位三方面的利益，历来受国家的高度重视，为烟叶收购建立和制定了一系列的制度、规则、标准、办法和措施。烟叶的收购和调拨属于国家的指令性计划，烤烟实行计划种植、计划收购，统一收购和复烤，烟叶的收购实行合同制，统一定价。1990 年，中国烟草总公司制定了《烟叶收购工作规则》，四川省转发并全面执行了此规则。

《中华人民共和国烟草专卖法》第九条规定："烟草公司或其委托单位应当与烟叶种植者签订烟叶收购合同。"烟叶收购企业在组织烟叶进货时的采购方法有很多种，一般有直接收购和委托收购两类，直接收购又分现购与预购两种。在烟叶产区，县（市）烟草公司根据收购量大小及分布情况，设立固定的烟叶收购站，有的收购站（中心站）还下设若干收购点。

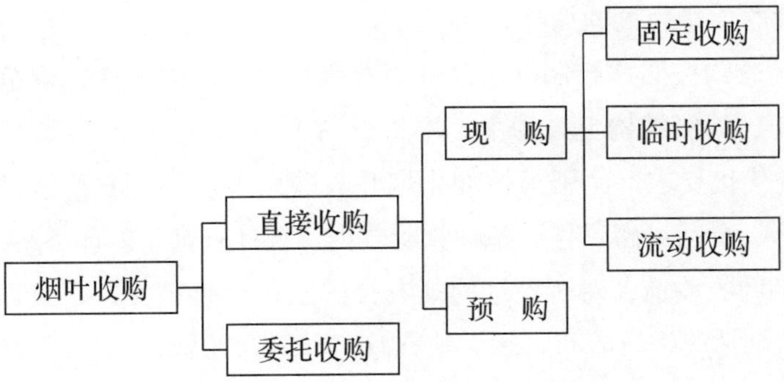

图 3－9　烟叶收购方式示意图

烟叶收购过程经过以下程序：一是编制收购计划。在收购烟叶前，烟叶经营者根据国家下达的种植计划和当地的实际生产情况，预测可收购的品种、等级和数量，经上级批准后交付收购单位执行。二是签订烟叶收购合同。烟草收购部门在烟叶育苗前，按照国家计划与烟叶生产者通过协商初签产购协议，注明种植面积、品种、产量、质量指标、规范化种植措施，以及双方应履行的责任和义务。移栽后，经核实烟叶面积，再签订正式产购合同，并规定烟农交售烟叶的地点和时间。三是验质定级，检斤计价，付款结算，建立逐户档案，以便收购结束后兑现有关奖售和扶持政策。

1992 年，为了解决烟叶收购中人工计算繁琐、数据统计不准确等问题，在黔江地区使用中科院成都计算机应用研究所研发的电子收购设备，第一次使用电子收购设备代替手工开票开展收购工作，烟叶收购信息化起步，并逐步在重庆的黔江、武隆、彭水、秀山、巫山县推广。

1993 年，四川省人民政府印发《关于进一步加强烟草专卖管理的通知》，规定烟叶由烟草公司按合同组织收购，其他部门和个人都不得擅自收购，对超计划或无计划交售烟叶的，收购价格要向下浮动 20%，严格执行收购价格和质量标准，实行优质优价。

1995 年 6 月，国家烟草专卖局发出《关于加强烟草专卖管理制止非法购销烟叶的通知》，对烟叶收购工作作出规定：烟叶必须由中国烟草总公司所属的各级公司或其委托单位收购，其他单位和个人不得收购。烟叶收购站（点）由县级烟草公司或其委托收购部门提出，经烟草分公司同意，报省级烟草专卖局（公司）批准方可设立。未经批准不准擅自设立收购站（点）；不种植烟叶的烟草分、县（市）公司不准收购和经营烟叶；烟叶产区的烟草分、县（市）公司，不准跨地区自行组织烟叶收购和经营；烟叶的收购必须实行合同制。

1997 年起，四川省产销双方除签订当年购销合同外，还签订下一年的烟叶购销协议，烟叶生产实现市场引导、计划种植。同时，在泸州古蔺、叙永县，凉山会东县试点使用了基于窄行针式打印机的电子化收购设备，电子收购设备覆盖面扩大，越来越多的地区实现烟叶收购信息化。

1999 年，国家烟草专卖局制定下发《烟叶专卖管理办法（试行）》，对烟叶收购实行烟叶收购许可证管理，烟叶由烟草公司或其委托单位统一收购，其他任何单位和个人不得收购烟叶。烟叶收购站根据烟草公司与烟农签订的合同组织收购，不得超合同收购，也不得拒收合同内烟叶。烟叶收购站严格执行国家标准和国家收购价格，不准抬级或压级压价，任何单位和个人不得干预收购工作。烟叶收购站实行报账管理，不准经营或变相经营烟叶。各级烟叶收购部门，认真执行毗邻地区烟叶收购协议，共同维护秩序，严禁抢购烟叶。

2001 年，四川烟叶收购按照“控制总量，提高等级结构，增强纪律，规范管理”的原则进行收购，合格率提高到 80%，等级结构上升为上、中等烟占 85% 以上。为了满足实际收购工作的需要，达到烟叶收购及管理现代化要求，使用了标准化烟叶收购系统及烟叶收购软件实现烟叶收购的全程电子化（具有开单结算、自动过磅、存贮各种收购数据、统计查询、打印各种统计报表等功能）。

2002 年，四川在烟叶收购前，对所签订的烟农合同进行检查核实，不突破合同交售量；各烟叶收购站将烟农合同与交烟情况进行公布，接受地方政府和群众监督；执行国家 42 级收购标准，不提级提价和压级压价；收购前培训好烟叶验收员，统一眼光，坚持挂样标准收购；建立健全县乡（镇）政府参加的仲裁制度，协调解决收购中出现的争议问题。推广标准化烟叶收购系统，6 个市（州）的 500 多个基层站点全面实施。全省烟叶收购合格率达 80%。

2003 年，四川加强烟叶收购和调拨环节的质量监督，由省烟草专卖局（公司）组成烟叶质量工作检查组，对烟叶收购和调拨全过程监督，分公司组织县公司的交叉检查；把好合同关，坚持按合同收购不动摇，向超产烟农做好宣传解释和超产烟储存保管工作；贯彻执行国家烟叶收购标准，严把烟叶等级质量关，不收购省政府明文规定的 5 种下低等级烟叶；实行约定定点定级收购办法，并全面推行收购预检制度。

图 3－10　四川盆地边缘的贫困山区，烟草种植业是其重要的支柱产业。图为 2000 年交烟路上，农烟结队喜交优质烟叶情景

2004 年，四川贯彻国家烟草专卖局烟叶收购“五条纪律”，即：严禁不按合同收购，严禁跨区收购，严禁加价收购，严禁内外勾结体外循环，严禁低价标准收购。把收购烟叶环节作为大事来抓，认真与烟农签订收购合同，并进行公证，把行政计划行为转变为经济契约行为，在收购时严格按合同规定收购，把总量关和质量关。

2005 年，四川大力规范烟叶流通秩

序，切实抓好烟叶的收购工作，禁止跨境、跨区收购和价外补贴、加价抢购，杜绝内外勾结、体外循环行为，确保收购工作顺利地进行。

（二）站点设置与管理

1. 站点设置

1985 年以后，各产烟县烟草机构相继下伸，区设烟草经营站、乡设收购点，烤烟由烟草公司直接收购，不再委托供销社代购。1989 年，中国烟草总公司下发《关于搞好烟叶收购工作的若干规定》，省烟草公司坚持一乡一点，把收购点设在乡政府所在地，并由地区专卖局颁发收购许可证；同时，与毗邻县公司签订收购协议，搞好烟叶收购秩序。

1990 年 5 月，中国烟草总公司下发《烟叶收购工作规则》，规定各县烟草公司下设收购站、点，依法向烟农收购烟叶，烟农定点交售。烟叶收购站（点）的设置本着“符合流向，方便群众，便利运输，节约开支，利于管理”的原则，由县公司提出方案，经分公司审核后，由省烟草专卖局批准。收购点一般按距烟农交售里程方圆 7.5 公里左右设一个。烟草公司内部建立健全收购管理制度，每年收购季节来临，各县公司成立“收购领导小组”“质检小组”“专卖纪检小组”等临时工作机构，具体负责指挥、协调收购工作，保证收购质量，维护正常收购秩序。

1990 年，省烟草公司进一步充实烟叶收购领导，建立烟叶质检制度。凡调出烟叶一律持有烟叶产品质量检验合格证书，无证不办理烟叶调拨运输手续。在收购期间，实行分公司领导包县、县公司经理包片、科室包站、办事员包点的负责制，明确责任；收购站点设立举报箱，对收购中违纪行为实行公开曝光，接受群众的监督。

1991 年，中国烟草总公司在全国推广“一乡一点”的收购办法。1991 年 8 月，省烟草专卖局、省烟草公司对全省烟叶临时收购点的设置和发放临时收购许可证作出规定：凡种有烟叶的乡，不论种植面积大小，在未设置正式收购点之前，均可在乡政府所在地设一个临时收购点；凡需要离开乡政府所在地设置临时收购点的，该点所负责收购区域（1991 年）实际种烟面积必须在 1500 亩以上；凡离开乡政府所在地设置地、县之间毗邻临时收购点的，除须符合第二条规定外，所设点的位置必须距离边界线 5 公里以上。是年，各县对所设置的收购站、点进行了清理整顿，严格坚持一乡一点，收购点必须在乡政府所在地，生产量大的乡采用“一点多秤”的办法，凡不符合此要求的收购站坚决撤掉。

2000 年 3 月，省烟草专卖局发出《关于加快我省烟叶基层站标准化建设的紧急通知》，各烟叶产地分公司、县烟草公司在 2002 年全面完成烟叶基层站标准化建设工作，达到设施标准化、管理制度化、收购手段现代化的工作目标。省对烟叶基层站标准化建设资金给予补助，产地分公司并在资金上给予支持，烟叶产地县烟草公司税后留利主要用于基层站的改造和建设。

2001—2003 年，全省网络建设推进过程中，各地共建标准化烟叶收购站（点）139 个，其中烤烟 131 个，白肋烟 8 个，标准化烟叶基层站建设加强。

2003 年 12 月，省烟草专卖局制发《四川省标准化基层烟站建设实施方案》，2005 年全省完成标准化基层站建设任务，实现烟站布局合理化、设施标准化、管理制度化、收购手段现代化。

以建大站、中心站为主，建立在乡镇住地或种植区中心，位置适当，交通便利，方便交售，占地面积为 10 亩左右。

烟站是烟叶生产、收购最基层单位，直接面对烟农服务，具有组织烟叶生产功能、技术指导功能、烟叶收购功能和服务功能。收购站建设从总体布局上符合三区分离原则，即工作区、货场区和生活区自成单元，互不干扰。工作区主要设置收购棚、微机结算室、散烟库、打包房、烟农休息室。货场区里打包后的烟叶存放在成包库，成包库与散烟库、打包房相连，方便操作。工作区与生活区分开，生活区配备烟站工作人员必需的生活设施，为基层烟站职工创造良好的工作、生活条件。

全站实现收购手段现代化，全面推行封闭式微机收购。针对全省基层站点地处偏远山区，收购场地多有租用和农村电力不稳定的情况，又推出一体化烟叶收购系统。该系统具有码单制作、收购统计、电子秤自动过磅、单据审核、调拨管理等功能，与省烟农户籍综合管理信息系统融合，及时地把收购数据上报到上级公司。2004—2005 年，凉山州、泸州市烟草专卖局（分公司）使用推广 141 套。

2005 年，全省拥有烟叶收购点 533 个，总占地面积 1357. 1 亩；改造烟叶收购点 446 个，占总量的 77%。改造的站点全部设置了封闭验收区，配置上微机、收购机等，实行密码收购；安装了烟农户籍综合管理信息系统，实施对人员、物资、生产过程、烟农扶助、灾害防治和烟农收益、考核考评、查询分析等的有效管理，为指导生产、服务烟农、辅助决策、经营管理和客户管理提供了支撑平台。

2. 站点管理

1996 年 7 月，省烟草公司发出《烟叶收购十条规定》，要求各烟叶产地分公司、县公司切实加强收购站点管理，提高烟叶收购质量。各站、点不得收购收购范围以外的烟叶；严格执行国家规定的烟叶收购标准，不准压级收购，也不准抬级收购；建立健全收购岗位经济责任制度，收购人员须经过培训和考核合格；对收购人员实行回避制度，不得自己或指定他人收购亲属的烟叶，严禁烟叶仓库内存放私人烟叶；收购站、点因地制宜设立方便烟农交售烟叶的服务项目，为烟农交售烟叶提供方便条件；县公司每月对所属收购站、点烟叶质量抽查 3 次以上，分公司每月抽查 2 次。

1997 年，全省全面推行烟叶收购“五公开”、站（点）人员“十不准”、烟农交售“六须知”的收购管理制度，并配合实行“一证”（售烟证，有的以合同代替）“一卡”（记载烟农交售烟叶的等级、数量）制度、提高烟叶等级纯度和等级合格率的“五项收购制度”“五员集体办公制”即：验级、过磅、填单、出纳、保管分岗负责，改善服务态度，提高服务质量。

1999 年，国家烟草专卖局决定从 1999 年开始，在全国开展创建先进烟叶基层站活动，并发出《全国先进烟叶基层站评选办法》，2000 年，国家烟草专卖局正式制定评选先进收购站的办法，四川省转发并在全省执行。

2001 年 6 月，省烟草专卖局制定《四川省关于严格执行国家烟叶计划种植合同收购的有关规定（试行）》，指出烟叶收购计划是国家指令计划，应严格实行烟叶收购合同。对合同内烟叶不得拒收限收，不得压级压价，也不得抬级抬价；对合同外烟叶一律不予收购。各市（州）烟草分公司、县公司要加强收购站点管理，对无计划和超计划收购未按合同收购烟叶的，要

图 3－11　烤烟收购站

追究领导者和经办人的责任。

2003年，全面推广使用四川烟农户籍综合管理信息系统。信息系统覆盖了全省7个烟叶产区市（州）烟草分公司、23个县公司的烟站，发挥了烟农户籍基本信息和合同、病虫害、烟叶质量及烟叶收购信息等的采集、存储、传输和报表统计与查询的功能。以户籍管理系统为基础，完成了2003—2004年烟农扶持费的快速准确返还。实现了烟叶生产经营全过程数据采集和决策分析，并付之于生产实践。

2005年，结合全省“三集中”（呼叫集中、配送集中、营销集中、分片管理）工作的开展，对基层烟站点进行了调整，并进一步地确定了管理职责。基层烟站在县烟草专卖部门的领导下，负责所辖区烟叶生产、收购、调运工作；执行上级制订的政策、技术规程和各项规章制度，组织职工学习；负责烟农培训、推广新科技、基地建设、“户籍化”管理；负责烟叶生产、收购物资调供；协调与地方党政关系。同时，建立科学管理、严格考核的制度，将烟叶生产和收购的各个环节纳入责任考核内容，实行层级目标责任管理。对基层烟技员实行阶段性考核，绩效挂钩，严格奖惩，调动基层干部和烟技员的工作积极性。

（三）收购边界协调

1. 省际边界协调

省内烟叶产区各市（州）县边界、省际烟叶产区边界常年性存在收购矛盾问题，其原因是多方面的：因为执行标准的眼光不一致，同样的烟叶能卖不同的价钱，烟农便会将烟叶交到执行标准较宽的收购站；有执行价格不一致或加价收购现象，而使烟叶向价格高的一边交售；因有的地方执行扶持费在收购中兑现，有的地方在收购结束后兑现，使烟叶向收购中兑现扶持费的一边交售；还有因区乡收烟多而税收返还多，使收购站所在的乡镇采取不正当手段吸引境外烟叶；特别是在原料紧缺的情况下，边界收购矛盾更为突出，曾发生过边界两地抢购烟叶的情况。对边界收购问题，国家烟草专卖局一般通过委托省级公司召开边界烟叶收购会议，订立边界地区烟叶收购协议，约定共同遵守，以解决边界收购矛盾。

1986年5月，四川省烟草公司发出《关于宜宾、泸州产烤烟与云南接壤点收购价格摆平的通知》，宜宾、泸州区内各产烟县与云南接壤的基层收购点的收购价格与云南摆平，即提高上等烟价格，降低下等烟价格，调拨价不动，提高价格部分以生产扶持费方式付给农民，因下调与上浮价格不平而发生的经营性损益，由产烟县烟草公司自行负担解决。

1987年以后，云、贵、川三省毗邻地区连年发生抢购毗邻省区烟叶的混乱局面。1987年9月1日，国务院办公厅下发《关于制止加价抢购和提级收购烟叶的通知》，要求对凡不具备条件的验收人员或未经委托非法经营烟叶收购的站（点）一律撤销，对合格的收购站（点），由省级烟草专卖局发给烟叶收购准放证。当年，国家烟草专卖局组织云、贵、川三省毗邻地区行政领导和烟草部门负责人，在贵州毕节举行烟叶收购协调会议，签订统一收购的协议书，联合发布通告，等级、价格、奖售“三摆平”，边界烟叶收购矛盾有所缓解。

1987—1991年，中国烟草总公司连续5年在云南威信、贵州毕节、四川宜宾相继召开云、贵、川三省边界会议，签订协议，摆平价格，确定等级的划分以及奖售等方面的问题，力图解决省与省之间由于分级管理和地区差价造成烟叶外流的矛盾，维护收购秩序。

1988年，云、贵、川边界协议规定：互派人员参加对方的验级培训学习和讲课，统一验级标准。

在执行中，双方派人定期检查，发现偏差及时纠正；毗邻接壤点收购政策、粮烟销价、烟叶收购价摆平；双方共同撤回在边界新建的收购点；共同严厉打击烟贩子，一经发现查实，就地没收烟叶并处以罚款；以政府名义印发联合通告，张榜公布，指导烟农到各自省区收购点交售烟叶。

1989 年 9 月，中国烟草总公司组成云、贵、川烟叶等级检查组，召集毗邻三方签订协议：边界双方站（点）负责人每三天互访检查收购等级，统一收购眼光；不收对方烟叶，更不能以降低等级标准收购对方烟叶；双方政府互通情况，主动协调边界纠纷，各自督促检查当地有关部门。认真执行边界协议，并不得干预各站（点）验级人员的正常验级工作；双方联合打击倒卖烟叶的贩子，共同维护边界收购秩序。

1990 年 7 月，中国烟草总公司在贵州省毕节地区召开云、贵、川三省边界烟叶收购协调会议，国家局，云南、贵州、四川省烟草公司，9 个市（州）烟草分公司和毗邻 22 个县烟草公司参加会议，签订《关于处理省际毗邻地区烟叶收购中有关问题的协议》，要求各方坚决执行各项扶持政策，在收购结束后兑现；整顿收购站（点），统一收购时间，符合条件的点发收购许可证；成立两个边界检查协调组，代表中国烟草总公司行使职权，监督边界协议的执行；统一开秤时间，建立边区出境烟叶检查制度，烟叶大战缓减。

1990 年，经国务院批准，自当年新烟上市起，适当提高烤烟收购价格，并对烟叶生产扶持费进行整顿，统一标准。1990 年 7 月，国家物价局、国家烟草专卖局联合下发《关于衔接云贵川三省烤烟收购价格和生产扶持费的紧急通知》，7 月 21 日，省物价局、省烟草专卖局转发，并对四川省接壤地区的收购价格作出调整。本着衔接摆平的原则，对泸州、宜宾、凉山、攀枝花地区与云南接壤的收购站、点，烤烟收购价格和云南摆平（共 61 个站点）。因接壤站、点摆平价格而发生的价差，由当地财政予以补贴解决；整顿生产扶持费，统一生产扶持标准。四川初烤烟上等烟每 50 公斤 30 元，中等烟 25 元。泸州、宜宾、凉山、攀枝花市、地、州与云南接壤站的生产扶持费标准与云南摆平，即每 50 公斤上等烟（初烤烟）40 元，中等烟 35 元。

1991 年 7 月，中国烟草总公司在云南省昭通地区召开云、贵、川三省边界收购协调会议，确定云南与四川省接壤地收购价格实行就低不就高的原则。据此，区内与云南接壤点收购价格基本与云南平衡，毗邻收购点之间的秩序有所好转。

1993 年 8 月，云、贵、川三省再次在贵州省毕节县召开烤烟收购边界协调会，并达成共识：严格执行国家烤烟收购标准不动摇；严格执行国家统一规定的烟叶收购价格政策，公开收购价格，凡各地自定的有关奖售及各种补贴（含物资）在 1993 年 12 月 1 日以后兑现；坚持一证一卡，按合同收购，各地按产地合同收购本辖区内烟农交售的烟叶，对无合同交售的烟叶不予收购；共同加强毗邻地区烟草专卖管理，共同维护烤烟收购秩序；联合组成边界协调小组协商解决争端事宜。

1993 年 10 月，川、鄂两省烟草专卖机关在湖北利川召开边界烟叶收购会议，订立共同条款，边界双方共同组成边界烟叶收购协调工作组监督、检查边界收购；统一双边收购眼光，杜绝松级松价；监督检查双边补贴政策，保持收购价格一致；加强专卖管理，制止非法收购烟叶，联手打击烟贩活动。

1996 年 7 月，中国烟草总公司第三次召开云、贵、川三省边界协调会，就毗邻地区烟叶收购政策，正确执行烤烟国家标准，联合打击烟贩和维护边界烟叶收购秩序进行协调；组织成立边界收购工作检查组，落实开展巡回检查；签订边界协议；加强系统内收购和经营烟叶的管理，明确烟叶产区的烟草公司不准跨地区收购烟叶，非烟叶产区的烟草公司不准收购和经营烟叶，卷烟厂、烟叶复烤厂不准到烟叶产区收购烟叶。

1996年，四川、云南、贵州、湖北、湖南五省省际毗邻地区签订烟叶收购协议，确定省际边界烟叶收购矛盾协调办法：正确执行烟叶标准，坚持对样收购；收购期间可互派验级人员，统一眼光，交流执行标准情况，处理有关问题；毗邻地区扶持烟叶生产的经济政策力求保持基本一致，不得在收购期间边收购边出台新的政策，也不允许采取其他不正当的作法吸引外地烟农跨省交售；实行“一证一卡、约时定点、轮流交售”的收购方法，在烟叶收购中，无合同或售烟证的烟叶不得收购；在烟叶库房内明显位置标明烟叶等级，分级堆放烟叶；边界所有收购站点都必须有本省省烟草专卖局（公司）核发的许可证。收购期间不准增设临时收购站点，若擅自设立收购站点，一经发现，边界烟叶收购检查组有权责令取缔；加强烟叶专卖管理，联合打击烟贩和内外勾结的违法分子，对已经查实的烟贩，当地有关部门要依法查处；统一开秤时间。

1999—2000年，四川收购价继续与毗邻省区持平。

2. 省内地区间边界协调

1986年，四川省烟草公司下发《关于制止毗邻产地争购烟叶问题的通知》，要求各市（地、州）烟草专卖局要加强管理，不准在毗邻产地相互抢购烟叶；认真执行收购计划，严格按合同凭证收购，互不收购自己行政辖区以外的烟叶，无计划种植的地区不设点收购；正确执行标准和价格政策，既不准提级提价也不准压级压价，对擅自提高收购价格和采取各种形式补贴变相加价收购的，立即纠正；产地毗邻的价格如不一致，接壤收购点应就低摆平执行收购价；对抢购单位执行停止烟叶调出，取消专用化肥指标，并处扣除留利50%的处罚。

1987年9月，在广元市苍溪县召开达县地区、广元市两地（市）毗邻5县烟叶收购协调会议，对当年晒烟收购的有关事宜达成协议：严格按省物价局，省烟草公司规定的收购价格、生产扶持费标准执行，毗邻地区烟叶收购单位和委托代购单位不允许以任何形式加价收购和搞价外补贴；认真执行收购标准，按省烟草公司制定的标准样品进行验级收购，不允许压级、提级收购；两地（市）毗邻地区按行政区域设置收购网点（不在非计划种植烟叶的地区新增收购网点），规劝烟农在本地交售；烟叶在烟草公司系统内调运，须持有正式的调拨手续或发货票。

1988年7月，黔江地区、涪陵地区所属各县（市）在彭水县召开烟叶收购工作协调会，签订烟叶收购协议书，规定烟叶收购期间有关各方应共同遵循的准则：坚持谁生产、谁收购的原则，不得采取任何方式收购外县烟叶，对外县烟农售烟者，应主动劝阻并拒收；统一收购价格和国家标准。各地不得违反国家物价政策，随意降低等级标准，加价抢购烟叶。如发生违反规定，抢购对方烟叶者，一经查实，由抢购方无偿将所抢购的烟叶移交给被抢购方，同时，要按有关规定进行严肃处理；各地边界地方的收购政策要求摆平，不能在边界地方采取特殊的优厚奖励政策，降低国家等级标准抢购毗邻县的烟叶。如边界收购政策不统一，双方可本着促进生产发展的原则，进行友好协商，达到一致，并不得单方变动；收购网点只能设在本县境内，严禁将收购点伸入外县；未种植烟叶的地方，不允许设置收购网点；烟厂不准擅自深入烟叶产区非法收购烟叶。对擅自到产区收购烟叶的烟厂，要取消其调拨计划并没收其非法收购的烟叶。

1988年9月，广元市政府在边界收购问题较严重的苍溪县召开全市烟叶收购调拨会，强调烟叶收购必须按照国家规定的质量等级标准和价格规定进行收购，不准提级提价抢购，也不准压价压级和掺杂使假，做到收购价格统一、奖售标准统一、等级标准统一，禁止“打烟仗”。会后，由广元市财办、市烟草专卖局与苍溪县共同研究决定，1989 年的烟叶收购、调拨业务，由苍溪县烟草公司统一经营，其他任何部门不得插手。是年，给全市共 70 个收购站点发放收购许可证。

1991 年，在烤烟收购前，宜宾烟草分公司召集各县烟草公司共 18 个收购点，共同制定对外地烟“收一罚十”为主要内容的边界协议。

1995 年 8 月，涪陵地区行署主持召开武隆、丰都两县烟叶收购边界协调会，宣布边界收购纪律，武隆、丰都两县政府、烟草公司签订《关于完善毗邻烟叶收购工作有关事宜的协议》。

1996 年，省烟草专卖局制定《四川省边界地区烟叶收购协议》，对四川省内边界收购提出协调办法。严格执行烟叶收购国家标准，做到不抬级不压级收购烟叶，收购期间，双边互派验级人员统一眼光；坚持按合同收购，实行一证一卡、约时定点、轮流交售的办法，无合同无售烟证的烟叶一律不收；收购期间不准增设临时收购站点，若发现临时增设站点，收购检查组有权责令取消；双方要认真执行边界协议，对违反协议造成毗邻地区收购秩序混乱，将报告省烟草公司按规定进行处理；成立双边联合检查小组，对边界收购进行监督检查；统一开秤时间，任何一边不得提前开秤。

此后，省内区间、区内县间杜绝相互抢购烟叶现象，烟叶收购秩序逐渐正常。

三、烟叶营销

（一）烤烟营销

1. 调拨供应

1986 年 8 月，烤烟调拨供应方式在“以销定购、以购定产”的方针下，由产区与经营单位、烟厂签订合同。收购的上等烟，全部调成都烟叶经理部统一保管，由省烟草公司根据甲级烟定点生产计划安排供应。成都烟叶经理部经营烤烟，按照实际调拨供应的上等烟和中三、中四数量，用调拨计算总金额付给烟草分公司 2% 的生产组织费。

1986 年，省烟草公司下发《关于烤烟经营体制改革的通知》，从 1987 年起，在宜宾地区试点，烤烟调拨由县烟草公司直调各烟厂，货款由宜宾烟草分公司实行三角结算。原来的烟叶二级站间接经营改为产区分公司、县烟草公司直接经营，其他产烟县仍实行直拨，由成都烟叶经理部三角结算。

1987 年，四川省制定各地烤烟调拨基数，对调拨基数内的烟叶，继续执行卷烟产地返给烤烟产地 10% 的财政补贴政策，超基数部分调拨的烤烟，实行烤烟产地与卷烟产地联合生产、投入分成的办法。

1987 年 10 月，四川省烟叶调拨实行计划指导下的合同制。调拨计划由省烟草公司统一安排，分公司、县烟草公司执行，不能更改。当年 10 月，省烟草公司召开对卷烟厂调进的中一、中二、中三、上一四个等级烤烟调拨价总值的 10% 补给烟叶产地县，明确按供应价计算补贴。烤烟调拨计划实行“四挂钩”：以省外核实的调出完成数为依据，将分配进口专用复合化肥、烟叶仓库投资、评比先进产地县和分配产地卷烟厂辅料等挂钩安排。

1988 年，四川省烟草公司下发《烟叶调拨供应管理办法》，规定烤烟在烟叶种植前，由省烟草公司根据收购计划、省内外要货情况安排调拨计划建议数，签订分等级的产销合同，烟叶产新后，市级烟草分公司协调督促产销双方执行。需调入的省外烟叶，在全国烟叶调拨会上由产销双方签合同，经省烟草公司审查汇总，纳入省际调拨计划下达执行。实行烟叶调拨基数扶持烟叶生产办法，基数以内的部分，按 1987 年的政策执行，即上等烟叶在 5% 以内的，每 50 千克由调入方奖励 10 元，超出5%的部分，奖励20元，并按调进烤烟4个等级（中一、中二、中三、上一）供应价总值的1%计算，由烟厂所在地财政返还烤烟产地。超基数部分，1988年产新烟起实行烤烟产地和卷烟产地税收分成。

1991年，四川烤烟调拨执行“先省内后省外，先出口后内销”的原则，首先保证省内调拨计划的完成，再执行调省外计划。调出省外上等烟限制在5%以内，中等烟限制在60%以内。

1992年，烟叶市场由卖方市场转变为买方市场，烟叶调拨销售困难，积压严重。1995、1996年烤烟生产恢复性发展，供求处于基本平衡。1997年烤烟丰收，再次出现供过于求，烟叶调拨销售面临前所未有的困难，国务院提出全国3年内压缩烟叶工商库存100万吨要求。1998年，国家对烟叶生产采取“双控”措施，种植面积和产量得到有效控制，出现了中上等烟叶供不应求，低次等烟叶销售困难局面。1999年，国家烟草专卖局整顿烟叶流通秩序，强化内部管理，县级公司退出经营环节，产区烟叶由分公司经营。

2000年起，省际烟叶的订货和交易进入中国烟草交易中心挂牌交易，中国烟草交易中心实行会员制，经营单位须获得交易席位方能挂牌购销。

从2001年起，县级烟草公司先后取消法人资格后，由市（州）烟草分公司负责烟叶经营，县级公司一心一意抓烟叶生产和收购工作。

2003年，进一步规范烟叶经营行为，在烟叶收购环节不允许压级压价，调拨环节不允许提级提价，卷烟企业在贷款承付上严格把关，凡不属国家烟草专卖局公布的账号不划款；加大烟叶流通环节的专卖管理，凡行业内牵涉与烟贩子勾结倒买倒卖烟叶破坏流通秩序的，视为顶风作案，查实后严厉处罚；省烟草专卖局（公司）组织对烟叶环节进行财务检查，凡烟叶经营企业非正常升溢并不明原因的，给予没收。

2. 调拨组织

20世纪80年代以后，烟叶调拨实行中国烟草总公司、省烟草公司、地（市、州）烟草分公司三级管理，县烟草公司及卷烟厂为计划的执行单位。烟叶调拨计划由四川省烟草专卖局（公司）按年下达到分公司，分公司根据各产烟县公司实际情况进行分解，安排调出数量和流向。四川省烟草公司下达省内烟调拨计划，流向主要是成都、什邡、光明、绵阳、四川、中江、涪陵、巫山、蓬安、泸州、宜宾、黔江等卷烟厂和重庆烟叶经理部；省外烟调拨计划流向主要是上海、青岛、宁波、济南、武汉、长沙、昆明、玉溪、蚌埠、常德、荆州、营口、南京、杭州、哈尔滨、郑州、新郑、驻马店、开封、阜阳、赣南、襄樊、当阳等卷烟厂。省烟草公司统一管理期间，由省烟叶购销公司与省内、外卷烟厂签订产销合同，按中国烟草总公司下达的计划数量，统一组织调拨流向。各产地县烟草公司的初烤烟叶全部调烟叶复烤厂复烤后，由省烟草公司、省烟叶购销公司（经理部）统一按计划下达的数量、等级、流向组织调运，有剩余烟叶，由各产烟县公司直接与卷烟厂衔接调运。各县烟草公司经营期间，由各产烟县烟草公司根据烟草分公司下达的烤烟调拨流向直接与卷烟厂签订产销合同，初烤烟全部调烟叶复烤厂复烤后，各产烟县公司按合同签订的数量、等级直接调运卷烟厂。

为了弥补省内原料不足，解决卷烟生产多品种配方需要，四川省每年仍有计划地从省外调进部分烤烟，调进的数量，按全年卷烟生产需要原料数量，扣减省内资源后，不足部分作为控制指标由省外调进补充，原则上由省烟叶购销公司统一组织调进。因各厂在配方使用上不同的品种要求，一般由购销公司组织60%，烟厂自己组织40%。烟厂自行组织购进部分也可委托购销公司组织。购销公司和烟厂与省外签订的调进合同须报经省烟草公司审批，不得突破控制指标。

根据烟草管理规定，烟叶调拨必须办理准运手续。省内烟叶准运证由省烟草专卖局或分局按省内调拨计划办理，省际烟叶准运证由四川省烟草专卖局按省外烟调拨计划办理。

（二）晒烟、白肋烟营销

1985 年 12 月，省烟草公司发出《关于改进晒烟、白肋烟调拨办法的通知》，要求凡有工业使用价值的晒烟都应列为专卖品，由烟草公司统一管理和经营，各分公司、县公司迅速理顺经营渠道，掌握好货源；在安排烟叶生产计划前，各产烟县和销区直接签订购销合同，根据所签合同组织生产和收购；签订购销合同本着先省内后省外的原则，在满足省内烟厂和市场的供应、出口等需要后，多余部分再和省外签订。什邡、绵竹两县在省公司、分公司调拨计划下达前，计划内的烟叶不能自行销售；各县签订的合同，送分公司审查汇总报省烟草公司，经省烟草公司综合平衡同意调出部分报总公司列入计划调拨，未下达计划和烟草公司系统外的不能调出，省烟草公司和分公司不予办理准运证。

1988 年 4 月，省烟草公司发出《关于加强对晾晒烟销售管理工作的通知》，对晒烟的调拨销售坚持先出口后内销，先省内后省外的原则，凡出口需要的等级，产地事先留够，在满足出口和省内需要后，再签省外合同；销售合同的数量等级力求准确，各地应根据面积落实、预计收购量，并充分考虑各种变化因素适当留有余地，确定当年可调出的等级和数量，避免盲目签合同不能兑现而影响工厂生产和产地信誉；销售合同只能对烟草系统内和计划内卷烟厂签订销售；未签章列入计划的，省烟草公司不予办理运输和准运证。

20 世纪 90 年代，由于烟草实行严格的限产压库和扭亏增盈等政策原因，德阳市所产晒烟除每年调供市内 3 家烟厂原料 2000—3000 吨外，省外烟厂晒烟需求相对减少，安徽、湖北、河南、陕西、甘肃、山东等一些拥有骨干雪茄烟产品的厂家每年保持继续调进，年销售量 2500—4000 吨，90 年代德阳地区共计出口烟叶 1338 吨；民用市场则以陕西省的渭南地区和湖北省的荆州地区为主；省内以成都、重庆、内江、自贡、泸州、宜宾等销区为主。省外民用市场晒烟销售，除什邡、绵竹县烟草公司每年供给 150—250 吨货源外，其余为个体运销户通过各种途径提供；省内市场的货源供应，大部分由个体运销户供给。

2001 年 6 月，省烟草专卖局制定《四川省晾晒烟叶计划调拨管理办法》（试行），四川省晾晒烟的生产、调拨必须遵循国家局制定的以购促销、以销定产的烟叶生产、调拨原则；晾晒烟省内调拨计划由省烟叶生产购销公司下达，省际间调拨计划由中国烟叶生产购销公司下达，省烟叶生产购销公司调整平衡，其他单位不得变更；晾晒烟购销必须签订书面合同，晾晒烟省内购销合同在全省烟叶定货会上签订，省际间购销合同在全国烟叶定货会上签订，合同一经签订，必须严格执行；省际间晾晒烟调拨由烟叶产区的烟草分公司以上单位进行调拨经营，烟叶产区的县级烟叶公司不准向省外调拨销售烟叶；各卷烟工业企业所需晾晒烟必须在烟草系统内采购。

第五节　营销电子商务

2000 年，省烟草行业信息中心成立。之后，以覆盖省、市、县三级的网状结构广域网建成，

“两烟”的信息化管理系统支撑了全省卷烟营销模式的革新，出现“电话订货，网上配货，电子结算，现代物流”的新型营销模式。

一、电话订货

2003 年，全省电话订货工作逐步展开，成都、广安等分公司首先完成试运行，效果良好。成都分公司在实施电话订货中先期对城区零售户进行深入调查研究，综合多种因素后，选定第一配送中心的星辉路访销部作为试点单位，以 3 个访销员管辖的零售户为一个电话订货单位进行订货，对零售户的电话订货在访销部进行。通过两个月的试行后，已在全市 6 个城区推行，电访订货工作由访销部集中到所属的营销管理中心。截至 2003 年 6 月，全市城区电话订货户 11610 户，占城区零售户的 98.29%。8 月，电话订货在全市各区（市）县城区推行。广安分公司在实施电话订货过程中，因地制宜地在软件设施、人力资源管理、电话订货员的普通话推广与对客户的服务等诸多方面采取有力措施，特别对特殊客户如残疾人采取个性化的服务。截至 2003 年 6 月，全市电话订货户县区占零售户的 30%，城区电话订货户占零售户的 96%。

图 3－12　彭州卷烟营销管理中心访销员通过电话与客户交流，实现电话订货

遂宁市烟草专卖局（分公司）把电话订货的筹备工作分为总规划、硬件安装、软件调试和人员培训 4 个步骤分步实施。市烟草专卖局（分公司）确定电话订货线路，各区县营销中心划出访销片区，确定电话订货员和营销员，分配送货线路。截至 2003 年 6 月，全市共有电话订货线路 15 条，3889 户卷烟零售户纳入电话订货，占城区总零售户数的 92%。全市三县一区全部实现卷烟零售户电话订货。

2004 年，电话订货工作取得新进展。各分公司根据实际情况设立了电话订货中心，配备了电话订货员，并制定出岗位职责，规范了工作流程、文明用语。乐山、眉山、自贡、攀枝花分公司打破行政区划整合电访线路，规范电访工作流程，注重过程管理，建立以分公司为单位的集中呼叫中心，实现订单的统一采集和管理。

二、电子结算

电子结算是“网建学上海”的难题之一，2002 年以来，全省大部分烟草单位开始探索，鉴于零售户受经营规模和资金制约，参与电子结算的积极性不高，不少银行缺乏相关设施设备的状况，2003 年，各烟草单位加强对零售户的宣传、引导工作，首先把具备条件的零售户和主动配合此项工作的零售户纳入电子结算，并积极与银行作好衔接工作，确定出结算方式和操作流程。起步较早的成都分公司，截至 2003 年 6 月在市区和部分郊县推行了电子结算工作，电子结算户 8963 户，占全市零售户的 27.6%。

2004 年，成都、内江、乐山、广元、宜宾分公司在电子结算工作中积极尝试“一加多”模式；成都、德阳、广元烟草分公司还实现“在线代扣”，提高资金结算效率，解决了城乡电子结算瓶颈。

三、网上配货

2003 年，网上配货主要在一部分大商场运作。2004 年，广安烟草分公司自行设计一套网上配货软件，在两个自营门市网上配货。广元烟草分公司采取互联网接入方式，实现对行业外零售户的网上配货。网上配货业务刚起步，全省推行不普遍，工作量小。

四、现代物流

2003 年 7 月，省烟草专卖局（公司）制发《四川省卷烟物流集中配送工作方案》，确立物流集中配送工作的基本模式。市（州）烟草分公司在基本完成对县一级的集中配送工作的基础上，全省于 9 月完成以分公司为单位的物流集中配送工作。成都分公司于 2002 年 8 月就成立了市级物流配送中心，对 6 个城区实行卷烟集中配送。2003 年，结合本市网建特点，制定了物流延伸的方式、机构设置、实施步骤、运行流程及保障措施，实行“分区访销，集中配送”，形成“工作统一部署，货源统一安排，配送统一组织”的物流管理格局，实现对 13 个郊县（市）的卷烟集中配送。

2004 年，各分公司都确立物流配送模式及工作流程，建立统一的物流中心。成都、乐山、绵阳烟草分公司物流中心引进电子标签人工辅助卷烟分拣线，对 1.7 万名零售户直接分拣到户，降低分拣差错率和劳动强度；自贡烟草分公司对物流集中大配送施行“三改二”，每周“访二送二”，降低物流成本；广元烟草分公司对边远农村零售户实行“约定式”“代送式”配送，形成山区物流集中分级的配送模式。

2004 年，各分公司通过 2003 年对“电话订货、网上配货、电子结算、现代物流”作大量的铺垫和探索工作的基础上，在全省全面启动此项工作迈出了拓展性的步伐，成效显著，电话订货、电子结算、物流集中配送 3 项指标达到或超过了省烟草专卖局（公司）下达的年度目标任务。

2005 年，随着信息化手段的广泛应用和网建工作的整体推进，“电话订货、网上配货、电子结算、现代物流”和“三集中”营销模式已形成烟草行业新型的电子商务业态。全省行业集中实施应用国家局卷烟生产经营决策管理系统（一号工程），进行卷烟打码扫码入库管理，数据集中上报国家局，为今后全行业卷烟流通码段标识追述、工商“两打三扫”工程、工商数据采取系统、工商数据统计系统、行业调控信息支撑系统等现代物流信息化管控奠定好基础。

第二章　国际贸易

第一节　外贸经营历程

1985—1992 年，国家烟草外贸机构初建，卷烟产品生产、烟机设备制造、烟用物资生产等方面都与国外同行有不小差距。为积累外汇，进口国内紧缺烟用物资和引进国外先进技术设备，国家烟草专卖局实行了积极的出口导向政策，逐级分解落实烟叶出口和卷烟出口计划，确保创汇任务的完成。在外汇双轨制的资金条件下，烟草进出口系统形成以指令性进出口计划为主，辅以少量市场调节的管理体制和运行模式，并在主要烟叶和卷烟出口产区设立中国烟草进出口公司的下属机构。1993 年以前，由于四川没有烟叶出口企业，进出口业务因不同的贸易项目由多家有进出口权的外贸公司代理，烟叶出口长期由中国烟草上海进出口公司代理，因此烟草外贸业务受到一定程度的制约。四川烟草迎难而上，充分利用资源优势，积极推动烟叶出口，积极争取出口创汇，是全国为数不多的烤烟、白肋烟和晒烟同时出口的省份，什邡卷烟厂的“东狮”和“居庸关”卷烟也在 1992 年实现少量出口，为烟草外贸系统出口创汇任务的完成做出了贡献。

为进一步推动四川烟草外贸发展，在 1992 年 2 月召开的四川省烟草发展领导小组会议上，正式提出成立中国烟草四川进出口公司的规划。随后，省政府和省烟草专卖局（公司）分别向外经贸部和国家烟草专卖局正式报送申请报告，在省长张浩若、肖秧，副省长马麟的关怀下，省烟草专卖局（公司）很快成立筹建班子。经过多方努力，在达到成立烟草进出口公司条件的基础上，外经贸部和国家烟草专卖局分别于 1992 年 12 月和 1993 年年初正式批复同意成立中国烟草四川进出口公司。

1993 年 1 月，中国烟草四川进出口公司正式成立，成为中国烟草进出口（集团）公司全资控股的集团成员企业，迈出四川烟草自主经营烟草进出口贸易的第一步。中国烟草四川进出口公司的成立，标志着四川烟草有了独立经营自己产品出口的权利，打开四川烟草走向国际市场的大门，四川烟草真正与国际市场实现接轨。中国烟草四川进出口公司自筹建以来，四川烟草通过外商的来函、来访、看样和洽谈，以及参加各种形式交易会，接洽不少客户，并建立业务往来，扩大对外交流，提高了四川烟草的国际知名度，为自营出口打下基础。

随着国家实力不断增强，为适应建立社会主义市场经济体制的要求，1994 年取消外汇留成与上缴，实施银行结售汇，实行以市场供求为基础的、单一的、有管理的浮动汇率制度。同时，国家对财税体制进行分税制改革，进一步减低关税，清理进口减免税项目，完善出口退税制度。上述措施使对外经贸合作的宏观政策平台趋于商业化和市场化，烟草外贸管理模式随之进入深化改革阶段，由偏重于规模向规模与效益并重方向转变，由外贸资源分散向外贸系统人财物整合方向发展。中国烟草进出口公司也对各口岸的进出口贸易和财务预决算等实行统一集中管理。四川烟草顺势而为，主动适应宏观政策变化。积极把握烟草外贸深化改革的市场机遇，以中国烟草四川进出口公司为开展对外经贸合作的平台，加大国际市场拓展力度，扩大“两烟”（烟叶、卷烟）出口，加强对外交流合作，引进先进烟机设备和原辅材料，服务于卷烟工业发展。

2001 年，中国加入世界贸易组织后，外贸领域发生巨大变革。国家先后修订《中华人民共和国对外贸易法》《中华人民共和国海关法》和《中华人民共和国进出口商品检验法》等系列法律，调整外经贸的宏观调控体系和行政管理手段，整合国家内外贸管理机构，建立商务部，统一负责国内外市场的管理和协调。中国烟草总公司也重新审视原出口促进型的外贸政策，提出充分利用国内国外两个市场、两种资源，实施“走出去”战略。四川烟草充分挖掘烟叶资源潜力，多品类烟叶出口稳步提升，烟叶出口量增大，同时加大卷烟出口力度，着力培育有国际知名度的卷烟牌号。

为进一步适应全面发展的新要求，更好地参与全球化的激烈竞争，四川烟草不断完善进出口公司治理结构、治理机制。2004 年 11 月，中国烟草四川进出口公司由国有独资外贸企业改制为中国烟草四川进出口有限责任公司，实行董事会领导下的总经理负责制。由中国烟草进出口（集团）公司、中国烟草总公司四川省公司、中国烟草总公司重庆市公司、成都卷烟厂、什邡卷烟厂共同投资组建。改制后，中国烟草四川进出口有限责任公司资产总额 2.84 亿元；当年实现销售收入 4.14 亿元，出口烟叶 1.04 万吨，出口卷烟 0.34 万箱，出口创汇 2229.24 万美元，实现利润 3393 万元；2005 年，出口烟叶 10544 吨，出口卷烟 2760 箱，实现出口创汇 2258.75 万美元，进口卷烟 2521 箱，进口丝束 6220 吨，累计实现销售收入 43751 万元，税利 3566 万元，为实施“走出去”战略奠定良好的基础。

图 3－13　2005 年烟叶出口座谈会召开

第二节　国际市场开拓

四川省对国际烟草市场的开拓，随着改革开放的深入和“两烟”销售的需要日益扩大。

一、国际信息搜集

1993 年 4 月 21—30 日，四川烟草专卖局组团参加四川曼谷招商洽谈会，携带展出部分烤烟、白肋烟样品和成都、什邡、西昌、绵阳、四川卷烟厂生产的 12 个牌号卷烟、雪茄烟样品先后与 10 多家有关烟草业务客户交流，结成了合作伙伴。1997 年 4 月 6—15 日，省烟草专卖局外事办赴日本执行 1997 年度中日烟草技术交流计划签字任务，考察日本卷烟配送中心和卷烟零售店，了解中国卷烟在日本市场的销售情况。1997 年，省烟草公司共有 21 个团组 52 人次出访英、美、日等国，主要赴美国、津巴布韦等国推销卷烟和烟叶，开展进出口业务。

二、业务拓展

1995年，四川省积极争取省外货源，寻求贴牌加工业务不断拓展对俄罗斯的易货贸易。在省外4家烟厂的支持下，先后与11家外商签订出口卷烟合同，出口卷烟2.72万箱，创汇776.9万美元。1996年，四川省代理河南部分烟厂向缅甸出口卷烟2.23万箱，实现创汇709.1万美元。

三、出口创汇奖励

1992年7月，参照国家出口创汇奖励有关规定，结合四川省实际，四川烟草出口实行按劳分配奖励，供货质量按每50公斤奖励1元；挑选费奖励年年增加。奖励对象为分公司、县公司组织管理出口工作的承包人和负责挑选加工的技术骨干，调动挑选出口初烤烟的积极性。

四、实施“外向型”发展战略

20世纪90年代中后期，四川烟草农业获得重大发展，四川烟叶产量、品质得到大幅度提高，开始批量出口美、英、法、日等欧美亚国家。1998—2000年，扩大到菲律宾、哥伦比亚、比利时、乌克兰、埃及、希腊、新加坡、欧盟等数十个国家（地区）。1994年，中国烟草进出口总公司正式向四川下达卷烟出口任务后，该年4月春季广交会期间，四川与香港丰茂公司、四川捷威（匈牙利）工贸有限公司签订出口“五牛”牌卷烟470.4箱合同。“九五”期间，全省出口卷烟2.47万箱，出口烟叶1.32万吨，创外汇4662万美元；“十五”期间，全省出口卷烟1.24万箱，出口烟叶3.95万吨，创外汇8015.79万美元。

第三节　“两烟”出口

1986年3月，四川省烟草公司发出《关于1986年白肋烟、晒烟出口工作的安排意见》，该年四川出口的白肋烟、晒烟调交上海的计划，经与上海烟草进出口公司协商，出口烟叶为白肋烟1400吨，晒烟200吨。省烟草公司确定白肋烟由达县、万县烟草分公司各调出700吨，晒烟由德阳分公司的什邡县公司调出。

1991年，四川省对外出口卷烟80箱，为20世纪50年代以来四川卷烟首笔对外出口业务。

1992年7月，省烟草公司发出《关于1992年在资阳复烤厂定点加工出口烤烟问题的通知》，对出口烤烟的经营实行由省烟草公司归口统一经营，采取省安排专项资金，委托资阳复烤厂代省加工出口备货，由省烟草公司统付盈亏，统筹兼顾利益返还。

1993年下半年，在中国烟草进出口总公司的支持下，中国烟草四川进出口公司66箱无嘴“三峡”牌卷烟出口俄罗斯。

1994年，四川省分别与香港大光洋行、香港华明公司、香港万达龙集团、缅甸瑞腊进出口公司签约出口什邡、四川、绵阳、西昌厂家生产的品牌卷烟459.2箱，创收148.1万美元。

1994—1996年，四川省自行报关和委托报关行的报关单共227份，出口卷烟5万箱，实现利润612.74万元，上缴税金203.83万元，企业留成410.5万元。

1999年，四川出口“娇子”牌卷烟80箱，2000年出口“娇子”160箱、“古典”20箱。

20世纪90年代中后期，四川烟叶产量、质量得到大幅提高，批量出口到美、英、法、日等国家。至2000年，四川烟叶已出口达数十个国家（地区）。

2001年，全省出口烟叶6515.70吨，创汇738.85万美元；出口卷烟1839.78箱，创汇873.04万美元。

2002年，全省出口烟叶6798.9吨，出口卷烟1520箱；创汇总额1057万美元，实现利润3104.66万元。

2003年，全省出口烟叶及烟梗7390.49吨，出口卷烟2317.4箱，雪茄烟0.4箱；出口创汇总额1566.94万美元，实现利润2340.51万元。

2004年，全省出口烟叶及烟梗10385.25吨，出口卷烟3360箱；出口创汇总额2229.24万美元，实现利润3393.38万元。

图3－14 中国烟草四川进出口公司专业人员研制2002年白肋烟出口样品

2005年，全省出口烟叶及烟梗10544.23吨，出口卷烟2760箱，雪茄烟19箱；出口创汇总额2258.75万美元，实现利润3477.96万元。

第三章　烟草税收

第一节　征缴管理

1984 年 9 月，国务院发布产品税、增值税、营业税、资源税、盐税、国营企业所得税、国营企业调节税等条例（草案），有关纳税登记、申报、鉴定、辅导、检查等征管制度以及违章处理，在各税条例（草案）中均有明确规定，四川省遵照执行。

1984 年，四川省烟草工商企业上划中国烟草总公司管理，其财务隶属关系与应缴财政预算收入（包括所得税和利润）同时上划。按照中国烟草总公司第二步利改税的有关规定，从 1985 年 1 月1 日起执行利润缴库和亏损弥补办法，企业实现利润，除按规定抵留款项和企业留成外，必须按时以所得税、调节税解缴国库，不得扣留、拖欠、留用。所得税、调节税以独立核算企业为缴库单位；计划亏损企业由监交机关审核后办理弥补手续。企业实现利润解缴，按财政部规定的预算科目和分成比例，分别缴省和中央金库。监交机关按企业月、季、年度会计报表进行清算，多退少补。

1985—1993 年，四川省烟草商业企业继续实行省级公司集中缴库办法，除交通建设附加费由省烟草公司集中解缴外，其他税种均在当地税务机关解缴。

1988 年，为了加强烟类零售营业税的征收，根据国家税务局、商业部、轻工部、国家烟草专卖局等 8 部（局）联合通知规定，烟草商业企业开展在卷烟批发环节代扣零售营业税工作。随着卷烟营销业务的发展，加之扣税手续繁杂，税务部门加强了零售营业税的征管。1991 年，卷烟批发单位停止了代扣零售营业税。1994 年 1 月 1 日起，烟草工商企业所得税一律就地解缴中央金库。

2001 年 6 月，财政部、国家税务总局《关于调整烟草产品消费税政策的通知》规定，从 2001 年 6 月 1 日起，国家对烟类产品消费税政策进行调整，由原单一的计税办法改为复合计税，即先从量定额计税，每标准箱计征 150 元，然后再从价定率计税，调拨价格在 50 元/条（含 50 元）以上的卷烟税率为 45%，调拨价在 50 元/条以下的卷烟税率为 30%；计税基价由原来的出厂价改为调拨价计征。国家烟草专卖局要求全行业从大局出发，坚决贯彻落实卷烟消费税调整政策，决定 7 月 31 日前撤销各类卷烟生产企业的调拨站，将原调拨站的资产、负债、损益全部并入所在烟厂，加强计税价格的管理，严格成本核算，并合理组织低档烟的生产。

根据税收政策的调整，2001 年 6—12 月四川省烟草行业税转利 25152 万元，利转税 18566 万元，品迭后税转利 6586 万元，基本持平。但税收政策调整后调拨站库存的 11. 52 万箱卷烟税金已在该年度中算入体现，因时间差故 2001 年的工业税金便减少 4. 5 亿元。经过这次时间差的调整，全省烟草行业加强管理，优化产品结构，提高单箱的税金水平，从 2002 年起恢复正常，工业税利有较大幅度的增长。

2001年，四川省烟草专卖局继续贯彻执行《关于四川省烟草行业交通建设费附加集中统一解缴的通知》规定，征得四川省地税局同意，全省烟草行业交通建设费附加，由四川省烟草公司集中统一上缴省地方税务局600万元，各地烟草企业不在当地税务机关交纳。

2002年5月，针对全省烟草经营模式的改变，省烟草专卖局（公司）提出“统一核算、四级管理、属地纳税、全面考核”新的财务管理模式。考虑到各地政府的利益，纳税的关系先暂不集中到市（州），在原地纳税。

从2003年起，县级公司取消法人主体后，属地税部门征收的税种由县级公司解缴当地，企业所得税由市（州）分公司解缴；增值税则有3种解缴方式：统一核算缴纳、独立核算缴纳和属地预缴。

2004年1月，成都市烟草专卖局（分公司）从1月1日起，撤销所属13个县（市、区）营销管理中心的一般纳税人资格，所有税收的申报、解缴、清算工作由市烟草专卖局（分公司）统一办理，实现全市烟草系统税收集中统一解缴。分公司每季度统一向市财政和税务部门提供13个县（市、区）营销管理中心的报表数据，市财政部门根据实际情况统一调整各县（市、区）的财政利益。

图3－15　2004年2月，四川省烟草行业工商企业向四川省烟草发展领导小组汇报研究工作

2005年7月，在现代产权制度改革中，省烟草专卖局（公司）提出全省建立起总公司与省公司、省公司与市级公司的两级管理、三级核算的母子公司体制。省烟草公司下属的22个市（州）分公司的纳税由市（州）分公司统一管理。8月，省卷烟销售公司、省烟叶生产购销公司更名为省卷烟经营管理部、省烟叶生产经营管理部，其经营业务取消，不再向税务部门解缴税费。省烟叶进出口公司的税费仍由本公司直接解缴省税务部门。

第二节　税金缴纳

按照《中华人民共和国烟草专卖法》和《中华人民共和国烟草专卖法实施条例》的规定，经国务院烟草专卖行政主管部门或者省级烟草专卖行政主管部门批准，烟草公司取得“烟草专卖批发企业许可证”后，可经营卷烟、雪茄烟批发业务和烟叶收购、销售业务。上述业务所涉及的税种及税金附加有：增值税、消费税、烟叶税、印花税、企业所得税、城建税、教育费附加、地方教育费附加、关税等。1986—2000年，根据税种变化要求，全省烟草工业企业和烟草商业企业税金的缴纳情况如表3－1所反映记载。

1986—2000 年四川省烟草行业税金缴纳情况统计表

表 3－1　　　　单位:人民币万元

年份	工业企业														
	产品销售税	所得税	调节税	产品税	营业税	城建税	能源交通基金	车船使用税	房产税	教育费附加	土地税	增值税	印花税	消费税	其他各种
1986	32321.00	72.70	—	30596.40	1.30	1724.60	180.40	0.10	0.70	90.00	—	—	—	—	—
1987	47588.00	233.90	—	45330.30	5.50	2253.70	343.40	1.10	46.80	202.60	—	—	—	—	—
1988	65344.70	496.10	52.20	62085.90	17.90	3254.00	128.10	1.10	46.80	293.60	3.60	—	—	—	—
1989	84066.40	—	—	79682.00	17.60	4404.00	227.90	1.80	57.90	397.90	45.30	—	—	—	—
1990	88998.50	—	—	84394.00	0.90	46087.70	199.60	1.90	85.60	692.70	59.00	—	—	—	—
1991	97377.10	—	—	93350.90		4872.70	—	2.00	99.70	870.40	54.00	82.20	—	—	—
1992	107605.00	—	—	101786.00	8.00	5861.00	250.00	—	—	—	54.00	129.00	—	—	—
1993	132808.00	6.00	—	127201.00	22.00	7001.00	—	—	156.00	—	55.00	—	—	—	—
1994	126721.00	413.00	—	34.00	16.00	8961.00	—	20.00	140.80	—	51.00	30351.00	26.00	116497.00	—
1995	—	1628.00	—	—	22.00	11152.00	—	—	282.00	—	51.00	30351.00	26.00	116497.00	—
1996	—	3371.00	—	—	52.00	15259.00	—	—	3140.00	—	90.00	—	39.00	190448.00	—
1997	—	4750.00	—	—	58.00	14841.00	—	20.00	332.00	—	89.00	—	48.00	179699.00	—
1998	—	4382.00	—	—	168.00	16094.00	—	—	—	—	—	—	—	188792.00	—
1999	—	3005.00	—	—	201.00	17471.00	—	10.00	227.00	3876.00	73.00	53426.00	64.00	204551.00	—
2000	—	3841.00	—	—	-109.00	18768.00	—	—	236.00	4153.00	70.00	—	49.00	221610.00	3603.00

续表 3－1

年份	商业企业																
	所得税	调节税	商品销售税	烟叶税	产品税	营业税	城建税	能源交通基金	上交财政	房产税	车船使用税	教育费附加	土地税使用税	增值税	印花税	进口关税	其他各税
1986	1145.90	—	1535.70	4414.70	10.00	1434.00	128.80	211.40	—	4.40	0.50	25.90	—	—	—	—	—
1987	1559.30	—	1773.70	5215.40	32.00	1644.00	169.20	297.80	—	48.60	3.80	39.40	—	—	—	—	—
1988	4686.30	1.00	2853.80	10375.20	45.50	2936.80	296.60	663.60	—	82.10	4.50	74.40	7.20	—	—	—	—
1989	7284.70	5.80	3931.30	10228.30	13.10	3811.90	350.20	1486.40	—	120.20	7.30	84.10	41.00	—	—	—	—
1990	7149.10	1.10	4083.50	10999.20	—	4026.90	371.80	1733.70	—	163.90	8.10	135.30	51.00	31.80	—	—	—
1991	10036.20	0.10	5219.10	13010.00	2.50	5110.40	454.90	1877.90	—	173.20	—	220.30	55.70	45.10	—	—	—
1992	1572.60	—	7474.00	17388.00	1.00	7176.00	722.00	2300.00	—	198.00	14.00	298.00	67.00	73.00	—	—	—
1993	4400.00	—	9648.00	12255.00	—	8963.00	9820.00	—	—	—	12.00	—	67.00	101.00	—	—	—
1994	13365.00	—	1472.00	6614.00	—	—	—	—	—	266.00	11.00	—	58.00	—	82.00	—	—
1995	17301.00	—	1904.00	15071.00	—	—	—	—	—	424.00	11.00	—	86.00	—	109.00	—	—
1996	25463.00	—	—	—	—	1540.00	1896.00	—	—	526.00	18.00	—	106.00	—	157.00	—	—
1997	11140.00	—	—	—	—	148.00	1474.00	—	—	468.00	11.00	—	105.00	—	127.00	—	—
1998	9609.00	—	—	—	—	346.00	1153.00	—	—	—	—	—	—	—	—	—	—
1999	4083.00	—	—	—	—	192.00	1096.00	—	—	508.00	8.00	451.00	111.00	2315.10	151.00	—	—
2000	9116.00	—	—	—	—	157.00	1309.00	—	—	501.00	9.00	648.00	117.00	—	246.00	598.20	889.20

2001 年以后，由于税收种类调整、统计口径改革和工商体制改革，四川省烟草工商税项目和征缴量都发生变化，各年税金如表 3－2 所示。

2001—2005 年四川省烟草工商业（含川渝中烟）
各年税金缴纳情况统计表

表 3－2　　单位：人民币万元

项目＼年度	2001		2002		2003		2004		2005	
	工业	商业	工业	商业	工业	商业	工业	商业	工业	商业
税金合计	278146	57603	324577	10365	514858	113757	547918	142837	608737	202047

1986—2005 年四川省烟草系统（含川渝中烟）
税利指标完成情况一览表

表 3－3　　单位：人民币亿元

年　度	完成税利	年　度	完成税利
1986	6.43	1996	43.70
1987	8.74	1997	33.40
1988	12.31	1998	31.50
1989	14.30	1999	33.34
1990	15.50	2000	37.62
1991	17.30	2001	40.53
1992	19.80	2002	52.35
1993	23.04	2003	78.90
1994	25.43	2004	89.50
1995	30.30	2005	108.85

说明：1996 年前的数据含重庆市

第四篇 烟草专卖

1985 年 7 月，四川烟草专卖机构及企业整体上划中国烟草总公司，四川省烟草行业纳入国家统一的专卖管理体制，依法对烟叶生产、烟叶购销、卷烟工业生产、卷烟销售市场实行专卖管理，保证了四川省烟草行业、烟草生产和市场营销正常有序发展。1992 年 1 月 1 日《中华人民共和国烟草专卖法》实施、1997 年 7 月 3 日《中华人民共和国烟草专卖法实施条例》颁布后，四川烟草现代专卖管理体制更为完善规范。1999 年 8 月成立四川省烟草专卖稽查总队，各市（地、州）先后组建烟草专卖稽查大队，配合公安部门整治和维护全省烟草专卖市场秩序。2001 年 11 月，四川省颁布《四川省烟草专卖管理条例》，对本省行政区域内从事烟草专卖生产、销售、存储、运输以及专卖管理等活动的单位和个人，均作出明确的规定，加大了烟草专卖管理力度。尤其在“十五”时期，烟草行业在市场秩序整顿和工商分离、改革重组、职能转变中，切实找到专卖制度和行业改革发展的最佳结合点，更新专卖管理方式，依法行政，依法经营，致力于整顿烟草市场经营秩序，从而提高了市场控制力和占有率。

第一章 专卖基础建设

第一节 专卖法律法规建设与宣传

一、《中华人民共和国烟草专卖法》及《中华人民共和国烟草专卖法实施条例》

1991年6月29日，第七届全国人大常委会第二十次会议审议通过《中华人民共和国烟草专卖法》(以下简称《烟草专卖法》)，以第46号主席令公布，于1992年1月1日起正式实施。《烟草专卖法》规定了专卖行政主管部门的设立及其职责，专卖品范围及其业务，专卖许可证制度和准运证制度，专卖品生产、销售、运输、进出口等环节的管理、行政处罚措施以及吸烟与健康的宣传与强制性限制标准等。

《烟草专卖法》颁布后，国家烟草专卖局陆续颁发一系列相关配套行政规章，主要有《关于查没收购处理走私烟、烟用丝束的管理规定》《关于进一步做好打击香烟走私整顿香烟市场工作的通知》《关于变更国家烟草专卖局“特”字准运证名称、样式的通知》《关于变更“调”“进”“出”字准运证名称，样式的通知》《关于印发国家烟草专卖局烟草机械零配件生产经营管理办法的通知》《烟草专卖行政处罚规定》《关于打击制售假冒商标卷烟整顿卷烟市场的通知》《关于进一步加强烟草专卖管理的通知》《关于恢复烟草及其制品邮寄业务的通知》《关于加强烟用滤嘴材料专卖管理的通知》《关于烟草制品流通中委托批发的规定》《关于确保烟草专卖品运输的通知》《关于建立卷烟批发市场有关的问题的意见》《关于烟草专卖许可证管理的若干规定》《放开烟叶调拨价格的实施办法》《烟叶购销合同暂行办法》《申报烟草专卖品铁路运输要车计划管理办法》《关于严厉打击卷烟走私整顿卷烟市场的通知》《烟草拍卖品准运证使用管理规定》《烟草拍卖行的拍卖规则（暂行)》《烟草行业名优卷烟评定及管理办法》(试行)《烟草专卖行政管理机关行政处罚程序》《关于清理整顿卷烟批发交易市场的通知》《烟叶调拨价格管理办法》《烟草行业卷烟生产经营调度管理办法》《烟草行业发展多种经营管理办法》《烟草制品商标使用管理规定》《国产烟草专用机械购置审批暂行规定》《关于加强卷烟出口管理的若干规定》《关于印发（卷烟出口暂行管理办法）的通知》《关于强化烟草行业内部专卖管理的若干规定（试行)》等。

1997年7月3日，国务院发布《中华人民共和国烟草专卖法实施条例》(以下简称《实施条例》)。《实施条例》将烟草专卖许可证制度和准运证制度单独立章，其主要内容与《烟草专卖法》基本相同。

此后，国家烟草专卖局又陆续颁发《烟草专卖许可证管理办法》《烟草专卖品准运证管理办法》《烟草专卖行政处罚程序规定》《卷烟纸进口管理办法》《烟草专用机械专卖管理办法》《烟草专用零配件行业管理办法》《烟草专卖行政执法标志使用管理规定》《关于加强丙纤丝束、滤嘴棒生产企业专卖管理的通知》等系列配套的规章。

二、四川省烟草专卖管理条例

2001 年 11 月 23 日，四川省第九届人民代表大会常务委员会第二十六次会议通过《四川省烟草专卖管理条例》（以下简称《条例》），2002 年 1 月 1 日起实施，该《条例》为四川省烟草专卖地方法规。该《条例》根据《烟草专卖法》及相关法规，制定四川省境内烟草专卖管理的具体办法共 28 条，内容涉及专卖机关行政职责、烟草经营、运输管理规定、专卖执法程序及罚则、烟草专卖机关内部管理等项内容。同时，《条例》增加零售卷烟、雪茄烟必须标有省烟草专卖行政主管部门监制的烟草专卖标识等内容；界定了烟草专卖行政主管部门、工商行政管理部门、质量技术监督部门、海关的查处权限；并对贯彻国家《烟草专卖法实施条例》做了细化。

三、专卖法律法规宣传学习

1991 年 8 月，四川省烟草专卖局在全省烟草专卖局局长、烟厂厂长会议上，对学习宣传贯彻《烟草专卖法》工作作安排部署。省烟草专卖局机关以及各市（地、州）、县烟草专卖局都成立宣传贯彻《烟草专卖法》领导小组，全省烟草系统开展学习《烟草专卖法》活动。省烟草专卖局以处室为小组，组织全体干部职工学习讨论，并运用宣传橱窗、板报等形式，刊登学习体会和知识讲座，组织《烟草专卖法》知识竞赛，对全体人员进行考试，对学习优异者给予奖励。省烟草专卖局在什邡县举办各地市烟草专卖局局长、烟厂厂长、调拨站站长参加的《烟草专卖法》学习培训班。成都、德阳、凉山、内江、南充、达县、万县、涪陵等市（地、州）烟草专卖局也都举办烟草专卖培训班。万县、绵阳等地市政府把学习宣传《烟草专卖法》纳入当地“二五”普法工作的范围。泸州市烟草专卖局在泸州市有线电视台开展《烟草专卖法》知识竞赛活动。12 月 13 日，省烟草专卖局、省人民政府法制局联合召开有中央驻蓉新闻单位和所有省级新闻单位参加的宣传贯彻《烟草专卖法》新闻发布会。省烟草专卖局局长汪文敏在会上作了题为《坚持烟草专卖制度，认真学习宣传贯彻〈中华人民共和国烟草专卖法〉》的发言，主要省级新闻单位及主要报刊作了报道。12 月 15 日，副省长蒲海清在四川电视台发表题为《认真贯彻执行（烟草专卖法)》的电视讲话，筠连县、巴中县烟草专卖局以快板书、方言话剧等民间娱乐方式在乡镇向农民宣传《烟草专卖法》知识。12 月 22 日，四川省烟草专卖局和成都市烟草专卖局在省展览馆广场联合举行大型宣传活动。四川省委、省人大、省政协领导以及省公安厅、省工商行政管理局、成都海关等省级厅局，成都市人民政府、人大、政协领导及市公安局等单位负责人，来到展览馆广场的中心宣传站，向过往群众宣传、散发学习资料。当天散发宣传学习资料 3 万余份，咨询人数万人。省、市广播电台，电视台以及主要报纸都作了报道。

图 4－1　1991 年 12 月，四川省烟草专卖局（公司）局长、党组书记汪文敏（中）检查邛崃县烟草专卖点《烟草专卖法》宣传周活动

与此同时，德阳市、内江市、涪陵地区及全省其他市（地、州）、县烟草专卖局，当天上街设立宣传咨询站，开展宣传咨询活动。攀枝花、雅安、乐山、广元、凉山等市（地、州）烟草专卖局还在宣传站展示部分假冒烟样品以及制假工具，并公开处理一部分走私烟。

四川省各级烟草专卖局把学习、宣传贯彻《烟草专卖法》当做主要工作之一，开展广泛的社会宣传。1991 年下半年至 1995 年 5 月，全省范围内开展 4 次大规模的社会宣传活动，结合贯彻国务院《通告》宣传专卖政策，促进打假打私工作；宣传实施《烟草专卖法》以来取得的成绩并解释相关法律。据统计，1991—1995 年，全省共设立街头宣传站 823 个，出动宣传车 1.2 万余台次，办宣传板报、橱窗 6000 余个，张贴标语 51 万余张，散发宣传资料 88.8 万余份。

1993 年 6 月，省烟草专卖局结合四川省的实际，确定 6 月 20—30 日为全省宣传旬，6 月 29 日为特别宣传日。全省 18 个市（地、州）烟草专卖局分别上报宣传方案和有关准备情况，并于 6 月29 日近 200 个县统一开展宣传行动。成都市的宣传活动由省烟草专卖局、成都市烟草专卖局、成都烟厂联合开展，市中心主要街道、大型商场和闹市区均挂了大、小型标语，四川电视台、《四川日报》《四川经济报》《成都晚报》等新闻媒介宣传和报道了这次活动，副省长马麟发表专题电视讲话。成都市共设 7 个宣传站播放录音、录像，向过往行人散发宣传资料，共散发各种宣传资料 5 万份。各市（地、州）、县的党政领导发表广播电视讲话，当地报纸刊载专题文章，烟草专卖机关组织宣传车队、文艺演出等宣传活动，农村大部分“双代店”都张贴宣传标语。

1996 年 6 月 10 日，国家烟草专卖局发出《关于〈中华人民共和国烟草专卖法〉宣传工作的若干意见》，要求在《烟草专卖法》公布 5 周年之际开展广泛、深入的宣传活动。成都、南充、遂宁、达川、万县、凉山、峨眉等市、地（州）烟草专卖局成立宣传纪念活动领导小组，抽调人员制作宣传资料，配备宣传工具，投入相应的宣传经费。6 月 29 日，多数基层单位都在当地的报纸、电视台发表纪念《烟草专卖法》颁布 5 周年的文章，并利用销毁假冒烟活动现场宣传烟草专卖政策。此次宣传活动全省出动宣传人员 6231 人次、宣传车 1128 台（次），电视台、电台播放《烟草专卖法》及宣传讲话 388 次，报纸刊载纪念文章 84 篇，悬挂标语 1592 幅，印发宣传资料 28.75 万份，设立宣传站点 258 个，销毁假冒烟 41074 条。省烟草专卖局向国家烟草专卖局上报了全省开展纪念活动情况报告。

1997 年 7 月 3 日，国务院颁布《实施条例》，省烟草专卖局党组下发《关于认真贯彻执行〈中华人民共和国烟草专卖法实施条例〉的通知》。全省各地烟草专卖机关都成立以党政一把手任组长的学习宣传《实施条例》领导小组。经省委、省政府领导批准，组织了学习宣传《烟草专卖法实施条例》座谈会，省委、省人大、省政府、省政协的领导出席，《四川日报》《成都晚报》《华西都市报》《四川经济日报》《四川法制报》等省内主要报纸都在显著位置报道相关情况。全省各地烟草专卖机关也积极开展学习教育活动。首先对执法人员进行全员培训，举办 23 期各种形式培训学习班，重点讲授《实施条例》的基本内容，并结合国家《中华人民共和国行政处罚法》《中华人民共和国国家赔偿法》《中华人民共和国行政诉讼法》以及国家烟草专卖局《烟草行业内部管理规定》等法律规章进行讲解学习，全省 700 多名专职专卖干部参加培训学习。广安、泸州、广元等地还召开学习贯彻《实施条例》研讨会。组织行业内部职工学习《实施条例》，专门制定学习计划和时间安排表。当年 9 月，在全省开展《实施条例》宣传月活动，全省各级党政领导发布广播电视讲话 116 人次，在报纸上发表宣传文章 30 余篇，召开各种座谈会 160 余次，设立宣传站点 960 个，出动宣传车

2012台次，办宣传板报橱窗210个，张挂宣传横幅8000余条，印制散发宣传资料35万余份。省烟草专卖局向国家烟草专卖局上报了全省学习贯彻《实施条例》的情况。

图4－2 2001年11月，四川省召开贯彻实施《四川省烟草专卖管理条例》座谈会

1998年6月29日和7月3日，在《烟草专卖法》发布7周年及《实施条例》发布1周年之际，省烟草专卖局在行业内外开展为期1周的宣传纪念活动。省烟草专卖局成立宣传纪念活动领导小组，省烟草专卖局和成都市烟草专卖局设立8个宣传点。在宣传纪念周期间，全省共召开各种学习宣传座谈会100余次，设立宣传站300余个，办宣传栏、橱窗180个，张贴宣传横幅4000余条，散发宣传资料21万余份。11月份，省烟草专卖局还与省工商局共同在成都举行打私打假的专题宣传活动，出动300余人次查处违法案件32起，无证经营30余户，无证运输卷烟956件，收缴罚没款近20余万元；绵阳市烟草专卖局在宣传周活动中，查获违法案件20起，没收卷烟500余条，没收走私烟120余条，收缴罚没款5万元；达川地区烟草专卖局对收缴的假冒、霉变、劣质卷烟180余件当众销毁。

2001年11月23日，四川省人大常委会审议通过《四川省烟草专卖管理条例》，省人大常委会和省烟草专卖局随即召开新闻发布会，省工商、公安、质检、高检、高院、海关等部门和新闻单位参加。省烟草专卖局要求各市（州）烟草专卖局集中1个月进行宣传教育。至12月，全省共设立宣传点1400余个，出动人员1.8万人次，出动车辆1423台次，印发宣传资料27万余份。

2003年，全省烟草行业深入宣传贯彻《烟草专卖法》和《四川省烟草专卖管理条例》，出动执法宣传2万人次，车辆2000台次，印发《烟草专卖法》宣传资料40余万份，在社会上引起良好反响。成都、乐山、眉山、宜宾、广元、资阳、达州、攀枝花、雅安市局利用“3·15”“五一”以及国庆等重大节日，与当地公安、工商、新闻媒体进行声势浩大的宣传活动，当地政府负责人到场讲话，增强了宣传气氛。

图4－3 眉山市烟草专卖局街头游行宣传《四川省烟草专卖管理条例》

绵阳、德阳、凉山等市（州）对重点乡镇、街道进行流动宣传，为抵制非法卷烟、假烟进入市场收到显著效果。

第二节 专卖管理机构建立

一、四川省烟草专卖稽查总队

1999 年 1 月 5 日，省烟草专卖局向省政府上报《关于成立四川省烟草专卖局稽查大队的请示》，稽查大队是省烟草专卖局直属的执法机构，主要由省烟草专卖局执法人员组成。与省公安厅、省工商局、省技监局指定部门和人员建立固定的工作关系，与铁路、民航、交通、海关等部门建立联系制度，联合稽查案件。稽查大队所需费用由省烟草专卖局自行解决，罚没收入上缴财政，所需办案经费由财政核拨。

1999 年 2 月 8 日，省烟草专卖局向国家烟草专卖局上报《关于成立四川省烟草专卖局稽查大队的请示》，稽查大队为四川省烟草专卖局的直属执法机构，正处级单位，与专卖管理处合署办公。编制 10 人，设大队长 1 人，副大队长 2 人。所需人员从烟草行业内部调剂解决。

1999 年 7 月 11 日，国家烟草专卖局批复同意四川省成立烟草专卖稽查大队，其工作职责由国家烟草专卖局主管部门依据烟草专卖法规加以制订；省级局烟草专卖稽查大队与省级局专卖管理机构合署办公，在专卖管理机构原有人员的基础上，可按 5—8 人配备人员，但不列入机关正式人员编制。

1999 年 8 月 24 日，省烟草专卖局发出《关于成立四川省烟草专卖稽查总队的通知》，决定成立四川省烟草专卖稽查总队。四川省烟草专卖稽查总队与省局专卖管理处合署办公；稽查总队是行业内烟草专卖行政执法的具体办事机构，主要职责是：负责《中华人民共和国烟草专卖法》及其《实施条例》及有关法律、法规的贯彻实施，并对执行情况进行监督、检查；负责检查、监督烟草专卖品生产、流通和进出口企业及免税商店执行烟草专卖法律、法规的情况；查处违法、违规案件；依法保护烟草企业合法生产与经营，会同国家有关部门取缔非法烟厂和烟草专卖品自由交易市场，查禁假冒商标卷烟，打击非法倒卖和走私贩私烟草专卖品等违法活动；负责烟草专卖罚没款的管理工作；负责对下级专卖执法工作的检查和对各地烟草稽查大队、稽查队的业务指导；并有权调动各地烟草专卖稽查队伍；完成省烟草专卖局（公司）领导交办的其他工作任务。

稽查队在专卖管理处现有人员基础上，增加 8 人。增加的人员在省烟草专卖局（公司）机关内部调剂，不足部分从行业驻蓉单位抽调。从下属单位抽调的人员，不列入机关正式人员编制。

稽查总队办公经费在省烟草专卖局（公司）办公费中列支；办案经费在财政核拨的办案补助费中列支。稽查总队可单独设立账户。由省烟草专卖局（公司）财务处负责管理。开支由省烟草专卖局分管领导或稽查总队领导审批。

二、市（地、州）烟草专卖稽查大队

1999 年 5 月 14 日，省烟草专卖局发出《关于组建各市地州烟草专卖稽查大队有关问题的通知》，决定组建各市（地、州）烟草专卖稽查大队。各市（地、州）局下属的各县市区局是否组建烟草专

图4－4　市（州）烟草专卖稽查队伍

卖稽查队，由各市（地、州）局根据当地情况确定。各级烟草专卖稽查队伍均为临时性机构。各市（地、州）烟草专卖稽查大队原则上配8—12人，县市区局稽查队原则上配5—8人。各级专卖稽查队伍原则上以专职专卖管理人员为主，不足部分从烟草行业内部调剂解决。抽调到各级专卖稽查队伍工作的行业内人员的工资福利由原工作单位负责；行业外临时招聘人员及办案所需查账费用在财政核拨的罚没返还经费中列支，但必须征得当地财政和审计部门同意。各级烟草专卖稽查队伍隶属各级烟草专卖局领导，同时接受上级烟草专卖局的调遣。大队长、队长应由专职专卖管理干部兼任，并征得上级主管部门的同意。其主要职责是：依照烟草专卖法律规定，监督当地烟草专卖品的生产经营活动，检查本级行政区域内发生的违反烟草专卖法的案件，参与本地烟草“打假打私”工作，配合其他有关执法部门组织的重大行政执法工作，承办上级交办的其他执法事项。

1999年5月至2000年8月，四川省各市（州）先后成立烟草专卖稽查大队并陆续开展工作。2000年9月，四川省各市（州）及166个县成立烟草专卖稽查大队166个，支队21个，稽查人员2793人。2001年12月31日，全省28个专卖处（局、办）稽查人员总数达到5696人。2002—2005年，各市（州）专卖稽查人员变化情况，如表4－1所示。

2002年四川省烟草专卖稽查从业人员情况统计表

表4－1　　单位：人、千元

类别	专卖稽查队个数	专卖稽查从业人员合计	按来源分组			按用工期限分		专卖稽查人员劳动报酬		
			本单位派出职工	其他烟草企业分流人员	外聘人员	长期职工	临时职工		从工资总额中支配的劳动报酬	从其他渠道支付的劳动报酬
专卖部门小计	541	3996	996	33	2967	1029	2967	49931	25139	24792
1. 省局	—	—	—	—	—	—	—	0	—	—
2. 分（市）局	180	1578	289	33	1256	322	1256	21017	9314	11703
3. 县局	361	2418	707	—	1711	707	1711	28914	15825	13089

2003年四川省烟草专卖稽查从业人员情况统计表

表4－2　　　　　　　　　　　　　　　　　　　　　　单位：人、千元

单　位	专卖稽查队个数	专卖稽查从业人员合计	按来源分组			按用工期限分		专卖稽查人员劳动报酬		
			本单位派出职工	其他烟草企业分流人员	外聘人员	长期职工	临时职工		从工资总额中支配的劳动报酬	从其他渠道支付的劳动报酬
合　计	604	4130	1080	44	3006	1124	3006	71013	37869	33144
成都市烟草专卖局	63	521	81	23	417	104	417	16146	6471	9675
自贡市烟草专卖局	17	137	24	—	113	24	113	2562	1602	960
攀枝花市烟草专卖局	9	119	18	—	101	18	101	2042	476	1566
德阳市烟草专卖局	15	150	76	—	74	76	74	3132	2410	722
泸州市烟草专卖局	26	222	102	4	116	106	116	2522	1683	839
内江市烟草专卖局	38	302	45	—	257	45	257	5454	2580	2874
乐山市烟草专卖局	25	144	21	—	123	21	123	2797	1231	1566
绵阳市烟草专卖局	36	285	32	17	236	49	236	2858	964	1894
广元市烟草专卖局	44	195	43	—	152	43	152	2665	1635	1030
遂宁市烟草专卖局	17	156	18	—	138	18	138	2628	1008	1620
南充市烟草专卖局	51	298	87	—	211	87	211	3660	1995	1665
达州市烟草专卖局	35	248	83	—	165	83	165	3676	2712	964
宜宾市烟草专卖局	50	337	98	—	239	98	239	4463	2501	1962
雅安市烟草专卖局	18	110	20	—	90	20	90	1680	1002	678
凉山州烟草专卖局	28	233	75	—	158	75	158	3189	1890	1299
广安市烟草专卖局	29	169	55	—	114	55	114	2859	1833	1026
巴中市烟草专卖局	21	126	53	—	73	53	73	2328	1613	715
资阳市烟草专卖局	40	197	98	—	99	98	99	3663	2729	934
眉山市烟草专卖局	25	114	23	—	91	23	91	2018	1019	999
阿坝州烟草专卖局	15	36	14	—	22	14	22	125	125	—
甘孜州烟草专卖局	1	10	10	—	—	10	—	390	390	—
都江堰市烟草公司	1	21	4	—	17	4	17	156	—	156

2004年四川省烟草专卖稽查从业人员情况统计表

表4－3　　　　　　　　　　　　　　　　　　　　　　　　　　　　单位：人、千元

单　位	专卖稽查队个数	专卖稽查从业人员合计	按来源分组			按用工期限分		专卖稽查人员劳动报酬			专卖稽查劳务派遣人员	专卖稽查劳务派遣费用
			本单位派出职工	其他烟草企业分流人员	外聘人员	长期职工	临时职工		从工资总额中支配的劳动报酬	从其他渠道支付的劳动报酬		
合　计	480	1390	1073	19	298	1092	298	46691	43431	3260	2181	28797
成都市烟草专卖局	62	47	28	19	—	47	—	2190	2190	—	331	5951
自贡市烟草专卖局	17	25	25	—	—	25	—	1464	1464	—	100	1082
攀枝花市烟草专卖局	4	20	20	—	—	20	—	777	777	—	76	1680
德阳市烟草专卖局	11	71	71	—	—	71	—	2419	2419	—	64	692
泸州市烟草专卖局	18	91	81	—	10	81	10	1977	1933	44	105	927
内江市烟草专卖局	22	47	47	—	—	47	—	2441	2441	—	215	3212
乐山市烟草专卖局	15	24	24	—	—	24	—	1229	1229	—	101	1524
绵阳市烟草专卖局	16	40	40	—	—	40	—	1264	1264	—	236	3632
广元市烟草专卖局	28	63	63	—	—	63	—	2010	2010	—	67	674
遂宁市烟草专卖局	10	28	28	—	—	28	—	1680	1680	—	104	1196
南充市烟草专卖局	48	82	82	—	—	82	—	3797	3797	—	184	2051
达州市烟草专卖局	37	100	100	—	—	100	—	3806	3806	—	128	1413
宜宾市烟草专卖局	34	261	98	—	163	98	163	4807	3224	1583	—	—
雅安市烟草专卖局	18	23	23	—	—	23	—	1145	1145	—	80	794
凉山州烟草专卖局	18	53	53	—	—	53	—	2086	2086	—	132	1389
广安市烟草专卖局	26	46	42	—	4	42	4	2028	1980	48	96	632
巴中市烟草专卖局	16	116	54	—	62	54	62	2548	1887	661	—	—
资阳市烟草专卖局	22	93	91	—	2	91	2	2257	2239	18	70	763
眉山市烟草专卖局	31	22	22	—	—	22	—	943	943	—	92	1185
阿坝州烟草专卖局	15	51	32	—	19	32	19	2074	1800	274	—	—
甘孜州烟草专卖局	11	68	44	—	24	44	24	3184	2710	474	—	—
都江堰市烟草公司	1	19	5	—	14	5	14	565	407	158	—	—

说明：本表“专卖稽查从业人员合计”及“专卖稽查人员劳动报酬”与2003年、2005年统计表对照，除泸州市、宜宾市、广安市、巴中市、资阳市、阿坝州、甘孜州、都江堰市烟草专卖局外，其余市（州）无外聘人员及劳动报酬统计

2005年四川省烟草专卖稽查从业人员情况统计表

表4－4　　　　单位：人、千元

单位	专卖稽查队个数	专卖稽查从业人员合计	按来源分组			按用工期限分		专卖稽查人员劳动报酬	从工资总额中支配的劳动报酬	从其他渠道支付的劳动报酬	专卖稽查劳务派遣人员	专卖稽查劳务派遣费用
			本单位派出职工	其他烟草企业分流人员	外聘人员	长期职工	临时职工					
合　计	438	2930	1117	0	1813	2081	849	77941	52810	25131	1708	28852
成都市烟草专卖局	33	381	94	—	287	94	287	10326	5564	4762	287	6345
自贡市烟草专卖局	16	109	26	—	83	109	—	2707	1704	1003	83	1153
攀枝花市烟草专卖局	5	100	19	—	81	100	—	1885	741	1144	81	1402
德阳市烟草专卖局	16	119	73	—	46	119	—	3695	3115	580	46	699
泸州市烟草专卖局	16	157	63	—	94	157	—	3870	2645	1225	94	1667
内江市烟草专卖局	16	149	55	—	94	149	—	4330	3009	1321	94	1883
乐山市烟草专卖局	20	121	32	—	89	121	—	2949	1829	1120	89	1356
绵阳市烟草专卖局	16	122	26	—	96	122	—	2643	1346	1297	96	1676
广元市烟草专卖局	26	104	42	—	62	104	—	3036	2239	797	62	824
遂宁市烟草专卖局	10	122	36	—	86	36	86	3835	2486	1349	91	1497
南充市烟草专卖局	35	189	107	—	82	107	82	5093	4190	903	82	977
达州市烟草专卖局	36	172	112	—	60	112	60	5185	4067	1118	60	748
宜宾市烟草专卖局	34	204	94	—	110	204	—	5034	3887	1147	—	—
雅安市烟草专卖局	18	104	24	—	80	24	80	2032	1430	602	80	723
凉山州烟草专卖局	18	201	51	0	150	201	0	5018	2773	2245	150	2711
广安市烟草专卖局	20	139	49	—	90	49	90	3287	1719	1568	90	1598
巴中市烟草专卖局	18	104	61	—	43	61	43	2917	2191	726	43	751
资阳市烟草专卖局	25	134	90	—	44	134	—	4208	3687	521	44	762
眉山市烟草专卖局	32	107	23	—	84	23	84	2393	1427	966	84	1216
阿坝州烟草专卖局	14	23	8	—	15	23	—	670	461	209	15	260
甘孜州烟草专卖局	11	48	28	—	20	28	20	2348	1988	360	20	420
都江堰市烟草专卖局	3	21	4	—	17	4	17	480	312	168	17	184

第三节 专卖执法队伍建设

一、统一队伍执法标志

1999年3月23日，国家烟草专卖局下发《关于统一烟草专卖行政执法标志和工作服有关问题的通知》，规定烟草专卖执法标志（含帽徽、肩章、领花、臂章、胸章、纽扣）由国家烟草专卖局统一设计、统一制作、统一发放、统一开支。烟草专卖行政执法标志的佩戴的范围为：各级烟草专卖行政管理机关的一线烟草专卖行政执法人员。四川省烟草专卖局立即转发各地贯彻执行。1999年12月16日，省烟草专卖局转发国家烟草专卖局《烟草专卖行政执法标志使用管理规定》指出：经考核合格取得烟草专卖行政执法资格和行政执法证件的人员，方可佩戴国家烟草专卖行政执法标志。烟草专卖行政执法人员执行公务时，应当佩戴行政执法标志。各级烟草专卖行政管理部门应指定专职人员对烟草专卖行政执法人员正确佩戴行政执法标志进行监督检查。上级烟草专卖行政管理部门有权对下级烟草专卖行政管理部门佩戴行政执法标志的情况进行监督检查。对违反规定佩戴行政执法标志的烟草专卖行政执法人员，应当责令其及时予以纠正；对屡犯不改的，视情节给予警告记过等行政处分；对情节严重拒不改正的，撤销其行政执法资格，并责令其调离行政执法工作岗位。受行政处分的烟草专卖行政执法人员不服处分的，可以向本行政部门领导或上一级烟草专卖行政管理部门进行申诉。经本行政部门领导或上一级烟草专卖行政管理部门审查，确属处分错误的应当予以纠正；处分无误的应当维持原处分决定。对违反本规定擅自制作、仿冒烟草专卖行政执法标志的，或者非烟草专卖行政执法人员擅自佩戴烟草专卖行政执法标志的，国家烟草专卖局将依法追究其法律责任。

全省烟草专卖执法人员从2000年1月1日开始统一着装，第一批着装人数为1102人，随后又增加98人，共1200人。第二批着装人数为4900人。2001年9月，随着卷烟销售网络建设和“户籍化”管理工作的加强，各单位进一步调整和落实专卖稽查队伍，至12月底，稽查着装总人数达到5696人，为第三批着装。着装工作也至此告一段落。2003年，国务院着装整顿办公室要求取消大盖帽，制发新的执法工作服装。2004年1月，根据财政部、监察部、国务院纠风办关于处理违规制式服装的有关精神，按国家烟草专卖局做好整顿统一着装工作的实施方案，收缴封存烟草专卖行政执法人员工作服装。收缴封存的工作服装，用于救灾。2005年5月，国家烟草专卖局要求烟草专卖执法人员在依法执行公务时，应佩带烟草专卖执法徽章，全省将国家烟草专卖局制作的烟草专卖执法徽章配发给各市（州）执法人员。

二、建立行政执法责任制

1997年6月30日，四川省烟草专卖局制发《部门执法责任制实施办法（试行）》，明确部门执法责任、执法监督、首长责任、考核办法等。该实施办法同时明确了局长执法责任、副局长执法责任、专卖管理处执法责任。

1999年5月12日，省烟草专卖局依法与四川省甘孜州政府签订《烟草专卖管理执法授权协议书》。由四川省烟草专卖局授权甘孜州政府行使部分烟草专卖管理执法权。甘孜州政府指定甘孜州贸易局承担烟草专卖管理执法职能。凡发生在甘孜州行政辖区内违反《烟草专卖法》的案件，由甘孜州烟草专卖局依法进行监督、检查和处罚；负责全州范围内的烟草专卖零售许可证的审核、发放和管理；甘孜州烟草专卖局凭省烟草专卖局颁发的统一证件行使监督、检查、处罚权。

省烟草专卖局专卖管理处（稽查总队）是负责贯彻实施《中华人民共和国烟草专卖法》及其实施条例，并依法对烟草专卖品实行专卖管理的职能部门。2001 年 1 月，省烟草专卖局制定并实施了专卖管理处（稽查总队）工作职能职责，主要职责是：负责《中华人民共和国烟草专卖法》及其实施条例、有关法律、法规的贯彻实施，并对其执行情况实行监督、检查；负责对烟草专卖品的生产、流通、经营和进出口等执行烟草专卖法规、条例情况进行检查、监督，查处违法、违规案件；依法保护烟草企业的合法生产与经营，关停计划外烟厂，会同地方有关部门取缔地下烟厂，配合有关部门，查禁假冒商标卷烟，打击非法倒卖和各种烟草专卖品的走私贩私等违法活动，纠正违章行为，查处违法案件；负责专卖管理的法律、法规的宣传、咨询、协助做好专卖管理干部的培训，换发专卖管理人员的检查证件，负责对大案、要案的审议，监督、审核检查行业内部执行专卖法律、法规情况；负责实施烟草专卖品的生产、批发、零售许可证、特种许可证、运输准运证等制度，承担证件发放、检查等管理工作；依照有关规定，对各种罚没单据、规费、罚没物品、罚没款及办案工具器材的管理工作；组织协调烟草专卖综合调研工作，负责编发烟草专卖管理工作信息、动态、总结推广典型经验，负责省烟草专卖局派驻烟厂的专卖管理机构的管理和业务指导工作；负责对全省烟草行业专卖执行工作的检查和对全省烟草行业稽查支队、稽查大队的业务指导，在紧急情况下调动各地烟草专卖稽查队伍实施案件查处、组织市场检查，开展有关专卖管理工作，负责烟草专卖罚没款的管理工作；对各市（州）烟草专卖管理部门负责人的任免提出建议；负责本部门文件材料的收集、整理、立卷、归档工作，做好本部门各类统计报表的报送和管理工作。

三、制定行政执法规程

1988 年 5 月 11 日，国家烟草专卖局印发《烟草专卖管理机关查处违章案件程序（暂行）》，规定了管辖、立案、检查、调查取证、案件处理、结案归档、办案纪律等行政执法程序。明确各级烟草专卖局对烟草生产经营活动中有违章、违法行为的单位和个人有权依法进行检查和处理，任何单位及个人不得干预；查处违章、违法案件要重证据，重调查研究，不轻信口供；结案处理做到事实清楚，证据确凿，处理恰当，手续完备；各级烟草专卖局负责检查处理本辖区所发生的违章案件，情况复杂的大案要案，必要时由国家烟草专卖局组织有关省（区、市）联合检查处理；涉及两个地区以上的案件，原则上由先查获地的烟草专卖局处理；如发生管辖争议，由争议双方协商解决；协商解决不了的，报告共同的上级烟草专卖局指定管辖，上级烟草专卖局有权指定下级烟草专卖局查处案件。

非法经营额在 5 万元以上的，非法牟利数额在 5000 元以上的案件，情节严重及在本辖区有重大影响的案件，必须在立案后 5 日内，报省级烟草专卖局备案；非法经营额在 10 万元以上，或者非法获利在 2 万元以上的案件或情节特别严重的案件为大案、要案。对大案、要案必须在立案后 5 日内由立案单位报省级烟草专卖局同时报国家烟草专卖局备案；已经立案的案件，必须彻底查清处理，不得随意终止、撤销，需要终止和撤销的，要写出说明材料和撤销报告，经原批准立案单位批准。

执行烟草专卖检查的各级烟草专卖局工作人员，须佩戴国家烟草专卖局制发的标志并持有省级以上烟草专卖局核发的检查证。检查人员应在规定地区内，对有关单位和个人进行烟草专卖监督、检查、询问。

违章人员交付的保存、寄存的违法财物，烟草专卖局可派两名以上人员会同必要的见证人，造册登记，并签字盖章。对违章单位和个人的财物需要暂时冻结、留存或查封时，应填写《冻结（查封）通知书》，由县级烟草专卖局批准，按有关规定办理。冻结（查封）违章单位和个人的财物应从严掌握。冻结（查封）期限不得超过两个月，需要延长期限的，必须另办手续；扣留财物时，必须有两名以上检查人员进行，与案件当事人当面点清，开具暂扣收据，由承办人和被扣人分别签名或盖章。如当事人拒绝签名的，应当扣留单上注明理由，并由两名以上检查人员签名或盖章。

处罚金额（不包括没收非法所得部分）在3000元以上的，应报地（市）级烟草专卖局审批；2万元以上的应报省级烟草专卖局审批。处罚金额超过5万元的，应在批准后10日内报国家烟草专卖局备案。

定案处理的案件，要填写《案件处理审批表》，按规定的权限审查批准后，由办理案件的烟草专卖局做出处理决定书，在10日内送达被处罚的单位或个人。处理决定书主送当事人，抄送有关单位，同时抄报上级烟草专卖局存查；被处理的单位或个人，如对处理决定不服，可在接到处理决定书之日起15日内向下达处理决定书的上级烟草专卖局提出书面申诉，逾期则处理决定发生效力。案件处理机关在接到申诉书后，应认真进行审查，在一个月内做出复议决定送达申诉单位或个人，该复议决定为终审决定，一经送达，即发生效力。下级烟草专卖局对上级烟草专卖局的复议决定要遵照执行，不得借故推脱或顶着不办，其单位和个人不得阻扰；上级烟草专卖局对下级烟草专卖局已经发生效力的处理决定和复议决定，如果发现确有错误，有权调卷审查或指令下级烟草专卖局纠正；违反烟草专卖法规，同时又违反其他有关法律、法规的案件，应根据其主要性质，与有关部门协商处理；案件涉及管辖区外的违章单位或个人，当地烟草专卖局无法处理的，应通知其所在地区的同级烟草专卖局协助处理，其所在地烟草专卖局应积极配合查处，不得推诿责任；所有立案查处的案件，在案件处理完毕后，都必须将所有材料清理存档。

1989年10月24日，省烟草专卖局根据国务院和国家烟草专卖局有关文件的规定，统一制发《四川省烟草专卖管理机关办案程序文书格式（一）》。从1990年1月1日起，全省各级烟草专卖机关查处违章案件均严格按此办理，做到一案一卷，装卷立档。

1993年4月12日，省政府发出《关于进一步加强烟草专卖管理的通知》。省政府责成省烟草专卖局和省法制局对执行《烟草专卖法》的情况实施监督检查。

2001年1月，省烟草专卖局为提高工作质量和办事效率，充分发挥专卖管理处（稽查总队）的职能作用，制定并实施专卖管理处（稽查总队）办事规程。具体是：对国家烟草专卖局下发的通知、指示、意见，统一由内勤整理上夹后，先送处长阅，然后转送副处长和各位干部阅，主办人员提出处理意见，处务会研究后实施；对各市（州）烟草专卖局请示的问题，一般由主办人员按有关政策规定处理，重大问题由主办人员提出意见，处长审查后或处办公会研究实施；需要请示分管领导的问题，一般要按规定格式写出呈批件，重要电话记录要写出报告，处领导审定签字，承办人落实，个别不便于书面呈报、呈批的问题，由处领导及有关人员研究后向分管领导口头汇报；需要省烟草专卖局（公司）领导和有关处室了解的情况，由主办人员按规定编写《专卖工作简报》；需要省烟草专卖局（公司）办公会讨论的问题，由主办人员分管副处长提出意见，处长审定后提交讨论；所有工作任务都必须抓紧时间办理，按规定时限完成。

四、普法学习与执法素质培训

1990 年，省烟草专卖局制定并下发《“二五”普法通知》，明确提出烟草行业的普法重点是学习、宣传《烟草专卖法》，规定了具体的方法、步骤、目标。成立“二五”普法工作领导小组，明确专职干部专门负责法规工作。全省市（地、州）和各烟厂相继成立普法领导小组，指定专门人员和办事机构。各级都制定计划，落实保障措施，把《烟草专卖法》的学习宣传作为“二五”普法工作的主要内容，作为行业的大事来抓。

1990—1995 年，省、市（地、州）烟草专卖局每年都举办两期以上的普法培训班，或普遍学习，或结合难点、实际案例深入研讨。省烟草专卖局举办的大型培训班达 12 个，参训人员达 1590 人次，专卖管理干部参训率达 100%。专卖管理人员系统学习专卖法律规定，绝大多数专卖管理干部会宣讲、会运用。全省先后选派 21 名年轻专卖管理干部到中国政法大学、西南政法大学、四川省政法干部管理学院深造，有的还参加大学的函授大专班，都取得大专以上学历。1993 年，省烟草专卖局与中共四川省委党校联合举办烟草专卖法律大专班，全省 43 名基层专卖干部经过入学考试，经过两年的学习全部毕业，成为全省专卖执法的骨干力量。

1992 年，全省逐步推行专卖执法目标责任制，所有专卖管理业务都明确具体地规定出目标、任务，并将责任分解到各类专卖管理人员，明确奖惩措施。各单位将其列入考核目标，年终考评，奖惩兑现。按国家烟草专卖局规定，省和各市（地、州）局都成立了行政复议委员会，有固定人员，建立专门制度，认真履行责任。1992 年，省局复议委员会就受理 13 件复议申请，维持 8 起，发回重新处理 5 起，及时纠正不合法、不适当的专卖处罚行为。同时，省烟草专卖局和各市（地、州）烟草专卖局每年进行一次执法大检查，自查与抽查相结合，统一检查与交叉检查相结合，对烟草生产经营企业的问题及时纠正，或向全省通报或予以处分。执法检查已在全省形成制度，成为专卖执法监督的一种有效措施。

1990—1995 年，全省共查处违反《烟草专卖法》的案例 5.27 万起，收缴违法经营的卷烟 89.85 万件以及其他大量的烟草专卖品，罚没收入 4169 万元，行政复议案件逐年减少，行政诉讼案件 12 起，烟草专卖部门全部胜诉。省烟草专卖局组织 5 期县局（公司）领导干部培训班，邀请法律工作者上课，联系实际检查贯彻落实《烟草专卖法》的情况。各级局领导都参加当地政府举办的法律知识讲座或短期学习。省局每年与各生产经营企业订立目标任务，将学习法律遵守专卖法作为对各分公司烟厂的工作考核目标之一，并实行一票否决制。凡出现重大违法问题，取消对领导班子的目标奖励。各基层单位普遍建立法制学习制度，重视以内部违法案例对职工进行教育。在全省烟草系统内组织法律知识竞赛共 45 次，有的向社会上作了电视直播；组织职工收听电台、收看电视法制宣传节目或法律知识讲座；有的生产企业利用内部闭路电视系统播放《烟草专卖法》和专卖执法的电视剧；全省组织两次法制宣传文艺巡回演出。

1996 年，国家烟草专卖局召开《全国烟草行业“二五”普法表彰暨“三五”普法部署工作会议》，省烟草专卖局专卖管理处作为“二五”普法教育的先进单位之一，在会上作经验交流。

1996 年 10 月 18 日，省烟草专卖局根据中共中央、国务院《关于在公民中开展法制宣传教育第三个五年规划》和国家烟草专卖局《关于全国烟草行业的“三五”普法规划》，结合四川省烟草系统实际，制定《四川省烟草系统开展法制宣传教育的第三个五年（1995—2000）规划》。将法制宣传教育纳入各单位的工作计划，实行目标管理，建立工作责任制。所有领导干部、行政执法人员、企业经营管理人员都实行“普法学分制”和考试发证制。

1998 年 11 月，省烟草专卖局分别在都江堰和广安地区举办为期 1 周的专卖执法干部培训班，系统学习《烟草专卖法》《实施条例》和国家局 1、2、3 号令，邀请专家和有关人员讲课，结合培训，进行案例分析。12 月上旬，省烟草专卖局（公司）还安排人员参加省法制办举办的省级机关法律知识培训班。

2001 年，按照国家烟草专卖局建立健全专卖稽查队伍，实现规范化办案、正规化管理的目标要求，四川省烟草专卖局开展专卖稽查队伍“素质年”教育活动，下发《关于在全省开展稽查队伍“素质年”活动的通知》。3 月，省烟草专卖局首先培训市（州）烟草专卖副局长、专卖科长；4 月 13 日至 7 月 12 日，省烟草专卖局专卖处、法规处分别在各市（州）举办 18 期培训班，对 2012 名专卖稽查人员进行培训。培训以《烟草专卖法》《实施条例》《中华人民共和国行政诉讼法》《中华人民共和国行政复议法》《中华人民共和国行政处罚法》等为主要内容，结合现场参观，使理论学习与实际操作密切联系起来，提高了培训效果。广安市烟草专卖局在稽查中队长中进行模拟培训，丰富了教育内容；攀枝花、遂宁、乐山、资阳、德阳等市局对稽查队员进行二次培训，巩固了教育成果。为配合培训活动的开展，省烟草专卖局下发《四川省烟草专卖管理队伍制度汇编》，稽查队员人手一册。主要有烟草专卖稽查队伍管理制度，专卖稽查队伍学习制度，专卖执法证件办理，使用管理办法，专卖稽查人员岗位职责，烟草专卖稽查队伍廉洁自律规定等。通过这些制度和规定的建立，解决专卖执法中办案不统一、程序不规范问题；经过多环节、多形式地对专卖稽查人员的培训，受培训面达到 100%。

2002 年，为了管理好队伍，确保专卖人员依法行政，文明执法，4 月份全省 132 人参加国家烟草专卖局统一组织的法律法规考试；5 月份组织 3418 人参加专卖执法考试；各市（州）烟草专卖局按照制度要求制定具体办法，提高办案质量。成都市烟草专卖局建立统一的《罚没台账登记制度》，使罚没财物管理更加规范；凉山州烟草专卖局专卖人员多次拒请吃、送礼，不断严明纪律。

2003 年 2 月，省烟草专卖局下发《关于整顿规范专卖执法行为的通知》，重点检查和整顿执法资格，越权执法，不按程序执法，不文明执法，错案追究等行为。10 月 15—28 日，先后抽查成都、绵阳、德阳、内江、宜宾、南充、乐山、眉山、攀枝花市局的稽查队伍执法情况，写出检查报告。结合这次检查和整顿，成都、绵阳、攀枝花、达州、南充、乐山、资阳、广安等市烟草专卖局制定出专卖人员办案程序规定，规范执法行为，提高办案质量。

2004 年上半年，省烟草专卖局制定《四川省烟草专卖局文明执法活动实施计划》，下发《关于规范烟草专卖执法行为的纪律规定》，各市（州）烟草专卖局普遍开展专卖执法人员学习培训，系统地学习《中华人民共和国行政许可法》《中华人民共和国行政处罚法》《烟草专卖文明执法行为规范》。7—8 月，各市（州）烟草专卖局对所属单位文明执法情况进行全面自查，发现问题及时整改。11 月

图 4－5　2004 年 6 月，四川省烟草专卖局与成都铁路公安局联合举办行政执法学习培训班

15—21 日，省烟草专卖局组成 8 个检查组对 21 个市（州）烟草专卖局进行全面检查。通过文明执法工作的开展，将过去单一的管理转变为管理与服务相结合，使专卖执法形象明显改善，执法水平大为提高。

2005 年，省烟草专卖局突出地抓好稽查队伍的考核和督导，向规范化要高效率。对持证经营率、合法渠道进货率、无假冒走私卷烟等指标，细化奖惩标准，充分调动专卖管理人员的积极性和主动性。成立专卖工作督导小组，上级单位督导下级单位，同级单位交叉督导，采取暗访形式走市场、跑线路，准确掌握市场专卖管理的真实情况。同时，年中全省分两片区培训，对专卖副局长、科长进行考试，成绩上网公布。成都市烟草专卖局还组织为期 3 个月的封闭式培训，采取有针对性的模拟情景执法考试形式，有效地锻炼了稽查队伍的实际执法能力。

第二章　专卖职能管理

第一节　行政许可

一、许可证管理

1988 年 5 月，国家烟草专卖局决定在全国进行自实行烟草行业行政许可管理制度以来第一次换发烟草专卖许可证工作，并同步开展对专卖许可证的全面清理、整顿和检查。9 月 1 日，四川省烟草专卖局发出《关于换发烟草专卖许可证的通知》，将国家烟草专卖局统一印制的专卖许可证分发到各级烟草专卖机构。9 月 27 日，省烟草专卖局发出《关于换发、增发烟草专卖许可证具体事项的通知》，对四川省换发、增发烟草专卖许可证的具体事项作出规定。换发、增发专卖许可证的种类及发放范围：

烟草专卖生产许可证发给经国家批准的卷烟厂、雪茄烟厂，省烟草公司确定的烟叶复烤厂、鼻烟厂。

烟草专卖收购许可证（包括委托代购、临时收购）发给烟草公司系统的烟叶收购站（包括收购点）；烟草公司委托经营烟叶收购业务的供销合作社，其中季节性的收购点，发给临时收购许可证。

烟草专卖调拨许可证发给烟叶产地县烟草公司，经批准经营烟叶业务的烟草分公司，省烟叶购销公司，经营调拨业务的烟叶复烤厂；卷烟、雪茄烟调拨许可证发给各烟草分公司，卷烟、雪茄烟调拨站。

烟草专卖批发许可证发给烟草公司系统各县级烟草公司及所属批发企业，经过批准兼营当地批发业务的部分烟草分公司或直属批发企业；烟草专卖委托代批发许可证发给烟草公司委托经营批发业务的国营商业和供销合作社，甘孜州、阿坝州所属县级民贸公司。

烟草专卖特种批发许可证发给经营寄售进口烟及侨汇烟、旅游烟批发业务的烟草公司企业。

烟草专卖特种零售许可证发给经营进口卷烟、雪茄烟零售业务的宾馆、招待所、饭店、友谊商店及旅游点等企业。

烟草专卖零售许可证发给经营卷烟、雪茄零售业务的国营、集体企业和个体经商户。

烟草专卖临时零售许可证发给原有许可证，但有违章行为，持有上级主管部门或街道办事处（村民委员会）证明并出具保证书的国营、集体企业和个体经商户。

烟草专卖生产许可证经省烟草专卖局审核，由国家烟草专卖局换发。

1989 年 12 月，根据国家烟草专卖局关于实行烟草专卖年度检查的通知精神，省烟草专卖局发出《关于对烟草生产企业进行烟草专卖年检的通知》，对全省 1989 年度各卷烟厂、雪茄烟厂、烟叶复烤厂和其他领取烟草专卖生产许可证的企业的烟草专卖年检事宜作出安排：各卷烟厂、雪茄烟厂、烟叶复烤厂、鼻烟厂的专卖年检工作由省烟草专卖局负责；生产企业按照《烟草专卖许可证年检报告书》所规定的项目逐项进行自查，填写后由企业负责人签字，并盖企业印章，送交当地市（地、州）专卖局签署意见后，连同烟草专卖许可证副本送交省烟草专卖局；省烟草专卖局采取有关职能部门会审办法，企业需将《烟草专卖许可证年检会审表》送交省烟草专卖局有关职能部门签署意见，局办公室审核，报局领导批准后，由省烟草专卖局在烟草专卖许可证副本上加盖专卖年检专用章；企业需按规定交纳专卖年检费；对由省烟草专卖局负责年检的各烟草分公司、省烟叶购销公司也采取有关职能部门会审办法进行年检。至1991年5月，全省共发放各类许可证31.97万个。其中卷烟批发许可证2031个，卷烟零售许可证31.44万个，卷烟调拨许可证27个，烟叶收购（含临时收购）许可证3167个，烟叶调拨许可证65个。

1992年，国家烟草专卖局下发《关于换发烟草专卖生产企业许可证的通知》，开展第二次全面换发专卖许可证工作。要求在当年3—5月，对全国从事烟草专卖品生产的企业再次核发烟草专卖生产企业许可证。

1993年11月，国家烟草专卖局发布《公告》，依法对四川省享有跨省经营卷烟、雪茄烟批发业务经营权的企业重新核发《烟草专卖批发许可证》，正式向社会公告。

1997年1月，国家烟草专卖局发出《关于换发烟草专卖生产企业许可证的通知》，规定在全国范围内换发卷烟厂、雪茄烟厂、烟叶复烤厂、卷烟材料配套厂生产企业许可证，并规定四川的换证时间为5月1—15日。3月，省烟草专卖局发出《关于换发烟草专卖生产企业许可证的通知》，要求凡持有国家烟草专卖局发放的烟草专卖生产企业许可证的企业，应认真填写《换发烟草专卖生产企业许可证申请表》，报省烟草专卖局审核后，由省烟草专卖局统一集中到国家烟草专卖局办理换证手续。7月，国务院颁布《中华人民共和国烟草专卖法实施条例》，再次明确国家对烟草产销进出口实行行政许可制及行政许可范围，并将专卖许可证的种类规范为烟草专卖生产企业许可证、烟草专卖批发企业许可证、烟草专卖零售许可证和特种烟草专卖经营企业许可证。《实施条例》颁布后，国家烟草专卖局重新制定《烟草专卖许可证管理办法》，规范烟草专卖许可证种类、申领条件、审核程序、发放权限；重申烟草专卖许可证式样由国家烟草专卖局统一制定以及实行烟草专卖许可证年检制度。

1998年9月，国家烟草专卖局部署第三次全国换发烟草专卖许可证的工作，下发《关于换发烟草专卖许可证的通知》，详细规定了换发原则。10月，省烟草专卖局发出《关于换发烟草专卖许可证的通知》，规定换发的许可证共12种：跨省经营卷烟的烟草专卖批发许可证；省内经营卷烟的烟草专卖批发许可证；委托经营卷烟的烟草专卖批发许可证；经营烟用丝束、滤嘴棒、卷烟纸、烟叶的批发许可证；烟草专卖零售许可证；特别烟草专卖（批发）许可证；处罚走私烟（批发）许可证；特种烟草专卖（零售）许可证；处罚走私烟（零售）许可证。全省换证时间为11月1日至12月下旬。12月9日，汇总全省经审查合格的烟草经营企业准予换发新证，共计省、市（地）分公司22个，县公司67个；有跨省经营权的烟厂调拨站5个，有特种经营权的企业2家，有处理罚没烟类经营权企业22家，符合国家烟草专卖局换证原则第一条的企业22家。

2000年，为将专卖管理工作和市场服务的工作做到城乡零售摊点，对持有烟草专卖零售许可证的经营户实行“户籍式”管理，对零售户建立档案资料，并完善和落实户籍式管理的制度。11月，国家烟草专卖局发出《关于对烟草专卖证件实行公告制度的通知》，决定建立国家烟草专卖局和省级局两级烟草专卖证件公告制度。12 月，省烟草专卖局决定从 2001 年开始分期分批在《四川日报》上公告需在全省范围内周知的烟草专卖证件事项。

2001 年 4 月，为适应卷烟市场管理特种烟草经营的新情况，省烟草专卖局下发《关于加强进口卷烟专卖管理的通知》，理顺外烟的调拨、供货渠道，使分公司系统成为外烟销售的主渠道。全省办理特种烟草专卖经营企业许可证（零售）117 个。同时，针对卷烟零售经营户增加的情况，加强“户籍化”管理工作，先后补发零售许可证 3. 9 万个，持证经营户近 30 万户。及时办理新增、变更和注销许可证手续，规范系统内各种许可证管理。全省共办理烟草专卖批发企业许可证 1133 个，并清理工业企业烟叶加工业生产许可证。解决了卷烟流通体制改革中成都、雅安、自贡等分公司取消区县公司法人资格，成立卷烟配送中心批发企业许可证的发放问题。

2004 年 4 月，按照国家烟草专卖局《关于换发 2003 版烟草专卖许可证的通知》精神，全省开展卷烟零售许可证的换发工作。省烟草专卖局向各市（州）烟草专卖局下发了通知，周密部署。各市（州）烟草专卖局成立组织机构由专人负责，开展专业培训，以保许可证换证工作顺利进行。全省共换发和新办理国发证 67 个，省发证 713 个，零售许可证 27. 2 万个。

二、准运证管理

1986 年 6 月，国家烟草专卖局与国家工商行政管理局、国家物价局联合印发《关于加强卷烟市场管理的通知》，强调凡国家调拨计划内卷烟的运输，必须持有中国烟草公司监章的合同和准运证明，调拨计划外卷烟的省际运输，必须持有国家烟草专卖局或省级专卖局的准运证明。1990 年 3 月，国家烟草专卖局印发《烟草准运证使用管理办法》《关于使用统一规格样式的烟草准运证及专用图章的通知》，对烟草准运证的规格样式、准运范围、开具权限、办事程序、有效期限、行政罚则等作统一规定。

1988 年 10 月，省烟草专卖局对烟草专卖品的运输管理作出规定，13 种名牌卷烟的经营、运输继续执行专卖许可证、准运证制度，经营者必须持有烟草专卖许可证。省际的运输，须有省级以上烟草专卖局开具的准运证明，省内运输凭烟草公司调拨单或进货发票等手续。零售单位和个体商贩，在规定地区和范围内进行业务活动。

1989 年 7 月，省烟草专卖局发出《关于改进（烟草专卖准运证）管理的通知》，对准运证管理作出新的规定。办理烟草专卖准运证的工作，由省烟草公司储运处移交省烟草专卖局办公室管理。凡向省外调运烟草专卖品和管理品，依照程序向省烟草专卖局办理“烟草专卖准运证”。省烟草专卖局委托万县、达县、涪陵、黔江、德阳、泸州、广元、宜宾地区（市）烟草专卖局审核办理本地区调省外计划内烟叶（包括卷烟、晾晒烟）准运证，省内运输专卖品和管理品仍凭烟草系统开具的提货单或发票。

1989 年 9 月 6 日，省烟草专卖局向全国各省、自治区、直辖市烟草专卖局发出《关于实行烟草专卖品准进证办法的通知》，决定四川从即日起启用“烟草专卖品准进证”和“四川省烟草专卖局准进证专用章”。四川省各烟草企业，凡在全国订货会议签订合同之外，从省外调进烟草专卖品，须持盖有“四川省烟草专卖局准进证专用章”的“烟草专卖品准进证”。省烟草专卖局要求供货单位按四川省“准进证”核定数量供货，并要求调出省专卖局据此核发“准运证”。“准运证”和“准进证”随货同行，运输途中检查，品种以调出省烟草专卖局的“准运证”为准，数量以四川省“准进证”为准。

1990 年 5 月，省烟草专卖局在《关于贯彻国家烟草专卖局〈烟草准运证使用管理办法〉有关事项的通知》中，对四川省有关烟草准运证使用事宜作出规定：凡向省外调入、调出烟草专卖品和烟草管理品，依照程序向省烟草专卖局申请办理“烟草准运证”。省烟草专卖局委托万县、达县、涪陵、黔江、德阳、泸州、广元、宜宾地区（市）烟草专卖局，代省烟草专卖局审核省下达的调省外计划内烟叶（包括烤烟、晾晒烟）准运证。根据国家烟草专卖局规定，自 1990 年 6 月 1 日起，在全国范围内使用统一规格样式的烟草准运证及专用图章，新烟草准运证分“调”“进”“出”“特”4 种。四川省从 1990 年 6 月 1 日起启用新“烟草准运证”和“四川省烟草专卖局准运专用章（45 毫米）”。

1994 年 6 月，省烟草专卖局发出《关于进一步加强烟草专卖品准运证使用管理有关事项的通知》，根据《烟草专卖法》有关规定和国家烟草专卖局制定的《烟草准运证使用管理办法》的规定，对四川省申报、办理烟草专卖品准运证的有关事项作出规定：烟草专卖品省际运输，须持有中国烟草总公司主管业务部门的监章合同，并同时持有调出省的省级烟草专卖局开具的准运证；无监章合同的，应持有调入、调出双方省级烟草专卖局开具的准运证；调入、调出双方应持有国家烟草专卖局颁发的烟草专卖许可证。凡由省外调入、向省外调出烟草专卖品，依照程序向省烟草专卖局申办准运证，同时填写“办理烟草专卖品准运证申报表”，并附购、销合同复印件，申报单位除盖公章外，需经单位负责人签字，经办人需出示身份证、工作证或介绍信，严禁代办准运证。准运证超过期限、涂改准运证、使用准运证复印件的为无效，并按无证运输处理。10 月 13 日，省烟草专卖局为加强四川省烟叶调拨管理，由省烟草专卖局统一办理烟叶出省准运证。原委托万县、达川、涪陵、黔江、德阳、泸州、巴中、广元、宜宾地（市）烟草专卖局发放权收回省烟草专卖局。

1998 年 2 月、2000 年 7 月、2000 年 12 月，国家烟草专卖局先后分别下发《关于委托办理烟草专卖品准运证的通知》《关于加强授权签发烟草专卖品准运证管理的通知》《关于委托开具卷烟准运证的通知》等文件，对授权委托签发准运证进行调整和规范，统一授权委托书，规定委托条件、授权程序、开具权限、办理要求等。同期，国家烟草专卖局还就新版准运证的启用，实行计算机网络签发的和管理准运证等问题下发有关文件，提出新的规定和管理措施。

2000 年 7 月，省烟草专卖局转发国家局《关于启用新版准运证的通知》，新版（2000 版）只适用于跨省、自治区、直辖市的烟叶运输，其他烟草专卖品的运输和省、自治区、直辖市内的烟叶运输，仍使用 98 版准运证。12 月，省烟草专卖局发出《关于卷烟准运证计算机网络化管理的通知》，四川省于 2001 年 1 月 1 日零时起，对跨省运输卷烟（含雪茄烟，下同）正式启用 2000 版准运证，并对有关事项作出规定：自 2000 年 1 月 1 日起，省烟草专卖局授权宜宾、泸州、达州、攀枝花、南充、广元、凉山等 7 个地（市）州烟草专卖局通过计算机网络办理跨省运输卷烟准运证。其中，宜宾、泸州、达州、攀枝花 4 市烟草专卖局分别办理本辖区内的跨省运输卷烟准运证：南充市烟草专卖局办理南充市及广安市辖区内跨省运输卷烟准运证；凉山州烟草专卖局办理凉山州及西昌卷烟厂跨省运输卷烟准运证，其余各市（地、州）烟草专卖局跨省运输卷烟准运证全部到省烟草专卖局办理。

2001 年 1 月 1 日起，四川省正式启用新的烟草专卖品准运专用章。经国家烟草专卖局审查同意，2001 年授权凉山州等 8 个州、市烟草专卖局代省烟草专卖局签发跨省运输烟叶、卷烟准运证，主管专卖工作的局领导与各被授权单位签订《授权委托书》。同年9月，实现全省跨省运输烟草专卖品通过国家烟草专卖局计算机网络管理系统办理准运证。全省共办理跨省卷烟准运证1365个，调出卷烟8.23万箱；跨省运输烟叶准运证2057个，调出烟叶83.12万担；跨省运输烟草物资准运证58个，调出烟草物资1052吨，无一差错。

第二节 专卖行政执法

一、市场监管

按《实施条例》及其《烟草专卖法条例施行细则》规定，各级烟草专卖局、工商行政、物价、税务、银行、交通运输、邮电、公安、海关等部门有权对烟草专卖实施监督检查。国家烟草专卖局及所属各级烟草专卖局有权对烟草专卖进行全面的行政管理。烟草专卖检查人员有权在规定的地区内对有关单位、个人进行烟草专卖监督检查（包括询问案情、清查可疑物品及往来账目凭证等），工商行政、物价、税务、银行、交通运输、邮电、公安、海关等部门应当配合烟草专卖局共同做好烟草专卖的管理、检查和监督工作。烟草专卖行政执法主要有以下方式：罚款、没收违法物品及非法所得、吊销营业执照、取消银行账户、责令停止批发、注销烟草专卖许可证。

1989年4月，省烟草专卖局发出《关于专卖管理工作对口检查的通知》，决定组织全省烟草专卖管理基础工作分片交叉对口检查。全省分为4片：万县、达县、涪陵、黔江地区为川东片；绵阳、广元、德阳、遂宁、南充地区为川北片；宜宾、自贡、内江、乐山、泸州市为川南片；攀枝花、成都、凉山、雅安为川西片。检查内容为组织建设、许可证管理、违章案件的查处。检查组对每个地区应重点抽查一个县，抽查3—5个批发点（含代批），10—15个零售点，3—5个案列，并写出书面汇报报送省烟草专卖局。

1989年9月，省烟草专卖局发出《关于贯彻省人民政府开展行政执法检查的通知搞好烟草专卖法规执法大检查的意见》，决定在分区交叉检查的基础上，对烟草法规的执行情况进行一次全面的检查。检查内容为：《实施条例》《烟草专卖法条例施行细则》以及国家烟草专卖局、省烟草专卖局的规定的宣传、贯彻情况；各级烟草专卖局对违章案件的查处和执法情况；各级专卖机关有无执法犯法和违法乱纪行为；烟草专卖规费、罚没款的收、交、支、管情况。在市（地、州）、县局自查基础上，以市（地、州）为单位，组织所属各县开展交叉检查，向省烟草专卖局写出本市（地、州）的自查综合报告或交叉检查、抽查综合报告。

1992年初，国家烟草专卖局发出《关于开展〈中华人民共和国烟草专卖法〉执法检查的通知》，省烟草专卖局成立以副局长伍勤江任组长，专卖办、监察、计划统计、技改设备、生产技术处及省烟叶生产购销公司、省烟草物资公司、省卷烟销售公司为成员的自查领导小组，对自查工作进行部署，提出具体要求。通过自查，四川省在生产计划、收购调拨、技术改造、经济合同签订、专卖品的运输等生产经营活动中都严格依据《烟草专卖法》的规定、国家烟草专卖局的具体要求和总公司的经营管理措施执行，基本没有发生违反《烟草专卖法》的问题。

1996—2000年，省烟草专卖局建立和完善专卖工作规章制度，先后下发《进一步加强行业宏观调控的办法和措施》《进一步加强专卖管理的规定》《烟草专卖行政管理处罚程序》《烟草专卖稽查队伍管理暂行办法》等近50项行政规章。与省检察院建立了定期联系制度，把执法责任制纳入年度工作规划，加强对市（地、州）烟草专卖局（分公司）、烟厂的管理。各市（地、州）烟草专卖局每年都与县（市）局签订《烟草专卖管理责任书》，明确市场整顿、打私打假的职责，各项执法任务量化考核，并先后建立《执法责任制》《执法文书档案制度》等工作制度，使执法行为进一步规范合法。全省烟草行业累计受理专卖行政复议案件2起，其中行政诉讼一起，胜诉一起，无错案。

1997年9月，省烟草专卖局决定对全省1997年7月上旬至8月上旬卷烟市场进行专卖检查。检查的具体内容是：市场上各种牌号卷烟的销售情况，各经营单位的进货范围，有无向非法烟厂和省外地方烟厂进货的问题，执行省外烟合同、计划的情况，省外烟调剂情况，供货问题，下伸网点建设情况，多种经营单位经营卷烟情况，生产计划的执行情况，省外烟厂宣传促销销售情况10个方面。全省组织18个检查组，出动103人次，检查16个分公司、120个县级公司、342个批发点（门市部）、2007个零售摊点、5个烟厂，并对各地市场状况进行分析，开展实地社会调查。

1997年以来，四川省加强生产经营的宏观调控，完善工商企业的管理规章制度，理顺省外卷烟的进货渠道，取消县级公司的省外订货权，规范工业企业的生产经营行为。同时分年度开展烟用物资、烟机设备、烟叶流通秩序整顿等专项治理，行业内部管理状况得到根本好转。1997—1999年，全省先后开展取缔非法卷烟交易市场、整顿卷烟市场、重点打击“假、私、非、超”4种卷烟专项治理等行政执法工作，效果良好。共查处专卖案件30572起，其中查处假冒商标烟案件6404起，查获走私烟3688起，收缴走私烟1709.8箱，端掉制假窝点56个，查获私烟机17台/套。

2000年9月，省烟草专卖局发出《关于国庆前夕全省统一开展卷烟市场大检查的通知》，决定在国庆节前夕统一开展卷烟市场大检查行动，重点检查卷烟零售经营户经营行为，卷烟经营户卷烟进货渠道，制售假冒卷烟、贩售走私烟情况。全省共出动检查人员7591人次，出动车辆737台次，共检查卷烟经营户4.42万户，检查重点城区、镇、乡473个，查处售假烟店（摊）389家，收缴“假、私、非、超”卷烟163箱，查获假烟案420起，捣毁制假贩假窝点13个，销毁假冒商标卷烟157箱，罚没金额11万元。自贡市烟草专卖局在检查中，一连端掉5个长期窝藏、贩卖假烟的窝点，查获假烟11.5箱，两名涉案不法烟贩被公安机关刑事拘留。德阳市烟草专卖局和什邡烟厂，在什邡市现场销毁了检查中查获的假冒卷烟136箱，制假烟丝0.01吨，卷烟纸0.8吨，嘴棒4万支，标识0.36万张。

2001年，为全面启动对烟草市场的“户籍化”管理，省烟草专卖局（公司）把清理取缔卷烟非法经营大户作为市场监管规范秩序的重点工作认真部署。3月下旬，省烟草专卖局（公司）与各市（州）烟草专卖局签订《限期取缔卷烟非法经营大户责任书》，各单位在清理过程中做了大量的工作，至7月底，全省清理出非法经营大户1377户。县城以上的公开存在的大户基本取缔，大户左右烟草经营的情况已不复存在，为网络建设和“户籍化”管理扫除阻力。

2004—2005年，针对省内卷烟供给发生变化，四、五类卷烟紧缺，制假贩假违法活动有所抬头的市场实际，省、市级烟草专卖局主动争取地方党政的领导与相关执法部门通力合作，加大对城区宾馆、餐饮、娱乐场所的检查力度，为全省卷烟结构调整腾出空间。遂宁市烟草专卖局利用节假日开始“雷霆AB行动”，查获各类案件207起；乐山市烟草专卖局组织为期10天的特殊场所专项检查，档获多起非法运输和储存的烟草制品；达州市烟草专卖局对全市各农贸市场、乡村要道进行检查，查获各类非法卷烟销售34箱；成都、攀枝花、泸州、宜宾、广元等市烟草专卖局也采取各种不同形式的卷烟市场整治行动，维护良好的市场秩序。在全省烟草专卖检查站取消行政执法、市场监管较困难的情况下，充分利用地方执法部门的职能，加大各路运输的检查力度，收到显著成效。建立与铁路公安联防联管机制，铁路沿线烟草专卖局与当地派出所成立整治小组，几方联手共同查处一大批非法运输烟草专卖品案件。据统计，全省共查处无证运输案件2077起，罚没款2755万元。

二、打击“假、私、非、超”烟制售活动

1987年1—9月，四川省烟草专卖局在各级地方政府及公安、工商、物价、税务、邮电、交通、新闻等单位的密切配合下，开展以查处大案要案为重点，加强内部专卖管理和全省范围内的专卖许可证的清理、审验工作，共查处各类违章案件1.12万起，收缴罚没款144.07万元。7月10—12日，国家烟草专卖局在成都召开全国10省（区）市烟草专卖局长紧急会议，部署烟草专卖系统查处非法贩运和高价倒卖卷烟的大案要案工作，决定把查处大案要案的工作作为加强烟草专卖工作的一个重点来抓。

1991年7月，省政府办公厅转发省烟草专卖局、省工商局、省公安厅、成都海关等四部门《关于打击香烟走私整顿香烟市场的意见》。各级政府和有关部门把打击香烟走私整顿香烟市场工作列入议事日程，加强领导。各市（地、州）成立相应的工作机构，负责本地的打击香烟走私贩私工作。7—10月，共没收、收购走私香烟187箱，违章经营国产烟3400箱，销毁假冒烟188箱，全省罚没金额41.40万元；取缔卷烟非法交易市场25个，查获43个贩烟团伙，公开大量摆卖走私烟的状况基本得到制止。7月26日，全省统一部署，80%以上的县（市、区）统一开展市场检查，烟草专卖、公安、工商、税务、物价等部门共出动8000多人，车辆3000多台，没收走私香烟20多箱，端掉藏私窝点8处，取缔香烟黑交易市场10个，没收假冒伪劣卷烟8箱，查获违章经营的国产卷烟91箱。

1994年11月，省烟草专卖局发出《关于加强打击制售假冒商标标识卷烟违法活动和加强内部管理的通知》（以下简称《通知》），指出制售假冒商标标识卷烟的违法活动猖獗，特别是运输、贩卖假冒“红塔山”的问题比较突出。各市（地、州）、县烟草专卖局加强路检路查，查处假冒商标标识卷烟，重点是假冒“红塔山”。各分、县公司（包括所有三产公司），严禁在省内和省外的行业系统外进货，更不准从非法的自由卷烟批发市场进货。12月至次年3月，全省各地集中力量，部署行动，以查处市场上摆卖非法进口卷烟取缔走私烟交易场所为主要目标，打击贩卖走私烟的非法活动。大中城市各行政执法部门共同组成缉私队伍，统一部署，联合行动。铁路、公路、航运、航空、邮电等部门加强对运输邮寄物品的检查，堵住走私卷烟的运输渠道。

1995年1月，省烟草专卖局决定开展全省性的宣传活动，广泛张贴《通知》，充分利用广播、电视、报刊等新闻工具宣传《通知》，并从1995年1月上旬起至3月底，各地开展检查，取缔走私卷烟交易场所，打击贩运走私烟团伙，禁止公开摆卖走私烟的行为。省烟草专卖局向国家烟草专卖局上报《关于开展“打私”“打假”工作情况汇报》，全省共查处假冒卷烟案件595起，捣毁制售假冒商标卷“烟黑窝”点94个，缴获假冒卷烟351箱，收缴制造假烟的机具191台，没收劣质烟丝1.18万公斤，缴获假冒商标标志90.43套，查获走私烟64箱，取缔非法卷烟交易市场3个，端掉贩运走私烟团伙2个。9月，省烟草专卖局与成都海关签订《联合打击卷烟走私协议》，重申双方在打击卷烟走私活动中的职责和义务。全省各地烟草专卖机关与公安、工商、物价、税务、检察院等有关部门召开各种贯彻“打私打假”联席会议达140余次，组织联合检查达220次。

1996年，省烟草专卖局召开全省烟草“打假”工作座谈会。全省共查处假冒卷烟案件595起，

捣毁制售假冒商标卷烟“黑窝点”94个，缴获假冒卷烟3500箱，收缴制造假烟的机械（具）191台，没收劣质烟丝1.18万公斤，缴获假冒商标标识90.43万套；成都市烟草专卖局和涪陵烟厂高兴华分别获得“全国‘打假’先进集体”和“全国‘打假’先进个人”称号。

1998年10月，省烟草专卖局向国家烟草专卖局上报四川省查获假冒卷烟案的情况，1998年查获假冒卷烟2000箱。省烟草专卖局驻成都卷烟厂专卖管理办事处查办假冒卷烟案86起（尚不包括市场零星检查），查获假冒成都卷烟厂各种牌号的卷烟799箱；省烟草专卖局驻什邡卷烟厂专卖管理办事处端掉5个生产假冒“大工字”牌雪茄烟的非法窝点，当场查获假冒雪茄烟8箱，烟叶48担，手工制假工具5套；成都市烟草专卖局查获假冒卷烟126箱。

1999年4月，省政府召开全省整顿卷烟市场、开展对假冒走私卷烟专项治理的电视电话会议，对打击假冒走私卷烟工作作出安排部署。省政府组织4个督导组到各地督促检查，专项治理工作以市场稽查、烟草专卖品运输检查、加强行业内部管理为重点组织实施。

1999年，全省各地在半个月时间内共查获假冒卷烟1118箱，走私卷烟21.4箱，地下黑烟厂卷烟20.8箱，取缔无证经营户近千户。成都、广元、乐山、南充、眉山、资阳、凉山等市（地、州）成立专项治理领导小组；成都、自贡、泸州、乐山、广安、资阳等市、地与工商、公安、技监等部门成立专项治理联合执法检查大队；成都、广元、广安、达川、巴中、资阳、凉山等市（地、州）的烟草专卖局成立烟草稽查机动大队或综合执法队。4月15—22日，成都市在全市开展“专项治理宣传活动”，并在4月15日公开销毁假冒卷烟164箱；广元、内江、乐山、南充、眉山、资阳等市、地出动宣传车近400台次，散发、张贴宣传材料。成都、自贡、攀枝花、绵阳、广元、乐山、南充、宜宾、眉山、资阳、凉山等11个市（地、州）出动车辆270台次，人员9431人次进行市场检查。成都市采取划片包干的办法，由打假打私综合执法队逐条街道、逐个摊点进行检查，并把访销员制同专管员制有机地结合起来，强化日常性的例行检查；出动525人次，检查摊点3000余户，取缔黑烟店60余户。自贡市出动执法人员675人次，对市中区16条主要街道、郊县18个场镇的摊位进行了拉网式检查。乐山市出动车辆450台次，执法人员1500余人次，检查了6000多个卷烟销售摊点。资阳地区清查经营户7384户，达应查户数的75.5%。遂宁市连续查处两个贩假大案。

1999年12月，省政府办公厅发出《关于严厉打击制售假冒商标卷烟坚决制止非法生产卷烟行为的通知》，要求由政府主要领导亲自负责，组织当地工商、公安、质监和烟草专卖部门，迅速开展卷烟打假专项斗争，限期端掉制造、贩运假冒商标卷烟窝点；各级公安部门对制假贩假窝点的主要犯罪嫌疑人，要依法快侦快办，及时抓获归案，并公开处理一批违法案件；省政府有关部门组成联合工作组，对制售假冒商标卷烟的重点地区进行检查。省政府在卷烟打假活动期间，在全省制假贩假重点地区的村镇、路段设立31个临时烟草专卖检查站，严厉打击销售假冒商标卷烟、走私烟和非法生产卷烟的行为。12月8日，省政府与各市（地、州）政府（行署）签订《严厉打击制售贩运假冒卷烟和走私卷烟活动责任书》，副省长王金祥代表省政府分别与21个市（地、州）政府（行署）领导在责任书上签字。在全省有关地点设立31个打假打私临时检查站，于12月31日前人员到位开展工作，组织专门力量，清理取缔当地假冒卷烟、走私卷烟的集散地和销售场所，及时侦办和公开处理重大的违法经营卷烟的案件和暴力抗拒执法检查的案件。

2000年11月8日，省烟草专卖局召开全省烟草行业卷烟打假工作电话会议，省烟草专卖局成立以局长、总经理黄文驰为组长，副局长龚锦华为副组长，其他党组成员参加的全省烟草行业打假工作领导小组，各市（地、州）烟草专卖局（分公司）并成立相应的工作机构。截至12月31日，拘留制假贩假人员116人，逮捕4人；查处假冒卷烟案件1170起，查获假冒卷烟3000箱、制假烟叶、烟丝22吨，制假烟机26台，销毁假冒烟2400箱，捣毁制假窝点12个。成都、内江、资阳市烟草专卖局在当地公安、工商、技监部门的配合下，捣毁两个大型制假烟丝厂和一个卷烟制假窝点，缴获制假烟机4台、切丝机10台，抓获制假人员17人。攀枝花市烟草专卖局、德阳市烟草专卖局和什邡卷烟厂专卖办分别在攀枝花渡口桥和广汉等地查获一批手工制假窝点，收缴大量手工制假设备。

图4－6 2004年10月，在成都市捣毁案值近千万元的制假烟工厂

2001年，全省先后集中进行“狂飙D行动”和“金叶行动”，积极开展“端窝点、打团伙、断渠道、清市场”的打假行动，共出动打假人员7.3万人次，查处制假售假案件6120起，收缴假烟6000箱，捣毁制假窝点63个。并配合司法机关加大对制假售假违法犯罪分子的追刑力度，刑事和治安拘留363人，逮捕30人，判刑6人，有力地打击了制假售假的嚣张气焰。

2002年，强化专卖管理，市场控制力明显增强。全省共出动打假人员8.08万人次，共查处各类案件5.22万起，其中查获假冒卷烟案件6812起，收缴假冒卷烟3460箱，查获烟叶1.17万担，卷烟辅料0.35吨；捣毁地下烟厂42个，查获制假烟机63台；被司法机关拘留261人，劳教5人，判刑21人；罚没收入3280万元。

2003年，继续加大打假打私的力度，端掉一批地下制假窝点，查处一批假烟和走私烟，全省有96人被拘留，36人被判刑。

2004年，全省烟草专卖针对检查站和执法服装取消的情况，加强与公安等执法部门的合作。与铁路公安部门签订联合整治非法运输烟草专卖品协议书，查处无证运输案件2215起；加大对内部违规人员涉烟案件的查处力度，省内外卷烟到货确认率达100%；开展“端窝点、打团伙、严惩违法人员、深挖后台”的卷烟打假专项行动，全年查获各类案件4.3万起，罚没款3932万元，假冒卷烟3706箱，捣毁制假窝点76个，移交司法机关判处刑事拘留192人，其中81人被判刑。同时，加强与重庆烟草行业联防联守，开展烟叶“回头看”活动，规范烟叶生产经营秩序，防止不规范行为的反弹，提高两地边界地区市场的占有率。

2005年，省烟草专卖局（公司）下达《关于进一步严厉打击制售假冒卷烟违法活动的通知》，落实打假组织机构、职责分工、工作措施、工作要求、工作目标5项工作和工作联席会议、大案督导、法律研究、信息通报、培训宣传5项制度。全省出动打假人员17.32万人，查处破获各类制售假冒卷烟案件1.56万起，侦破具有一定影响的制售假烟网络2个，捣毁制假窝点104个，查获制假烟机25台，假冒商标标识1222万张，有效遏制了制售假烟违法犯罪活动。

三、取缔非法市场

1986年6月，国家烟草专卖局、国家工商行政管理局、国家物价局联合发出《关于加强卷烟市场管理的通知》，要求卷烟销售不得搞硬性搭配，实行明码标价；对以不正当手段串换、套购名牌紧缺卷烟，或内外勾结为违法经营单位、个人提供批量货源的，要从严查处；坚决取缔非法销售手工卷烟、冒牌卷烟、白包烟的活动，并组织力量严肃查处；认真查处违法倒卖卷烟大案及违法活动，对单位违法活动，除经济制裁外，并视其情节，追究单位领导人和当事人责任，构成犯罪的，移交政法机关惩处。6月23日，省烟草专卖局、省工商行政管理局、省物价局联合转发国家《关于加强卷烟市场管理的通知》（以下简称《通知》），指出四川省一些地区卷烟市场混乱情况仍较严重，不法分子高价倒卖名牌紧俏卷烟十分猖獗；一些地方出现公开的黑市交易场所，肆意变价批量倒买倒卖；不法分子从省外利用各种手段，非法贩运劣质手工卷烟、冒牌卷烟在市场上兜售；还存在省外向省内大量倾销无计划卷烟的情况，省内也还有少数应关停的计划外烟厂仍在非法生产。《通知》要求对高价倒卖名牌紧俏卷烟、黑市交易、贩卖冒牌烟、手工卷烟、白包烟、冒用烟草公司名义或伪造证件从省外贩运卷烟等违法活动坚决打击，从严制裁，情节严重构成犯罪的，要及时移交司法部门依法惩处。未经省烟草公司批准，不得无计划、超计划调进卷烟、雪茄烟；其他任何单位和个人不准从省外调进卷烟、雪茄烟销售；有关部门应加强专卖品运输的监督检查。对违反以上规定的应严肃处理。全省各地在8月份一致行动，与公安、工商、物价、交通、邮电等有关部门通力合作，整顿卷烟市场。

1992年12月，省烟草专卖局发出《关于制止开办非法卷烟交易市场的通知》，指出省内一些地方擅自设立卷烟交易市场，致使一些无烟草专卖批发许可证的单位和个人大量从省内外购烟，入场从事非法批发活动，市场上贩售走私烟和假冒卷烟的经营活动猖獗；要求各地专卖机关要积极向当地党政领导汇报情况，主动与有关部门协调工作，及时制止开办卷烟交易市场，采取有力措施，限制并尽快关闭已经形成的卷烟交易市场；各级烟草公司和各烟厂以及委托批发企业均不得以任何形式进入交易市场销售烟草专卖品。

1993年3月，省烟草专卖局在向省政府上报的《情况汇报》中对全省非法卷烟交易市场情况作出说明：全省卷烟自由批发市场初步统计有21个，其中政府批准建立的有成都、达县市、宜宾、乐山夹江4个；由工商等部门以划行归市为名，以收取管理费为目的的市场有成都、遂宁、自贡、宜宾4个，其余的均为自发形成的卷烟批发市场。自由批发市场月经营量约400—3000箱，全年经营量约40余万箱。市场内绝大部分烟贩无证批发、无证运输，还经营假冒烟、走私烟，严重扰乱烟草行业流通秩序，挤占烟草销售市场，产生了严重后果。全省卷烟销售下降，当年1—6月与1992年同期比较下降18%。成都五块石市场不仅在全省地产烟销售影响大，对成都卷烟销售影响更大。自由批发市场货源盲目的流向和投放，使川产烟价格普遍下降，经营亏损，产品积压，有的烟厂停产或半停产，税利损失严重。9月，省政府发出《关于关停计划外烟厂和取缔卷烟批发自由市场的通知》，要求立即关闭卷烟批发自由市场，对自发形成的卷烟批发自由市场，当地政府要组织烟草专卖管理、公安、工商、税务等部门，协调动作，统一行动，进行取缔。

1996年1月，省烟草专卖局、省工商局联合转发国家烟草专卖局、国家工商行政管理局《关于清理整顿卷烟批发交易市场的通知》，要求依靠当地政府领导，加强烟草专卖、工商行政管理两部门间的配合，搞好清理整顿卷烟批发交易市场工作。结合当地实际情况，共同制定清理整顿卷烟批发交易市场的具体方案，并组织落实，坚决打击假冒商标卷烟、走私贩私卷烟和违反《烟草专卖法》的行为。据年初统计，全省尚有13个卷烟自由批发市场。省烟草专卖局于4月在彭州召开全省专卖管理工作会议进行专门部署，达川地区达川市、遂宁市市中区、自贡市富顺县的卷烟自由批发交易市场在会议后的1个月内先后关闭和取缔。7月，省烟草专卖局在宜宾召开关闭取缔卷烟自由批发市场专题座谈会，对有关闭取缔任务的单位提出严格的要求，有关闭取缔任务的地市烟草专卖局的主要负责人向省烟草专卖局签订了年内关闭取缔卷烟自由批发交易市场的目标责任书，纳入全省目标考核内容。此后，乐山市在国庆节前关闭取缔辖区内的仁寿、夹江、市中区的卷烟自由批发交易市场；自贡市火车站、内江市市中区团结街的卷烟自由批发交易市场关闭取缔；宜宾地区宜宾市西郊、泸州市市中区小市、遂宁市射洪县的卷烟自由批发交易市场在12月31日前关闭。至此，省政府点名应关闭取缔的13个卷烟自由批发交易市场已关闭取缔11个。尚未关闭的两处为成都市海力发（五块石）烟草市场、隆昌县板栗湾烟草市场。

1998年2月，省烟草专卖局向省政府上报《关于清理整顿卷烟批发交易市场的请示》。对四川省尚存的成都海力发烟草市场（试验区）、隆昌板栗湾卷烟市场、宜宾市西郊农贸市场、自贡富顺县吉安庄卷烟市场、攀枝花客运中心卷烟市场提出处理意见。按照国家有关规定，结合当地实际情况，省内现存的5个设立或自发形成的卷烟批发交易市场应坚决关闭和取缔。11月6日，国家烟草专卖局发出《关于坚决取缔卷烟自由批发市场的通知》，到2000年底，在全国范围内取缔所有卷烟自由批发市场，不准死灰复燃或出现新的卷烟自由批发市场，规范合法开办的卷烟交易市场交易行为。

1999年3月31日，省长张中伟召集成都市政府及省财办、省经贸委、省工商局、省公安厅、省交通厅、省林业厅、省监察厅、省技监局、成都海关、省烟草专卖局等有关部门专题研究开展烟草市场反假冒、反走私专项治理问题。会议决定：省政府由王金祥、王恒丰负责，省烟草专卖局牵头，工商、公安、税务、技监、监察、海关等部门配合，重点抓好成都等大中城市关闭非法卷烟批发市场工作。6月1日前进行政策宣传，6月1日后，非法卷烟批发市场一律关闭。省烟草专卖局从各烟厂抽调260人分派各市（地、州）烟草专卖局，集中进行卷烟市场清理整顿。

2000年5月18日，省烟草专卖局向国家局烟草专卖局上报《关于取缔省内四个卷烟自由批发市场的情况汇报》。四川省于1999年7月30日前，关闭成都五块石、攀枝花采石场、宜宾西郊、隆昌板栗湾等卷烟自由批发市场，提前完成国家烟草专卖局下达的取缔任务。

第三节　行业内部专卖经营管理

一、卷烟（雪茄烟）经营管理

1983年，卷烟、雪茄烟的国内市场由中国烟草总公司统一安排。卷烟、雪茄烟的收购、分配、调拨、批发业务由烟草公司及其委托单位统一经营管理。四川省烟草公司负责宏观管理全省卷烟市场，安排省内市场和卷烟购销业务活动；分公司负责辖区内卷烟市场和购销业务活动的经营和管理。

1984—1987年，四川省卷烟（雪茄烟）经营管理实行严格的计划管理，全省统一调批价差率、批零价差率。

1988—1992 年，严格计划和专卖管理，卷烟销售原则上按属地管理进行。

1993—1999 年，在计划销售的同时，根据二级公司面向全国、三级公司面向全省、在烟草系统内搞活的经营思路，大力开展卷烟调剂业务。

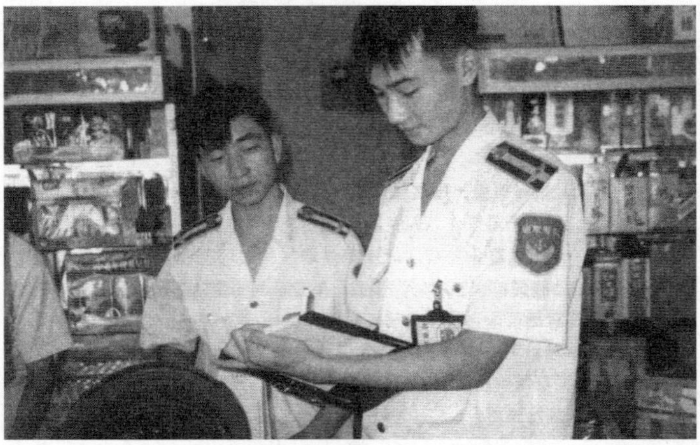

图 4－7　2002 年 8 月，峨眉山市烟草稽查队员在繁华街头检查卷烟市场

2000 年以后，执行全省卷烟销售“一价制”，实现网点大配送；以“户籍化”管理为重点，规范和优化市场秩序为目的，实现“以我为主，由我调控、归我管理”的专卖专营管理。针对卷烟零售业态固定经营场所是卷烟零售业务的主体，城区出现以主要经营卷烟零售业务的专业烟店和大型超市、购物中心、百货商店、仓储式会员店等新的零售业态，且销量日趋上升的发展变化情况，烟草专卖采取加强日常检查力度，普遍开展市场集中整治行动，严厉打击经营假烟、走私烟和非法渠道烟的活动，突出了市场监管效果；运用信息网络，建立市场日常监管、专卖稽查力度和卷烟销售信息沟通渠道共享平台，对零售市场经营情况进行实时监控，提高了市场监管现代化手段；各单位发展中小客户，控制发展大户，实现客户资源合理配置，优化了市场结构。加强特殊经营场所的重点监控。

2003 年 4 月，为了认真贯彻落实国家烟草专卖局关于深入开展治理卷烟体外循环电视电话会议精神，加强内部专卖管理，有效遏制卷烟体外循环，省烟草专卖局成立四川烟草行业专项治理卷烟体外循环工作领导小组，主要职责是分析全省卷烟体外循环的现状，针对存在的问题，研究制定专项治理目标和方案，统一部署各阶段的工作，组织和领导全行业的专项治理工作。

2004 年，加大专项治理卷烟体外循环的打击力度，防止省外非法渠道卷烟冲击省内卷烟市场，广元、凉山、宜宾、泸州、攀枝花担当守口子的责任，遏制省外非法渠道卷烟进入销售市场；同时，全省各单位加强内部监管，规范经营，杜绝省内区域间的冲击。

2005 年，划片管理，分片负责，突出解决乱渠道进货、销售假冒卷烟问题。同时，省烟草专卖局（公司）进一步完善管理制度，重点突出卷烟、烟叶及原辅材料生产经营行为事前、事中、事后全过程的专卖内部制度建设，有效解决谁来管、管什么、怎样管的监管责任问题。以治理卷烟体外循环为突破，规范卷烟经营秩序，从卷烟体外循环、到货确认、货源供应、市场促销、省际统价等方面，全方位地开展卷烟流通秩序专项整顿工作，杜绝卖大户、分单作账、假入网销售、降价冲销等违规行为。

二、烟叶生产经营管理

按《烟草专卖法》规定，烟叶（包括烤烟、名晾（晒）烟，下同）种植面积以收购合同来约定，同时强调由烟草公司或其委托单位按国家计划收购，不得变更收购计划。从事烟丝生产和批发必须经国务院和省级烟草专卖行政管理部门批准，分别取得烟草专卖生产企业许可证和烟草专卖批发企业许可证。

1989 年 12 月 26 日，省烟草公司发出《关于全面推行种烟证制度印发四川省“种烟证”式样的通知》，决定 1990 年在全省实行“种烟证”制度。各烟区要在当年烟叶移栽前，把“种烟证”发放到每户烟农手中。1990 年各产烟县按照“种烟证”规定的任务职责做好工作，烟叶收购站（点）凭“种烟证”收购，对不执行“种烟证”收购的，在经济上给予处罚；烟农不在指定站点卖烟的，取消农用物资和扶持资金。同时，对种烟农户责任，烟叶公司（收购站点）责任分别作出明确界定。

20 世纪 90 年代中后期，全国烟叶流通领域秩序持续混乱，国家烟草专卖局于 1996 年 6 月下发《关于加强烟草专卖管理制止非法购销烟叶的通知》，次年 5 月，印发《关于强化烟草行业内部专卖管理的若干规定（试行）的通知》（以下简称《通知》)。《通知》规定：只有烟叶产区的烟草公司具有烟叶收购权，且只能在本区域内收购烟叶，不准跨地区收购烟叶；非烟叶产区的烟草公司不准收购和经营烟叶，卷烟厂、烟叶复烤厂、烟丝厂不准到烟叶产区直接收购烟叶；烟叶收购站及被委托单位收购的烟叶，必须交所在县级烟草公司或由省级烟草公司按计划统一安排复烤、加工、保管、调运，收购站（点）不得经营或变相经营烟叶；烟叶调出单位或烟叶复烤厂必须按照上级下达计划调出或调进烟叶，不准擅自调拨烟叶；烟叶原则上不搞跨省复烤，凡需跨省加工复烤的（包括出口备货）烟叶，由国家烟草专卖局统一安排调运；经国家烟草专卖局核发生产许可证的烟丝厂生产所用烟叶，由省级烟草公司负责组织供应；国家鼓励卷烟厂自办烟叶生产基地，卷烟厂和烟草进出口企业可在烟叶产区的省级烟草专卖局统一安排下与当地烟草公司联合创办烟叶生产基地，基地生产的烟叶一律纳入计划管理；卷烟厂、烟叶复烤厂、烟丝厂和烟叶经营单位不准从没有国家烟叶种植计划地区的烟草公司及行业外单位或个人购进烟叶、复烤烟叶和烟丝；省际烟叶购销必须根据计划由国家烟草专卖局统一安排，并签订合同；合同的签订和调整，必须经双方省级烟草专卖局（公司）审查，加盖公章或合同专用章，由中国烟叶生产购销公司监章，并送双方省级烟草专卖管理部门备案后实施；烟叶产区和卷烟厂因特殊原因需调剂烟叶的，省际的通过中国烟叶生产购销公司安排，开具调拨调剂通知单，或双方烟草专卖局审批后调剂；省内的由省级烟草专卖局审批并报国家烟草专卖局备案；卷烟厂、烟叶复烤厂、烟叶经营单位不得将烟叶、复烤烟叶、烟丝销售给无烟草专卖生产企业许可证的单位和个人，卷烟厂、烟丝厂只能购进自用的烟叶，不得转手倒卖；与外商签订的出口烟叶合同，必须由中国烟草进出口总公司审核监章后方可执行。

2000 年 3 月，国家烟草专卖局召开整顿烟叶流通秩序工作会议，印发《关于开展烟叶流通秩序整顿工作的通知》，强调通过加强专卖管理，打击非法烟叶经营行为以及深化烟叶流通体制改革，并提出加强烟叶流通领域整顿工作的政策及措施。四川省按照国家烟草专卖局的部署要求，把全省整顿烟叶流通秩序工作列为年度工作的重点，对全省整顿工作进行安排部署，成立整顿工作领导小组，下发《关于开展烟叶流通秩序整顿工作的通知》，并向国家烟草专卖局上报《整顿烟叶流通秩序工作方案》。4 月 8 日，省烟草专卖局召开全省整顿烟叶流通秩序动员大会，就全省整顿烟叶流通秩序工作，作出明确具体的要求和部署。四川省整顿烟叶流通秩序自查阶段的工作，于 4 月中下旬陆续展开。6 月上旬，省烟草专卖局在什邡卷烟厂召开全省卷烟工业企业整顿烟叶流通秩序情况汇报会议，对全省各烟厂清理自查工作作安排部署，提出明确要求。

全省共有自查企业 56 家，其中卷烟工业企业 7 家（计划内烟厂 5 家，地方烟厂 2 家），烟叶经营企业 46 家（包括省烟叶生产购销公司、省烟草进出口公司），烟叶复烤企业 3 家。1998 年 6 月

30日至2000年6月30日烟叶购销调存情况、合同签订情况、准运证情况、资金结算情况清理结果统计：非正规业务539笔，占32.1%；非正规运输业务439笔，占26.2%；非正规结算302笔，占18%。主要表现为：烟叶购销业务中，合同手续不全，重复使用合同，以协议代替合同、代签合同、无合同等问题比较普遍；烟叶调运中，重复使用准运证、超量调运、代签准运证，准运证手续不全，以及一个地区无证调运烟叶的问题比较突出；烟叶经营资金结算中，现金结算、实物抵扣、三角结算、多角结算的问题比较复杂；由于历史的原因和地方利益的驱动，凉山州一直存在的烟草公司与地方政府烟办、供销社共同经营烟叶的混乱状况未能解决。

根据国家烟草专卖局整顿烟叶流通秩序工作的总体部署和要求，四川省决定全省复查工作从2000年7月15日开始到10月底止。7月27日至8月7日，省烟草专卖局采取“以查代训”的形式，分别对成都卷烟厂、省烟叶生产购销公司先行试点，后进行全面复查。各复查工作组根据被查单位填写的“企业自查登记表”和《自查情况报告》，从复查有关原始台账入手，着重对被查单位1998年6月30日至2000年6月30日烟叶经营的购销调存情况、合同情况、准运证情况、资金结算情况进行认真的逐一核对。各复查工作组，实事求是地对每一笔烟叶经营业务进行准确认定，认真填写国家烟草专卖局编制的“省级局复查小组复查登记表”。同时，以烟叶产地分公司为单位填写“省级局复查确认存在问题的企业登记表”和“省级局综合统计表”，并撰写初步的复查结论报告。

2001年6月，省烟草专卖局印发《规范烟叶流通秩序若干管理办法（试行）》，制定出烟叶专卖管理整改措施。对烟叶生产经营作出多项规定：烟叶产区烟草公司或其委托单位应当严格遵守国家计划部门下达的计划，按照良种化、区域化、规范化原则，与烟叶种植者签订烟叶收购合同，约定烟叶种植面积、等级、数量等；烟叶收购一律由烟叶产区烟草公司或其委托单位依法统一收购，烟叶产区烟草公司或其委托单位根据需要，在国家下达烟叶收购计划的本辖区内设立收购站（点）须经省局批准并办理烟叶收购许可证，所收购的烟叶全部上交所在县级以上烟草公司；烟叶收购必须严格执行国家标准和收购价格，不抬级抬价或压级压价，对按照收购合同约定种植的烟叶分等定价，全部收购，不得拒收；对烟叶的委托加工，必须严格按照国家局和省局有关规定执行，烟叶购销、加工中的小等级变化或确有卷烟配方需要调剂及省际间合同变更，应取得双方省级烟叶主管部门同意，并由国家烟叶主管部门审批，省内合同的变更由省级烟叶主管部门审批；所有烟叶调拨必须由烟叶产区烟草分公司以上的单位调拨经营，各卷烟厂因特殊情况需要调剂烟叶，在省内范围调剂由省烟草专卖局审批，在省际调剂报国家烟草专卖局审批；烟叶运输必须办理相应的烟草专卖品准运证方可托运或自运；烟叶生产、购销必须遵守国家的价格政策、财务税收政策和烟草专卖规定，禁止违法经营活动。

2002年，省烟草专卖局（公司）进一步规范烟叶生产，坚持“计划种植、合同收购”，生产和经营都严格接受专卖管理。

2003年，各地充分发挥烟草临时检查站的作用，守口子、查来路，全省共查处、收缴乱渠道进货烟叶322.4吨。

2005年，省烟草专卖局（公司）将烟叶专卖管理重心前移至基层收购站，按照烟叶边界收购协议和责任书加强了省、市、县边界地区烟叶收购秩序的监督检查，发现烟叶贩卖活动及时打击。严格合同收购监管，重点监控下低次烟叶收购，严查无合同和超合同收购。同年3月，省烟草专卖局发出通知进一步规范烟叶流通秩序。各单位在自查2004年以来已建立的烟叶生产经营“一户一档”

制度执行情况的基础上，省烟草专卖局重点抽查“双控”政策的执法情况，严查烟叶跨境收购、超合同收购、个体烟贩插手收购、违反国家标准收购等行为，一经发现，严肃处理当事人及相关领导人。

三、卷烟工业及辅料企业生产经营管理

（一）关闭计划外烟厂

1987—1990年，计划外烟厂出现全国性回潮，以湖北、四川、湖南、广西、广东、黑龙江、河南、贵州、福建、辽宁、江西等烟叶生产区为多。这些地区不仅原有计划外烟厂擅自恢复生产，而且还新建成或正在建立计划外烟厂。为此，国家烟草专卖局1988年6月下发了《关于禁止计划内烟厂和各级烟草公司以任何形式支持计划外烟厂生产经营的通知》，严禁各级烟草公司和计划内烟厂与计划外烟厂搞联营、提供原辅材料、销售其产品等支持或变相支持活动。违反规定者，要予以严肃处理。11月，国务院办公厅发出《关于立即关停计划外烟厂的通知》，要求各省级人民政府按照党中央、国务院关于治理经济环境、整顿经济秩序的要求，采取有力措施，在1989年1月前关停计划外烟厂。

20世纪80年代中、后期，尽管国务院、四川省三令五申不许开办计划外烟厂，但此时四川的烤烟型卷烟市场需求旺盛，烟草专卖机关刚刚组建，机构、职能尚不健全，部分地区领导法制意识淡薄，致使四川省开工兴建投产的计划外烟厂反而有日益兴盛现象。

四川省计划外烟厂的情况是：秀山卷烟厂有卷烟机5台、小包机4台、加香机3台、散热机3台，接嘴机、条包机、润叶机、五刀切丝机、横包机、发酵机、鼓风机、烘丝机、压梗机、真空回潮机、0.5吨锅炉、2吨锅炉各1台；固定资产71.96万元，流动资金59万元，卷烟牌号12个；1985年年产卷烟2000箱，1986年年产2500箱。酉阳卷烟厂有2吨锅炉、真空回潮机、润叶机、包装机、烘丝机、加香机各1台，接嘴机、小盒包装机各2台，卷烟机12台，固定资产300多万元，卷烟牌号5个；1986年年产卷烟3000箱。宜宾卷烟厂有接嘴机、五刀切丝机、加香机、真空回潮机、发酵机、锅炉各1台，卷烟机10台，小盒包装机6台，当年9月16日投产，卷烟牌号3个已经上市销售；年生产能力3万箱，银行贷款360万元。涪陵通用机械厂（涪陵卷烟厂）在组建省烟草公司时，已上划为烟草公司企业，1983年5月14日，国务院《批转轻工业部关于计划外烟厂调整意见报告的通知》下发前，一直以黔江烟厂分厂名义生产卷烟；有综合式卷烟机41台，包装机9台，接嘴机1台；1985年生产卷烟7万箱，1986年产7.5万箱，有设备可年产16.4万箱。

全省已投产的计划外烟厂年产量13万箱，耗烟叶16万担；再加上1987年新投产的2个烟厂，总共需烟叶35万担。四川省计划外烟厂泛滥严重的情况，引起国家烟草专卖局的重视。1987年5月，国家烟草专卖局派出工作组，专程赴四川检查督促关停计划外烟厂，全省围绕关闭计划外烟厂进行了艰苦细致的工作。

1987年5月16—22日，省烟草专卖局局长汪文敏带领工作组，同宜宾地委、宜宾行署及省计委、省财委，研究落实关停兴建中的计划外宜宾烟厂、兴文复烤厂和筠连巡司铁厂复烤车间工作。5月29日，省烟草专卖局向省政府上报《关于关停新建中的计划外宜宾烟厂、复烤厂（车间）的情况报告》。6月4日，省政府致函宜宾地区行署、兴文县、筠连县政府，要求按照《烟草专卖条例》的有关规定，立即关停计划外宜宾卷烟厂、兴文县复烤厂、筠连巡司铁厂复烤车间，逾期如不关停，即按照《烟草专卖条例》有关规定予以查处。

1988年5月27日，省政府发出《关于严格禁止擅自批准建设计划外烟厂的通知》，重申：卷烟是国家的专卖品，卷烟的生产布局统一由国家安排。各市（地、州）、县必须严格执行国务院颁布的《烟草专卖条例》，不准擅自越权批准建设计划外烟厂。6月15日，国家烟草专卖局向四川省人民政府发出《关于请制止你省乱建计划外烟厂的函》，指出四川省广元市计划经济委员会批准同意广元市剑门卷烟厂基建立项为越权行为；四川涪陵、秀山、酉阳等地的计划外烟厂未关停，新建计划外宜宾烟厂已投产，古蔺、叙永、石柱正在加紧基建，此外还有四五个县正在酝酿筹建计划外烟厂。希望四川省从国家全局利益出发，按照国务院的规定，采取有力措施，制止乱建烟厂的错误做法，以维护国家烟草专卖制度的严肃性。12月28日，省政府办公厅就立即关停计划外烟厂工作作出补充通知，要求各地要坚决贯彻执行国务院办公厅关于立即关停计划外烟厂的通知的各项规定，立即关停计划外烟厂。由省人民政府组织经委（计委）、烟草专卖、工商行政、公安、财政、税务、银行、物价等部门，落实关停计划外烟厂的各项工作。有关地、县做好计划外烟厂关停后的产品、原辅材料及机器设备等善后处理工作。

1989年1月，省烟草专卖局成立四川省关停计划外卷烟厂工作领导小组，专卖、烟叶、销售、烟机、物资等部门参加工作。同月，中国工商银行四川省分行发出通知，冻结计划外烟厂资金，限期收回贷款，不许再贷。3月，省计委停止了宜宾卷烟厂年产20万箱卷烟扩建工程的立项；乐山地区犍为烟厂、达县地区巴山烟厂、涪陵地区丰都烟厂、广元剑门烟厂陆续关闭。

1991年5月14日，省计划经济委员会、省民族事务委员会、省烟草专卖局联合国家烟草专卖局上报《关于整顿我省计划外烟厂的问题的请示》，提出整顿四川省内的10家计划外烟厂的处理方案：同意黔江地区的计划外烟厂合并为四川武陵烟厂，请求国家批准并纳入国家计划；同意泸州市两个计划外烟厂合并为泸州卷烟厂；再次报请批准将宜宾卷烟厂纳入国家计划。除丰都烟厂已于1989年关停以外，其余计划外烟厂均应按照国家关于整顿计划外烟厂的统一部署的有关政策及规定进行处理，并负责善后事宜的办理。8月21日，国务院在《国家烟草专卖局关于对现存计划外烟厂处理意见的批复》中，同意将四川宜宾、泸州、武陵卷烟厂保留为地方烟厂，其余计划外烟厂全部关停。10月18日，省政府发出《关于做好现存计划外烟厂处理工作的通知》，根据《国务院关于对现存计划外烟厂的处理意见的批复》，对全省现存计划外烟厂的处理工作作出决定：宜宾、泸州、武陵卷烟厂为国家批准的地方烟厂，现行隶属关系，纳税渠道不变。达县、犍为、剑阁、石柱、彭水等计划外烟厂全部关停。宜宾、泸州、武陵地方卷烟厂的生产规模，按国务院规定，以1988—1990年平均产量为基数，不准扩大，统一纳入国家计划。原铺材料按下达的生产计划供应，产品按国家质量标准进行生产，实行地产地销，产品价格按管理权限审批。宜宾、泸州、武陵卷烟厂，由所在市政府和地区行政部署负责，并与省烟草专卖局等有关部门配合，做好保留、合并工作，确保接受国家烟草专卖局检查验收，领取国家批准的地方烟厂生产企业许可证。

1992年1月6日，国家烟草专卖局对四川省计划外烟厂清理整顿工作的落实情况进行检查验收，同意对宜宾、泸州烟厂先行办理核发地方烟厂烟草专卖生产企业许可证；武陵烟厂的烟草专卖生产企业许可证，待四川省关停合并工作完成后再行办理；在未领取烟草专卖生产企业许可证前，酉阳、秀山两厂应停止生产。3月，省政府发出《关于做好地方烟厂验收后处理工作的通知》，责成有关地区行署、市政府负责做好彭水、酉阳、达县、犍为、剑阁等计划外烟厂的关停工作。当地烟草专卖局、工商行政管理局、税务局、物价局、银行要认真履行职责，处理生产设备、吊销营业执照和注销注册商标，停止流动资金贷款和收回固定资产投资。4 月 14 日，国家烟草专卖局对四川省烟草专卖局《关于对黔江地区计划外烟厂处理意见的请示报告》作出批复，在彭水、石柱两个计划外烟厂关停后，国家计委给黔江烟厂增加 2 万箱卷烟生产计划，作为照顾彭水、石柱两县利益的入股分成股份。酉阳、秀山两个烟厂必须合并，待两厂完全合并并组建武陵烟厂后，国家烟草专卖局再发给武陵烟厂生产企业许可证。

但是，酉阳、秀山两厂不愿合并，石柱、彭水两厂也不愿关停，并分别派人赴京和到省政府上访。中共四川省委书记杨汝岱主持召开有关部门参加的会议，提出给黔江烟厂增加 2 万箱卷烟生产计划，作为石柱、彭水烟厂关停后的入股分成，并正式上报国家烟草专卖局，获批复同意。4 月 28 日，副省长谢世杰主持召开专门会议，进一步研究黔江地区几个计划外烟厂问题，针对石柱、彭水烟厂关停后的困难，决定把给黔江烟厂增加 2 万箱卷烟的税利按时返还两县财政。并由中共四川省委副书记冯元蔚率工作组赴黔江指导关停工作。6 月 6 日，国家烟草专卖局就四川省人民政府《关于解决黔江地区计划外烟厂遗留问题的函》作出答复，同意发给武陵卷烟厂生产企业许可证。经国家计委同意，在国家烟草专卖局下达给四川省的 1992 年卷烟生产计划的基础上，增加 2 万箱专项卷烟生产计划。为帮助解决计划外烟厂关停后职工的就业问题，同意将石柱县卷烟厂改建成烟叶复烤厂。

1993 年 9 月，全省仍有彭水、石柱、剑门、巴山、乐山烟厂 5 家计划外烟厂。9 月 22 日，副省长马麟召集有计划外烟厂的乐山、广元市和达川、黔江地区的市长、专员开会，认真检查 3 年来四川省关停计划外烟厂的工作，研究落实进一步做好关停计划外烟厂的有关问题。9 月 29 日，省政府发出《关于关停计划外烟厂和取缔卷烟批发自由市场的通知》，坚决关停黔江地区的石柱、彭水烟厂，达县地区的巴山烟厂，广元市的剑门烟厂，乐山市的乐山烟厂，其他地区拟建计划外烟厂的（包括计划外复烤厂），立即停止筹备工作。国家新批准的宜宾、泸州、武陵地方烟厂，其领导体制以地方为主，所在地政府严格按照《烟草专卖法》和国家对地方烟厂的规定，规范地方烟厂的生产经营行为，严禁超计划生产。10 月 25 日，省政府组织由省政府办公厅、省计委、省经委、省烟草专卖局 11 人组成的检查组对广元市剑门卷烟厂和达县巴山卷烟厂进行现场督促，剑门卷烟厂 11 月底前关闭，巴山烟厂 12 月底前关停，黔江地区行署行文停止对彭水、石柱烟厂贷款。同时，省政府发出《议事纪要》，要求石柱、彭水计划外烟厂必须关停转产，转产期间烟厂维持现状，卷烟只限在黔江地区内销售。

1995 年 6 月，省烟草专卖局得知五桥计划外烟厂仍未关闭、已停建的巫溪县计划外烟厂又恢复建厂工作时，立即派人赴万县召开协调会，万县市政府制定关闭两厂的实施意见，分阶段完成了关闭任务。

2000 年 6 月 26 日，省政府发出《关于立即制止原巴山烟厂非法生产卷烟的紧急通知》，指出巴山烟厂关停后，又恢复非法生产，必须坚决制止。2001 年 9 月，在省烟草专卖局现场监督下，该厂全部销毁生产设备，最终彻底关停。

（二）卷烟牌号、商标管理

1996 年 1 月 19 日，省烟草公司发出《关于我省烟草行业实行卷烟牌号准产证制度的通知》，向全省卷烟厂、雪茄烟厂下发国家烟草专卖局《烟草行业卷烟牌号准产证管理办法（试行）实施细则》，规定四川省卷烟牌号准产证暂实行准产牌号、临时准产牌号和新产品试销准产牌号 3 种，实行卷烟准产证制度的范围是国家计划内的 11 家卷烟厂和国家计划内的 3 家地方烟厂。企业在每年的四季度向省烟草专卖局生产管理处申报下年的准产牌号，报送该年度内申报牌号的有关资料。经审查后，符合准产证条件要求的，由省烟草专卖局向国家烟草专卖局报批确认发证；企业应在每年的四季度向省烟草专卖局生产管理处申报下年度的临时准产牌号。临时准产证有效期满3个月内，企业应向省烟草专卖局生产管理处申请办理临时准产证转为准产证，报送该牌号当年有关资料。经审核后，符合准产证条件要求的，由省烟草专卖局向国家烟草专卖局报批确认发证；企业应在每年的一季度将新产品开发或老产品改造的详细计划报省烟草专卖局审查批准。开发或改造完成后，企业向省烟草专卖局生产管理处报送开发或改造的结果资料（包括实物样品）并提交申报新产品试销准产证申请。经审核后，符合新产品试销准产证条件要求的，由省烟草专卖局向国家烟草专卖局报批确认发证。新产品试销准产证有效期满3个月内，企业应向省烟草专卖局生产管理处申请办理转为准产牌号，报送该牌号当年有关资料。经审核后，符合准产证条件要求的，由省烟草专卖局向国家烟草专卖局报批确认发证。

1996年10月18日，省烟草专卖局发出《关于下发〈四川省烟草制品商标使用管理实施细则〉的通知》，对四川省烟草制品商标使用管理制定实施标准和办法。规定商标注册申请必须是国家批准的烟草制品生产企业。省烟草专卖局生产管理处负责全省烟草制品商标的使用管理和监督。烟草制品设计严格按照《中华人民共和国商标法》《烟草专卖法》《烟草制品商标使用管理规定》中的有关要求来进行图案、文字、条形码等设计。办理商标注册申请的同时，到省烟草专卖局生产管理处办理商标审核事宜。报送材料包括：《商标注册申请表》、实用商标（包括条盒）、《各级部门审批意见表》。由中外技术合作和国内企业间技术合作开发的产品，须提交经国家烟草专卖局同意的有关合作协议，经省烟草专卖局审核盖章后报国家烟草专卖局生产管理处审核。商标经国家工商局商标管理处受理后，将所受理的初审号或公告号复印件报省烟草专卖局备案。商标注册证领取后，在1个月内填写《烟草制品注册商标备案表》存档。

烟草制品投产前，其商标所有者须将注册证、实用标识及成本配方材料，报省烟草专卖局审查。各企业办理准产证牌号须是具有注册证的商标。使用他人注册商标，须与商标注册人签订使用许可证，商标使用许可合同须在省烟草专卖局备案。

（三）卷烟纸管理

《烟草专卖法》与《实施条例》对卷烟纸的专卖管理规定为：生产卷烟纸企业的设立，须报国务院烟草专卖行政主管部门批准；卷烟纸生产企业只可将产品销售给烟草公司和持有烟草专卖生产企业许可证的烟草制品的生产企业，不得售予无许可证的单位或个人；任何单位或个人不得销售非法生产的卷烟纸，残次的卷烟纸由当地烟草专卖行政主管部门处理，不得以任何方式销售；跨省、自治区、直辖市运输进口卷烟纸（含分切）或国产卷烟纸，分别由国务院烟草专卖行政主管部门或其授权的机构、省级烟草专卖行政主管部门签发准运证；运输依法没收的走私卷烟纸由国务院烟草专卖行政主管部门签发准运证；在省、自治区、直辖市内运输卷烟纸，由省级烟草专卖局签发准运证；无准运证或超过准运证规定数量运输卷烟纸的视情节轻重分别给予收购、没收违法运输卷烟纸和违法所得的处罚；对无证生产经营卷烟纸的，由烟草专卖行政主管部门分别予以关闭、停产停业、公开销毁产品、没收违法所得，并处罚款等处罚。

1999年2月，国家烟草专卖局下发《卷烟纸专卖管理办法》，明确卷烟纸专卖管理范围和职责。国家烟草专卖局主管全国范围内的卷烟纸专卖管理工作，各省级烟草专卖局主管本辖区内的卷烟纸专卖管理工作；国家烟草专卖局授权中国烟草进出口总公司、中国烟草物资公司按各自工作范围负责卷烟纸进出口业务；烟草制品生产企业，只能从持有烟草专卖许可证的卷烟纸生产经营企业购进卷烟纸，不得购买走私卷烟纸和非正常渠道进口的卷烟纸；跨省、自治区、直辖市运输国产卷烟纸，由调出方省级烟草专卖局根据中国物资公司鉴章的购销合同签发准运证，或由调出调入双方省级烟草专卖局签发准运证。

2000年2月，国家烟草专卖局下发《关于坚决制止卷烟纸流入制假窝点的通知》，要求对全国卷烟纸生产经营企业进行专卖检查，凡非法生产经营卷烟纸的企业坚决取缔；向制假窝点提供卷烟纸的生产、经营企业取消其生产经营资格，卷烟生产企业向制假窝点提供卷烟纸的，国家烟草专卖局将进行严肃处理；各卷烟纸生产企业要采取防伪措施和其他易识别标志，以备对在制假现场查获的卷烟纸进行查验。

图4－8 2004年7月，四川省烟草专卖局（公司）、川渝中烟工业公司与四川省公安厅治安总队召开全省卷烟纸专项治理工作会，截断卷烟纸流入卷烟制假窝点的渠道

（四）滤嘴管理

烟用滤嘴材料包括烟用丝束（含醋酸纤维丝束和聚丙烯丝束）和滤嘴棒，《烟草专卖条例》及其《施行细则》规定，滤嘴棒属专卖管理品，其生产经营纳入专卖管理范畴，对滤嘴棒生产企业实行择优定点政策，并实行计划生产，其定点企业必须领取烟草专卖生产许可证。国家烟草专卖局于1989年5月转发国务院办公厅《关于加强烟用滤嘴材料进出口管理的批复》，规定经营滤嘴材料进出口的公司，每半年签约一次进口滤嘴材料，其申请表由中国烟草进出口总公司填写。申请表经国家烟草专卖局批准后，由中国烟草进出口总公司统一向经贸部申领进口许可证。同年11月，国家烟草专卖局以公告的形式发布具有滤嘴材料进口权的单位名单，同时还对直接参与对非法进口经营烟用滤嘴材料的单位进行调查与处理。

1990年，国家烟草专卖局与铁道部、交通部、中国民用航空局联合下发《关于加强烟草专卖品运输管理的通知》，规定滤嘴棒的运输必须持有省级以上的烟草专卖局开具的准运证。

1991年5月，国家烟草专卖局下发《关于加强聚丙烯丝束及滤嘴棒专卖管理的通知》，强调对烟用聚丙烯生产企业实行择优定点，定点企业必须领取烟草专卖生产许可证，无证者一律不得生产。定点企业要坚持以销定产的原则，严格执行生产计划，不得超产，对聚丙烯丝束实行计划分配，不得乱渠道进供货。

1993年12月，国家烟草专卖局下发《关于加强烟用滤嘴材料专卖管理的通知》，再次公布具有烟用滤嘴进口权的企业名单，重申办理进口许可证及洽谈进口业务的具体程序要求，强调对烟用滤嘴材料的运输实行准运制。1994年，国家烟草专卖局成立中国烟草滤嘴材料公司，负责对定点生产烟用丙纤滤嘴材料企业的计划、生产、销售、质量等方面的归口管理。

1994年10月11日，省烟草专卖局发出《关于加强我省卷烟滤材、卷烟纸归口管理的通知》，对四川省卷烟专卖品辅料丝束、嘴棒、卷烟纸归口管理问题作出规定。全省卷烟滤材（丝束、嘴棒）、卷烟纸由四川省烟草物资公司负责专营和归口管理，其主要包括计划分配、经营和管理、调拨运输、生产加工、合同签章等项工作；四川省烟用丝束、嘴棒、卷烟纸申办准运证的程序为：省烟草物资公司审核，省烟草专卖局专卖处办证，申报单位要凭符合规定的合同申报；省内烟厂专卖品辅料（丝束、嘴棒、卷烟纸）因特殊情况需要自行解决的，应经省烟草公司同意后由物资公司协调和签章执行。

1995 年 3 月 16 日，省烟草专卖局公布《四川省卷烟配套材料经营管理暂行办法》，规定四川省烟草物资公司是四川省烟草专卖局（公司）赋予经营和管理省内卷烟配套材料的职能部门。四川省卷烟配套材料管理的品种主要有卷烟滤嘴材料、卷烟纸、透明包装纸、铝箔纸、喷镀铝纸、金拉线、水松纸、嘴棒成型纸。

卷烟配套材料经营管理的形式分为归口经营管理、联合经营管理和指导性管理。

1996 年 8 月，国家烟草专卖局下发《关于进一步加强行业内部管理堵塞走私烟用丝束流入烟草企业渠道的决定》，重申烟用丝束进口、经营必须严格遵守烟草专卖法规及国家有关政策，并提出对烟草行业内企业参与丝束走私活动的人员要从严处理。

1997 年 5 月，国家烟草专卖局下发《关于强化烟草行业的内部专卖管理若干规定（试行）》，对烟用滤嘴材料的生产、销售和进口等方面再次做了具体规定：烟用滤嘴材料生产企业，须将产品销售给有经营权的烟草公司和持有烟草专卖企业许可证的烟草专卖品生产企业；卷烟厂只能从有经营权的烟草公司和持有烟草专卖生产企业许可证的企业购进烟用滤嘴材料，滤嘴棒厂一律不准自行购进丝束；滤嘴材料厂不得将滤嘴材料销售给无烟草专卖生产企业许可证的单位或个人；烟用滤嘴材料进口权属于中国烟草进出口公司及所属公司，海南省、深圳市烟草公司只准进口特区内烟厂自用部分丝束；烟用滤嘴材料实行进口许可证管理，进口许可证由中国烟草进出口总公司凭国家烟草专卖局的批件，统一到经贸部申领，烟草企业不得以边贸、易货、捐赠等形式进口烟用滤嘴材料；中国烟草进出口总公司统一负责进口烟用滤嘴材料的业务工作。当年 7 月，《烟草专卖法实施条例》详细规定无证生产经营及运输烟用滤嘴材料等违法行为的行政罚则。

1999 年 12 月，国家烟草专卖局下发《烟用滤嘴棒委托加工及经营管理办法（试行）》和《烟用聚丙烯丝束管理办法（试行）》。《烟用滤嘴棒委托加工及经营管理办法（试行）》对委托加工的范围和办理程序，被委托加工企业的管理，烟用滤嘴棒的价格、运输、进出口与对外经济技术合作等，作了详细的规定。《烟用聚丙烯丝束管理办法（试行）》对聚丙烯的生产、销售、运输、进出口贸易、对外经济技术合作等方面作了具体的规定。

2000 年，国家烟草专卖局下发《关于加强丙纤丝束、滤嘴棒生产企业专卖管理的通知》，要求在全国开展对丙纤丝束、滤嘴棒生产企业的专卖检查，对查出违法违章问题的企业按照《烟草专卖法》及有关规定严肃处理；凡查出向非法烟厂提供丙纤丝束及滤嘴棒的企业取消其生产许可证。

2003 年 4 月，国家烟草专卖局在四川召开"打拼联席会议"，全省对卷烟纸、丝束、滤嘴棒生产企业进行了严格的清查整顿，加强了监管。

（五）烟机管理

1986 年 1 月，国家烟草专卖局发布公告，重申对烟机实行专卖管理有关规定，8 种烟机的生产企业须按规定申请领取卷烟机械设备分配通知单（以下简称"通知单"），凭通知单到供方签订购销合同，无通知单所签合同无效；烟机的调拨，包括关停烟厂的烟机调拨处理，也须按这一规定办理；烟机及其零配件的进口业务由中国烟草总公司统一管理和审批，烟机进出口贸易业务由中国烟草进出口公司及其分公司办理；无卷烟机械设备分配通知单自行购置、自行销售烟机者，一经查出，予以没收，吊销其烟草专卖生产许可证，并按有关规定处理；未经批准，企业一律不得对外签订合同或协议等，也不得委托其他外贸部门办理烟机进出口业务；进口烟机及其零配件必须报经中国烟草总公司审核并加盖设备进口审查专用章，违者予以没收。

1988 年 8 月，国家烟草专卖局针对烟机专卖管理发布第二个公告，扩大烟机专卖范围，在原有 8 种机械的基础上增加滤嘴成型机、压梗机、白肋烟处理机、烟丝膨胀线、梗丝膨胀生产和烟草薄片生产线 6 种；公布领证企业的名单和第一批淘汰的烟机设备名称，要求从公布之日起一律停止生产和销售；同时提出经济处罚、没收产品及吊销生产许可证等行政处罚。

1989 年 5 月，国家烟草专卖局发出《关于对部分烟厂违反〈烟草专卖条例〉的处理决定》，其中涉及四川省成都卷烟厂等 6 家企业。1989 年 5 月 25 日，省烟草专卖局发出通知，要求凡被点名通报批评的烟厂，必须坚决执行处理决定，在 6 月 15 日前将罚款直接汇国家烟草专卖局，并将对处理决定的执行情况用书面材料报省烟草专卖局。违反《烟草专卖条例》所购烟机，凡未投产使用的应尽快退货，未实现的合同应立即中止。

1991 年，《烟草专卖法》将烟草专用机械列入专卖品序列，并规定，烟草专用机械是指烟草机械设备的主机（不包括部件零配件）；企业生产不得超越行政许可的地点、时间、品种；严格执行特定销售对象与限定销售范围的原则，不得超范围供货；运输须持有专卖品准运证；对无证生产的违法行为的行政罚则等。

1991 年 12 月，国家烟草专卖局发出《关于授权四川省烟草专卖局处理广东汕头万达香烟滤嘴有限公司倒卖烟机一案的通知》，根据四川省宜宾市烟草专卖局 12 月 2 日《关于查扣汕头万达香烟滤嘴有限公司倒卖卷烟滤嘴成型机一案》的报告，依法授权四川省烟草专卖局没收卷烟滤嘴成型机由总公司另行分配。

1992 年 8 月，国家烟草专卖局再次公布实行专卖管理品的烟草专用机械名录，共计 28 种，即真空回潮机、切尖解把机、润叶机、润梗机、烟用喂料机、打叶机组、烟用加料机、加香机、储叶柜、储梗柜、蒸梗机、压梗机、切丝机、烟用加温加湿机、烘丝机、冷丝机、烟丝膨胀装置、白肋烟干燥机、烟丝输送装置、烟用复烤机、烟用液压打包机、卷接机组及其单机、包装机组及其单机、滤棒成型机组及其单机、烟用装箱装置、烟丝回收装置、烟草薄片生产线。

1994 年 7 月、1996 年 9 月，国家烟草专卖局下发《关于进一步加强烟机专卖管理的通知》《国家烟草专用设备机械设置审批暂行规定》，要求各省级烟草专卖局必须加强对烟机生产的专卖管理，必要时可向烟机定点生产企业派驻厂员；烟机生产企业应严格依法生产、经营并接受烟草专卖管理部门的监督、检查；烟草制品生产企业，须严格遵守关于烟机购置、转让、大修、淘汰、报废等方面的规定，接受烟草专卖管理部门的监督检查；烟机运输必须持有国家烟草专卖局签发的准运证；各地查获的烟机案件要逐级上报国家烟草专卖局，不得擅自处理，国家烟草专卖局将视具体情况直接组织查处或授权省级烟草专卖局查处；在卷烟“打假”中查获的烟机要追查来源，并由省级烟草专卖局监督销毁。

1997 年 5 月，国家烟草专卖局在《关于强化烟草行业内部专卖管理的若干规定（试行）》中，分别对烟机的生产、销售、进口、报废、淘汰等方面的管理作具体规定，并特别强调报废烟机及没收的无使用价值的烟机由省级烟草专卖局监督销毁，淘汰烟机及没收的尚有价值的烟机由国家烟草专卖局统一进行调剂。同年7月，国务院颁发的《烟草专卖法实施条例》增加对烟机转让、淘汰、报废等方面的管理规定，对违反规定的行为制定了行政罚则。

1999年1月，国家烟草专卖局发布《烟草专卖机械专用管理办法（试行）》，分别对烟草专用机械的专卖管理机构及其职责，烟机生产、经营、调拨、大修、报废、进出口、运输、特定部件等方面的专卖管理逐一作了详细规定。同年4月，国家烟草专卖局公布特定烟机部件名录13种，规定其烟草专卖生产企业许可证由国家烟草专卖局发放。8月，国家烟草专卖局公布了第一批烟机大修理定点企业名录，并为其发放烟草专卖生产企业许可证。

2001年1月，省烟草专卖局开展打击非法拼装、倒卖烟叶团伙的工作。省烟草专卖局专卖处及时组织人员对温江县两个机械厂及成都市两个烟机配件厂进行检查。内江、绵阳、德阳、泸州市专卖局在有关部门配合下，对本地机械厂企业开展摸排。6月，认真清查了陕西省郭某出卖到四川省郑某、彭某烟机的线索，南充市烟草专卖局以此抓捕涉嫌人员5人。

2003年，全省将打击拆装烟机的违法活动作为2003—2005年专卖管理阶段性工作一项目标。4月，以国家烟草专卖局在四川召开“打拼联席会议”之机，彻底摧毁了成都地区非法生产拼装倒卖烟机团伙。

第四节　专卖管理模式创新

一、户籍化管理

2000年，省烟草专卖局要求专卖工作和市场服务工作相结合做到城乡的零售摊点，对持有烟草专卖零售许可证的卷烟经营户实行“户籍式”管理（2001年后改为“户籍化”管理）。烟草专卖“户籍式”管理以销售网络为中心，定点专销为主线，以净化市场和提高市场占有率为目标的系列管理措施。成都市烟草专卖局首先在市内各区试行烟草专卖“户籍式”管理新模式并收到良好的成效。

图4－9　2001年4月，成都市烟草专卖局局长、经理胡存忠（左二）向省内市（州）烟草专卖局介绍实行“户籍化”管理的办法

2001年，省烟草专卖局总结和吸取成都市烟草专卖局“户籍化”管理经验，制定下发《卷烟市场户籍化管理实施办法的通知》，规定经烟草行政主管部门批准，领取烟草专卖零售许可证或特种烟草经营企业许可证，从事国产卷烟、外国卷烟（含雪茄烟）零售经营的单位和个人均为卷烟市场户籍化管理的对象；“户籍化”管理工作的主要内容由以下图表和责任书体

现，即："经营户登记表"《经营户名册》《经营户分布图》《户籍管理档案》"户籍员市场检查日程表"《户籍员市场检查日记录》"户籍员市场监督情况反馈表""片区稽查中队市场检查日程表""片区稽查中队市场检查记录""经营户违规调查表""经营户进货量统计表"和《户籍化管理目标责任书》。"户籍化"管理的基本做法是实行集中检查与分片稽查的运行机制；做好清户调查、核证签约、建档分类的基础工作；在户籍人员分片管理辖区基础上，由县（市）、区烟草专卖局（分局）专卖科、烟草稽查大队对辖区进行管理；建立健全专销结合联系制度；引入激励竞争机制，建立科学的考核制度，加强监督检查工作。《实施办法》6月份在全省全面推开。各市（州）烟草专卖局学习成都烟草专卖局专销结合的经验，积极推行本地区的"户籍化"管理。专卖管理人员和稽查队员分片稽查与集中检查相结合，在分片稽查时，稽查员与访销员一对一配备，分片包干到户，定制检查，记录在案；在集中检查时，稽查大队，中队统一行动，有重点地出击。各市（州）烟草专卖局的"户籍化"管理普遍在城区铺开，绵阳、广元、德阳、眉山、南充、中江等城市取得明显效果。

2002年，在实施"户籍化"管理工作中，各市（州）烟草专卖局结合本地实际，找准突破口，创造性地开展工作。一是进一步细化流程和操作办法。雅安市烟草专卖局对每个经营户实行"五个一"管理：一户一证（卷烟零售许可证）、一户一码（全国统一编排的编码）、一户一档（经营户档案）、一户一书（送货协议书）、一户一卡（持卡售烟），并将经营户分为A、B、C三类实行动态管理。广安市烟草专卖局制定下发《广安市烟草专卖局卷烟市场户籍化管理办法》，深化细化运作流程，得到国家烟草专卖局的肯定。二是开展了对卷烟零售户的重新整合和合理布局工作。绵阳梓潼县卷烟配送中心在对市场充分调查研究的基础上，合理布局卷烟零售经营户，提高网络运行质量。泸州市烟草专卖局先后在龙马潭区、江阳区成立具有社团法人资格的卷烟经营者协会，把零售户有效地组织起来，使其自觉守法经营，也为统一卷烟零售价格走出一条新路子。三是启动农村百万人口大县实施"户籍化"管理的工作。成立领导小组，下发实施意见，推动农村卷烟市场专销结合工作，三台、仁寿、简阳、渠县、富顺等市县的"户籍化"管理大幅提升，市场占有率达到80%以上。四是在全面实施"户籍化"管理中，开展卷烟市场净化率达标活动。确定净化率的考核办法、方式，其中达州市净化率达到93%，泸州市达到94%，宜宾市达到95%。

2003年，根据西部地区的特点和历史原因，在大量市场调查研究的基础上，取缔多次违规户，建立健全户籍档案，合理布局卷烟市场零售户，全省从29.5万售零户减少到25万户左右。

2005年，进一步调整和优化卷烟零售户布局，结合许可证核发工作，在成都、眉山、南充、泸州市属开展试点工作，制定合理布局方案，全省零售经营户从25万精减到20万户。在全面提升"户籍化"管理水平的基础上，推进"户籍化"管理向诚信等级管理转变。加强落后地区专销结合，进一步完善城区市场"户籍化"管理中，把提高"户籍化"管理水平的重点转向乡镇农村网点和批发部，做到先进地区和后进地区、城区和农村整体协调发展，逐步使诚信等级管理模式达到管理目标化、制度化、程序化，实现优质服务。

二、社区（村级）和零售户协会管理

2003年，省烟草专卖局（公司）专卖处、卷烟销售公司等部门，推广成都、眉山、泸州分公司烟草专卖以社区管理和零售户协会为主要方式的管理模式，为探索新型的专卖管理提供一条思路。成都分公司在不少单位通过成立零售户协会，以社区管理、零售户联锁经营等方式加强零售户队伍建设。在当地政府和有关单位的支持下，将零售户组织起来，建立健全制度，开展法制教育和诚信服务教育，与零售户一同维护烟草市场秩序。眉山分公司实行零售户协会管理办法后，零售户、当地政府和烟草公司的盈利水平都有提高。泸州分公司从2002年开始，在龙马潭区和江阳区开展零售户协会管理的试点，取得成功经验后，在全市推开，其经验在全省多地广泛推广。资阳市局在广泛征求意见的基础上，按有关法律程序成立了市、县（区）卷烟经营者协会，每月印发零售价格信息，对零售户销售价格进行指导，防止低价倾销和不正当竞争，保证零售户的稳定收入。随着零售户收入提高，非法渠道进货现象明显减少，举报信息大量增多，遏制了暗流的冲击。协会成立后，进一步深化同业自律、互动管理的实践。

图4－10 2005年4月，武胜县烟草专卖局积极宣传社区管理模式。图为该局职工向市民散发宣传资料

2004年，全省各地在不断总结推广烟草零售户协会办法的基础上，推进社区管理，促进市场监管水平的提高。广元市烟草专卖局把卷烟零售户协会作为专卖管理的平台，从过去单一的管理转变为服务型管理，增强了经营户的凝聚力。广安市烟草专卖局不断完善社区管理工作，推行村级化管理模式，较好地解决了农村市场执法难的问题。

开展社区和零售户协会管理的实践，在省内各地产生较大影响。

三、川渝联防联管

川渝两省市烟草市场边界毗邻之间，一度存在违法经营、制假售假违法行为。为此，川渝两省市局广泛调研，建立专卖管理联防联管的专销协作机制，共同维护边界地区烟草市场秩序。具体做法是：统一思想，制定措施。2003年12月，签订《川渝烟草专销协作意见书》；2004年2月，省市烟草专卖局（公司）联合召开川渝烟草专销协作会议，下发《川渝烟草专销协作的实施意见》。川渝专销各协作片区按照两省市局专销协作办公室的要求，先后采取专卖、销售以及部分新闻单位参加的检查组开展相互间的明查暗访工作，分别组织25人对各片区协作情况进行全面检查，发现问题督促整改，确保专销协作工作的质量。由于建立毗邻间的互动机制，有效解决了过去难以解决的执法死角。一、二、三片区通过联合执法，查获了多起无证运输案件，查处无证经营户50余户。三片区在达州市烟草专卖局的协调下，大竹县、梁平县烟草专卖局加强合作，彻底取缔大竹石桥卷烟批发市场。清理流动摊点8户，一证多摊10户，取缔无证经营户15户，捣毁制假窝点3个，查获假冒卷烟120余件，抓获制贩假人员14人，石桥卷烟市场专项整治达到两省市烟草专卖局的要求。

四、市场监管长效机制

2002年，省烟草专卖局（公司）加强专卖基础工作，努力实现专卖管理方式和手段的创新。按照国家烟草专卖局制定的《烟草专卖行政处罚案卷标准》，专卖执法人员严格办案程序。认真组织全省专卖管理信息系统软件开发和推广工作，构建专卖管理信息网络平台，提高专卖管理工作的效率和质量，更新专卖管理理念。

2003 年，省烟草专卖局（公司）将信息网络建设作为重要工作来抓，经过一年的努力，实现全省专卖软件的开发、推广和全面启动。10 月 1 日起，国家烟草专卖局专卖监督管理信息子系统由国家局、省局二级改为国家局、省级局、市（州）局三级，并启用该系统发布、上报各级综合信息、通知、填报专卖统计数据报表和专卖大要案信息。从 12 月起，全省实现县级局网上办证。

2004 年，专卖信息网络全面启动并得以规范。全省专卖队伍建设情况、证件办理、卷烟“户籍化”管理、各单位协会和社区管理、各案件报表以及卷烟销售情况都通过专卖信息软件完成和查询各种信息，行业管理工作得到全面规范。

2005 年初，省烟草专卖局召开打假工作座谈会，制定下发《关于进一步打击制售假冒卷烟违法活动的通知》，贯彻落实打假工作联席会议、大案督导、法律研究、信息通报、培训宣传 5 大制度，做到组织机构、职责分工、工作措施、工作要求、工作目标落实。4 月，省烟草专卖局与省高院、省检察院、省公安厅制定下发《关于建立烟草制品打假协作机制的通知》，进一步明确了 4 部门协作打假的职责和措施；各市（州）烟草专卖局认真落实打假协作机制，丰富协作机制的具体内容，形成了强大的打击合力。省烟草专卖局与省公安厅制定下发《关于建立打击制售假烟网络工作机制的通知》，出台工作方案。各地积极采取有效措施，成功破获了一批有影响的制售假烟网络案件。从 4 月起，成都市烟草专卖局经过 6 个多月的精心组织，联合公安机关出动 100 余人，分路出击成功摧毁生产、运输、配送假烟网络，查获制假窝点 2 个，假烟储存仓库 6 个，挡获违法犯罪嫌疑人 13 人，查处零售终端 20 个，假冒卷烟 11.5 万箱，案值 230 余万元。10 月，在省烟草专卖局的统一组织下，德阳市烟草专卖局在仙桥村查获一大型制假窝点，现场查获 YJ-14 卷烟机和 YJ-23 接嘴机，假冒卷烟 7 万箱及大量原辅材料，随后根据假烟流向，查处售假零售终端 30 余个，得到国家烟草专卖局的肯定，显示了打假长效机制的威力。

在 2005 年烟叶收购季节，省烟草专卖局与省公安厅召开联席会议，制定下发《关于进一步严厉打击非法贩运烟叶（烟丝）违法行为座谈会纪要》，坚持打假长效机制，严格处罚标准，有力保证了正常的烟叶流通秩序。成都、资阳、凉山等市（州）烟草专卖局紧密结合卷烟纸、滤嘴棒和废弃烟梗烟末的专卖管理工作，加大源头治理力度，切断原辅材料流入制假窝点的渠道。同时，各市（州）烟草专卖局加强与司法部门的沟通协调，通过烟草与司法部门密切配合，快速抓捕追刑制假贩假犯罪分子，提高办案质量，确保打击到位。2005 年，南充市烟草专卖局通过运行打假协作长效机制，首次对本地贩卖假烟犯罪分子实现追刑。

图 4－11　2005 年 4 月，四川省烟草专卖局召开烟草专卖管理工作会，贯彻落实打假联席会议精神，建立市场监管长效机制

第五篇　行业管理

在管理工作上，四川烟草行业行政管理水平全面提升，不断由传统管理向现代管理转变。尤其在“十五”期间，以财务管理为龙头，加强企业内部管理；以信息化建设为支撑，改变传统的管理方式；以理顺产权关系为突破口，实现行政管理到资产管理的转变；以战略管理研究为基础，构建现代企业管理框架，使全省烟草逐步走向规范有序、诚信自律的发展道路。经营管理机制的创新，顺应了烟草市场消费现代化的发展；现代产权制度的建立、现代流通企业构建、市级公司经营主体建立与信息化体系建设应用，集中体现出四川烟草行业管理创新所产生的优秀成果。

第一章　行政管理

第一节　计划管理

一、行业发展规划

四川省烟草公司根据五年计划或中长期计划的安排，制定和下达每年全省烟草行业计划。烟草行业计划包括各年的烟叶生产、收购、调拨、储备计划，省外烟叶调入计划，卷烟生产计划，各烟厂卷烟调出省外、库存控制计划，醋纤丝束分配计划，卷烟纸分配计划，各分公司卷烟销售、省外调入、库存计划等。此外，还要编制和上报一年一度的烟草综合计划。综合计划的内容包括“三烟”（烤烟、晒烟、白肋烟）种植面积和收购计划、卷烟生产计划、卷烟销售计划以及卷烟工商库存控制计划（卷烟年末库存控制数）、基本建设计划等。

1985 年 3 月，四川省烟草公司向中国烟草总公司上报《关于我省烟草行业“七五”发展规划的报告》，计划到 1990 年，四川烟草工业总产值为 12.60 亿元，卷烟产量为 200 万箱，雪茄烟产量为 100 万箱，烤烟产量为 200 万担，晒烟产量为 50 万担，白肋烟产量为 20 万担，卷烟销售量为 260 万箱，税利收入为 9.30 亿元，均比 1985 年计划有大幅度增长。《四川省烟草行业“七五”发展规划》要求，加快现有卷烟工业的改扩建和技术改造，扩大生产能力；发展“三烟”，把四川建成优质烟叶生产基地和出口基地；大力搞好经济技术协作，赶上全国先进水平；继续扩大地产卷烟的销售，提高地产卷烟的销售比重。

1985 年 5 月，四川省烟草公司下发《关于编报“七五”建议计划的通知》。7 月 11 日，省烟草公司向省计划经济委员会、中国烟草总公司报送《四川省烟草行业“七五”期间主要指标建议计划》。计划到 1990 年，工业总产值计划达到 12.60 亿元，卷烟计划产量达到 180 万箱（其中重庆 40 万箱），卷烟销售量为 240 万箱（其中重庆为 55 万箱），烤烟收购量计划为 200 万担，税利计划到达 9.30 亿元。此外，“七五”期间固定资产投资计划 3.2 亿元（不包含重庆），其中基建 2.24 亿元、技改 0.96 亿元。对成都卷烟厂、四川卷烟厂和什邡烟厂进行重点技术改造，从国外引进关键性技术装备。

1986 年 8 月，结合四川烟草行业有原料、有市场、销大于产的实际情况，省烟草公司向省政府提出振兴四川烟草行业“八五”发展规划。计划到 1995 年，工业总产值 21 亿元，卷烟产量 250 万箱，雪茄烟产量 25 万箱，烤烟收购量 12.5 万吨，晒烟收购量 3.3 万吨，白肋烟收购量 2.5 万吨，卷烟销售量 280 万箱，税利 17 亿元，“八五”期间累计实现税利 71 亿元；到 2000 年，工业总产值 29 亿元，卷烟产量 310 万箱，雪茄烟产量 30 万箱，烤烟收购量 18.5 万吨，晒烟收购量 3.5 万吨，白肋烟收购量4万吨，卷烟销售量310万箱，税利25亿元，“八五”期间累计实现税利110亿元。

1990年6月，四川省烟草公司向中国烟草总公司报送《四川省烟草行业“八五”发展规划设想》，提出“八五”期间发展的基本任务和重要目标：工业产值20亿元，收购烟叶19.5万吨，卷烟产量240万箱，卷烟销售290万箱，实现利税24亿元，“八五”期间累计实现利税100亿元。实现“八五”规划目标的主要措施：发展烟叶生产，建设优质烟叶和出口烟叶基地；加强管理，提高卷烟生产水平；加快技术改造，更新设备，增建配套设施；改善配套材料供应，加强卷烟配套材料生产基地建设，初步形成配套材料的供应体系；积极开拓市场，努力扩大卷烟销售；建立和完善科研机构，推动科技进步，依靠科技兴烟；加强基础管理，深入开展“双增双节”活动；大力引进人才和提高职工队伍素质；进一步强化专卖管理，加强宏观调控，搞好综合平衡。

1995年4月，省烟草公司召开全省计划工作会议，传达国家烟草专卖局“九五”计划的基本框架，提出四川省“九五”计划的基本思路，布置“九五”计划的编制工作，就《四川省烟草行业“九五”发展计划》进行了讨论。

1995年11月7日，四川省烟草公司向国家烟草专卖局上报《四川省烟草行业“九五”发展计划》，提出“一改革两提高”的发展思路，以技术进步为中心，深化改革，加强宏观调控，调整企业组织结构，组建企业集团，实现规模经济；在专卖体制下，推进烟草市场经济体制改革，提高农工商贸各方面的科技水平、生产经营水平和经济效益水平；充分发挥四川市场的优势、原料潜力和工业基础，促进企业全面、协调、持续、健康的发展。计划到2000年，卷烟产量185万箱，全省（含重庆）实现税利50亿元，出口卷烟5万箱，出口烟叶0.7万吨，创汇1000万美元。“九五”计划期间固定资产投资总规模20亿元，比“八五”期间增长43.9%。

1996年，在总结“八五”计划完成情况和经验的基础上，先后通过5次局长办公会、3次厂长经理座谈会讨论修改，完成全省烟草行业的《“九五”发展规划》修订工作。此外，完成与重庆市划分烟草计划的方案。

1996年9月，四川省烟草专卖局向国家烟草专卖局上报《关于加快四川烟草行业的建议》，初步提出四川烟草2010年远景目标：卷烟产量170—200万箱；卷烟销量220—250万箱（含调省外和出口）；实现工商利税90亿元，单箱工商利税5000元。

1997年，中央对四川省行政区划进行调整，重庆成为中央直辖市。8月11日，四川省烟草公司制定《四川省烟草行业2010年远景发展规划》。到2010年，实现工商税利80亿元，全省烟草经济达到全国平均水平。1997—2010年，全省烟草工业完成总产值100亿元，实现税利80亿元，年均生产卷烟140万箱，销售卷烟200万箱，生产和收购烤烟17.5万吨，建成攀西、川南两大优质烟叶基地，组建以成都、什邡、西昌3个大中型烟草工业企业为龙头，集烟叶收购、加工、卷烟生产、销售和发展多种经营为一体的企业集团公司，建设名优产品、基建技改、科技创新、人才工程，搞好市场、法制、资金、多元化经济、政治保障。

2000年，经四川省烟草发展领导小组会议讨论，省烟草专卖局上报《四川省烟草行业“十五”规划（草案）》，提出“十五”期间全省烟草行业改革发展的指导思想和总体目标，制定完成目标任务的总体思路。“十五”期间，四川烟草行业将走“结构效益型”的发展道路，搞好企业组织结构、产品结构、市场结构、产业结构调整，实现初步建成烟草强省目标。2005年，卷烟产量150万箱，卷烟销售200万箱，烤烟种植75万亩，收购烟叶10万吨，全省平均单箱耗烟叶38公斤以下，出口卷烟1万箱，出口烟叶0.5万吨，创汇1200万美元。“十五”计划固定资产投资总规模18亿元，多元化经营实现税利2亿元，实现工商税利50亿元。

1986—2005年四川省烟草行业“七五”至“十五”计划主要指标统计表

表5－1

计　划	制定年份	工业总产值（亿元）	卷烟产量（万箱）	卷烟销售量（万箱）	税利收入（亿元）
“七五”计划	1985	12	200	240	10
“八五”计划	1990	20	240	290	24
“九五”计划	1995	—	185	—	50
“十五”计划	2000	—	150	200	50

二、卷烟经营计划

20世纪80年代初，四川省卷烟流通体制为：每年初省烟草公司按中烟总公司下达的计划数，向工厂下达生产计划，向各烟草分公司下达销售计划，其中包括地方烟计划；烟草分公司将销售计划分配到各区县烟草公司；各区县烟草公司根据计划提出具体的要货品牌、数量；烟草分公司汇总后向烟厂统一订货。省烟草公司每半年组织一次订货会，厂商直接见面，签订合同，落实销售计划。经营二级批发业务的烟草分公司，根据省烟草公司下达的商品流转计划，实行计划管理，对二级批发业务实行独立核算自负盈亏，单独编制会计报表和财务计划，执行商业财务会计制度。

1985年，省烟草公司规定：供需双方的卷烟、雪茄烟购销合同，只限本系统内，对本系统外非经批准的直接批发单位一律不许签订，生产厂不能签订卷烟自销合同；各烟草分公司要根据省烟草公司下达的省内烟控制数全部分配给所属县烟草公司，县烟草公司根据烟草分公司下达的控制数，在成都、绵阳、内江、德阳、万县、涪陵6个产地烟草分公司看样，提出要货计划；交主管烟草分公司平衡汇总后，统一向产地烟草分公司衔接计划，签订合同。所签合同的调拨价格，在不低于出厂价和不高于批发价的幅度内，实行按批量协商作价的办法；雪茄烟自由订货，不下达控制指标，但必须签订合同。

1985年6月，省政府发出《关于严禁从省外计划外调进卷烟的紧急通知》，要求各县不得擅自购计划外省外烟，如私自购进计划外省外烟，除减扣省外烟正式计划外，要追查领导责任。

1986年，中国烟草总公司规定二级批发（市级烟草分公司）在全国范围内选择进货和供货，三级批发（县烟草公司）根据省级公司的计划安排，有权在省内选择进货。卷烟经营采取“计划分配与选购相结合”的调拨办法，并对调拨计划实行“合同制”，由买卖双方（指省际）签订购销合同，经中国烟草销售公司监约执行，改由省烟草公司分配调拨计划的流通形式为全国产、销地烟草分公司（二级调拨企业）在总公司购销管理办法指导下进行业务往来、互相调拨、调剂余缺的流通体制，各县级烟草公司在省内可选购地产卷烟，相互调剂。

1988年，卷烟二级批发在全国放开，三级批发在全省放开，分别在全国和全省范围内看样订货，合同购销。将二级调拨职能从分公司划给工厂，先后在全省卷烟工业产地成立了由烟厂直接经营的卷烟调拨站，实行单独核算，直接经营本厂卷烟产品的调拨业务，烟厂走上市场，参与竞争。

1992—1994 年，全面放开三级批发和卷烟零售价格。烟草商业二级企业（分公司）可面向全国订货，三级企业（区、县公司）可面向全省乃至全国订货。自此，国家烟草专卖局每年组织一次全国订货会，全国各地卷烟厂和卷烟商业企业均可派代表进行交易，签订合同。1995 年，四川省各烟草分公司及部分县、区公司进入北京、昆明两个交易市场，面向全国交易、订货。

1995 年，建立和完善由烟草公司直接控制的卷烟批发网络，在农村理顺三级公司以下流通渠道，各县烟草公司在乡镇设批发站（点），同时兼营零售业务。1996 年，省烟草公司成立省卷烟批发调剂中心，各市、县烟草公司调拨计划全部在调剂中心签订。1997 年，省烟草专卖局从当年 5 月 15 日起，对省外日常调剂调入的卷烟（北京、昆明市场签订的合同除外），须持《烟草专卖准运证申报表》，报经主管部门批准后，由省卷烟批发调剂中心打印合同，并按交易额收取 1.5% 的手续费。

1997 年 12 月，省烟草专卖局对计划外省外卷烟调剂调入管理作新规定：调剂调入品种限定在省烟草公司允许调入的品牌范围以内，经营毛利率 20% 以上；烟草分公司按规定填报申请表，省卷烟销售公司签批，省卷烟批发调剂中心按单打印合同，并按调剂货源金额的 0.3% 缴纳交易手续费，省烟草专卖局办理准运证。计划外省外烟调剂调入的考核纳入经理经营目标考核范围。

1999 年，按照省烟草专卖局规定，县级烟草公司不再参加全国订货会，统一由烟草分公司签订合同。

2000 年 4 月，省烟草专卖局发出《关于加强卷烟调剂销售管理的通知》，规定各商业企业卷烟调剂销售到省外，必须由各分公司或省卷烟销售公司统一组织，县级公司不准进行卷烟调剂；卷烟调剂销售出省不能亏损，必须在系统内单位之间进行调剂，将卷烟调拨运输到调进单位所在地，严禁向系统外大户调剂卷烟，对方烟草公司开出的增值税发票留底备查；各分公司调剂出省的卷烟必须单独列账，每月将卷烟调剂的有关资料上报省卷烟销售公司。

2000 年，四川省卷烟生产工厂按省烟草专卖局下达计划进行生产，生产出的产品出售给各烟草调拨站，按销售订货合同，向省内和省外调拨；省内销售按照订货合同，调拨销售到各分、县烟草公司，实行送货制，把货送到三级批发部门；由三级批发再批售给取得“烟草专卖许可证”的零售单位和个体经营户；省外销售按全国订货会上签订的合同，把产品运至当地烟草公司；国家对出口卷烟实行返税政策，卷烟通过烟草系统进出口公司或取得烟草进出口许可证的其他进出口公司出口。

2000 年 12 月，省烟草专卖局下达 2001 年卷烟销售、库存计划通知，全省总销售量为 182.1 万箱，其中省外烟销售 57.1 万箱，川烟销售 125 万箱，卷烟库存 15 万箱；2001 年 9 月，省局调整卷烟销售计划，将省外销售量调整为 52.1 万箱，川烟销售量调整为 130 万箱。

2002 年，省烟草专卖局下达 2002 年卷烟销售、库存计划指标，全省卷烟总销售量为 190 万箱；卷烟省外调入 60 万箱，调出省外 11.5 万箱；卷烟库存 23 万箱。

2003 年 1 月，省烟草专卖局下达 2003 年卷烟销售计划和卷烟控库指标，全省卷烟总销售量为 195 万箱，其中川烟销售量为 140 万箱，卷烟控制库存 14 万箱；同年 8 月，将卷烟销售计划由195 万箱调整为 200.9 万箱，调增的 5.9 万箱全部为省外烟。

2004 年，省烟草专卖局（公司）下达全省卷烟销售计划为 195 万箱，其中川烟计划 135 万箱，省外烟计划 60 万箱，库存计划 14 万箱。

2005 年，全省卷烟销售计划为 200 万箱，其中川烟收购、销售计划 122 万箱，省外烟调入、销售计划 78 万箱，库存计划 14 万箱。

图 5－1　元旦、春节为卷烟销售旺季，烟草工商企业抓住有利时机做好卷烟销售工作。2002 年 12 月，全省完成卷烟销售 190 万箱计划

三、烟叶生产经营计划

烟叶是一直纳入计划经营的商品。1981—1983 年，四川省委、省政府先后发文规定，烤烟、晒烟实行派购基数办法，一定三年不变。1990 年，省计划管理商品中，烤烟仍属计划管理品种，直至 2005 年未变动。

四川省烟草公司成立后，要求各地在制定下年烟叶生产经营计划时，必须把年度计划安排和五年发展计划有机结合起来，以实现全省烟叶生产经营持续、稳定、协调发展。产、供、销计划以提高经济效益为中心，将计划和市场有机结合起来，以科学合理的计划指标指导全省烟叶生产经营工作。烟叶生产、收购计划根据国家的计划进行调整分解，及时下达，保证生产经营工作的顺利进行。

1985—2005 年四川省历年烟叶生产、收购、调拨计划指标统计表

表 5－2　　单位：万担

年　份	烤烟生产	晒烟生产	烤烟收购	晒烟收购	省外调入	调出省外
1985	80.00	58.00	80.00	39.50	10	10.00
1987	—	—	160.00	55.00	—	58.00
1988	160.00	72.80	160.00	55.00	—	—
1989	200.00	70.00	200.00	42.00	—	—
1990	200.00	70.00	200.00	45.00	—	143.00
1991	200.00	70.00	200.00	45.00	—	126.00
1992	300.00	70.00	300.00	45.00	—	—
1993	—	—	395.00	150.00	60	80.00
1994	—	—	314.00	45.00	—	—
1996	300.00	21.00	300.00	21.00	—	—
1997	154.00	17.00	154.00	17.00	—	—
2000	—	—	108.67	15.40	—	—
2001	103.72	—	103.72	—	—	55.14
2002	135.00	11.00	135.00	11.00	60	80.00
2003	160.00	16.50	160.00	16.50	75	105.00
2004	180.00	22.00	180.00	22.00	80	120.00
2005	208.00	—	208.00	—	—	—

四、“两烟”进出口计划

（一）出口计划

国家下达的外贸计划是指令性的，不能随意变动，如需变动，应逐级上报，经国务院核准。四川省外贸计划主要是以收购调供口岸出口为主，同时执行对外贸易部及总公司下达的对苏联、朝鲜、越南等国家以及东欧地区的记账外汇贸易的出口合同。

1988 年，国家外贸计划管理方式进行重大改革。进一步完善承包经营责任制，搞活外贸企业；实行出口退税，进一步改革外汇留成办法，对出口商品全部实行退还各道环节的产品税、增值税和营业税；改进外汇留成分配办法，实行按大类商品的差别计算外汇留成比例；进一步鼓励生产企业和外贸企业多出口、多创汇，仍执行现行的各项奖励制度。同时，对出口量较多的行业或企业，试行工资总额同出口收汇额挂钩的办法；适当增加出口信贷数量，积极筹建政策性外贸金融机构，扩大远期信息证、贴现等业务；有步骤地下放出口商品经营权。

1997 年 5 月，国家烟草专卖局制定《卷烟出口暂行管理办法》，规定出口卷烟计划分为卷烟出口计划和出口卷烟生产计划，并分为年度和半年度上报、下达。卷烟出口年度计划的编制采取自下而上的方式，由各烟草进出口企业经与生产企业协商，于每年 10 月上旬编制下一年度卷烟出口年度计划草案，经各烟草进出口企业所在地省级烟草专卖局（公司）审查后，报送中国烟草进出口（集团）公司和国家烟草专卖局综合计划司。各烟草进出口企业所报计划必须列明出口卷烟的牌号、数量、生产厂家、出口国别和出口时间。卷烟出口计划由国家烟草专卖局会同国家税务总局共同审核后联合下达，并作为对外签订出口合同的依据。未设烟草进出口企业的省级烟草专卖局（公司）所属卷烟生产企业卷烟出口年度和半年度计划，经所在地省级烟草专卖局（公司）审查后，委托有关烟草进出口企业代理出口，列入该烟草进出口企业的年度和半年度出口计划，并报送中国烟草进出口（集团）公司审核。各烟草进出口企业须编制卷烟出口半年度计划。上半年卷烟出口计划随卷烟出口年度经营计划同时编制上报；下半年度卷烟出口计划在每年 5 月上旬编制上报。各省级烟草专卖局（公司）在征得同级计委同意后，于每年 11 月份向国家烟草专卖局提报下一年度及下一年度上半年出口卷烟生产计划，次年 6 月份提报下一年度下半年出口卷烟生产计划。国家烟草专卖局综合计划司对上报的卷烟出口年度生产计划进行汇总、审查、平衡，编制国家烟草专卖局出口卷烟年度生产计划并报国家计划主管部门审定。中国烟草进出口（集团）公司根据半年度出口计划和出口卷烟合同签订情况，提出出口卷烟半年度生产计划建议，经国家烟草专卖局综合计划司审查、平衡后，编制国家烟草专卖局出口卷烟半年度生产计划，由国家计委和国家烟草专卖局联合下达。出口卷烟的年度生产计划和年度出口计划均不得跨年度使用，跨年度执行出口合同应分别按出口年度编制计划。每年年初，在出口卷烟计划下达前的卷烟出口按国家税务总局有关规定办理。

为使两个年度之间出口卷烟的生产和出口合理衔接，准许出口卷烟生产企业用年末库存部分作为供出口的卷烟。但其数量不得超过第四季度签订的出口合同中跨年度执行的供应量。国家烟草专卖局下达的控制库存指标含专供出口的卷烟库存。除国家烟草专卖局特殊批准外，列入出口卷烟生产计划所生产的出口卷烟，必须在小包、条包与外箱明显位置上印有“专供出口”的中文字样和目标市场所要求的警句。列入出口计划的卷烟，应当按国家有关规定及时办理境外商标注册。生产国外品牌加工的出口卷烟，必须具有外方卷烟商标注册文件和经公证的委托书正本，并经国家烟草专卖局批准。出口卷烟商标不得模仿国内外已注册的卷烟商标。

烟叶出口年度计划的编制、上报、下达。烟草进出口企业于当年9月20日前完成上报下一年度烟叶出口计划。由中国烟草进出口（集团）公司汇总、平衡，按审批程序审定后于12月7日前下达各烟草进出口企业执行。

烟叶出口备货计划的编制、上报、下达。各省烟草进出口公司于9月20日前完成下一年烟叶出口备货计划。中国烟草进出口（集团）公司对烟叶出口备货计划根据国际市场及当年出口实际情况进行汇总、审核，编制完成烟叶出口备货计划及计划编制说明，上报国家局发展计划司，向中国烟叶生产购销公司提交下一年出口烟叶备货计划。各省烟草进出口公司在签订烟叶出口合同前需要向中国烟草进出口（集团）公司烟叶进出口部申领统一的合同号。各省烟草进出口公司在申领烟叶出口合同号后两周内，应按有关规定通过MIS系统提交烟叶出口业务合同审批，经中国烟草进出口（集团）公司MIS（Management Information Sgsterm管理信息系统）系统审核同意后，方可对外签订书面合同。

各省烟草进出口公司对外签订烟叶出口合同须使用中国烟草进出口（集团）公司统一制定的合同格式，由买卖双方的法定代表人或法定代表人的委托人签字。烟叶出口合同原则要双方会签。

烟叶出口合同审核实行分级管理原则，各省烟草进出口公司自审，中国烟草进出口（集团）公司审定、鉴章。

各省烟草进出口公司烟叶出口合同经MIS系统远程审批后，在1个月内将书面合同及《合同鉴章审核表》和《烟叶出口合同录入单》报中国烟草进出口（集团）烟叶进出口部。烟叶出口合同经中国烟草进出口（集团）公司审定并加盖“中国烟草进出口（集团）公司合同审核章”后正式生效。MIS系统审批完成后，各省烟草进出口公司对处于执行状态的烟叶出口合同数据不能擅自修改。如烟叶业务需要必须进行修改，应根据中国烟草进出口（集团）公司烟叶进出口部同意的《MIS系统业务修改审批单》批准内容，在中国烟草进出口（集团）公司系统管理员的指导下同步完成。经审核鉴章后的合同不得擅自修改、增删，如需更改条款应通过MIS系统报中国烟草进出口（集团）公司批准，并将经批准的修改合同（协议）文本报中国烟草进出口（集团）公司备案。

各省烟草进出口公司对生效后的烟叶出口合同要建立动态的烟叶出口合同总台账，跟踪督促外商及时执行合同，并及时累计录入合同执行情况，统计最新合同履约率。

（二）进口计划

卷烟进口计划管理分上半年计划和下半年计划。

各省烟草进出口公司分别于每年5月和11月根据国家烟草专卖局发展计划司半年度卷烟、雪茄烟、烟斗丝进口计划方案，结合进出原则，各省（市）卷烟销售公司执行上半年度计划实际情况，提出半年卷烟、雪茄烟、烟斗丝进口计划安排意见。

国家烟草专卖局正式下达半年度进口计划及卷烟销售公司提供具体执行计划后，中国烟草进出口（集团）公司卷烟进出口部按内部区域计划分别将半年度具体执行计划下发至各省烟草进出口公司。

每年底中国烟草进出口（集团）公司卷烟进出口部分别与各有关外国烟草公司签署下一年度进口卷烟、雪茄烟、烟斗丝总合同。卷烟进出口部根据国家烟草专卖局下达的半年度卷烟、雪茄烟、烟斗丝进口计划和中国卷烟销售公司提供的半年度卷烟、雪茄烟、烟斗丝具体执行计划及各省（市）卷烟销售公司的实际需求，分时间、分批次统一组织与各外国烟草公司签订《烟草专卖品进口特种合同》。签约后的《烟草专卖品进口特种合同》加盖特种合同审核章和报关专用章。《烟草专卖品进口特种合同》按照中国烟草进出口（集团）公司内部区域划分下发给各省烟草进出口公司。

卷烟、雪茄烟、烟斗丝进口许可证由卷烟进出口部统一办理。各进出口企业在办理卷烟、雪茄烟、烟斗丝的进口业务时，必须向卷烟进出口部申请办理许可证。

烟机进口计划由国家烟草专卖局下达给中国烟草进出口（集团）公司统一执行。中国烟草进出口（集团）公司接到年度计划后，按各省用户要求，协调安排全年进口计划。

按照国家烟草专卖局批准的进口项目清单与国内进口委托方签订《烟草货物进口委托合同》。与外方签订的烟机进口合同采用《烟草国营贸易专用合同》。所有烟机进口合同都要通过MIS管理系统执行合同。

进口报关报检由公司统一管理和委托。原则上在有集团所属成员企业的口岸由成员企业负责接货工作，接货工作按照代理进口委托合同的相关条款执行。中烟进出口公司按照国家烟草专卖局准运证管理的有关规定负责输机，以便进口委托方办理准运证和货物运输事宜。

烟用物资进口年度计划由国家烟草专卖局在每年10月将下一年度进口计划下达给中烟进出口公司，统一组织进口谈判、签约、执行。

中国烟草进出口（集团）公司按照国家烟草专卖局下达的烟用物资进口计划总量、中国烟草物资公司提供的用户订货卡片组织安排谈判工作。

按照国内用户订货卡片的要求和对外谈判的约定与国内用户签订进口委托协议书。烟用物资进口合同采用《烟草国营贸易专用合同》。所有烟用物资进口合同都要通过MIS管理系统执行合同。

烟用物资进口采用自动进口许可证管理。办理自动进口许可证需经国家烟草专卖局批准，由中烟进出口公司统一到对外经贸部申办。烟用物资（非专卖品）进口需求由国内用户提出，中烟进出口公司烟机物资部负责对外询价，组织谈判工作，并按有关规定签订委托进口协议、《国营贸易进口合同》，负责完成执行合同的各项工作。

第二节 财务管理

一、预算管理

1984年，四川省烟草专卖局（公司）的财务关系上划中国烟草总公司，财政收入基数的划转，按各级财政部门1984年初分配的预算利润数上划，并相应调整四川省财政包干基数。1985年，全省烟草行业执行中国烟草总公司《财务管理试行办法》，一切财务制度由中国烟草总公司统一制定，财务收支均纳入财务计划，实行中国烟草总公司、省烟草公司、分公司、县公司四级管理和中国烟草总公司、省烟草公司、企业三级核算。中国烟草总公司按责、权、利、效一致原则，对所属企业进行分级管理。

1986年，国家烟草专卖局、中国烟草总公司在《烟草行业内部管理办法（试行）》中，对烟草行业的财务管理作出明确规定：烟草系统的财务实行统一管理、三级核算、自负盈亏的管理体制；加强预算管理，为企业生产经营活动提供重要保证，一是编制全面的预算，二是加强预算的考核和制约。1997年，国家对预算制度进行改革，从次年起执行新的预算制度，四川烟草行业实施新的财务预算管理。1999年，全省烟草行业在坚持财务预算管理基础上，积极推进会计电算化工作，不断完善财务计算机网络功能。2000年，省烟草专卖局（公司）结合企业经营情况，深化财务预算管理，年度认真编制年度财务预算，对利润、成本费用等经济指标进行周密推算，为实现行业恢复发展提出正确的决策依据；抓好半年财务预算调整工作，督促和指导对预算草案进行补充和完善；组织30多人次对成都、绵阳、广元、南充、德阳、资阳、雅安等10多个单位考核检查，及时掌握全省生产经营情况，确保财务预算目标的实现。

2001年，全省预算管理根据全年生产经营目标，自上而下反复推算，然后将财务预算目标层层分解，逐月检查分析，重点抓了工业原材料采购成本和商业网点费用的监控和检查，建立了大额费用开支审批制度；按照国家烟草专卖局的要求，成都、什邡、绵阳、西昌卷烟厂建立全面预算管理体系，成立以厂长负责的预算管理委员会，促进了企业向全面预算管理深化；商业企业通过强化财务预算管理，在全省实行"大专卖"和全面推行销售网络建设、费用增加8000多万元的情况下，费用总额与同期基本持平，利润增加了3.44亿元，确保了全年生产经营目标的完成；省烟草专卖局（公司）本部强化预算管理后，机关费用同比下降5%。

2002年，国家烟草专卖局制定《烟草行业企事业单位预算管理试行办法》，全面深化预算管理。省烟草专卖局（公司）成立预算管理委员会，各级也相继成立预算管理委员会，制定出实施细则和管理制度。通过预算管理办法的实施，工业企业以成本为重点，商业企业以费用为重点编制了预算，取得明显的效果。乐山分公司通过预算管理增加效益800多万元，什邡卷烟厂完善定额实现价值管理，可比产品生产成本同比降低5500万元。

2003年，在物流大配送新的经营模式下，全省烟草行业进一步深化全面预算管理。省烟草专卖局（公司）和所属商业企业均成立全预算管理委员会，各企业突出重点，有的把预算管理放在预算执行过程中的控制上，有的加强预算管理的考核，有的探索制定成本费用定额标准，提高预算编制的科学性。全省在预算管理中积极推行费用定额管理，省烟草专卖局（公司）在上年进行试点的基础上，逐步向全省分公司推广，为实行全行业统一的定额管理积累经验。绵阳、达州、雅安、广安及旺苍县营销管理中心等通过实施定额管理，深入分析各企业费用水平差异的原因，帮助企业找出经营管理中存在的问题，有效控制费用及确保目标利润的实现起到重要作用。

2004年，根据全年生产经营目标，按卷烟交易计划合同及烟叶生产收购计划反复测算，预算出全年实现利润19.37亿元，与该年全省实际实现利润19.48亿元基本相符。对各单位的财务预算目标层层分解后，逐月进行检查分析，督促落实，确保行业总体目标的实现。省烟草专卖局（公司）机关严格控制费用开支，费用预算执行良好。

2005年，按照科学预算、科学执行和科学考核的要求，严格预算编制依据。结合"管理年"工作和"资产一体化""三集中"改革，省烟草专卖局（公司）及各单位和积极深入基层调研，着手建立费用管理一系列定额制度，保证预算编制的科学性。同时，严格执行全年的预算目标，要求各市（州）分公司实行月度资金使用预算的上报审批制度，严格按照批准的月度资金预算拨付。省烟草专卖局（公司）将各市（州）烟草分公司年终预算执行情况纳入年度生产经营目标考核体系，凡年终预算执行差异率超过5%的单位进行扣分，与奖惩挂钩。

二、资金管理

1986年，国家烟草专卖局（总公司）在《烟草行业内部管理办法（试行）》中明确指出：烟草系统的利润、资金周转、降低成本、节约费用等指标，由总公司下达省级公司，省级公司分别下达所属企业，由企业完成。流动资金不得用于基本建设和财政性支出；国拨流动资金属国家所有，由企业使用银行管理，根据需要和可能，在征得银行同意后可在系统内进行调剂。除公司内部统筹调度资金外，任何单位和个人无权抽调、挪用和摊派。各项专用基金必须严格按照规定比例计提。省级公司可以集中一小部分留利，主要用于发展生产调剂使用；企业留利所得资金、新产品试制基金、后备基金、职工福利基金和奖励基金，有权自行使用。前三项基金可以同折旧基金、大修理基金结合起来统筹安排，合理使用。基本建设、技术改造的资金来源和审批权限，严格按规定办理。

从1998年起，执行新的财务制度，资金纳入统一的财务预算管理。1999年，全省烟草行业以资金管理为核心，坚持资金、成本费用目标管理、毛利率监控和财务预算管理。

2000年，资金管理在商业企业建立资金结算中心的基础上，借助银行结算系统银企合作，将资金控制权收回分公司，使资金的流动得到有效监督和控制，增强资金的安全性，提高资金的使用率。全年商业财务费用1.77亿元，同比下降14.9%；财务费用率0.71%，同比下降0.37个百分点，增加效益7100万元。工业财务费用1.25亿元，同比下降6.89%；财务费用率2.36%，同比下降0.32个百分点，增加效益近1000万元。

2001年，以资金管理为核心，全面推行“收支两条线”。全省烟草行业借助银行网络，加强银企合作，在分公司设立资金管理中心，所属区县公司设置收入和支出账户，网点资金按时划拨到分公司，支出账户实行备用金核拨制，使全行业资金的流动得到有效监督和控制，全年降低财务费用5000多万元，避免了重复投资、盲目贷款。探索定额管理，深入推行成本费用目标管理。结合“大专卖”和销售网建工作的实施，加强打假经营和罚没收入的管理，罚没支出比同期下降5.86个百分点。根据国家烟草专卖局加强成本管理、重在实行定额管理的要求，对市（州）烟草分公司、县公司的三项费用等资料进行收集、测算，重点细化了经营费用和管理费用，测算出了各成本费用的定额，为国家烟草专卖局成本费用管理办法和核算规程的制定提供参考。

2002年，随着资金管理中心的不断深化，逐步建立健全科学的资金管理体系，行业资金得到有效监督和控制。成都分公司借助资金管理中心，实施金融IC卡工程，IC卡用户达8074户，结算金额1.21亿元，仅此节约财务费用220万元；什邡卷烟厂利用网络银行实现资金的集中管理，加强银企合作，使用银行承兑汇票达7亿元，节约财务费用1200多万元；凉山分公司加强资金管理，杜绝卷烟赊销行为，节约财务费用602万元，财务费用率同比下降0.52个百分点。

2003年，资金管理中心通过严格执行“收支两条线”和现金预算审批等各项资金监管制度，实现了预算管理和资金管理相互联动，资金集中管理的作用进一步显现，在保证资金安全的同时，实现银行贷款和财务费用大幅下降。全省全年的财务费用比上年减少1411万元，同比下降36.85%。配合网建工作，探索新的电子结算模式。卷烟货款在线代扣零售户达13249户，日均结算金额为600万元，占日销售额的50%，节约财务费用633万元。

2004年，成立省烟草专卖局（公司）资金管理中心，与财务管理处合署办公，负责全省烟草行业资金结算、调度、控制、管理等工作，实行全省资金集中管理，实现“一个龙头放水”，深化了资金的监管。全省财务费用在连续3年持续下降的基础上，2004年同比减少1154万元，减幅达48%。

2005年，全省行业资金重点从资金的安全性、规范性、有效性上加强监管。与省工行、省农行、省建行和省邮政部门进行协商，签订银企协议，搭建起高效、便捷、安全的资金管理平台；围绕

“携手客户，构建和谐并进的利益共同体”的企业使命，省烟草专卖局（公司）借助资金管理系统实现各市（州）烟草分公司与省内卷烟工业企业货款统一结算的功能，达到工商共赢；制定《四川省烟草商业系统资金集中管理办法（试行）》《四川省烟草商业系统资金集中管理实施细则（试行）》《四川省烟草商业系统货币资金管理办法（试行）》，完善重大资金开支的审批程序；统一清理全省行业银行账户，调查了解行业资金状况，从源头上加强了对资金的监控。

三、资产管理

1986年6月，中国烟草总公司在《烟草行业内部管理办法（试行）》中，明确对烟草行业资产管理（含固定资产投资计划管理）的规定。总投资在3000万元以上，总用汇在500万美元以上限额的基本建设、技术改造和引进技术项目，其项目建议书、设计任务书、可行性研究报告，由总公司分别报请国家计委和国家经委审批；扩初设计由总公司审批或委托有关部门组织审批。总投资在300万元以上的生产性项目，或总投资在100万元以上的非生产性项目，属总公司安排的投资，其项目建议书、设计任务书、可行性研究报告和扩初设计，由省级公司提出审查意见，报总公司审批；在此额度以下的项目，由省级公司审批，报总公司备案；属地方安排的投资，必须符合总公司规划的生产规模和投资方向，按照审批权限，在征得总公司和省级公司同意后，由地方审批，报总公司备案。不列入基本建设计划的技术改造计划的企业，用自有资金安排的零星固定资产投资项目和设备更新改造项目，由企业自行确定，报省级公司备案。年度基本建设计划和技术改造计划在限额以上项目为国家指令性计划，由国家计委下达；限额以下项目，由总公司在国家计委下达的额度指标内进行平衡后下达；属于省级公司审批的项目，由省级公司在总公司下达的额度指标内安排下达。对年度自筹资金基本建设计划，总公司根据国家计委下达的自筹基本建设指标，由省级公司自行安排，报总公司备案。并规定：企业有权出租或有偿转让多余的、闲置的通用固定资产，并根据管理权限分别报总公司或省公司备案。对《烟草专卖条例》规定的7种设备出租或转让，须报国家局（总公司）批准，出租、转让所得收益，用于技术改造和设备更新。

1999年12月，四川省烟草专卖局制定的《四川省烟草行业多元化经营投资申报审批暂行办法》规定：投资额在1000万人民币（含1000万元）以上的多元化经营投资项目（包括烟草系统内两家或两家以上单位联合投资总额在1000万元以上者），必须报省烟草专卖局审核同意后，由省烟草专卖局报国家烟草专卖局审批；涉及国家和国家烟草专卖局规定的限制发展的产业或领域的项目，以及境外利用外资的多元化经营投资项目，不论投资大小，必须经省烟草专卖局审核同意后报国家烟草专卖局审批；投资额在50万人民币（含50万元）至1000万元的多元化经营投资项目（包括烟草系统内两家或两家以上单位联合投资总额在50万元以上者），必须经市（地、州）烟草专卖局、卷烟厂审核同意后报省烟草专卖局审批；投资额在人民币50万元以下的多元化经营投资项目（包括烟草系统内两家或两家以上单位联合投资项目）由市（地、州）烟草专卖局、卷烟厂审批或明确相应审批权限；凡投资或出资额在10万人民币以上至50万元以下的项目，市（地、州）烟草专卖局、卷烟厂需将批复意见报省局备案。

2000年，根据国家烟草专卖局统一部署，省烟草专卖局（公司）对成都、什邡、绵阳、西昌烟厂及所属调拨站进行清产核资。抽调政策性强、业务技能熟练人员参与工业企业清产核资工作，清查资产总额109亿元，负债总额90亿元，所有者权益19亿元，库存烟叶256万担，价值26亿元，登记核对往来款数千笔，共计清理出各项损失4.1亿元。在进行工业企业清产核资的同时，对雅安分公司改制所涉及的专项资产进行清理，完成该分公司改制后企业资产的划转、并账，理顺了财政财务关系。并在较短的时间内，按规定完成了全行业产权登记工作。

2001年，国有资产管理把商业企业清产核资作为重中之重抓实办好，为商业企业在“十五”期间轻装上阵奠好基础。全省烟草行业共清查商业企业133家，清查资产总额58.38亿元，负债总额40.16亿元，清理出资金财产损失4.26亿元。全行业企业国有资产保值增值率达到111%，较上年增加3个百分点。同时抓好商业企业的资产结构优化方案制定，解决商业企业资产结构参差不齐问题。

2002年，针对行业内存在的国有资产日常管理松懈、企业撤并资产划转随意性大的问题，全行业认真贯彻国务院《国有企业财产监督管理条例》，加大对烟草行业国有资产的监管力度，办理无偿划转企业43家，重新登记企业37家。

2003年，省烟草专卖局（公司）组织行业对2002年12月31日前发生的24项有效各类担保行业进行认真清理，担保金额6.44亿元，完善了各项资料，排除了重大隐患。完成了全省85家工商企业产权新设占有、变动、注销登记；80家企业经过审核，通过率94.12%。共有106家企业办理产权年检，参加产权登记的工商企业所有者权益总额达63.22亿元，较同期增长36.19%；资产总额达168.52亿元，较同期增长3.13%；国家资本应享有权益达30.92亿元，较同期增长54.75%。开展清产核资提高了企业资产质量，通过检查核实，财政部批复需处理的5.84亿元已作全部的消化处理。

2004年，国有资产管理积极与国家烟草专卖局、财政部衔接，完成已取消营销中心法人资格并账企业工作；按照《企业国有资产监督管理条例》完成2003年度产权占有、变更登记工作；向财政部、国家烟草专卖局争取到关闭挂杆复烤企业补贴、市场营销体系建设补贴资金4160万元。

2005年，全面完成资产一体化工作和资产的上划工作，理顺了产权关系；除射洪县外，完成市（州）烟草分公司对所属县级公司的并账工作，解决了遂宁、南充等市分公司的历史遗留问题，处理各种损失1.76亿元；省烟草专卖局（公司）下发《关于进一步加强四川烟草商业系统固定资产管理的规定》，按程序做好国有资产的日常监管工作，确保国有资产保值增值。同年，省烟草专卖局（公司）对全省烟草商业系统的固定资产购建和处置实行统一领导、分级管理的体系。规定各企业固定资产购建总额在1000万元以上（含1000万元）的项目报国家烟草专卖局审批，总额在1000万元以下、300万元以上（含300万元）的项目按隶属关系报省烟草专卖局（公司）审批，总额在300万元以下，50万元以上的项目，实行登记备案制，各单位在项目实施前须向省烟草专卖局（公司）登记备案；各单位改建、扩建、重新装修办公楼项目，总额在50万元以上的，须报省烟草专卖局（公司）相关部门审批后实施；车辆购置凡单位价值总额超过15万元的，须上报省烟草专卖局（公司），由财务部门审核，经省烟草专卖局（公司）领导批准后方可执行。同时规定购置轿车排量均不得超过2.4升。分公司领导正职相对定车购置金额不得超过60万元（含各种税费），分公司领导副职相对定车购置金额不得超过45万元（含各种税费），分公司科室（含县营销中心）相对定车购置金额不得超过30万元（含各种税费）；购置7座以下的旅行客车及7—19座的中巴车（建议购丰田海狮面包车）金额不得超过35万元（含各种税费），排量不得超过3.0升，购置20—29座的大巴车金额不得超过100万元（含各种税费），排量不得超过4.5升；凉山州、甘孜州、阿坝州分公司购置越野车金额不得超过65万元（含各种税费），排量不得超过4.0升，其他分公司购置越野车金额不得超过50万元（含各种税费），排量不得超过4.0升。

四、会计管理

1986年，国家烟草专卖局（总公司）在《烟草行业内部管理办法（试行）》中要求：各级公司和企业要执行《中华人民共和国会计法》（以下简称《会计法》）和《中国烟草总公司系统统一会计制度（试行草案）》，对财务处理审批权限按《烟草公司系统财务管理试行办法》规定执行；财务制度由总公司统一制定和省烟草公司补充规定，财务收支实行计划管理。

1993年7月，财政部对企业实行新的《企业财务通则》《企业会计准则》《企业财务制度》和《企业会计制度》。国家烟草专卖局举办了多种形式的培训班、研讨会培训财会人员，四川省烟草行业省、市、地、县均举办了培训班，培训面达100%。

2000年7月1日，国务院颁布实施新的《会计法》，对增强企业法纪观念、保证会计信息真实、完整提出了更高要求。全省烟草行业组织开展学习《会计法》活动，省烟草专卖局（公司）、各单位法人代表、财务负责人和财务人员共1500人次参加了学习培训，结合《会计法》贯彻实施，各企业领导强化了遵纪守法意识，带头执行国家财经法规，保证企业经济活动的合法合规。按照《会计法》的要求，省烟草专卖局批准成都、什邡、西昌、绵阳卷烟厂设立总会计师，强化财务管理职能。同年8月，开展《会计法》执行情况自查，省烟草专卖局（公司）重点检查了绵阳、乐山、眉山、遂宁分公司和什邡、绵阳卷烟厂，检查面达40%。

2001年，省烟草专卖局（公司）组织200多人次参加国家烟草专卖局、省烟草专卖局举办的《企业会计制度》《会计准则》专题学习；全省150家工商企业开展《会计法》执行情况自查，省烟草专卖局（公司）重点抽查83家独立核算单位，完善《企业预算管理办法》《毛利率监控管理办法》《成本费用目标管理办法》《资金管理办法》《网点财务管理办法》等13项规章制度，强化了全省烟草行业内部控制制度建设。

2002年，全行业会计管理以“狠抓基础，狠抓规范”为指导，围绕“两查、两验、两办法”等重点内容展开，促进会计信息质量大提高。

省烟草专卖局组织3个检查组检查什邡、成都等5个卷烟生产企业《会计法》的执行情况，企业均建立了内控制度。又对全省18个市（州）分公司100多个县区营销中心会计基础工作规范化达标进行检查验收，合格率达100%。商业企业在取消县区公司法人资格后，按照《会计法》要求正确划分企业负责人、会计负责人和内部核算人员的会计责任，使财务管理职责更加明确。同时，加强商业企业计算机替代手工记账的达标验收工作，确保财务数据的真实性。为适应企业会计核算和商业流通体改的需要，各分公司建立新的会计核算模式，全省烟草行业对金叶账务核算软件进行10多次软件升级工作，组织专人对成都、绵阳、德阳、乐山、眉山、南充、广元等分公司重点指导，受培人员达100多人次，达到财政部报表报送要求。卷烟流通“大配送”经营后，商业企业开展财务信息网络升级工作，实行网络核算，完善报表传输软件，更新先进的病毒防火墙，实现了网络平台的硬件升级。

2003年，围绕《会计法》的严格贯彻实施，省烟草专卖局（公司）完成全行业会计基础工作规范化和电算化的达标验收工作，合格率达到100%。针对报表报送的要求，省烟草专卖局（公司）财务部门对22家分公司、2家直属公司计50人次进行报表软件业务培训。

2004年，省烟草专卖局（公司）在全省范围内统一会计凭证、账簿、报表样式和规格，规范凭证填制、粘贴、账簿打印装订和档案管理；开展商业企业“量本利”报表的填制、汇总上报工作，使“量本利”报表在企业管理中成为国家烟草专卖局、省烟草专卖局（公司）决策和企业成本费用控制的重要依据。各分公司也按照省烟草专卖局（公司）的安排，建立起会计人员岗位责任制度、原始记录登记管理制度、财务处理程序制度、会计稽核制度、财务收支审批制度、绩效考核制度等。

2005年，国家烟草专卖局下发《关于进一步规范会计基础工作的通知》，全省行业扎实推进会计基础工作，加快财务信息化建设，统一会计凭证、账簿、报表样式，规范会计档案管理。为保证会计信息及时、真实、准确，各企业充分利用“量本利”报表，加强财务分析，对降低成本费用、强化企业管理发挥了重要作用。省烟草专卖局（公司）组织5批计300多人次参加资金管理信息系统、核算管理信息系统和预算管理信息系统业务学习，提高财会人员的业务知识水平。按照全省“财务管理信息系统”统一科学规划要求，省烟草专卖局（公司）围绕预算管理、资金管理、核算管理3个子模块进行系统的开发，通过统一招标，制定方案，试点培训，使3个系统全面运行和推广应用，为推进全省烟草信息系统集成整合奠定了基础。

五、财经检查与监督

1985年，四川省烟草公司成立税收财务大检查办公室，各烟草分公司也成立相应机构。当年共查出偷税漏税、截留、挪用利润、乱挤乱摊成本、自行扩大费用范围等违纪金额483万余元，收缴347万元。

1986年，对全省烟草系统开展行业税收、财务、物价大检查，重点检查违反国家税法规定偷税、漏税、抗税；违反国家财务会计制度采取多种手段侵占、截留上交利润和其他收入以及虚报亏损，骗取国家财政补贴；用公款请客送礼、滥发奖金、补贴和实物，挥霍浪费；依法盗窃、行贿受贿、私分公款和物资、私设“小金库”；提前或推后执行国家调价通知，从中取得非法收入或给国家造成损失；批发企业违反国家规定的批发价格，擅自提价或降价出售商品；罚没款不按规定动支，发放专卖许可证管理费留成不按规定开支等违法违纪行为。

1989年，根据国家烟草专卖局关于贯彻落实国务院清理检查“小金库”的规定，省烟草公司对全省行业私设“小金库”行为开展清理检查，自查面达到100%，重点检查达到30%以上；共查处违纪金额1958.64万元，被查出的“小金库”资金没收上交财政。

1993年，在全省烟草行业范围内开展税收、财务、物价大检查，组成65个重点检查组，在全省烟草系统208个单位自查的基础上，对74个单位进行重点检查，查出违纪金额1525.26万元，收缴入库金额633.48万元。

1999年，国家烟草专卖（总公司）发出《关于加强国有烟草企业财务管理与监督若干问题》的意见，加强对企业财务机构与会计基础工作建设、企业消费性资金使用、企业生产经营资金使用、企业对外投资、企业购销活动、企业资金调度、企业成本费用、企业资产处理、企业利润分配、企业财务报告、预算外资金的管理和监督。四川省烟草系统组织18个审计小组，先后对分公司及所属县公司25个单位进行实地复核检查，复查面16%。

2003年5月，省烟草专卖局（公司）认真部署，狠抓落实，全面开展财经秩序整顿工作。组派4个督察组对所属工业企业进行为期20天的检查，重点检查工业企业超产烟、样品烟的产量、库存、税金具体流向情况，给销区的各种名目回扣、奖励、市场开发费等具体项目支出情况，体外循环情况，账外账、小金库情况。组派7个督察组对所属商业企业进行为期10天的检查，以财经秩序专项整顿为主，含贯彻省烟草专卖局（公司）工作会议情况，开展治理体外循环情况，“五条禁令”执行情况，停止拆条打码情况和执行“一价制”情况。省烟草专卖局（公司）分别与工业企业、商业企业法人代表签订财经秩序专项整顿责任书。

自开展全省烟草商业企业财经秩序整顿工作以来，2003 年 5 月至 2005 年 10 月，行业各级领导始终站在规范企业经营行为、保证行业健康发展的高度，及时研究部署财经秩序专项整顿工作。省烟草专卖局（公司）和各单位都成立了专项整顿工作领导小组和工作机构，实行财经秩序整顿工作责任制和责任追究制度，明确各单位法人代表为第一责任人。首先，精心组织，主动彻底搞好自查工作，在规定的时间内保质保量地重点突出清理样品烟、超瞒产、促销费和“小金库”、账外账以及打假经费等，采取自查、互查、顺查和选查方法，保证问题不查清不放手。其次，省烟草专卖局（公司）组织财务人员 30 多人次对各单位进行全面复查，复查面 100%。通过自查和复查，其清查核对资金 2.07 亿元，已核对确认、调账、整改和补税的金额为 2.01 亿元。其三，把握政策，狠抓整改，对全省共计 5000 多笔应整改事项全都整改落实，共计调账 2.01 亿元，补缴税金 2754 万元，调整应付工资和应付福利费借方金额 637 万元。最后，在认真组织抓好后续整改工作的同时，防止前清后乱，开展财经秩序整顿工作“回头看”活动，根据在整顿和“回头看”中发现的问题，用建立长效机制来规范和约束企业经营行为、财经行为。相继建立了《关于进一步加强四川省烟草商业企业系统固定资产管理的规定》《四川省烟草专卖局（公司）机关固定资产管理制度》《行业预算管理办法及实施细则》《行业费用定额、网建定额、物流定额管理制度》《固定资产处置、报损管理办法》等，有效促进了企业行为的规范。

第三节 行业审计

1989 年，国家审计署成都特派员办事处、四川省各级审计部门对全省烟草工商企业进行全面审计。共审计、检查出违纪金额 15232.37 万元，应入库数 10236.18 万元，占违纪金额的 67.2%；已入库 10085.24 万元，占应入库数的 98.5%；审计署特派办对 10 家烟厂和省烟草公司本部的审计，共审计出违纪金额 10974.24 万元；四川省审计局及各地审计局对 103 个商业企业进行审计，共审计出违纪金额 719.23 万元，占违纪总数额的 4.72%；内部审计对所属 44 个单位进行审计，共审计出违纪金额 1471.82 万元，占违纪总数额的 9.66%；“三查”查处违纪金额 2067.08 万元，其中省烟草公司重点检查查出 83.6 万元；国务院大检办重点查出 124.58 万元。

1990 年，全省计划安排财务收支审计 60 项，实际完成 62 项，查出违纪金额 681.51 万元，应上缴金额 10.81 万元。

1995 年，省烟草专卖局（公司）审计处组成 6 个审计组，对成都卷烟调拨站、资阳调拨站、什邡卷烟调拨站、西昌卷烟调拨站、绵阳卷烟调拨站、涪陵卷烟调拨站 6 个调拨站 1993—1995 年财务收支进行就地审计。

1996 年，根据国务院、国家烟草专卖局要求，对全省烟草企业对外投资项目布置清查工作。当年 1 至 8 月，全省烟草行业完成审计项目 180 个，完成计划的 95%。当年还完成国家烟草专卖局安排的出口退税审计调查，应收账款审计调查，国家储备烟叶审计调查，以及国务院部署的预算外资金检查，审计资金总额 100 多亿元，纠正违纪金额 870 万元，核减工程款 1630 万元，平均核减

15%，减少损失583万元，促进增收节支1236万元，查出“小金库”180万元。

1997年，国家烟草专卖局先后印发《烟草系统内部审计工作规定》和《烟草企业法人代表离任经济责任审计规定》，并举办有200多人参加的“中国审计规范”培训班。四川省制定相应的办法和规定贯彻落实。当年，国家审计署驻成都特派办和四川省审计厅对全省烟草系统28个工商企业1996年度财务收支情况进行审计，为烟草行业建立专卖制度以来规模最大的一次。审计机关共派出159人次，累计外勤审计3848个工作日，查出违纪金额2830.68万元，上缴财政金额811.24万元，无罚款金额。当年，全省烟草系统完成内部审计项目256个，发现和纠正有问题金额1466.99万元，上交财政180万元，维护企业合法权益5700多万元，促进增收节支1302.15万元，纠正损失浪费1800.92万元，审计基建投资8437.94万元，核减工程款1265万元，审计各种经济合同328个，总金额2.6亿元，提出并被采纳的建议135条，完善各项制度18项。

1998年，按照国家烟草专卖局确定的烟草发展“1144”战略①，计划审计172个项目，完成审项目224个，完成计划的130%，查出违纪金额1059.61万元。其中：应上缴104.1万元，促进增收节支1445.99万元，减少上缴金额600多万元。当年，计划开展财务收支审计56个，实际完成28个；计划开展效益审计20个，实际完成9个；经理（厂长）离任经济责任审计计划19个，实际完成36个；计划开展基建审计26个，实际完成169个。按照国家烟草专卖局统一部署，开展四川省烟草系统对外投资审计调查，省烟草专卖局（公司）在各烟厂、分公司自查的基础上组织各单位交叉检查，各市、州在县（区）公司自查的基础上进行检查，形成四川省烟草系统对外投资审计调查报告。当年，省烟草专卖局（公司）审计处和涪陵卷烟厂审计科被评为全国烟草系统审计工作先进单位，四川卷烟厂周世志被评为全国烟草系统审计工作先进工作者。

1999年，国家烟草专卖局下发《关于加强烟草行业内部审计工作的意见》，要求各烟草企业规范审计工作内容，按照《中华人民共和国审计法》要求健全和完善内部审计制度，建立审计责任制。还下发了《烟草系统固定资产投资审计规定》《烟草系统专项资金审计规定》《烟草企业领导人任期经济责任审计规定》《烟草物资采购管理审计规定》。当年，全省烟草行业计划完成审计项目174个，实际完成审计项目307个，完成计划的176%。其中：财务收支审计27个，经济效益审计5个，厂长（经理）离任审计39个，经济责任审计8人，内控制度审计4人，基建审计31个。在全省烟草系统开展审计调查2项，经济合同审计247份（100万元以上经济合同），其他审计项目4项。审计违纪金额7373.65万元，上缴金额514.44万元，促进增收节支813.5万元，纠正损失浪费170.84万元，审计基建投资9668.24万元（含开工前审计），核减工程款1265.66万元，提出被各级领导采纳的建议及修改条款186项，维护企业的合法权益3600多万元。

2000年，省烟草专卖局制定强化内部审计监督的实施办法，开展企业法人任期内的经济责任审计；进一步加大固定资产投资审计力度，切实控制和提高企业资金使用效果；开展经济合同、物资采购比价审计，维护企业经济利益。当年，纠正违纪及有问题资金4536.51万元，清理债权债务资金7938万元，追回资金3337万元。通过对基建投资审计，审减工程结算金额1359.24万元；部分单位对采购合同进行审计，审计经济合同703份，审减合同金额307万元。

---

① 坚持国家烟草专卖制度，明确狠抓基础、稳中求进的行业工作指导思想，实施科教兴烟战略、国际化发展战略、多元化经营战略、大企业大集团战略，搞好产品结构调整、市场结构调整、产业结构调整、企业结构调整，简称“1144”战略。

2001年，按照国家烟草专卖局《关于加强烟草行业内部审计工作的意见》文件精神，建立健全内审机构，充实、配备高素质的专职审计人员，保持审计队伍的稳定。全行业审计工作坚持“全面审计、突出重点”的方针，抓事前、事中审计，解决审计滞后问题；抓企业领导人任期经济责任审计，促进企业提高管理水平；抓“收支两条线”审计，重点解决罚没收入、办案经费、企业广告宣传费、物资采购等问题的审计。通过全年度财务决算审计，全省146个单位共查出问题金额1.62亿元，其中往来款项达1.37亿元。

图5－2　2001年5月，国家烟草专卖局在成都召开全国烟草行业财务审计会

2002年，全省烟草行业财审人员深入细致地开展自查自纠工作，累计自查出违纪违规行为金额2750万元，其中调账金额1362万元，上缴金额455万元。同时，配合省审计厅派出的工作组对全省烟草行业138家企业进行全面审计，查出有违纪违规的企业132家，占被审计数的96%；查出违纪违规行为金额13696万元。对审计厅提出的358条审计意见，全行业进行了认真总结，深入查找问题及时落实整改。

2003年，财务审计以经济责任审计为重点，加大内审监督力度，坚持“监督与服务并重”的原则，合理调配审计力量，不断挖掘审计工作深度，全年完成审计项目196个，查处违规行为金额2584万元，审减工程费用524万元，在抓好“事前预测、事中监督、事后评价”上取得了实效。

2004年，省烟草专卖局（公司）坚持“凡离任必审，凡提拔必审”的原则，对提拔和离职的法人代表的审计结果作为考核使用干部的重要依据。同时发文要求各市（州）烟草分公司成立独立的内部审计机构，审计人员配备原则上不少于3人。当年，国家审计署对行业开展审计。

2005年，省烟草专卖局（公司）成立审计委员会，全省烟草审计系统在审计委员会统一领导下开展工作，全面推进同级审计和各级领导干部任中经济责任审计。行业经济责任审计促进了各级领导责任意识、监管意识进一步增强；行业自律引起高度重视，内部管理和监督体系不断完善；同级审计取得良好成效。同时，按照国家烟草专卖局的要求，对未经审计署审计的20家市分公司进行了审计，审计出的主要问题有：未经批准立项基建；超计划购置土地、修建办公楼、购买小汽车；建设工程未实施招投标修建；房产、土地使用未取得权属证件；资产产权处置不当，管理混乱；全省仍存在一定数量的不良资产等。

第四节　人力资源管理

一、干部管理

1985年8月，四川省烟草专卖局发出《关于当前人事工作中几个具体问题的规定》，对干部的调进，接收国家分配的大、中专毕业生，军队转业干部等问题作出相关规定。

1988 年 1 月，省烟草公司转发中国烟草总公司《关于严格控制增加机构编制和干部队伍膨胀问题的通知》，从严控制现有干部名额，原则上不再从系统外调进干部。

1992 年 2 月，省烟草专卖局发出《关于进一步加强干部计划管理，严格控制机构设置问题的通知》，规定严格控制系统外调入人员；各单位接收大中专毕业生，不得超出计划数和所需求的范围；认真执行亲属回避有关规定；各级烟草专卖局（公司）的机构编制实行冻结。当年，国家烟草专卖局还下发《烟草系统各级烟草专卖局（公司）机构设置、人员编制的暂行规定》，对各省烟草专卖局（公司）机关以及进出口、质量检测等单位的机构编制进行统一审定。

1994 年 6 月，省烟草专卖局下发《关于加强机构编制管理严格控制人员增长问题的通知》，规定各级烟草专卖局必须认真执行批准的结构编制和人员编制，对系统外调入人员实行冻结，严格人事工作纪律。

1997 年 11 月，省烟草公司下发《关于省烟草专卖局（公司）机关、直属单位职工实行离岗退养有关问题的通知》，执行行业内部退养办法，对内退年龄、内退待遇以及对内退职工的管理等作出了规定。1998 年 6 月，国家局重申全行业所属机关、各企、事业单位一律冻结系统外进人。省烟草专卖局（公司）制定《关于加强全省烟草系统和所属多种经营企业人员管理暂行规定》，冻结从系统外调人；系统内自然减员指标主要用于接收国家政策性分配的人员和行业发展急需的专业人才；实行企业内部退养制度，对达到内退年龄的，及时办理内退手续；严格执行国家局《烟草行业各级局机关人员辞职辞退的暂行规定》。

2000 年，省烟草专卖局（公司）机关调整机构，压缩编制，内设机构 16 个减少为 12 个，人员由 1992 年的编制 200 人减少为 110 人，14 个副处长岗位实行竞争上岗选拔，有 33 人参加理论考试和个人答辩。在部分单位试行领导干部公推和公示制。商业企业实行收入与任务挂钩，职位按业绩确定，开始形成收入能增能减，职位能上能下，人员能进能出的新机制。

2001 年 3 月，省烟草专卖局印发《四川省烟草专卖局（公司）机关人事管理有关规定》，对省烟草专卖局（公司）机关和专业公司、烟草质量监督检测站、经济信息中心、后勤服务管理中心、烟草学会办公室全体聘任制干部，制定《机关、专业公司干部考核、聘任工作暂定规定》。考核的基本内容为思想政治素质、工作能力水平、工作作风、工作实绩和廉洁自律。省烟草专卖局（公司）机关和专业公司干部聘任原则上每 3 年进行一次，聘期内新任职的干部，同步进行聘任。

2001 年 3 月，省烟草专卖局（公司）出台《机关、专业公司公开选拔处级领导干部的暂行规定》。公开选拔的岗位为省烟草专卖局（公司）机关、专业公司、专业部门、事业机构、烟草学会办公室的正、副处级领导岗位。实行聘任制的，经公开选拔由省烟草专卖局（公司）党组研究决定后聘任；实行选举制的，经公开选拔由省烟草专卖局（公司）党组研究确定候选人，经选举后任职。

图 5－3　2001 年，四川省烟草专卖局（公司）应聘中层干部的职工参加理论考试

2001 年 4 月，省烟草专卖局为加强各级领导班子和干部队伍建设，印发《四

川省烟草系统各级领导干部任前公示制暂行规定》及《四川省烟草系统各级中层干部竞争上岗暂行规定》。领导干部任前公示制暂行规定要求将本单位党组研究确定拟提拔的干部，通过一定形式在一定范围和期限内进行公布，广泛听取群众的反映和意见，依据公示和对所反映问题调查核实的情况，再正式规定干部任用与否。公示的内容包括公示对象的姓名、性别、民族、年龄、政治面貌、文化程度、现任职务、工作简历和拟任职务等基本情况。实行中层干部竞争上岗，必须坚持德才兼备、任人唯贤，注重实绩，群众公认，客观公正，公平竞争，坚持标准，严格审核。

2004 年 5 月，中共四川省烟草专卖局（公司）党组下发《四川省烟草行业领导干部任用工作实施办法》，实施办法从选拔任用原则、选拔任用条件、选拔任用程序、公开选拔和竞争上岗、交流回避、免职辞职降职、纪律和监督、附则 8 个方面规定科学、规范的领导干部选拔任用制度。

2005 年 9 月，省烟草专卖局（公司）印发《各市、州局（分公司）中层干部竞争上岗、公开推荐的指导意见》，规范中层干部的选拔聘任工作。指导意见从实行中层干部竞争上岗，公开推荐的选拔方法，德才条件，工作机构，操作程序等方面制定了 20 条指导意见。

2005 年 11 月，省烟草专卖局印发《省局（公司）机关、专业公司职工离岗待遇规定》，规定范围为省烟草专卖局（公司）机关处室、专业部门、烟草学会、整顿办、驻京办和各专业公司符合条件的处级以下（含处级）在岗正式职工。担任处级非领导职务和处级以下职务职工，男年满 55 岁，女年满 50 岁（女工人年满 45 岁），离岗待退；担任处级领导职务的职工（含因工作需要由处级领导职务改任非领导职务的职工），男年满 55 岁，女年满 53 岁，离岗待退；工作年限满 30 年的职工，经本人申请组织批准，可以离岗待退。并在岗位工资待遇、效益工作待遇、生活补助费标准等方面提出具体的标准。

二、专业技术人员管理

1988 年 3 月 31 日，四川省烟草专卖局（公司）《关于干部人事制度改革的实施意见》规定，全省烟草系统的专业技术干部按照职称改革的要求实行专业技术职务聘任制。

1990 年 3 月，基本完成职称改革的工作。全省推荐上报评审和审批高级技术职务的共 47 人，占专业技术人员的 1.2%；审批中级职务 671 人，占 14.3%；全省共评出初级专业技术职务 3144 人，占专业技术人员的 66.2%；还检查验收了 24 个分公司、烟厂的职改工作，给 23 个单位签发了合格通知。1990 年 8 月，根据总公司关于全国烟草行业实行专业技术职务聘任制工作的有关规定，对省烟草公司机关专业技术人员进行首批聘任，共聘任中级专业技术人员 32 名，初级专业技术人员 76 名。

1992 年 2 月，省烟草专卖局制定《关于贯彻〈烟草系统专业技术职务评聘工作转入经常化的实施办法〉的意见》。由省烟草专卖局（公司）职称改革工作领导小组负责全省烟草系统专业技术职务评聘工作的组织、领导工作，办事机构为省烟草专卖局（公司）干部处；就评聘分开、岗位设置、评审工作、评审范围、评审条件、聘任及待遇以及专业技术人员的管理等也作了相关规定。

1996 年，四川省建立烟草特有工种职业技能鉴定站。当年，省烟草公司下发《四川省烟草系统中级专业技术职务评审工作的若干规定（试行）》。

1997 年，国家烟草专卖局制定下发《烟草行业高级专业技术职务评审工作的若干规定》，组织进行烟草行业首批高级技师任职资格认定工作。四川省组织进行全省烟草系统工程、农业、政工、经济、会计系列高级专业技术职务任职资格的申报推荐工作，有 6 人经国家局评审，取得高级专业技术职务任职资格；龚锦华被国家人事部授予“全国有突出贡献的中青年科技、管理专家”称号。1998年，组织进行全省系统农业、工程系列中级专业技术任职资格评审和选送参加国家烟草专卖局高级专业技术任职资格评审的工作，全年有2人获得高级专业技术职务任职资格，45人获得中级专业技术职务任职资格。1999年，省烟草专卖局有4人获得了高级专业技术职务任职资格。

1998年，省烟草专卖局制定《四川省烟草行业“十五”人力资源规划》。当年，全省有专业技术人员3960人，占总人数的24.2%，计划在“十五”期间，专业技术人员队伍达到5000人，占职工总人数的40%以上，并实现专业技术人员的合理分布。

2001年3月，省烟草专卖局（公司）制定《机关、专业公司专业技术职务岗位设置与聘任暂行规定》，规定在烟叶生产购销公司、烟草质量监督检测站、经济信息中心设置部分专业技术职务岗位；在烟叶生产购销公司设置农艺师1名，在烟草质量监督检测站和经济信息中心设置高级工程师各1名，中级专业技术职务由单位提出报省烟草专卖局（公司）人事部门审核。聘任为高级专业技术职务的人员，享受副处长政治生活待遇；聘任为中级专业技术职务的人员，享受主任科员政治生活待遇。

2002年2月，省烟草公司转发并要求贯彻执行《中国烟草总公司关于印发〈烟草系统科研系列专业技术资格评审办法〉（试行）的通知》，评审办法分为总则、组织、申报基本条件与评审条件、申请、审核、评审、监督、附则共8章26条，对烟草系统科研系列专业技术资料评审工作提出具体的评审办法。

2004年5月，省烟草专卖局（公司）根据国家烟草专卖局《关于印发〈全国烟草系统专业技术职务聘任工作实施意见〉的通知》要求，结合本省实际制定印发了《四川省烟草系统高级专业技术职务岗位设置及聘任实施办法》。全省行业聘任高级会计师2名，高级审计师1名，高级工程师3名，高级农艺师6名，并从指导思想、岗位设置和职能原则、聘任条件、聘任程序、聘任管理等方面作出详细规定。

图5-4　2004年6月，烟草科技专业技术工作者参加四川省烟草专卖局（公司）召开的全省烟草行业科技工作会议

三、离退休人员管理

1987年，省烟草专卖局（公司）下发《关于做好省烟草公司机关离休、退休职工工作的意见》，要求建立、完善老干部机构和配备专职工作人员。

1987年9月，省烟草公司下发离退休干部的管理规定，明确干部、工人退休后可享受的政治待遇等问题。当年，省烟草专卖局（公司）即开始组织离退休干部开展活动。

1991年3月，省烟草专卖局成立老干部处，专门管理离退休干部的工作，下发《关于进一步加强老干部工作的通知》，要求加强老干部支部的建设，凡能单独建立党支部的，都应建立起来；各级烟草企业党组织要把老干部工作纳入重要议事日程，每年至少讨论两次；要建立健全老干部工作机构，加强老干部工作。

1993年，全省烟草系统已成立老干部工作领导小组38个，老干部工作机构27个，配备专职工作人员工5名，兼职工作人员68名。1994年底，离退休干部较多的单位均建立工作机构，落实了工作人员；没有成立专门机构的单位也指定专兼职人员负责老干部工作，有的单位还为离退休干部配备交通工具。

1995年，省烟草专卖局（公司）党组批复解决部分符合条件的离退休干部享受副县级政治生活待遇，全省系统为近2000名离退休干部按政策规定增加生活费。绵阳分公司等9家企业均按规定给离退休人员每月增加生活费。为了进一步丰富离退休干部的文化生活，加强各单位之间的老干部工作交流，省烟草专卖局（公司）将27个直属单位划分4片开展活动。1995年底，全省建成离退休人员活动中心（馆、室）共9个。

1998年，省烟草专卖局（公司）党组组织调查离退休干部离休费和医药费（即两费）落实情况，为10位老同志解决待遇问题。当年，安排全系统150名离退休人员、劳动模范前往南戴河、黄山等地疗养，组织老干部就近健康疗养。

1999年，组织全系统249名离退休老干部及家属赴泰国游览，组织老干部去各地参观游览7次。省烟草专卖局（公司）还在宿舍区新增设了离退休干部活动室，组织参加全行业开展的“夕阳红”老年保健知识竞赛活动，编印《老年保健知识问答》。当年12月，省烟草专卖局下发《关于适当增加离退休人员行业生活补贴和调整行业生活补贴计发办法的意见》，对1999年6月30日以前已经离退休的人员适当增加行业生活补贴。省级机关的离退休人员在当年7月1日起按当地政府的规定增加基本养老金的基础上，再适当增加行业生活补贴。同时，制定1999年7月1日以后离退休人员行业生活补贴的计发办法，离退休人员的行业生活补贴和行业补充养老保险金实行动态管理，随企业经济效益和承受能力进行增减调整。当年，省烟草专卖局（公司）离退休干部处被评为全省老干部工作先进集体，受到中共四川省委组织部、省委老干部局表彰。各分公司、卷烟厂等企业相继成立老干部工作领导小组，全行业成立老干部党支部6个，新建老干部活动室10个。

2000年，省烟草专卖局（公司）再次对省级机关离退休人员行业生活补贴进行调整。安排两名厅局级老干部参加国家局在内蒙召开的健康疗养座谈会，组织4次老干部外出活动。9月，省烟草公司下发《关于进一步加强全省烟草行业社会基本养老保险工作的通知》，对全省烟草行业社会基本养老保险工作提出意见。当年，全省烟草行业所属企业职工已全部参加社会基本养老保险，大部分企业离退休人员的基本养老金实现社会化发放。

2005年11月，省烟草专卖局（公司）印发并执行《四川省烟草专卖局（公司）机关离退休、离岗待遇人员政治学习、组织生活和外出活动暂行规定》《四川省烟草专卖局（公司）机关离退休厅级干部健康疗养暂行规定》，使机关离退休和离岗待退人员及时了解党和国家的方针政策，掌握知晓行业改革发展情况，提高理论素养、丰富精神文化生活；进一步落实离休、退休和离岗待退医疗保障的各项措施；保证离休干部、退休厅级干部公事和住院用车，妥善解决离休干部、退休厅级干部私事用车事宜；恢复离休干部健康疗养，并改变离退休干部健康疗养座谈会方式。

四、劳动用工与工资管理

1986 年，国家烟草专卖局、中国烟草总公司发出《烟草行业内部管理办法（试行）》，规定烟草行业劳动工资管理办法为：劳动工资计划由总公司统一管理。省级公司、计划单列市公司和总公司直属企业、事业单位的劳动工资计划由总公司下达，省以下企业的劳动工资计划由省级公司根据总公司下达的计划分别下达到所属企业。各级公司和基层企业不得突破上级公司下达的劳动工资计划指标；全行业内部工资制度、工资标准、各种津贴补贴标准、劳动保护用品标准、劳动定员定额标准，由总公司根据国家规定统一制定；企业在执行国家统一规定的工资标准、工资地区类别和一些必要的津贴制度的前提下，可以根据自己的特点自选工资形式；经理、厂长有权对职工进行奖惩，包括对有特殊贡献的职工晋级、奖励和对犯有严重错误的职工开除处分。职工晋级面每年不得超过 3%，干部晋级比例不得占用工人晋级指标。各级领导干部晋级，要按干部管理权限报批后执行。晋级工资，实行从利润留成中提取奖金的企业，可计入成本；实行工资总额同经济效益挂钩的企业，一律在核定的工资总额和随同经济效益增长新增工资基金中支付。实行国家机关、事业单位工资制度的职工，不享受 3% 的晋级规定。

1988 年，省烟草公司下发《关于我省烟草行业内部工资分配几个问题的处理意见》，规定从9 月 1 日起，五类、六类工资区可执行起点工资标准；明确了 1985 年工改中职工浮动升级工资、企业领导干部的职务补贴、全省烟草行业执行工资标准。经总公司批准，当年在全省烟草系统全面推行工资总额同经济效益挂钩，逐步建立健全工资总额的分级管理体制。

1989 年，中国烟草总公司正式批复同意《四川省烟草系统实行工资总额同经济效益挂钩的报告》，并下达四川省的挂钩基数和浮动比例，以质量、实现利润、安全、劳动生产率、成本等为主要考核指标。基本工资部分在成本中列支，奖金在留利中列支，新增效益工资，根据核定的基本工资和奖金在工资总额中的比例，分别在成本和留利中列支。各单位执行结果，均不得突破按核定的基数和浮动比例计算应提取的效益工资。省烟草公司为此制定《四川省烟草系统国营工商企业实行工资总额同经济效益挂钩的实施办法》，对实行挂钩的范围、挂钩中对两个基数及挂钩浮动比例的核定、挂钩指标和考核内容等作出规定。实行经济效益挂钩的企业，提出的新增效益工资可用于本企业职工升级或浮动升级。1990 年 11 月，省烟草公司下发《省烟草公司机关浮动工资管理的暂行规定》，规定浮动升级的范围、内部分配形式、发放及停止发放的条件等。

1992 年 6 月，省烟草专卖局（公司）下发《关于推进劳动、工资、社会保险制度配套改革的意见》，全省烟草企业按照《国营企业实行劳动合同制暂行规定》和劳动部门的安排，积极创造条件，逐步建立并最终形成“国家计划指导，企业自主用工，多种形式并存，全员劳动合同”的劳动用工制度；除省里安排的试点企业外，其他企业也要积极稳妥地推进劳动用工制度的改革，在继续进行优化劳动组合的基础上，实行内部岗位劳动合同化管理，把定员定额标准和经济承包结合起来；优化劳动组合，坚持平等、竞争、公开、择优的原则，把竞争机制引入企业的劳动组合；对未被组合上岗的人员，可实行试岗、待岗、辞退处理；而经省政府批准实行全员劳动合同制的试点企业，根据生产工作的需要和在国家烟草专卖局颁布的劳动定员定额标准内，按照“增人不增工资，减人不减工资”的原则，自主决定增人、减人的数量。同时，省烟草公司把内部工资分配同职工的岗位、技术高低、责任大小、劳动强度大小、劳动条件的好差、劳动贡献多少紧密联系起来，切实搞好内部工资分配，积极稳妥地进行岗位技能工资的试点。继续抓好“工效挂钩”，使之更好地促进企业生产经营的发展；企业实行灵活多样的内部工资分配形式，把内部分配搞活；根据优化劳动组合、划定内部岗位的情况，合理拉开简单劳动与复杂劳动、轻便劳动与繁重劳动的工资收入差别；逐步建立全省烟草行业职工标准工资正常增长制度。

1993 年 12 月，四川省烟草行业开始实行岗位技能工资。12 月 1 日，省烟草公司下发《四川省烟草企业试行岗位技能工资制的实施意见》，对岗位技能工资的基本内容和工资标准、岗位劳动评价、试点企业具备的条件、岗位技能工资的操作和实施、岗位技能工资的宏观调控和运行、配套改革的措施等均作出规定。四川省烟草企业岗位技能工资制包括基本工资和辅助工资部分，试行岗位技能工资制的企业，必须首先进行岗位劳动评价。根据国家烟草专卖局要求，当年确定在成都卷烟厂、什邡卷烟厂、成都烟草分公司、德阳烟草分公司、广元烟草分公司、崇庆县烟草公司、富顺县烟草公司等企业进行试点。

1994 年 8 月，省烟草专卖局下发《四川烟草企业岗位技能工资制调整完善的意见》，调整岗位技能工资起点工资标准，建立和完善岗位技能工资制的运行机制，简化岗位劳动评价工作。对新进人员工资标准确定和未试行岗位技能工资制企业工资问题以及离退休人员待遇问题也作出规定。

1995 年 5 月，全省烟草行业政治工作会议部署全省烟草行业贯彻《中华人民共和国劳动法》和全面实行劳动合同制的工作，要求全省烟草行业实行劳动合同制工作按“全面实行，分步到位”的原则进行，省烟草专卖局（公司）将《中华人民共和国劳动法》的学习列入县处级干部、工会主席、劳资科（部）长培训内容。

1995 年 8 月，省烟草专卖局（公司）发出《关于全面实行劳动合同制的实施意见》，全省所属工业、商业企业及集体企业实行劳动合同制，用人单位都要按规定与劳动者订立劳动合同。全省劳动合同制工作按“全面实行，分步到位”的原则进行；对工资性补贴、医疗待遇、不愿签订劳动合同者、农民合同制职工、失业保险和养老保险、富余职工、新进的职工的合同签订等问题作出规定。9 月 26 日，广安烟草分公司及所属县公司举行劳动合同签字仪式，率先在全省烟草系统商业企业中实行劳动合同制。10 月上旬，成都、四川、绵阳、中江烟厂等单位已全部签订劳动合同，实行合同制，劳动合同制职工已达到 11209 人，占全行业职工人数的 41%。1995 年底，四川烟草企业全行业有 90% 以上的企业实行劳动合同制。涪陵烟厂等 9 家重点企业职工签劳动合同占职工人数的 96%。截至 1996 年 4 月底，全行业除省级机关、专业公司外，有 10 个卷烟厂、20 个分公司、140 个县公司实行了劳动合同制，正式签订劳动合同的职工已达 25588 人，占全部职工总数的 95. 8%。

1995 年 12 月，省烟草公司下发《关于进一步改进完善四川烟草行业工资制度的实施意见》，对岗位技能工资制的实施范围、岗位技能工资制起点工资标准、企业年功工资标准、岗位技能工资调整标准办法、执行时间等一系列问题作出规定。当年，全省烟草行业调整岗位技能工资制起点工资标准和年功工资标准，调整后全行业（不含省烟草公司）岗位技能工资人均月增 78. 8 元，年功工资月增 49. 8 元。同时，省烟草专卖局（公司）机关完善岗位效益工资制，调整年功工资标准，其中岗位工资标准人均月增资86.15元，年功工资月增60元。

1996年7月，省烟草专卖局（公司）组织3个工作组，对四川省烟草行业系统外进入、控制职工人数总量和工资总额、职工工资以外收入以及实行劳动合同制等情况进行检查。1997年，四川省烟草系统内职工人数得到有效控制，连续3年实现职工人数的负增长。

1998年6月，省烟草专卖局（公司）下发《关于进一步加强四川省烟草企业劳动用工及劳动合同监察、管理的意见》，要求进一步巩固和完善劳动合同制，做好劳动合同的建立、续签、终止、解除等经常性工作。1998年年底，全省烟草行业已基本实行劳动合同制。

1999年12月，根据中央和国家烟草专卖局调整企业工资工作的要求，省烟草专卖局下发《关于四川省烟草系统调整企业工资的实施意见》《关于适当增加行业离退休人员生活补贴和调整行业离退休人员生活补贴计发办法的指导意见》《四川省烟草专卖局（机关）关于1999年调整工资的实施方案》。优化工资收入结构，加大岗位工资比重，根据岗位责任、管理幅度、工作难度、工作量等要素确定岗位工资，实行“一岗一薪”制，以岗定薪、换岗换薪、同工同酬，并适当向高管理、高技术和关键岗位倾斜。工资改革与机构改革、用人制度相配套，实行竞争上岗制度和专业技术职称评聘分开制度。调资的主要内容为岗位工资、年功工资和效益工资（奖金）等。

2000年，在全省烟草系统推进分配制度改革，加强劳动工资的宏观调控，建立以岗位工资为主要形式的工资制度，完善工效挂钩的具体办法，在企业经济效益逐步提高的前提下，保证职工收入适度增长。

2004年6月，省烟草专卖局针对部分单位在依法用工和劳动合同管理中存在的问题，下发《关于依法规范劳动用工管理的通知》（以下简称《通知》）。《通知》要求各单位要在依法规范劳动关系专项自查的基础上，完善劳动合同制度，依法规范用工管理，全省商业企业劳动合同率须达100%；对外聘人员的管理，要进一步完善与劳务机构的劳务关系，明确各自的权力、责任、义务，将外聘人员的各项管理的保障措施落实到位；按照政策规定，及时足额为职工缴纳社会保险费，全省行业商业企业参加社保人员的参保率须达100%；建立调解机制，切实做好劳动争议工作，健全劳动争议调解委员会，探索和建立劳动关系各方的协商机制，坚持“属地管理”原则把问题解决在当地，并引导职工通过劳动仲裁或法律程序解决劳动争议，维护企业和当事人的合法权益。

图5－5　2002年11月，雅安市烟草专卖局（分公司）召开劳动组合动员大会，推行量化考核，建立竞争激励机制

五、职业技能鉴定管理

1988 年 9 月，省烟草公司下发《关于实行技师聘任制的实施意见》，对实行技师聘任制的范围和比例限额、任职条件、考评方法以及待遇和管理等内容作了明确规定。

1995 年 3 月，为贯彻执行《中华人民共和国劳动法》，搞好全省烟草行业职业技术培训和职业技能鉴定工作，经省劳动厅批准，成立四川省烟草行业职业技能鉴定指导中心，组织、指导、协调行业特有工种职业技能鉴定工作。指导中心设在劳资处，与四川省高、中级技术工作函授培训中心烟草公司分部联合办公。

1997 年 5 月，四川省烟草专卖局转发国家局《烟草行业“烟草技术能手”评选表彰制度》，同时，组织开展当年全省烟草行业技术能手评选工作。

1999 年 9 月，四川省烟草专卖局烟草行业特有工种职业技能鉴定站成立，站址设在什邡四川省烟草技工学校。

1999 年，省烟草专卖局制定《关于开展全省烟草行业工人技术等级考核和职业技能鉴定的实施意见》，明确工人先培训、后上岗和持证上岗；培训、考核和技能鉴定规范统一；考核、鉴定与使用和待遇相结合；按岗考核，同时实行资格证书制度；考核与录用分开，执行“考用双轨制”；实事求是，统筹安排，分散进行，分步实施和行业内外相结合的鉴定原则。同时，还对考核对象和范围、技术等级、申报条件和比例限额、考核内容和方式、考核组织及职责、审批及委托权限、实施步骤、配套措施等作出规定。

1999 年 10 月，省烟草公司下发《关于我省烟草行业特有工种职业技能鉴定工作的意见》，指出职业技能鉴定工作是一项长期的基础性工作，涉及面广，工作量大，是企业发展的一项重要工作，各工业企业要引起高度重视；要规范化、程序化地开展职业技能鉴定工作；加强职业技能鉴定工作的队伍建设，以保证职业技能鉴定工作的顺利开展；以职业技能鉴定推动企业职工技术教育和培训工作，调动职工学习科学文化技术的积极性。

2000 年 7 月 10 日，省烟草专卖局转发劳动和社会保障部、国家烟草专卖局、四川省劳动社会保障厅《关于技术工种从业人员的规定》，要求全省烟草行业所有用人单位必须实行持证上岗制度；对从事烟草行业特有工种职工的职业技能鉴定工作，工业企业要严格按照省烟草行业特有工种职业技能鉴定站的规定执行；要求各企业从事通用技术工种的职工的职业技能鉴定工作从当年开始展开。当年，四川烟草系统职工技能鉴定网络初步形成。特有工种的鉴定范围从原来的 11 个扩大到全部特

图 5－6　2003 年 4 月，四川省烟草专卖局（公司）召开四川省烟草系统二〇〇三年职业技能鉴定工作会议，表彰奖励先进单位和个人

有工种。

2002 年 8 月，四川省烟草专卖局转发国家烟草专卖局《烟草行业特有工种职业技能鉴定申报资格条件的规定》，进一步规范烟草行业特有工种职业技能鉴定申报资格条件，适应了行业职业技能鉴定工作发展趋势和职业标准开发要求。

2002 年 9 月，四川省烟草专卖局转发国家烟草专卖局《烟草行业特有工种技师鉴定考务管理实施条例（试行稿）》，同时，按照《实施条例》要求，抓紧抓好技师鉴定试点工作的具体落实，加强实施过程中各环节的质量控制，保质保量的完成技师鉴定试点工作。

2003 年 8 月，四川省烟草专卖局转发国家烟草专卖局《烟草行业职业技能鉴定考评人员年度考核评议暂行办法》，明确考核对象、考核标准、工作要求、工作程序及奖惩办法等内容。

六、人才结构变化

1988 年，从大中专院校毕业分配到省烟草专卖局机关工作的有 22 人，从部队转业来参加工作的有 20 人，截至是年 12 月，省烟草专卖局（公司）机关实有职工 169 人，其中干部 154 人，工人 15 人。

1998 年，全省烟草系统干部队伍年龄和知识结构得到改善。省烟草专卖局（公司）及下属分公司、县公司、烟厂、复烤厂、烟草技校和专业公司共 165 个单位，干部总数 5496 人，其中女性 1699 人，少数民族 73 人。全省烟草系统干部大专以上学历 1746 人，占干部总数的 31.77%；共产党员 2285 人，占干部总数的 41.58%；年龄在 30 岁以下的 1220 人，占干部总数的 22.20%。全省烟草系统专业技术人员 3960 人，占干部总数的 72.05%，干部平均文化程度普遍提高。

1999 年，全省干部人数在 1998 年负增长的基础上，又减少 65 人。当年烟草系统干部总数为 5431 人，其中专业技术人员 3759 人，占干部总数的 69.21%。与 1998 年相比，大专以上学历人员由占干部总数的 31.77% 上升到 35.11%，增加了 3.34 个百分点。

2000 年 9 月，全省烟草系统有在职职工 16452 人，其中干部人数为 5573 人，专业技术人员为 3625 人；研究生学历 27 人，大学本科学历 522 人，大学专科学历 1589 人，中专、高中学历 2313 人。

“十五”期间，省烟草专卖局（公司）更加重视烟草行业人才队伍建设和干部教育培训，积极实施国务院《2002—2005 年全国人才队伍建设规划纲要》和四川省《2001—2005 全省烟草行业干部教育培训教材》，使全省烟草行业人才结构发生了显著的变化。

2001 年，全省烟草系统职工总数为 19842 人，拥有博士研究生 1 人，硕士研究生 20 人，研究生课程 21 人，大学本科 828 人，大学专科 2946 人，中专学历 2300 人，高中学历 4895 人，技校毕业 1429 人；具有专业技术职务任职资格 3056 人，其中高级职称 40 人，中级职称 1004 人，初级职称 2012 人。在职教育培训中，参加资格培训和职工技能培训的岗位培训学习 5036 人，继续教育学习 160 人，高等教育学习 2084 人，中等教育学习 1230 人，文化基础教育 79 人；参加适应性培训的工人 3278 人次。

2001—2005 年四川省烟草企业单位管理人员、专业技术人员结构情况统计表

表 5－3　　　　单位:人

年度	各类人员总数	女性	少数民族	共产党员	民主党派	学历						各类专业技术														
						研究生	大学本科	大学专科	中专	高中	初中及以下	专业人员总数	高级职务	中级职务	初级职务	工程技术人员	农业技术人员	科学技术人员	卫生技术人员	教学人员	经济人员	会计人员	统计人员	图书档案文博	政工人员	其他
2001	5732	1680	76	2441	48	29	572	1810	1098	1180	1043	3477	26	853	2545	581	360	1	57	63	1325	690	109	38	246	7
2002	5628	1636	71	2411	4	34	656	1992	1069	1100	777	3137	28	812	2297	537	289	2	48	56	1170	651	106	33	240	5
2003	4484	1397	197	2030	—	24	493	1670	881	1416		2043	20	538	1485	83	266	2	3	25	1664					
2004	4674	1389	171	2201	—	30	652	2099	753	1140		2220	24	568	1462	101	264	5	4	20	997	575	85	20	148	—
2005	4207	1299	155	2019	—	52	826	2093	629	607		1640	1	42	53	86	212	1	3	20	607	502	52	15	135	1

2002年，全省烟草系统职工总数为22812人，职工队伍的文化结构有较大改善，尤其参加高等教育学习的人员大幅度增加。全系统职工队伍中，拥有硕士研究生23人，研究生课程34人，大学本科921人，大学专科4194人，中等学历3386人，高中学历7451人，技校毕业1164人，大专以上学历占单位从业人员的比例为22.79%。参加各类教育培训12894人，入学率为56.5%。在管理岗位培训中，参加各类教育培训3385人，入学率为61%；其中有高等教育在学1319人，中等教育在学140人，继续教育在学193人，各级管理干部参加工商管理培训279人。在工人岗培训中，全省工人17297人，入学率为55%；其中有高等教育在学1083人，中等教育在学925人。参加岗位资格培训、技术等级培训和适应性培训的工人达到16811人次。

2003年，全省烟草系统共有职工18144人。工商分离人才分流后，有硕士研究生15人，研究生课程50人，大学本科613人，大学专科3483人，中等学历3143人，高中学历6753人，技校毕业602人；拥有专业技术职务任职资格1910人，其中高级职称20人，中级职称550人，初级职称1340人。参加职工岗位资格培训和职业技能培训2353人，继续教育学习910人，高等教育1553人，中等教育678人，文化基础教育109人；参加适应性培训的工人17043人次。

2004年，全省烟草系统职工15889人，其中管理岗4611人，工人岗11278人。拥有硕士研究生26人，研究生课程50人，大学本科830人，大学专科3970人，中专学历2944人，高中学历5013人，技校毕业397人；共有1851人获得专业技术职务任职资格，其中高级职称191人，中级职称657人，初级职称1003人。参加岗位资格培训和职业技能培训学习2228人，继续教育学习694人，高等教育学习1709人，中等教育学习213人，文化基础教育学习84人；参加适应性培训的工人24813人次。

2005年，全省烟草系统共有职工14506人，其中管理岗位4453人，工人岗10053人。拥有硕士研究生37人，研究生课程84人，大学本科1004人，大学专科4205人，中专学历2418人，高中学历4411人，技校毕业336人；全系统1433人获得专业技术职务任职资格，其中高级职称169人，中级职称486人，初级职称778人。参加岗位资格培训和职业技能培训2105人，继续教育学习252人，高等教育学习1398人，中等教育学习124人；参加适应性培训的工人28920人次。

第五节　信息化技术管理

一、信息化建设与发展

四川烟草行业的信息化建设与信息技术使用始于20世纪80年代末。1989年4月，成都卷烟厂为解决生产过程中的产量、物耗等问题，与四川应用技术工程设计所签订研制成都卷烟厂生产数据微机自动控制系统科研项目合同。1990年3月，该系统建成并投入运行，能对生产过程中的产量、物耗进行快捷、准确的自动计量，方便车间管理和对机台的考核，降低物耗，提高产品质量。成都卷烟厂把管理现代化纳入“八五”和“九五”企业发展总体规划，先后建成生产实时数据采集系统、工业电视控制系统、计算机管理信息系统和二级核算计算机网络系统。

1989—1991年，什邡卷烟厂为解决卷烟生产过程中烟支卷接产量、物耗等计量问题，与中国科学院成都计算机研究所合作，先后建成3套卷烟卷接工序生产数据自动采集系统，对烟支卷制和接装的产量、物耗、设备开停机时间等进行快速、准确的实时自动计量，对工厂加强生产在制过程控制、降低物耗、提高产品质量和工作效率及成本核算质量等起到积极的促进作用。1993 年，什邡卷烟厂投资 113 万元，建成工业闭路电视监测系统，实时对生产现场的人流、物流、设备运行善等进行监控，提高了生产现场管理水平。此后，什邡卷烟厂信息化建设重点抓了财务电算化网络建设和计算机集成制造系统（CIMS）建设。

1993 年 12 月，根据信息技术发展的需要，四川省烟草专卖局（公司）成立内设机构信息中心(2000 年 11 月更名四川省烟草经济信息中心)，列为事业机构，肩负着全省烟草行业信息化建设和信息采集、分析、预测工作的管理职能，并承担全省烟草行业信息化工作领导小组的日常工作。

1996 年 1 月，为搞好四川省烟草行业信息与计算机应用工作，在广泛征求意见的基础上，四川省烟草专卖局发出通知，决定建立四川省烟草行业信息与计算机管理机构。成都、绵阳、涪陵、四川、什邡、西昌、黔江烟厂成立综合信息部门，条件不具备的烟厂按照实际情况在企业管理办公室或厂办公室配备专职信息人员，实行“两个牌子、两项职责、一套人员”的机构；分公司或专业公司在现有或充实办公室人员的基础上建立综合信息科，与办公室实行“两个牌子、两项职责、一套人员”，条件不成熟的单位，在办公室设置专兼职人员负责此项工作。综合信息机构以政务、生产经营、宏观空为主线，以收集生产经营信息为重点，担负起综合信息和计算机应用两方面的职责。

2000 年 3 月，四川省烟草专卖局（公司）发出《关于建立全省烟草行业科技信息情报网的通知》，要求技术含量较高的烟厂、辅料、三产企业、烟叶主产区、科研站所确定专门部门和人员负责开展科技信息和科技情报工作，广泛搜集、交流有关烟草生产、经营、科技、国内外产业发展趋势的信息，为领导决策提供科学依据。12 月，编制出《四川省烟草行业商业企业计算机管理信息网络系统规划》。行业信息化建设先行的什邡卷烟厂，至 2003 年末，先后投入信息化建设资金 1200 万元，建成金蝶 K3 财务软件系统、办公自动化系统（OA）、管理信息系统（MIS）、资金管理系统、网络入侵检测系统、安防及电子巡更系统、烟草行业卫星专网（C 类站）。

2001 年是四川省烟草行业信息化建设打基础的重要一年。全年组织完成 106 个分公司、县公司计算机机房的修建和计算机网络硬件设备的安装调试，初步建立起全省行业计算机网络系统；安装调试卷烟销售管理信息系统软件并已在部分分公司、县公司投入运行，软件推广工作有了实质性的进展；24 个卫星 C 类站进入设备安装调试，年底基本完成全省的建站工作。

2002 年，全省烟草行业信息工作一是狠抓卷烟销售管理信息系统软件推广，6 月底实现全省行业联网运行；二是建成行业内部卫星通信网络，行业内业务数据、管理信息的传输以行业卫星网为主，实现各分公司、重点卷烟工业企业、省烟草专卖局（公司）、国家烟草专卖局之间通过卫星网的互联互通；三是在什邡烟厂推广卷烟工业基础软件工作，抓好西昌烟厂企业管理信息化建设规划方案设计论证，做好成都烟厂迁址后的信息化建设，推动工业企业管理信息化；同时完成娇子大厦计算机中心房和局域网的建设，推广应用国家烟草专卖局重点推出的人事劳资、计划统计、专卖管理等管理信息系统。

2003—2004 年，全省烟草行业认真贯彻落实“用信息化带动烟草现代化建设”的要求，专卖管理信息系统完成全省 21 个分公司的安装调试并进入联网试运行；不断提升卷烟销售管理信息系统水平，全省实现电话访销、网上配送、电子结算、现代物流；积极实施烟叶户籍综合管理信息系统，全面、及时、准确地提供每户烟农户籍信息、合同种烟数量、实际收购等级和数量及均价等155条详细资料，为烟叶生产、收购的调控和决策提供了及时准确的支撑；全省22个市局、9个分公司开通SDH专线（Synchronous Digital Hierarchy同步数字体系）；与省烟草专卖局连通，127个县局（营销中心）、490个中队（点）开通ADSI专线（Asymmetric Digital Subscriber Line非对称数字用户线路）全面提升行业广域网质量；积极稳妥地进行全省行业办公自动化系统建设，实现与国家烟草专卖局、与各市局（分公司）网上文件审批、公文流转、网上查阅文件和销售、专卖、烟叶、办公自动化等多个系统间的报表查询等；组织实施全省网络安全系统建设工程，完善相关信息化建设规章制度和技术标准规范；认真组织、全面实施行业卷烟生产经营决策管理系统项目工程，同时根据项目建设需要，制定方案建立省烟草专卖局（公司）数据中心。

2005年，积极发挥信息技术优势，推动全省行业实现网建“三集中”和资产一体化改革，促进传统商业向现代流通转变，规范生产经营管理行为，提高行业经营管理水平。同时，四川省烟草专卖局（公司）及时制定《全省烟草行业信息化工作考核办法》，从信息化组织机构、信息化管理制度、技术标准和技术规范执行、信息化应用系统建设应用、网络建设与运行管理、网络和信息安全工作、信息系统运行维护、信息资源建设应用、信息化项目管理、信息化人员培训10个方面按照定性考核和定量考核相结合的方法，对各市（州）烟草专卖局（分公司）信息化工作进行综合打分，打分结果在全省行业内通报，综合得分排在前6名的先进单位，每3年在全行业进行表彰，使全省行业信息化工作“系统集成、资源整合、信息共享”的建设要求得以全面落实和规范。

二、信息技术应用与管理

（一）办公自动化应用

按照国家烟草专卖局信息化工作的总体要求和打造“数字川烟”的目标，从“统一平台、统一数据库、统一网络”出发，2003年8月，四川烟草行业办公自动化信息系统建设经过公开招标、系统开发、应用试点、全面推广、联网运行5个阶段的系统建设。

省烟草专卖局（公司）把办公自动化信息系统建设视为关系到全行业改革发展的大事来抓，纳入“十五”发展计划，并成立办公自动化信息建设工作领导小组和办公室，狠抓实施工作落实到位。2003年9月，省烟草专卖局（公司）召开办公自动化信息系统软件开发招标会，确定杭州新世纪信息技术有限公司为开发商，中科信息技术有限公司为推广实施单位，整个项目投资560万元。软件开发单位经过调研、模块设计和技术论证，开发出了符合全省烟草行业实际的办公自动化信息系统软件，项目实施按照要求如期完成。

为保证综合办公信息系统的顺利推广应用，省烟草专卖局（公司）制定了系列规章制度，并先后12次安排领导和职工参加操作培训。各市（州）烟草专卖局（分公司）也组织了分阶段、分层次的培训，并经过考试获得计算机操作等级证书，为系统的实施运行奠定了技术基础。

2004年3月，省烟草专卖局（公司）把成都、乐山市烟草专卖局（分公司）作为办公自动化信息系统试点单位，经过两个月的试点运行，为全省办公自动化信息系统推广工作起了示范引路作用。省烟草专卖局（公司）总结成都、乐山市烟草专卖局（分公司）试点的成功经验，把全省19个市烟草专卖局（分公司）分成3个小组，分阶段进行系统的全面推广。

为尽快把信息技术转化为工作实效，提高使用力度，2005年1月，省烟草专卖局（公司）和市（州）局（分公司）实行全省联网试运行，纸质和网上公文双轨制运行。4月1日，全省各单位正式实现公文网上单轨制运行。9月，全省22个市（州）烟草专卖局（分公司）和所属县区建成全省统一的办公自动化综合信息平台，涵盖信息门户、公文处理、档案管理、综合事务等应用体系。省烟草专卖局（公司）、市（州）烟草专卖局（分公司）、县区局三级之间、部门之间的信息传递、使用、发布、公文流程全在网上运行，实现了与国家烟草专卖局公文传输系统的对接。

四川烟草办公自动化信息系统主要有信息门户、公文流转、综合事务三大功能。信息门户由网站首页、领导机构、川烟风貌、法律法规、会议专题、政务信息、文化园地、川烟论坛8个子模块组成，覆盖全省167个县公司，充分发挥信息发布和沟通交流快速便捷作用。公文流转包括发文办理、收文管理、档案管理、系统查询等内容，全省烟草商业系统基本实现了无纸化办公，降低了成本，提高了效率。综合事务内容丰富，工作助手作用凸现，有效解决了办公过程中需要协作处理的事务。

截至2005年9月，省烟草专卖局（公司）在网上办理公文700余件，发布焦点新闻243条，省烟草专卖局新闻635条，行业动态840条，时事评述373条，综合新闻625条，川烟简报30期，《四川烟草通讯》41期，川烟论坛注册用户2230户，发贴38万余篇，充分发挥了指导工作的作用。

（二）信息化应用领域扩大

2000年11月，四川省烟草专卖局（公司）成立了独立的，以覆盖省、市、县三级的网状结构广域网建为标志的经济信息中心后，积极推行烟叶收购和卷烟销售微机开票工作，完成全省行业网络管理信息系统和辅助决策系统，开展销售网点计算机网络管理试点。

2001年，四川烟草建立第一代卷烟营销系统，营销系统以C/S技术模式（Client/Server）为主，部署模式以市集中，初步实现卷烟购进、销售和库存管理等基础业务，支撑以县级法人为经营主体的卷烟销售模式。

2002年上半年，全省卷烟销售全面实现微机联网，有效发挥了卫星C类站和微机、POS机等先进信息工具作用，卷烟访销、配送、库存业务全部实现计算机作业，保证了行业管理信息数据的及时性、准确性、真实性。

2003年，建立第一个客户关系管理系统。根据企业的经营目标、任务、市场管理的需要，为营销、服务和专卖等部门制定营销策略、服务策略和管控策略。在专卖管控上，建立专卖证件网络管理、执法案件网络管理、专卖信息网络管理和零售户诚信等级网络管理4个子系统，提高了工作效率和工作质量。全省通过网上办理运输准印证5169个，卷烟销售到货确认1762个，签署进出口合同39个，烟用物资采购合同25个。

2004年，信息技术在销售、专卖、烟叶、财务等领域广泛应用。在全面实施行业卷烟生产经营决策管理系统中，完成各分公司的安装调试工作，通过对全行业工商数据集成，实现对生产经营的有效监控，推进了客户关系管理系统，提升了卷烟销售网络建设水平；全面推广办公自动化管理系统，实现与国家烟草专卖局的网上文件审批、公文流转、网上文件查阅等；依靠信息技术，基本达到证件管理、案件办理、市场分析和数据统计填报网络化；全面开展烟叶信息管理基础软件系统、烟叶专卖和销售系统的推广，实施烟叶网上交易，并保证烟叶户籍化管理系统运行质量；实现财务管理系统升级工作，与销售等系统的部分资源共享。

2005年，随着信息化技术的发展，四川烟草引入B/S技术（Browser/Server），通过数字中继技术实现卷烟电话订货，与银行合作实现卷烟货款批量代扣业务。从管理上取消县级法人资格，以市（州）烟草分公司为经营主体，支撑四川烟草实现电话呼叫集中、物流中心集中、信息集中的“三集中”改革。

图5－7　2005年5月，全省烟草行业通过制定《企业信息化管理方案》和ISO 9001《信息化管理作业指导书》，建立统一的信息平台

全省桌面计算机广泛普及，省市两级中心机房陆续建成，服务器和存储等硬件资源相继到位，防火墙和杀毒软件等信息安全设施配备完成，运行维护等信息化服务管理工作实现常态化，信息化管理实现体系化、制度化。

（三）专卖信息化管理

2001年，省烟草专卖局着手铺开专卖信息系统管理的启动工作。

2002年9月，专卖信息系统推广工作小组成立，开展各项工作需求调研，反复征求意见，并下发《关于做好开发和推广四川省烟草专卖管理信息系统软件工作的通知》。

2003年，全省开始构建四川烟草第一版专卖管理信息系统，属于信息化首次支撑专卖基础业务的开端。信息系统采用以市集中部署的模式，建立有许可证、案件、队伍建设等功能模块，实现了许可证、案件、人员队伍信息的电子化存档与查阅，为后续专卖信息化工作开展提供宝贵的经验，奠定了坚实的基础。

2004年，随着专卖管理信息网络的全面运行，省烟草专卖局出台系列管理制度，对烟叶和烟用物资的专卖网络提出新的管理措施，对跨省、自治区、直辖市运输烟草专卖品实行计算机网络化管理，将省内运输准运证的办理纳入全省烟草专卖信息系统管理和操作。

2005年，实现对全部烟草专卖品的规范化、信息化管理，从根本上规范经营行为。同时，实现与国家烟草专卖局专卖信息系统对接。

第六节　企业文化管理

一、文化活动组织

1986年5月至2005年10月，四川省烟草专卖局（公司）先后3次组织编纂《四川省烟草志（上、下册）》，其工作成果共28种，约1300余万字，完成了一项规模宏大的全省烟草行业文化建设工程。

1993—1994年，省烟草专卖局（公司）机关建立职工文化活动中心，修建了篮球场和羽毛球场，开展了首届红太阳颂“天下秀”杯卡拉OK大奖赛、“白芙蓉”杯围棋赛、首届打字技能比赛等活动。

1995 年 6 月，组织全省烟草行业“宏声杯”象棋比赛活动；9 月，举办全省烟草行业“攀西杯”职工卡拉 OK 大奖赛。

1996 年 4 月，参加全国烟草行业“宏声杯”职工硬笔书法赛活动，全省 21 个单位 166 件作品入选参赛，四川省烟草行业 6 名职工作品获奖。

1997 年，组织全省烟草行业职工参加全国烟草“欢庆回归、喜迎十五大”职工摄影大赛，全省 4 名职工 12 幅作品获奖，省烟草公司获得组织奖。并举办了全省烟草行业职工羽毛球比赛，有 20 个单位的 71 名职工参与比赛。

1999 年，组织全省烟草行业职工文艺汇演，20 个单位选送 32 个节目参赛。同时组织烟草职工书法、绘画、摄影作品展，选送了 200 多幅作品参赛。

2000 年 1 月，省烟草专卖局（公司）组织全省烟草职工千禧年迎新春文艺晚会，成都、什邡、绵阳卷烟厂，凉山烟草企业和成都、德阳、广安、宜宾分公司等单位参加了演出，成都电视台进行了实况转播。组织职工参加第二届四川烟草职工书法、绘画、摄影作品展，历时 4 个月，共评出组织奖 4 个，一等奖 7 个，二等奖 15 个，三等奖 23 个，鼓励奖 46 个。

2003 年 3 月，组织四川省烟草行业组建 20 周年职工文艺调演。文艺调演汇报演出晚会合唱、独唱、歌舞、乐器演奏、朗诵、小品等节目纷呈多彩，展示了全省烟草行业的辉煌成就和烟草职工昂扬向上的精神文化风貌。

二、企业文化创新

经过组织形式多样的文化活动，开展庆典歌舞调演、书画摄影展示、诗词歌赋艺文创作、棋类球艺体育赛事及烟草文物鉴赏等，丰富了机关文化生活，增强了职工凝聚力，焕发了积极向上的工作热情，通过广泛而持久的文化载体的导向引领，收到以文化人的成效。四川省烟草专卖局（公司）敏锐地认识到，全省烟草行业应该充分发挥文化导向的特殊功能，总结和构筑烟草企业文化更高远、更有魅力的载体，以文化的力量助推全省烟草行业的跨越式发展。2003—2005 年，全省烟草行业通过广泛深入宣传引导、集思博揽、挖掘整理思路，完善了四川烟草企业文化的研究报告，完成了企业文化管理的工作模块，全面实施企业文化工程，形成强烈的烟草文化导向。它的内容涵盖了“人为本、法为准、德为先”的核心价值观，成为企业文化的灵魂；确立了“携手客户，构建和谐并进的利益共同体”的企业使命，增强责任、发展、和谐和使命意识；确立了“不断超越，领先一步”的发展理念，激发干部职工争创一流的斗志；确立了“打造具有参与国际竞争实力的全国一流现代流通企业”的发展愿景，激励干部职工坚定不移向着“烟草强省”的战略目标前进；确立了“以责任奉献社会，以真情回报客户，以创新超越自我”的企业精神，广大干部职工用新的精神活力积极践行发展理念，与行业同成长、与客户齐发展、与国家共富强。

通过具有系统而深邃文化内涵导向的引领，企业核心价值观、企业使命、发展愿景、发展理念、企业精神等赋有四川烟草特色的理念和文化确立并深入人心，转变为激励人、鼓舞人、凝聚人的精神力量，助推了四川烟草行业健康发展。

三、烟草艺文选辑

四川烟名散诗

（一）

天府美，蜀水长，国宝生长在我乡。峨眉天下秀，青城天下幽。攀枝花，钢水流，攀西卫星飞宇宙。梅花喜瑞雪，雪竹发嫩芽。山花、红玫瑰，国松更挺拔。娇子、名犬好珍贵，白芙蓉里尽朝晖。金盆景内游人走，白塔山旁万卷楼。品三国，话民革，丝绸城乡不再愁。名画添一幅，三角黄金土，五牛耕作碌，恒通财源路，55 二万伍。

（二）

三峡出平湖，神女峰无恙。黔龙在飞腾，宏声巨涛疏。山城在变样，红岩精神扬。中华龙起舞，佛兰祝吉祥。

（武胜县烟草公司 曾中志）

沁园春·元旦

（1994 年）

甲辰当歌，改革攻坚，国泰民安。望巴蜀烟云，百花吐艳。五牛争雄，雪竹斗艳，名犬起舞，宏声长鸣，天下秀色染佛兰。

乙亥继往开来，引五万儿女尽抒怀。乘改革春风，工商携手，笑傲商场。抓住机遇，名牌战略，敢争天下传辉煌。莫等闲，叫川烟崛起，威震长天。

（周明德）

四川省卷烟牌名赋

架（五牛），乘（古车），邀游（峨眉）：众（勇土），攀登（金顶），一览（名山）（天下秀）。（巴蜀）号称（天府），（成都）广植（白芙蓉），锦江盛开（黄芙蓉）。（望江楼）畔，（烷花）溪旁，遍植（锦竹）和（方竹）。君不见，万竿丛中有（金竹）。才饮（沦江）水，又游（嘉陵江），下（山城）（重庆）；出（三峡），跨（夔门），两岸（美猴）啼不住，但见（红帆）点点，轻舟已过（神女峰）。看今日（巴蜀），（九寨沟）奇秀，（攀枝花）怒放；（佛兰）幽香，（国宝）（熊猫）嬉（雪竹）。（邛海）畔，（月城）外，（五彩湖）中，（蓝天鹅）偕（绿孔雀），迎来（王子）（索玛），同乘（千里马），齐唱（彩莲）曲，共游（乐山）观（大佛）。忆往昔，岁月峥嵘，（华蓥山）前，千万（工农）齐武装；看今朝，飞天邀游（长空），鸟瞰（华夏），（长城）巍然，（华西）多（娇子），争唱（满江红）。（都江堰）安澜，（川江）奔出（宝瓶）口，沃野千里（绿），（金穗）报丰收。国泰民安扬（宏声），（大众）齐欢笑，临门乐（幸福）。

（注：文中有（ ）者即卷烟牌名）

（青神县烟草公司 陈民荣）

种烟三字经

种烤烟，三字经，欲高致，在认真。讲科学，论三化，经之谈，请记牢。
区域化，良种化。规范化，须做到。种植区，要适宜。光温土，论证好。
高寒区，阴山地，贫壤土，均不宜。优良种，定增长，去劣杂，勿自留。
品委会，审良种，统一供，放心用。栽培术，必规范，兴科技，莫保守。

粗壮苗，是基础，错过了，无法补。育苗壮，作好床，苗床土，须消毒。
水与温，控制准，薄膜床，切勿忘。假植苗，好处多，育苗中，定要作。
烟地土，须深耕，碎松平，畅排水。四五月，移栽完，六月栽，一定败。
一行埂，单株植，论稀密，要适度。烟行距，一米一，烟株距，一尺七。
地膜烟，应普及，增长质，毫无疑。定根水，宜浇足，促根发，很有益。

大田间，细管理，此关键，莫松懈。肥合理，烟受益。氮磷钾，按比例。
油饼枯，农家肥，施用前，先发酵。伸根须，时中耕，杂草尺，土均深。
培土前，除脚叶，培土时，高且饱。搞中耕，和培土，须晴日，方进行。
见花蕾，即打顶，控留叶，二十零。只打顶，不抹芽，耗养分，则更大。
勤抹芽，很重要，抑芽敏，有特致。病虫害，莫轻视，防治早，生长好。
病虫源，传播源，下决心，清除掉。烟技员，勤指导，用科学，选好药。

成熟采，烟质高，香吃味，真正好。成熟度，严把握，叶落黄，叶茸脱。
叶脉白，叶边委，细胞松，正采时。假熟叶，采不得，过熟了，也不好。
按合同，收购烟，莫抢购，序井然。按国标，把质关，不提级，不压级。
收购金，准备足，现兑现，烟农赞。

烘烤好，显奇效，色香味，见此招。炕房要，升温灵，控温稳，温湿匀。
温湿度，控制好，慢变黄，勿急烤。分等级，扎好把，便配方，利交售。
复烤烟，品质高，利保管，须搞好。三字经，说到此，灵不灵，供参考。

（傅学国）

烟叶技术宣传歌词

种烟要高产，育苗是关键。季节莫错过，秋分寒露天。
地方选择好，向阳背风点。带沙土质宜，还要靠水边。
四尺来开厢，做成型茶盘。盘边宽六寸，来往好过人。
厢内二尺八，管理不淘神。厢内放火烧，灭虫又少病。
要得苗子壮，底肥要跟上。每丈灰五十，掺在土中间。
土块要打细，要不现凹凸。然后用板凳，厢内要压平。
撒种不要忙，有个新妙方。放于稀肥内，搅匀用木棒。
钱种一担粪，一担拨一丈。丈苗栽一亩，有苗三千上。
要得出苗快，谷草来盖上。种子发芽全，谷草丢一边。

有霜应搭棚，保护苗过冬。蔑片五尺长，插人两厢旁。
棚顶一尺五，薄膜覆盖上。若是气温高，揭开晾一晾。
气温偏低了，加温草帘上。草大不好整，费力苗扯光。
三九四九天，气候实在寒。苗子要越冬，又需添衣裳。
干肥菜枯下，筛子筛上面。明春雨水到，苗子长得欢。
到了惊蛰节，揭棚去架杆。适时勤管理，巧用清粪水。
苗肥应巧施，先少后在多。小儿学吃饭，慢慢把食添。
只要勤管理，春分栽好烟。

（旺苍　文家友）

烟区抒怀

攀西阳光

攀西，充满阳光。从春到夏，从秋到冬，河谷平坝、山麓坡地，台地、梯田，都被涂抹上一层金色。

日光下，到处是蔗的茁壮、糖的甘甜、蚕的白亮、茧的悠长。紫色土、冲积土，红壤、黄壤、深红壤，都是上好的植烟土壤。

温度、湿度和日照共同积淀着干物质，低垂了烟叶高昂的头。烟株随风轻摇，叶片由绿变黄，尽染攀西日光的色泽。

一个骄傲的名字诞生了——“金攀西”。

漂浮式育苗

新年的欢乐还弥散在原野、村庄。春寒料峭中，烟农走出家门。银锄挥动，为秋后的丰收应典拱建舞台，烤烟是浓墨重彩的一幕。

在避风向阳的平坦地，用蔑片拱起一道道圆弧，透明膜和水池膜妆成白色的天幕和黑色的地毯。男人往苗盘里装入基质，象精心打造一艘战舰；女人轻轻移送着漂盘，似晃动婴儿摇篮。

苗床地上，充溢着窑洞的温暖和隧道的神秘，往苗池注入清水，甜蜜从这儿开始。反复检测棚温，反复考察水量。高温萌动，当沉睡的种子被唤醒，希望随春天萌发。

间苗、定苗，追肥，幼苗追逐着阳光成长。苗棚前，烟农凝视着整齐的“绿色十字军”[注]，一脸笑容，一脸慈祥。

注：幼苗出土要经过小、大十字生长期。

大田移栽

拉线开沟、单厢提埂，集合起烟田全部的营养。

厢匀沟直，窄株宽行。一个个苗坑敞开胸怀，以水的深广、肥的饱和迎接幼苗到来。

定植、培土、浇水、盖膜，田垅留下烟株高傲的倩影。

“抗旱栽烟一碗油”，立夏烟，如同千军万马，在宽广的田地上描出鲜活的坐标。

让人和苗一同接受日光的烧灼与干旱的煎熬吧，生命在抗争中才变得顽强。

田间管理

还苗、伸根、旺长。烟苗团棵了。绿影在长长的薄膜带上绣出好看的花，为夏季披一幅素雅淡妆。

心如斑烂的烟地，充满喜悦和希冀，也有忐忑的颤抖。

揭膜培土、防病治虫、追肥除草。烟株拼命地吮吸着大地乳汁，扩张茎梗，膨胀叶长。

打顶抹杈，除芽去花，烟株在不知不觉中陡长。钻入烟田，吸一口沁人心脾的清晰。不久，叶片将要落黄。

采　收

烟叶成熟了，满田奔走着采收的人。从烟地里捧出烟叶，掂量一季艰辛和收获的沉甸。

快来哟！扎把、绑杆、装炕。开火加煤，鼓风机低速运转，激情缓缓注入烤房，热风循环，升湿、排湿，定色、出炕。

初烤烟在一双双手中传递，轻拿轻放。晾烟架上，桔色是金，柠黄是银。

收购站前，烟农个个心花怒放。

（汪天德）

烤烟带来农家乐

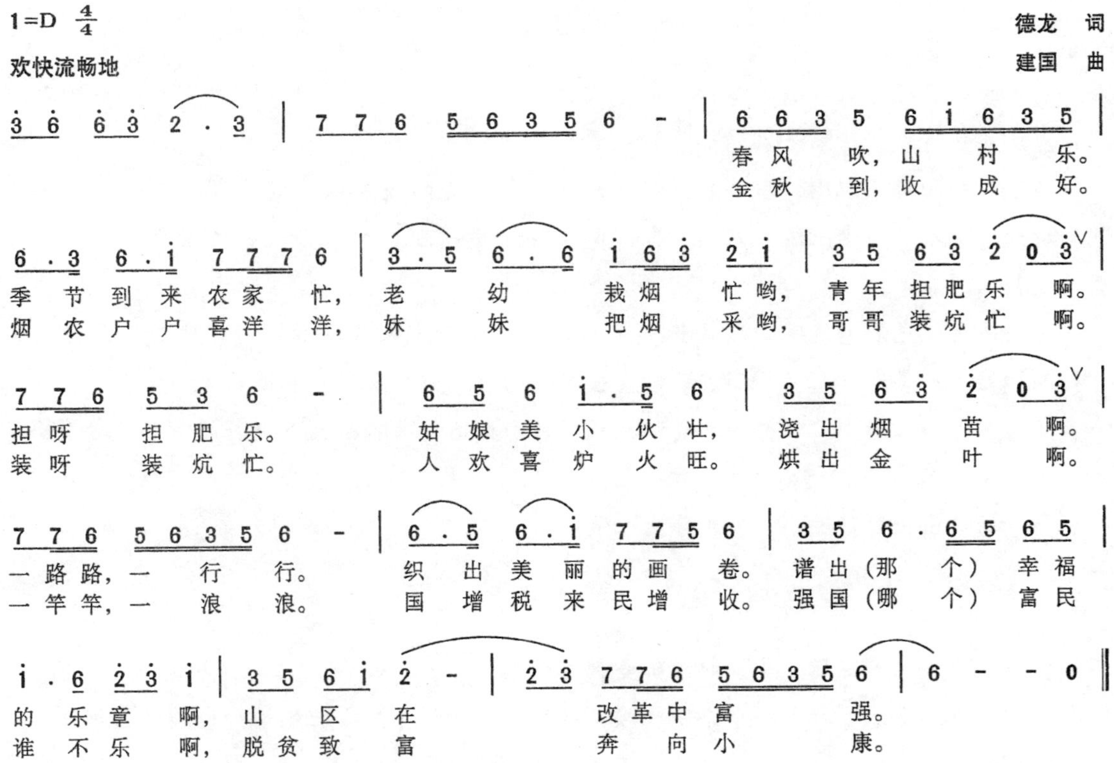

图 5－8 2003 年，四川省烟草行业举行组建 20 周年文艺晚会

第七节 扶贫济困工作

一、烟区扶贫

发挥烟草生产的优势实施扶贫开发，从烟草生产的战略布局、计划和政策的调剂向老少边区贫困地区倾斜，在人才、技术、资金等方面扶持少数民族地区烟草种植带动烟农脱贫致富，是四川省烟草专卖局（公司）各届领导班子一贯的工作思路，自省烟草专卖局（公司）成立以来，已形成为定向。

全省烟草行业扶贫勇担责任。早在 20 世纪 80 年代中期，四川省烟草专卖局（公司）把西昌卷烟厂选址在边远的贫困民族地区西昌，不仅有效地开发利用了当地自然资源，而且有力地支持和带动了边区民族的脱贫致富。与此同时，在贫困的边远山区古蔺、叙永、会理、会东、珙县、兴文、筠连、普格、黔江、武隆、酉阳、秀山、彭水县广泛建立烤烟生产的基地，约占全省年总产量的 90%；2002 年以后，省烟草专卖局（公司）根据行政区划变化，优化烤烟布局，在凉山烟区重点发展会理、会东、宁南、德昌、冕宁、西昌、普格县，泸州烟区发展古蔺、叙永，宜宾烟区发展筠连、兴文、珙县，广元烟区发展剑阁、元坝县区，基本为贫困县区。从 2000 年开始，在凉山州建设全国都具有影响力的大规模的优质烟叶生产基地，为全国各地生产企业厂家年年提供大量名优质烟叶原料，从而使凉山烟区广大烟农直接享受到烟叶生产发展的成果，也为增强地方财力作出积极贡献。“十五”期间，四川烟草每年的经济指标呈现两位数的增长，特别是烟叶生产有效地解决了贫困山区和少数民族地区的“三农”增收问题。据统计，2005 年围绕“助农增收”，全省使用 4.03 亿元资金完成烟水系列配套工程建设，加大对烟叶生产基础设施的投入。是年全省烟叶产量达到 267 万担，烟农收入超过 14 亿元，成为加快脱贫致富步伐的重要支柱产业。

达州宣汉结合山区实际脱贫攻坚。宣汉县是山区农业大县，烟草行业是该县的10强企业之一，以种白肋烟为主，面积占72.4%，白毛烟仅占25.8%。1984—2000年，宣汉烟叶销往全国24个省（市）的69个厂家共104.97万担，为农民增收1.21亿元，并每年为1000余人离土不离乡的农民提供半年时间的“打工”机会。宣汉县的基本作法是：一是推行烟草生产风险承包责任，走“公司+农户”的现代农业模式，公司直接与烟农签订烟叶生产、交售合同，制定烟叶生产保护价，调动广大烟农种烟积极性；二是根据宣汉贫困山区农业大县人多地少、资金缺乏、市场发展滞后的情况，依靠基地发挥示范、辐射作用，培育主导产业，从而抓好龙头企业，走符合山区大县实际脱贫致富的路子。

泸州市助农增收出新举。泸州烟区的古蔺、叙永两县是少数民族杂居的贫困县。市、县烟草管理部门制定3年烤烟种植24万亩产量70万担的发展计划，将烟农的增收放在首位。着重点是改革古、叙烤烟生产组织方式，把烟农从复杂繁琐的劳动中解放出来，提高其种烟积极性。同时，增大投入，建立基本烟田保护制度，加强烟水、烟路、抗旱防雹、烟房、烟站基础设施建设，促进烤烟产业的发展带动两县少数民族山区脱贫致富。

对阿坝州实施人才援助扶贫。2002年12月，阿坝州烟草分公司组建上划后，各县局（中心）领导干部和基层单位中层干部均缺额较大。省烟草专卖局（公司）于2003年3月从成都、资阳、乐山等烟草分公司派出11名交流干部，给阿坝烟草行业增添了新的活力，交流下派干部在发展阿坝烟草和扶贫救困中发挥了积极有力的作用。

凉山州帮扶脱贫见实绩。烤烟生产是凉山州会理县经济发展的支柱产业，烟农致富增收的希望。但干旱、冰雹等自然灾害每年都使烟农遭受不同程度的经济损失，必须加强治防。会理县烟草专卖局从大处着眼，将烤烟生产基础设施建设纳入优质烤烟可持续发展计划，用5年时间投资8.03亿元建设烟水配套工程、防雹网络、烟区公路、烤房工程等，构建烤烟生产立体防护体系，为全县烟农撑起致富增收的“保护伞”。截至2005年12月，全县兴建4.42万口水窖、16座提灌站、安扎17门防雹高炮，为45万亩烟田提供了有力的基础保障。据统计，2005年会理县收购烟叶59.56万担，烟农总收入3.2亿元；涌现出22个万担乡镇、3个万担村，收入上万元的烟农达8208户。凉山州全州共收购烟叶176万担，2005年比2003年增加58万担，烟农总收入近10亿元，比2003年翻一番。

二、公益性捐赠

全省烟草行业高度重视社会公益事业，认为这是为国分忧、为民谋利、内强实力、外树形象的大好平台，积极踊跃参与济困捐赠、救灾捐赠、助学捐赠、工程捐赠、活动捐赠及慰问捐赠等公益性社会活动，为地方经济发展、社会稳定和精神文明建设作出积极贡献。

四川省烟草专卖局（公司）：1992—2005年，向全国第七届运动会四川赛区、朱德故里纪念馆大型石刻碑林工程、四川省贫困地区发展基金会、四川残疾人运动会、四川省优秀人才奖励基金会、四川省教育基金会、四川省“扶贫帮困”和“希望小学”建设、四川省灾害救助和公共设施建设及成都市锦江区“双帮解困”活动等累计捐款1677.1万元。2005年，四川省烟草专卖局（公司）被省国资委、省民政厅、省慈善总会和省工商业联合会授予“四川省十佳慈善企业”称号。

成都市烟草专卖局（分公司）：2001—2005年，全市烟草行业开展访贫助困、“党员进万家”“慈善一日”“结对子”帮扶贫困家等公益性活动，累计捐款165.6万元，捐衣物8000余件，图书500余册。

自贡市烟草专卖局（分公司）：2005年参与“送温暖”活动捐款2.14万元。

德阳市烟草专卖局（分公司）：1983—2005年，向社会贫困党员群众、中小学和对口乡镇帮扶、修桥筑路等捐款8947万元。

遂宁市烟草专卖局（分公司）：2005年为修建“希望小学”和救灾捐款累计30万元，扶贫捐赠化肥12袋，衣物248件。

乐山市烟草专卖局（分公司）：2001—2005年，帮助井研县金峰乡农民脱贫致富、资助失学儿童和贫困党员等累计捐款50.43万元，捐赠科技读物500册。

南充市烟草专卖局（分公司）：1992—2005年，向朱德故里新村建设和“希望小学”工程建设、救灾济困等累计捐款228.45万元，捐赠衣物1326件。

广安市烟草专卖局（分公司）：2004—2005年，定点帮扶特困群众、抗洪救灾、镇村公路修建和文化设施建设等累计捐款51.45万元，捐赠衣物206件，化肥1000公斤。

达州市烟草专卖局（分公司）：2004—2005年，修建“希望小学”、救助受灾群众累计捐款226万元，捐赠衣物4680件。

眉山市烟草专卖局（分公司）：2005年向残疾人危房改造、灾区救助、市慈善基金会累计捐款16.73万元。

资阳市烟草专卖局（分公司）：1998—2005年，向扶贫赈灾、困难学生入学、“光彩工程”等累计捐款69万元。

阿坝州烟草专卖局（分公司）：2001—2005年，救助金川县、黑水县泥石流灾害，民族地区抗击“非典”、修建山区公路等累计捐款29.55万元。

甘孜州烟草专卖局（分公司）：2005年向州敬老院和孤儿院、被扶贫单位等累计捐款4.8万元，捐衣物173件。

凉山州烟草专卖局（分公司）：2004—2005年，向“脱贫援助”项目、乡村学校建设、帮扶困难学生就学等累计捐款14.13万元，捐赠衣物816件，运动服装240套，体育器材2190件，实验教材50余套，课桌50套。

成都卷烟厂：1996—2005年，成都卷烟厂除捐款认养大熊猫、举办“‘五牛’送电影下乡”放映、帮助下岗职工再就业外，向四川省总工会扶贫基金会、成都市慈善总会、朱德故里、“娇子助学”公益活动、锦江区绿化、大熊猫繁殖基地研究会、“慈善一日捐”等活动项目累计捐款665.02万元。

图5－9　2004年7月，成都卷烟厂向“百万助学　建设西部”“娇子”热心公益活动捐款100万元

什邡卷烟厂：1998—2005年，什邡卷烟厂帮助特困职工子女入学、捐建仪陇县“佛兰小学”、资助优秀特困生、资助特困户和孤寡老人等累计捐款535.1万元。

西昌卷烟厂：2004—2005年，西昌卷烟厂资助越西县申普乡56名贫困学生、开展教育扶贫等累计捐款20.51万元，捐赠衣物1739件。

绵阳卷烟厂：向“植树绿化”活动、印度洋地震海啸灾民累计捐赠1.66万元，为贫困群众捐赠衣物900件。

第八节　综合管理

一、目标管理

烟草行业的目标管理工作最初是对工商企业实行经营承包责任制，以生产经营目标管理为主。根据财政部、中国烟草总公司《关于下达各省级公司经营责任制承包方案的通知》，四川省烟草专卖局（公司）从1988年起按照上缴利润递增包干的办法，以“包死基数、确保上缴、超收多留、欠收自补”的原则，对所属工商企业发包。四川省烟草公司制定《厂长任期目标责任制实施细则》，以实现税金、上缴利润、嘴烟单箱耗烟叶、无嘴烟单箱耗烟叶为必保指标和以产品质量抽检合格率、安全生产、无违反财经纪律案件、无严重违反专卖法规的行为和案件为前提条件，逐年对工厂法人代表进行考核，奖惩兑现；同时与各烟草分公司签订以川烟调拨、川烟销售、省外烟调进、卷烟年末库存、经营利润为目标的《川烟销售承包合同》，按年度进行承包，奖惩兑现。对工业企业厂长任期目标责任制的管理，由职能部门企业管理处负责，对烟草分公司的承包合同管理，由职能部门销售经理处负责。

1992年，省烟草专卖局（公司）与各烟草分公司签订《卷烟销售承包合同》，与烤烟产地分公司签订《烤烟收购调拨责任书》，与直属专业公司签订《经理目标责任书》，向各烟厂厂长下达年度《生产经营责任目标》，开始全面实行生产经营目标管理。目标的检查考核，由相关的职能部门负责。

1993年，省烟草专卖局（公司）确定，全省烟草行业的目标管理工作归口办公室统一管理。并印发《四川省卷烟、雪茄烟工业企业年度生产经营责任目标管理办法》《四川省卷烟销售承包考核和奖惩办法》《四川省卷烟调拨承包考核和奖惩办法》和《四川省烤烟生产责任目标考核奖惩办法》，进一步完善生产经营目标责任体制，明确《生产经营责任书》的考核项目。工业企业的责任目标项目为产品质量抽检合格率、安全生产、限产压库、产品开发、产品销售率、均衡生产率、甲乙级烟比率、嘴烟比率、单箱耗烟叶、单箱耗嘴棒、税金上缴、单箱税利等指标；烟草分公司承包项目为川烟调拨、川烟销售、省外烟调进、卷烟年末库存、经营利润等指标；卷烟调拨站承包项目为川烟省内调拨及等级、川烟调省外及等级、利润等指标；烤烟产地分公司责任目标为上等烟比例、上中等烟收购合格率、完成调拨计划等指标。年初由省烟草公司法人代表和工商企业的法人代表签订《生产经营责任书》，年终按《生产经营责任目标考核和奖惩办法》进行考核，并兑现奖惩。当年，四川省人民政府决定对省级机关各厅局实行政府工作目标管理，将四川省烟草专卖局（公司）纳入省政府目标管理范围。

1994年开始，四川省烟草行业的目标管理同时纳入省政府目标管理和国家烟草专卖局生产经营责任目标管理的轨道，把生产经营目标管理扩充成综合目标管理。每年将省政府下达的政府目标（业务目标、职能目标、共同目标、保证目标）、国家烟草专卖局下达的目标（生产经营目标、安全生产目标、限产压库目标）和省烟草专卖局（公司）制定的年度目标集中统一实施和管理。将各项目标分解到工商企业和直属专业公司，并按年度印发《四川省烟草行业生产经营责任目标考核和奖惩办法》《专业公司生产经营责任目标考核及奖惩办法》，签订年度《生产经营目标责任书》和考核奖惩兑现（书）。根据主要经济指标完成情况和对国家贡献的大小划分等级和档次，给予奖励。完成目标任务突出的单位，同时授予“四川省烟草行业生产经营先进单位”称号；完成目标任务差的单位，给予通报批评；发生重大问题的单位，给予责任人党纪或政纪处分。

1995年11月，省烟草专卖局（公司）党组根据省政府办公厅《关于印发〈四川省人民政府目标管理工作细则〉的通知》精神，成立四川省烟草专卖局（公司）目标管理办公室（与办公室合署办公）。

1996年以后，省烟草专卖局（公司）目标管理办公室按照制度化和规范化的要求，完善责任目标考核和奖惩办法，形成完整的工作程序。年末拟制下一年度全省烟草行业各项工作和生产经营目标方案，上报省政府和国家烟草专卖局审定；省政府和国家烟草专卖局下达年度政府目标和经济运行目标后，结合四川的实际，制订全省烟草行业的年度总目标；将总目标逐项分解到各工商企业、专业公司和机关各处室，形成工业企业、商业企业、专业公司、机关处室四大目标体系。结合当年实际制定目标责任书并层层分解落实，同时印发《四川省烟草行业生产经营责任目标考核及奖惩办法》《专业公司生产经营责任目标考核及奖惩办法》《四川省烟草专卖局（公司）机关建设目标管理考核及奖惩办法》。年度目标下达后，即开始对目标执行情况进行监控和检查，年终接受省政府和国家烟草专卖局的年度目标考核，全省烟草行业的目标管理工作形成完整体系。

1997年，四川省烟草发展领导小组开始按年度对四川省烟草公司实行生产经营责任目标管理。当年，省烟草公司向省烟草发展领导小组上报《关于对省烟草公司实行生产经营目标管理的请示》，提出由省烟草发展领导小组对省烟草公司实行生产经营责任目标管理的建议，即年初由省烟草发展领导小组向省烟草公司下达年度生产经营责任目标，明确责任目标的考核及奖惩办法，并收取一定数额的烟草生产经营风险金；省烟草公司与各分公司、烟厂签订生产经营目标责任书，根据与各单位签订的目标责任书，依据年度财务决算，逐个进行考评。根据目标的执行情况和考核结果兑现奖惩，对于目标任务完成得好的单位分别给予“特殊贡献奖”“奋斗目标奖”“综合奖”等奖励。

省烟草专卖局（公司）自1988年开始实行目标管理以来，多次受到上级机关的表彰。1994年度，被国家烟草专卖局评为烟草行业生产经营先进单位。1993—1998年，连续6年被四川省人民政府评为省政府目标管理先进单位。

2001年9月，省烟草专卖局（公司）印发《四川省烟草行业2001年度生产经营责任目标考核奖惩办法》，奖惩办法分为总则、考核内容及标准、责任目标完成情况评价、责任目标检查与考核、奖励条件及标准，奖励实施、附则7章33条，详细规定考核的具体标准、作法和要求。全年的政府业务目标（工业增加值、工商销售收入、工商税利、种植收购烤烟、生产卷烟、生产名优重点产品卷烟、销售卷烟、固定资产建设、安全生产、行政执法）和综合目标执行（经济运行、领导班子建设、党建工作、党风廉政建设、精神文明建设等）完成情况良好，取得很好的成绩；在网建工作、机关文明单位创建、军转安置工作上获得加分奖励，共获得总成绩108.1分。

2002年12月，省烟草专卖局（公司）印发《四川省烟草专卖局（公司）对各所属工商企业实施目标管理工作试行办法》，试行办法分为5章17条，详细规定工商企业目标考核的标准、办法和要求。该年的政府业务目标和综合目标任务均完成良好，获得107.24分的成绩。

2003年，目标管理工作坚持以生产经营为中心、生产经营责任目标为主线，切实抓好督促检查、促进工作落实为着力点，得到了新的加强。根据行业组织结构调整和处理工商关系的需要，及时修订考核内容和考核办法，使整个目标管理工作更贴近全省烟草行业发展的实际。严肃认真地组织考核验收，严格标准，奖惩逗硬，受到省政府的充分肯定和高度评价，连续三年评为先进单位。

2004—2005年，按照国家烟草专卖局制定的《烟草行业省级公司领导班子成员资金管理办法》的精神，国家烟草专卖局对省级局（公司）建立一套完整的工作目标考核和奖励机制，经副省长杨志文批准，省政府不再将四川省烟草专卖局（公司）纳入省政府目标管理。

1993—2003年四川省烟草行业完成省政府业务目标及综合得分情况一览表

表5－4　　单位：万担、万箱、亿元

年份	烤烟收购		卷烟销售		销售收入		工业增加值		实现税利		综合得分	
	目标	实现	目标	实现	目标	实现	目标	实现	目标	实现	基准分	考评得分
1993	30.0	28.30	258	266.14	—	—	—	—	19.0	20.26	100	111.00
1994	13.0	13.12	250	262.00	120.00	138.70	—	—	20.5	23.00	100	108.13
1995	24.0	20.47	200	238.60	125.00	183.03	17.70	23.00	24.5	27.76	100	109.67
1996	22.0	38.70	200	232.15	160.00	220.00	20.00	30.40	29.5	40.02	100	112.29
1997	11.0	26.50	165	193.40	166.00	200.90	22.00	25.29	30.0	33.39	100	107.33
1998	8.5	8.65	184	187.10	227.00	229.00	28.60	28.70	35.4	31.50	100	100.17
1999	8.5	9.84	184	187.75	235.90	271.30	29.85	27.60	33.0	33.35	100	104.10
2000	9.5	10.87	170	178.42	279.00	301.40	29.70	33.70	35.0	37.20	100	106.68
2001	11.5	10.37	180	180.90	325.50	268.34	36.06	33.60	39.0	40.53	100	108.10
2002	13.5	12.98	185	191.30	200.00	300.00	35.00	40.56	43.0	50.60	100	107.24
2003	14.5	13.70	192	195.26	100.00	206.03	—	—	18.0	20.95	100	104.24

说明：2004—2005，实行国家局对省级局（公司）的工作目标考核和奖励机制，省政府不再将省烟草专卖局（公司）纳入省政府目标管理

二、安全储运管理

1986年，为达到省政府提出的全省县属以上集体和全民所有制企业在1990年前分期分批达到《四川省厂矿企业劳动安全条例》的要求，省烟草专卖局制定了全省烟草行业工业企业劳动安全达标标准，同时开始抓劳动安全达标的基础工作，要求各企业每月按时填报安全生产情况汇报表；同时，落实了行业安全机构设置和人员配备。但是，1986年四川烟草行业火灾事故和交通事故等安全生产事故仍然较多。

1989年6月，省烟草公司下发《1989年四川省烟草系统安全工作要点》，明确全省安全工作的总任务是执行“安全第一，预防为主”的安全工作方针；严格安全生产各项规章制度；贯彻省政府《关于推行企业承包经营责任制中加强安全管理工作的规定》；加强对工业卫生的治理，建立工业卫生档案和职工身体健康档案；抓企业劳动安全达标工作；加强安全技术培训，广泛开展安全宣传教

育；坚持安全大检查。

1990 年，省烟草专卖局（公司）组建安全保卫处，下发《四川省烟草公司安全保卫处主要任务和职责范围》，明确安全保卫处的主要任务和职责。当年全省 18 个分公司，11 个烟厂，11 个调拨站，138 个县公司，1 个烟叶生产购销公司都成立了“四防”（防火、防霉、防盗、防洪）安全领导小组。

1990 年 8 月，宜宾复烤厂发生烟叶烧包的质量事故，12 月，省烟草公司宜宾分公司作出《关于对复烤厂烟叶烧包事故处理的决定》。1991 年 12 月，省烟草公司通报了宜宾复烤厂烟叶烧包的质量事故，要求宜宾复烤厂进行劳动纪律和安全生产的全面整顿，全省各级烟草部门要强化安全管理，建立健全安全保卫机构和各项安全生产的规章制度，特别是安全承包责任制。

1992 年，省烟草公司成立综合治理领导小组，设置办事机构，制定工作职责，实行目标责任制管理。全年查处和整改火险隐患 170 余件，其中重大隐患 1 件。行业职工受伤人数比上年同期下降 65.79%，职工千人负伤率控制在 0.83% 以内，全面完成了省政府下达的产业伤亡人数控制指标。

1993 年 8 月，中国烟草总公司下发《关于认真贯彻落实〈国务院关于加强安全生产工作的通知〉的通知》，要求各级烟草部门广泛深入地开展全员性的安全教育活动，加强专业培训工作，消除事故隐患，强化安全工作的组织。四川省烟草行业进行了“查思想、查管理、查隐患、保安全”为主要内容的安全活动。省烟草专卖局（公司）分川东、川西、川南、川北 4 个片区组织抽查，共抽查市（地、州）烟草分公司 6 个、卷烟厂 7 个、复烤厂 4 个，占抽查企业总数的 41.5%。职工千人负伤率控制在 0.8% 以内，生产性职工受伤 1993 年比 1992 年下降 31.25%，基本上实现了省政府下达的安全生产行业控制指标。

1994 年 1 月，四川省攀枝花烟草分公司夏顺忠和罗渝刚驾驶 6 号东尼平头柴油载重货车到昆明卷烟厂分厂提运卷烟，返程回攀枝花途中烟车被劫，2 人被害。同年 3 月，省烟草公司下发《关于采取强有力的安保措施确保国家财产和职工生命安全的通知》，要求各单位教育职工提高警惕，采取强有力的措施保护国家财产和职工生命安全。当年，省烟草专卖局（公司）及时调整了综合治理领导小组成员，加强领导，制定预防突发事件工作预案。各分公司和烟厂也调整综合治理领导小组领导或成员，充实力量，落实办事机构、人员、经费。

1995 年年初，涪陵、达川、黔江、成都、南充、绵阳、广安等分公司和成都、什邡、中江、宜宾烟厂等单位把安全管理目标纳入生产经营目标，明确企业法人是安全工作的“第一责任人”。全年全烟草行业无职工生产性死亡事故，火险事故仅占省政府火灾累计损失指标的 9.5%，完成省政府下达的各项安全控制目标。

1996 年，全行业安全生产和社会治安综合治理工作从行业管理上下功夫，一般事故率和社会治安案件稳中有降，安全工作取得了历史最高水平，完成省政府安全目标管理要求，全行业没有发生职工责任死亡事故，职工千人平均负伤率 0.2916‰。

1997 年 3 月，省烟草专卖局下发《四川省烟草行业 1997 年安全责任目标考核办法》，用于省烟草专卖局（公司）对各市（地、州）烟草专卖局（分公司）、直属市局（公司）、烟厂、专业公司、技校、多种经营企业的安全责任目标考核，进一步完善了全省烟草系统的安全管理工作。

1998 年，当年全省烟草行业再度实现无火灾事故，无重大工伤和设备事故及中毒事故，轻伤事故控制在 2‰以下，无重大以上责任交通事故，无因洪灾而造成经济损失事故，无卷烟霉变事故。

1999 年，采取省烟草专卖局（公司）总目标控制和责任量化三级承包的办法，继续推行业安全目标管理。省烟草专卖局（公司）采取办班和以会代训的形式对消防、安全、车辆管理、仓储管理人员、烟叶保管人员等进行培训，参加培训人员达 300 人。健全各项安全储运管理规章制度，加强安全检查。当年全省安全工作实现无火灾事故、无设备事故、无中毒事故、无重大以上责任交通事故、无卷烟和烟叶霉变事故，轻伤事故控制在 2‰以下。

2000 年，省烟草专卖局（公司）被辖区综合治理委员会评为“安全文明单位”和“社会治安综合治理模范单位”。

2001 年，全省烟草行业安全储运工作树立“安全第一、预防为主”和全员、全程的大安全管理思想，各单位领导将安全工作为“一把手”工程来抓，较好地实现了“要我安全”到“我要安全”的观念转变。坚持实行安全责任目标管理、考核和安全一票否决制度，落实安全措施，加强督促检查，全年实现了无重大火灾事故，无重大伤亡事故，无责任重大交通安全事故，无重大被盗、被抢案件发生，无卷烟、烟叶霉变事故；工伤事故率控制在 2‰以下，卷烟账物相符率 100%，受到国家烟草专卖局和省政府的好评。

2002 年，全省烟草行业安全储运及时召开会议，部署全年安全储运工作任务；落实安全生产责任制，层层签定安全生产责任书，一级签一级，签到每个人；认真组织开展“安全生产月”活动，各分公司通过举办安储管理人员学习班，以案说法、知识竞赛、办专栏、出简报、印发宣传资料等形式，将电器安全检查、消防法规知识、现场灭火演练、卷烟仓储安全知识、省烟草专卖局（公司）安全检查考核评分标准等内容进行了系统的宣传培训；从全省抽调 21 人组成 7 个检查组，于 5 月中旬至 7 月下旬对 19 个分公司、2 个直属公司、145 个县（区）开展拉网式安全大检查，查出安全隐患 647 个，提出整改意见 546 条，并从 9 月下旬至 10 月下旬组成 5 个检查组，对全省 90% 的单位进行“回头查，回头看”。按照年初工作安排，各单位把防灾、救灾工作纳入工作日程，帮助和支持凉山、达州、遂宁、广元、宜宾、巴中分公司遭受特大灾害损失争取到国家烟草专卖局救灾资金 35 万元。同时，认真做好烟草专卖品运输归口管理，共审批办理铁路运输车皮 1823 个，货运量 10. 58 万吨；铁路集装箱运输量 2. 1 万吨，航运量 1. 1 万吨，公路运输量 2. 4 万吨，总货运量 16. 18 万吨。

2003 年，全省烟草行业安全储运工作强化目标，落实安全生产责任，共签定安全生产责任书 15070 份，将安全生产责任纳入生产经营目标一并考核奖惩；连续召开 3 次全省行业安全工作会议，及时传达贯彻上级安全会议精神，总结布置安全工作；认真抓好安全培训和教育，连续在都江堰举办 3 期安全生产知识培训班，全省 428 人参加了学习培训；积极开展“安全生产月”“安全生产年”活动，分发安全生产资料 19317 份，出简报、墙报 540 期，挂标 846 幅，突出重点，切实抓好车辆交通安全。对全行业 2373 辆机动车实行“集中管理、统一维修、统一调配、分散使用”原则和定人、定车、定线、定量、定期维修保养，建立车辆动用制度和安全行车制度。在突出重点工作的同时，努力完成烟草专卖品铁路运输管理和日常安全生产管理工作，全年审批办理及协助发运铁路运输车皮 2720 个，货运量 9. 82 万吨；集装箱（卷烟）运输量 1. 77 万吨。公路运输烤烟、白肋烟叶 3. 52 万吨，航运运输量 1. 4 万吨，保障了全省烟草行业产、供、销工作的需求。

2004 年，烟草行业各级领导安全意识明显加强，抓安全工作更为主动，把安全生产管理工作贯穿于企业经济运行的全员、全过程，与之同计划、同安排、同检查、同总结、同评比，做到领导分工明确，组织机构健全，管理人员到位，各项工作落实。开展安全生产月活动，充分体现了“以人为本、安全第一”的主题。贯彻实施《中华人民共和国安全生产法》，省烟草职工培训中心编制出《火灾与燃烧》《灭火基础知识》等2万多字的学习材料；制作横幅、标语、安全图片，利用办简报、宣传栏、发放资料等形式，营造“以人为本、关爱生命、关注安全”的舆论环境；组织安全教育培训，全省烟草行业共举办培训班196期，6435人参加培训，其中34人获得国家安监局监制的安全管理人员安全生产资格证书。在省烟草专卖局（公司）安全委员会的领导下，5—7月组织检查组对全省22个市（州）烟草分公司，133个县区，18个物流中心，122个网点进行拉网式大检查，查出安全隐患417个，发出整改报告书176份。全年省、市、县、站4级共开展检查4989次，参检人员达13429人。同时，在坚持及时、准确、安全、经济运输的原则下，审批办理总货运量达13.46万吨的烟草专卖品装运工作，保障了产、供、销的需要。

图5－10　2004年10月，四川省烟草行业第三期安全管理培训班专门培训各分公司法人代表、分管领导及安保专职人员

2005年，全省烟草行业建立健全安全生产防范体系，积极探索企业安全生产管理的新方法、新途径，完善安全生产目标责任制，实施关口前移，确立安全管理新模式；开展专项整治、基础工作加强，强化隐患整治，安全生产科技水平不断提高，突出重点地抓好“两烟”仓库和车辆交通安全管理，开展安全大检查保持警钟常鸣；深入开展安全培训和教育，努力做好日常安全生产管理，进一步提高了全员安全意识。全行业安全生产形势总体呈平稳、巩固、提高的良好态势，实现了无火灾事故、无重大伤亡事故、无责任重大交通安全事故、无重大盗窃、抢劫案件发生，无“两烟”霉变事故，工伤事故率控制在2‰以下，卷烟账物相符率100%。省烟草专卖局（公司）安全生产工作连续3年受到国家烟草专卖局表彰，连续4年被省政府表彰为“年度实现安全生产目标先进单位”。

三、外事管理

1993年，四川省烟草专卖局根据国家烟草专卖局的通知精神，制定《四川省烟草系统外事工作暂行管理办法》，规定四川省烟草系统的外事工作归口到省烟草专卖局办公室，其主要职责是：指导管理协调全省烟草系统的外事工作，承办国家烟草专卖局、中国烟草总公司和省烟草专卖局（公司）领导交办的外事任务；负责编制省烟草专卖局、省烟草公司机关的非贸易出国团组计划；承办省内烟草系统出国团组的报批手续，并组织实施经上级主管机关批准的出国任务，办理出国护照及签证事宜；报批来川团组的接待计划，会同有关部门接待、管理本行业及本单位访问、贸易洽谈和工作的外国代表团或专家学者；统一收交、保管本省系统因公出国人员护照；组织、安排上级主管部门委托、批准的国际烟草技术、人才交流项目或国际会议；审查报批出国团组的预算经费。贸易外汇出口计划由有进出口业务的单位根据进出口工作需要编报，报省烟草专卖局（公司）办公室转报；非贸易外汇出口计划由省烟草专卖局（公司）办公室会同有关部门编制，经省烟草专卖局（公司）

党组审定；厅、局级干部临时出国计划，经省烟草专卖局（公司）党组研究同意后，报国家烟草专卖局审批；各级领导班子成员临时出国计划，必须经所在单位党委（组）研究同意后，报省烟草专卖局（公司）办公室呈党组审批。临时增加出国项目的审批程序，亦照此办理。厅、局级干部带队出国的团组，由省烟草专卖局（公司）办公室提出申请，专项报国家烟草专卖局审批；省烟草专卖局（公司）各处室（含直属专业公司）列入计划的非贸易出国团组，由省烟草专卖局（公司）办公室会同有关单位商定，提出组团申请或由主办处室（公司）提出申请，由省烟草专卖局（公司）办公室呈主管领导同意，报国家烟草专卖局外事办、省外办审批，临时增加出国项目的审批程序亦照此办理；各地市、州烟草专卖局（分公司）、卷烟厂、复烤厂、技工学校等单位列入计划的非贸易出国团组，由主办单位提出申请，报省烟草专卖局（公司）办公室呈主管领导审批；与对外经济技术合作直接有关的经贸团组按合同规定出国培训、验收团组，由主办单位提出申请（附合同、协议），报省烟草专卖局（公司）办公室呈省领导同意，报地方经贸、外事部门办理出国审批手续，报国家烟草专卖局备案；国家烟草专卖局下达的出国任务批件，由省烟草专卖局（公司）办公室会同有关部门根据出国任务的需要，经领导集体讨论，提出出国人员名单；所有赴香港、澳门团组，由省烟草专卖局事先向国家烟草专卖局报告，经国家烟草专卖局转报香港、澳门工委。获同意后，由国家烟草专卖局下达赴港澳任务批件；按照国家烟草专卖局的规定，烟草系统的干部不得参加地方政府组织的出国团组。

1999 年 5 月，四川省烟草专卖局印发《关于申报出国（境）团组问题的通知》，对四川省烟草系统办理申报因公出国（境）团组的有关事项作出规定：申报因公，出国（境）团组，应列清出访国家（地区）、出访事由、出访时间、出访路线、国（境）外停留天数、费用来源等相关事项并附外方邀请函原件（或复印件）和译文；申报因公出国（境）团组，应列清团组成员的姓名、性别、工作单位、职务，标明团组负责人和翻译人员；邀请外单位人员参加因公出国（境）团组的，须另附说明，据实列报该人员工作单位和职务，并附该人员工作单位的书面请示或证明文书；申报因公出国（境）团组，应坚持行业集中统一管理的原则，按规定渠道运作。烟草行业人员原则上不参加行业外组织的因公出国（境）团组，特殊情况须报省烟草专卖局（公司）党组审批。

2001 年，省烟草专卖局（公司）认真坚持“统一领导，归口管理，分级负责，协调配合”原则，按照干部管理权限，加强对出访团组的审批、报批和管理，较好地落实了对国家烟草专卖局党组管理干部、省烟草专卖局（公司）党组管理干部出访的报告和审批制度；提高了服务质量，保证了外事工作的顺利进行，无一例差错发生；认真开展党组管理干部持证出国护照情况调查，基本弄清情况，为加强对领导干部出国护照的管理工作提供了有利条件；按照“统一对外，逐级报批，分类管理”的对外合作工作原则，加强了全省烟草行业对外经济技术合作工作的统一管理。

2002 年，省烟草专卖局印发《关于重申外事管理有关规定的通知》，重申和补充严格履行出国（境）审批手续，加强护照管理，及时上报出访报告，坚持以行业内组团为主的原则，严格按规定路线出访、严格遵守外事纪律等规定。

2003 年，外事工作强化管理职能，配合纪检监察部门认真开展因公因私护照的清理和集中统一保管工作，配合组织人事部门制定下发《关于加强因私事出国（境）管理的通知》，落实出国（境）团组行前教育制度；在进出口公司的协助下，办理 2002—2003 年国家烟草专卖局党组管理的干部 28 人次、省烟草专卖局（公司）党组管理干部 345 人次的出国手续；及时掌握行业外领导机关同外商谈判烟草专卖品合资合作项目的动态，并采取有效措施积极应对。

2004年，遵循国家烟草专卖局转变职能、转变作风要求，外事工作从过去单纯办理出国护照手续转变到提升服务抓管理、抓规范上来。按照统一规定和要求、统一组团、统一出国教育原则（“三统一”）主动联系协调，及时办理出国批件30份，涉及出国考察团25个，75人次。

2005年，省烟草专卖局印发《四川省烟草专卖局（公司）外事工作管理办法》，对外事工作管理职能、邀请外国人来华访问、会见外宾的有关规定、来访接待、出国（境）管理、护照签证管理、外事经费管理、纪律监督和附则9个方面提出明确要求。同时按照“三统一”的原则，做好各级人员出国团组的外事服务工作，不断提升在服务中抓管理、抓规范的外事工作水平。

四、后勤服务管理

（一）管理机构

1983年至1992年7月，省烟草专卖局（公司）的行政管理和后勤保障工作由办公室承担。1992年7月，省烟草专卖局（公司）将机关行政管理工作从办公室分离出来，成立行政管理处，为省烟草专卖局（公司）机关行政管理、后勤保障、机关工资、费用管理、安全保卫、会议接待、车辆管理、基本建设、通讯保障的综合职能部门。下设行政管理科、机关财务科、安全保卫科、车队、接待科、电话班，编制40人。2000年11月，改名为机关后勤服务管理中心，确定为机关事业单位。下设行政管理科、安全保障科、接待科、车辆管理科，编制26人。除机关财务科划到财务处外，其他职能不变。2004年10月，省烟草专卖局（公司）根据国家烟草专卖局文件，调整内部机构设置为17个，机关后勤服务管理中心仍在其中，下设综合管理科、安全保卫科、接待管理科、车辆管理科。2004年11月，为顺理关系，规范管理，撤销后勤服务管理中心接待管理科，其职能划归办公室管理。

机关后勤服务管理中心是省烟草专卖局（公司）机关行政管理、后勤保障、治安保卫、会议接待、工资发放、费用报销、车辆管理的职能部门，负责基本建设、房地产和相关固定资产的使用、维修和管理；制定相关后勤保障的管理制度、规定；负责办公用品、劳动保护用品的采购、保管、供应，办公区和宿舍区管理和服务工作；负责职工社保以及补充医疗保险的赔付办理；与地方相关部门的联络协调；负责机动车辆的管理和调配、维护；负责接待工作及会议服务。

（二）职能工作

1. 房产管理

从1985年起，省烟草专卖局（公司）机关先后在成都市红星路修建办公楼1.25万平方米，在双栅子修建职工住宅140套1.17万平方米，后又在曹家巷、王家塘、福字街、金玉街购买职工住宅共91套6080平方米；1994年在祥和里修建职工住宅158套2.08万平方米，至1998年达到职工每人有一套住房。同时，制定了办公楼、住宅区管理制度，建立家委会，保持办公生活区良好的管理秩序，1992—2000年连年被辖区评为安全文明单位、绿化先进单位。2002年11月，高达31层的成都娇子大厦办公楼在成都市羊市街建成并投入使用，拥有建筑面积4万平方米，价值2亿多元。省烟草专卖局（公司）和所属省卷烟销售公司、省烟草物资公司、省烟叶生产销售公司及中国烟草四川进出口公司正式迁入新办公大楼办公，纳入统一管理。

2005年12月，省烟草专卖局（公司）办公室印发《四川省烟草公司机关房产管理办法》和《机关宿舍区管理办法》，明确省烟草专卖局（公司）机关所有办公区、宿舍区公用房、营业房、职工住房由机关后勤服务管理中心负责管理。管理办法从机关房屋使用、租赁、修缮和机关职工住宅区的秩序、卫生、绿化等方面，提出具体的管理要求，制定并实施职工宿舍文明守则。

2. 安保管理

1987—1998年，省烟草专卖局先后制定《加强机关安全保卫工作规定》和《机关办公区、生活区治安、安全管理办法》，规范了机关和职工生活区的安全保卫管理。2000年，治安保卫加强消防演练，排除消除隐患5次，培训治保常识13次，参加片区消防检查12次，发放消防宣传画刊80册、告示和警示等资料11次，处理治安事项16次，保证了门卫值班质量。1988—2000年，连续13年被驻区综合治理委员会评为“社会治安综合治理模范单位”。

图5－11　2002年11月，成都娇子大厦建成并投入使用，省烟草专卖局（公司）机关及所属单位正式迁入大楼办公

2005年12月，省烟草专卖局（公司）办公室印发《机关住宅区治安安全管理办法》，贯彻“安全第一，预防为主”的方针，坚持“谁主管，谁负责”的原则，明确机关职工住宅院区的治安安全由机关后勤服务管理中心负责管理，并从住户安全、门卫安全、安全管理、消防安全上落实责任制。

3. 车辆管理

1983—2000年，省烟草专卖局（公司）配备更新大小车辆30余台，至2005年，仍保持30台，基本保证工作用车需要。制定车辆管理办法，建立安全学习教育制度和车辆安全检查制度，坚持出车前、行车中、收车后“三勤三检”。配备技术安全人员，责任到人，杜绝重特大事故的发生。车辆维护实行集中管理，定点维修，统一结算；并做到一车一卡定点加油，单车油料核算。坚持派车通知单和行车记录制度。

2005年12月，省烟草专卖局（公司）办公室印发《机关机动车辆管理办法》，明确机关机动车辆由机关后勤服务管理中心负责统一管理。制定车辆安全、车辆使用、车辆日常保养与维修等21条具体的管理办法。同时对机关住宅区停车场的使用与管理，对驾驶员的招聘、管理及事故处理等制定具体的实施办法。

4. 接待工作

接待工作贯彻“厉行节约，制止奢侈消费行为”精神，遵照《四川省烟草专卖局（公司）机关接待费管理办法（试行）规定》，严格审批手续、接待标准、控制陪会陪餐人数和审核报销制度。省烟草专卖局（公司）领导带头转变作风，到下级单位检查指导工作、开展公务活动轻车简从，不迎不送，做到统筹安排，集中精力抓好工作落实。

第二章 管理创新

第一节 理念更新

一、经营理念更新

“七五”“八五”期间，烟草专卖品的市场需求量很大，产品畅销，卖方一直占主导地位，卷烟、烟叶营销基本沿用商业传统的销售习惯和方式。“九五”期间，烟草市场供求关系日渐发生变化，供大于求的情况越来越明显，虽然市场形势发生了新的变化，但长期以来形成的传统性商业经营观念、经营方式、固有习惯却根深蒂固。尤其在急剧变化的“九五”期末，全省卷烟销售不少人员不愿做艰苦细致的工作，习惯于坐商经营，营销思想仍停留在卖方市场条件下的老办法运作。有的经营单位仍习惯于大进大出，整进整出，沿用“让利促销，勤进快消”，打“跑得快”的传统做法，没有把市场潜在优势转变为市场占有优势。面临烟草经营出现的困难和危机，省烟草专卖局（公司）在全行业和经营市场力破传统的经营老办法，以强烈的紧迫感和责任感转变经营观念，调整营销策略，战胜困难，迎接挑战，建立适应市场经济发展的新思维。同时，对各工商企业、地市县烟草公司、各烟厂建立“两烟”促销工作责任制，加强消费结构、消费心理、消费趋势的调查研究，采取多种形式和积极有效的措施寻找市场销售的增长点。

“十五”初期，省内烟草行业部分干部职工对西部大开发实现跨越式发展缺乏紧迫感，对烟草行业面临的挑战缺乏危机感，安于现状。有的依赖思想严重，想问题、办事情不是立足自身，而是消极地等、靠、要；有的不是深入基层、车间、网点调查研究，检查指导，而是坐而论道，作风漂浮；有的满足于小富即安、小富即满，墨守陈规，缺乏积极进取的营销精神。为了树立良好的“两烟”经营的精神状态，省烟草专卖烟草专卖局（公司）力破消极漂浮营销作风，建立求真务实、勇于进取的营销责任制。首先，省烟草专卖局（公司）机关带好头，结合调查研究和本职业务到烟田、收购点、车间、网点送货和参加第一线的专卖活动；各市（州）烟草专卖局（分公司）、县（区）公司领导深入到矛盾多、困难大、情况复杂而影响大局的地方解决经营问题；省烟草公司把年经营目标细化分解下达，各单位一级级、一项项地再细化分解，一级带着一级干，一级对一级负责，使每人肩上都有压力和责任。

2003—2005年，在实现烟草专卖从行政垄断走向经济垄断、提出新的专卖管理3年阶段性目标的时期，省烟草专卖局（公司）面临任务重、压力大、要求高的实际，力破难题找差距，创立营销新理念、新思路。在营销实现“户籍化”管理的基础上，提升诚信管理水平，转变思想观念。做细、做深、做精“户籍化”管理工作，用诚信等级管理提高零售户经营的积极性；树立服务市场的观念，召开零售户座谈会征求意见，寓管理于服务之中，与零售户密切关系，树立良好的社会形象；提供公平竞争的市场环境，广泛开展“城镇万店无假烟”活动，做到自律与他律相结合，共同营造烟草市场良好秩序。同时，实现专卖市场管理信息化，建立专卖证件网络管理、执法案件网络管理、专卖信息网络管理和零售户诚信等级网络管理4个子系统，掌握经营管理的主动权。

在实行新一轮专卖管理三年阶段性目标期间，全省烟草行业积极适应形势发展，解放思想，转变观念。各单位坚持“服务第一，客户至上”，把“三满意”贯穿于市场经营的全过程，以客户为中心的新型经营理念日渐深入人心。商业企业与零售户关系密切，较好地形成利益共同体；工业企业与商业企业联心联利，通过网络扩大销售，培育出强势品牌。

二、管理理念更新

2000年，四川省烟草专卖局（公司）认真总结20世纪末卷烟价格混乱对全省行业经济运行带来的营销教训，从思想上牢固地树立管理出成效的理念，把狠抓“规范”作为管理工作的重中之重来要求。规范卷烟价格，全省卷烟经营实行“一价制”。规范卷烟生产行为，对计划内烟厂严格按照国家指令性计划安排生产，并在计划“盘子”内根据市场供求关系和旺淡季变化加强生产监测与调度，以更好发挥“计划效益”；对地方烟厂实行凭销售公司调拨单调拨卷烟，防止超计划生产以维护计划的严肃性。规范卷烟经营行为，对工厂控制投放节奏，实行均衡调拨，实现商业“点菜吃饭”；对业务科室限制卖烟、一律进入网点规范经营等均由省烟草专卖局（公司）发文作出规定，保证“一价制”的顺利实施。规范烟草流通秩序，全省通过自查和复查，各单位建立烟叶流通的规章制度和监督制约机制；省际间烟叶调拨实行由分公司统一经营，统一结算，形成良好的流通秩序。从治理价格混乱入手规范烟草经营市场，并将此上升为管理理念，为全省形成良性的行业经济运行机制铺垫基础。

2003年，针对烟草专卖工作中出现的取消标识化销售、撤销烟草临时检查证，禁止卷烟销售拆条打码和卷烟零售许可证全面开放新形势、新情况和新矛盾，全省烟草行业进一步更新管理思路，增添新的管理举措。

其一，加强“户籍化”管理，提高市场控制力。经过实践，不少单位总结“户籍化”管理的成功经验，对积分考核、分级管理，分片稽查、集中管理，市场净化达标、下发管理办法的做法产生的效能给予充分肯定，并在做细做精上下功夫。制定诚信等级管理办法，提高零售户守法经营积极性；创新诚信管理方式，实现优质服务化、管理制度化、工作程序化；查处违法零售活动，创造公平竞争的市场环境。

其二，加强信息化建设，提高专卖管理水平。在全省专卖管理已基本实现信息化、完善专卖管理MIS系统的基础上，建立专卖证件网络管理、执法案件网络管理、专卖信息网络管理和零售户诚信等级网络管理子系统，以系统化提高专卖管理水平。

其三，加强行业内部管理，规范烟草生产经营行为。深入贯彻国家烟草专卖局“五条禁令”，工业企业杜绝样品烟销售、补贴销售的不良行为，严防超产瞒产，遏制恶性竞争；商业企业端正经营行为，禁止以市场资源为借口向工业企业索要利益；地区间统一口径，共同维护经营秩序，保持卷烟价格稳定。

其四，加强零售户队伍建设，维护卷烟零售市场秩序。经过市场实践，眉山、泸州、成都烟草分公司建立专卖信息管理和实行零售户协会抓好队伍建设，是维护卷烟零售市场的好办法。成功经验的核心是保证零售户有利润空间，关键是让群众管好市场，基础是强化组织建设，中心环节是对零售户提供优质服务，以形成利益共同体。

其五，加强打假打私，净化烟草市场。在区域上，全省把重点放在成都、德阳、自贡、内江的打假打私；在方位上，随着标识化销售的取消和烟草临时检查站撤销，来自于省外不同方向的非法渠道烟草冲击省内市场，宜宾、攀枝花、广元、泸州承担把守非法入口的任务。

2004 年 11 月，为从根本上解决全省烟草行业资金分散、存贷两高、资金使用效率低、效益差等难题，成立四川省烟草专卖局（公司）资金管理中心，与省烟草专卖局（公司）财务管理处合署办公。资金管理中心负责全省烟草行业资金结算、调度、控制、管理工作，实行“预算驱动，收支两条线”的资金集中管理，促进财务管理新理念、新机制的形成。

2005 年，省烟草专卖局（公司）以“管理年”活动为主题，认真总结行业 20 年发展的实践经念，将其融入现代企业最新管理理念。完善《四川烟草“企业战略、文化、管理”研究报告》，形成四川烟草商业企业构建和实践现代管理模式的基本框架，明确四川烟草改革发展的大方向；围绕战略目标，突出工作重点，完成企业文化、卷烟销售、烟叶生产经营、人力资源管理等 8 个管理工作模块成果文本共计 28 册，近 300 万字，为全省烟草行业搭建一个主体的、系统的现代化管理平台；全面引入工业管理理念，突出市场竞争、品牌培育、过程控制，实现管理增效；导入 ISO 9000 质量管理体系，设计贯标方案、编制体系文件，加强宣传培训，为贯彻实施打下坚实基础；完善各项管理制度并新增规章 50 多条，以制度导向加快现代化管理的进程。同时，建立健全“三委一中心”的管理领导模式，建立投资、预算、薪酬管理委员会和省烟草专卖局（公司）资金管理结算中心；部分单位成立职代会，把重大决策交与干部职工讨论通过，把重要事情交给干部职工监督管理，全行业“全员参与型”的领导模式得以实践和发展。

三、发展理念更新

“十五”初期，四川省烟草专卖局（公司）党组全面分析总结全省烟草行业在进入 21 世纪所面临的困难与挑战，根据国家烟草专卖局的“1144”发展战略，结合全省行业实际提出做到“五个坚持”、实施“五大工程”的发展思路。在发展理念上牢固地树立“狠抓基础，稳中求进”的观念，以提高经济增长质量和效益为中心，增强发展后劲；坚持发展不动摇，创新意识，大胆探索，勇于实践，在市场竞争中抓住发展契机，在结构调整中拓展空间，在改革与发展中增强发展实力；坚持统一领导、垂直管理、专卖经营管理体制，改变过于分散状况，运用行政和经济的手段，加强宏观调控，促进行业协调发展；坚持以提高利润水平为中心，以市场需求为导向，把经济增长质量放在更加突出的地位；坚持“两手抓，两手都要硬”的方针，调动广大干部职工的积极性和创造性，为行业发展提供精神动力、思想保证和智力支持。要求全省烟草行业创新发展理念，齐心协力实施名优产品工程、科技创新工程、管理增效工程、深化改革工程、城乡卷烟销售网络工程，在新的历史发展转折关头，抓住机遇，迎接挑战，为烟草事业和地方经济发展做出新贡献。

2003 年，在大力推进品牌发展战略壮大名优产品、提高网建水平建设川烟大市场、深入整顿规范市场经济秩序、加快技术改造推进科技进步的基础上，保持了烟草行业经济周期上升的发展态势。尤其在 2001—2003 年间，全省各级各单位投入网建达 3 亿多元，配送车辆 1900 多台；卷烟网络建设规范了经营渠道，基本形成卷烟零售终端网络；烟叶生产规模扩大、质量提升，成为重点企业的主料烟叶产区；信息化建设和管理快速推进，支撑起行业发展。全省加大对烟草行业的投入，使行业发展理念创新形成稳固的物质基础。

2004年，面对工商体制改革、实行工商管理体制分开各方职能发生变化的情况，省烟草专卖局（公司）树立和落实全面、协调、可持续的行业发展理念，提出“六个坚持”即：坚持能快则快尽量快，实现发展新跨域，不断增强行业的经济效益和整体竞争实力；坚持速度与效益、数量与质量的有机统一，实现效益增长方式的根本转变，走内涵式的发展道路，切实提高效益增长的质量和水平；坚持统筹兼顾、协调发展，克服单纯以销量、效益增长衡量工作政绩和发展水平的观点，做到物质文明、政治文明、精神文明协调发展；坚持可持续发展、充分发挥市场优势、资源优势、网建优势，整合市场资源，优化市场结构，改善生态环境，降低运营成本，保持行业发展的可持续性；坚持工商间协调发展，携手共建大企业、大品牌、大市场，为工业企业推动联合重组、做大做好提供良好市场环境；坚持以人为本，不断改善广大干部职工的切身利益，提高他们的积极性、主动性和创造性，为行业的发展做出更大贡献。

2005年，四川省烟草专卖局（公司）党组着眼于四川烟草基业长青，创造性地提出行业新的发展理念，全面实施文化工程，形成强烈的文化导向。为筑牢一心一意谋发展，聚精会神搞建设的坚实思想基础，确立“国家利益至上，消费者利益至上”和“人为本、法为准、德为先”的价值观，并使之成为广大干部职工高度认同的企业文化灵魂，提升行业的发展水平；为解决四川烟草生存发展的价值，确立“携手客户，构建和谐并进的利益共同体”的企业使命，增强了责任意识、发展意识和使命意识；为获得持续发展的动力，确立“不断超越，领先一步”的发展理念，激发干部职工战胜困难、超越自我、争创一流的斗志；为明确行业的奋斗大方向，确立“构建具备参与国际竞争实力的全国一流现代流通企业”的发展愿景，鼓舞和激励行业干部职工坚定不移地朝着“烟草强省”的战略目标前进；为凝聚行业的精神力量，确定“以责任奉献社会，以真情回报客户、以创新超越自我”的企业精神，使广大干部职工用新的精神境界和活力积极实践行业发展理念，形成全省烟草员工与行业同成长、与客户齐发展、与国家共富强的浓烈氛围。

第二节　机制创新

一、商业经营机制确立

1994年，根据烟草专卖的特点，全省烟草商业经营贯彻“以我为主，归我管理，由我调控”的方针。1999年，烟草商业建立网络经营，实行营业、通讯、安全、宣传、生活“五配套”，经营销售工作做到硬件、网建、人员、分配、销售专卖延伸和规章制度“六到位”。城网访销实行定时间、定路线、定人员、定区域制度。

2000年，全省烟草行业学习贯彻武汉网建现场会经验，其经营模式为“全面访销，全面配送，访送分离，专销结合”。2001年，在学习武汉网络经营模式中，省烟草专卖局（公司）在成都市烟草专卖局召开网络经营现场会，成都市烟草专卖局结合本市实际，创造性地提出“城乡一体，统一运行，专销结合，信息管理，提高素质，注重激励”的网络经营模式，并在全省推广。

2003年，全省烟草行业学习贯彻上海网建现场会经验，全省从“城乡一体，统一运作，全面访销，访送分离，专销结合，信息管理，提高素质，注重激励”的卷烟营销模式向“电话订货，网上配货，电子结算，现代物流”的经营模式转变。次年，全省烟草行业下大决心学习上海网建模式，提出“决战网建”。省局（公司）与各分公司签订达标责任书，强力推动全省网建工作。要求烟草行业以全省23万户零售户为服务对象，努力实现“三满意”。

2005年，为全面提升网络建设，实现“效益最高，成本最低，服务最优”的网络营销建设目标，省烟草专卖局（公司）决定全省卷烟网络经营基本实现“呼叫集中，配送集中，营销集中，分片管理”（以下简称“三集中”）。将原来全省5种网建模式（全面访销，集中配送；全面访销，分户配送；全面访销，仓储式配送；分散访销，分散配送；分散访销，集中配送）整合为“三集中”统一模式，即货源统一安排，订单统一采集，卷烟统一配送。实现商流、物流、资金流三线清晰，垂直管理，形成完整不可分割的以市（州）烟草分公司为营销主体的卷烟销售网络体系。

“三集中”营销模式的组织机构分别设置营销中心、物流中心、资金管理中心、督察中心、信息中心及其他必须的部门。

“三集中”经营模式的业务流程有呼叫集中流程、配送集中流程、营销集中分片管理流程。

呼叫集中流程　以市（州）烟草分公司为单位建立一个呼叫中心（订单部），取消原县（区）营销管理中心的电话订货职能。

配送集中流程　在市（州）烟草分公司范围内，实现一个物流信息平台上的整合运作，不排除多个区域中转站，建立“配送统一安排、人员统一管理、绩效统一考核”的配送考核管理机制。

营销集中、分片管理流程　核心体现在两个方面：一方面购、销、存业务由市（州）烟草分公司统一安排、组织、分配，体现市（州）烟草分公司营销主体职能；另一方面，通过优化流程，驱动组织机构调整，逐步打破行政区域限制，实现扁平化管理。

“三集中”确立并实施以后，从业务流程整合、集中营销配送和全面网络化管理三大核心技术上打破了传统的营销模式，体现出了烟草经营“为民”“利民”和“便民”的服务理念。

二、现代产权制度建立

2005年7月，四川烟草行业率先在全国理顺资产管理关系，探索出符合烟草特殊性的改革方案，形成以省烟草专卖局（公司）为监督管理指挥中心，市（州）烟草专卖局（分公司）为市场营销主体，县、区局为专卖执法主体的“一个中心，两个主体”新的资产管理体制。在总公司与省公司、省公司与市级公司构建两级管理、三级核算的母子公司体制，全省行业形成了一个资产44亿元的大企业、大公司，实现了国有资本向国有法人资本的转变，建立了“归属清晰、权责明确、监管严格、保护严格、流转顺畅”的现代产权制度。

按照“理顺产权、调整职能、规范运作、高效运行”的要求，通过理顺产权关系，转变省烟草专卖局（公司）职能，省级烟草公司全面退出经营，原省销售公司改制为卷烟经营管理部，负责全省卷烟营销及网建工作。职能由直接抓经营转变成为资产经营和监管为主，成为指挥中心、监督中心、管理中心。市级公司成为市场经营主体，切实抓好资金管理，承担国有资产保值增值责任，加速资金周转，合理使用集中资金，降低财务费用成本，提高资金的安全性和使用率，推动全省行业的统筹协调发展。

省烟草公司的名称不变，仍称为中国烟草总公司四川省公司，省烟草公司是中国烟草总公司的全资子公司。市（州）级公司的名称变更为四川省烟草公司××市（州）公司，市（州）级公司是中国烟草总公司四川省公司的全资子公司。

资产划转以企业经审计的2004年12月31日决算数为准，省烟草公司将本级所属市级公司的净资产审核汇总后，划转到中国烟草总公司。

中国烟草总公司将原省烟草公司本级及其所属市级公司的净资产投入到省烟草公司，作为中国烟草总公司对省烟草公司的长期投资，形成省烟草公司的国有法人资本；省烟草公司再将原所属市级公司的资产投入到所属市级公司，作为省烟草公司对所属市级公司的长期投资，形成各市级公司的国有法人资本。从而构建中国烟草总公司、省烟草公司、市级公司三级母子公司体制，形成中国烟草总公司对省烟草公司、省烟草公司对市级公司的投资关系。中国烟草总公司与省烟草公司、省烟草公司与所属市级公司形成母子公司体制后，按规定办理资产划转、产权变动登记手续，将省烟草公司、市级公司的国家资本变更为国有法人资本。

建立母子公司管理体制后，省烟草公司对所属市级公司依法行使出资人权利，对国有资产进行经营、管理和监督，行使投资收益、选择和管理企业负责人、重大决策三项权利，承担国有资产保值增值的责任。

市（州）级烟草公司作为市场经营主体，依照烟草专卖法和国家烟草专卖局、中国烟草总公司和省烟草专卖局（公司）要求，独立自主经营。主要职能有：依据法律和行业政策，独立行使法人财产权、经营权，确保国有资产保值增值；依据国家法律和行业政策自主进行卷烟销售和烟叶生产经营；负责企业内部管理，依据行业政策和省烟草公司的有关规定，健全完善激励约束机制，自主选择分配方式，加强职工队伍建设；按照规定和程序组织实施投资项目；组织实施省烟草公司制定的经营目标和计划，完成经营任务；执行国家烟草专卖局、中国烟草总公司和省烟草专卖局（公司）的调控政策；承担省烟草公司及有关部门交办的其他工作。

三、现代物流企业构建

2003年7月，四川省烟草专卖局（公司）印发《四川省卷烟物流集中配送实施意见》，全省整体推进卷烟物流集中配送工作，实现卷烟物流、商流分离，构建现代物流企业。分公司设立物流中心，负责对分公司所有卷烟的仓储、运输、配送和调拨申报的业务管理；卷烟货物所有权归属分公司，管理权归属物流中心。卷烟物流集中配送基本模式为：

直配模式 分公司所在地城区的经营管理中心撤销配送科，卷烟由物流中心直接配送，原仓储、配货、送货人员由分公司物流中心统一调配；条件具备的近郊县营销管理中心撤销配送科，卷烟由物流中心直接配送，原仓储、配货、送货人员由分公司物流中心统一调配。

大货配送模式 近郊县营销管理中心实行零库存，由物流中心进行大货配送，仓储配送科负责本区域卷烟配送工作。

营销管理中心所在地保留分库的配送模式，业务由物流中心统一调配。实行大货配送和仓储配送模式的营销管理中心，仓储配送工作由营销管理中心和物流中心实行“双重管理”。

物流中心内设综合部、储配部、送货部和安全部，并赋于相应的管理职能。

成都市烟草行业组建现代物流企业，实现全系统物流大配送，走在全省前列，具有典型性、代表性。其操作模式为：

首先，制定物流发展“三步走”规划。第一步，2002年6月城区访销配送完全分离，实现省内外卷烟集中调拨和统一配送；第二步，以6城区卷烟统一配送为基础，逐步扩大到郊县烟草公司；第三步，分公司全系统访销与配送完全分离，实现全系统货源的集中调拨和统一配送。市烟草专卖局（分公司）对原卷烟仓库进行规模化扩建和改造，建成占地35亩、建筑面积6000平方米的卷烟物资配送中心。2002年8月，实现了6城区访销、配送的完全分离，由物流配送中心统一向6城区1.3万余户零售商户配货、送货。物流配送的发展，开拓了市场，降低了成本，增强了网络效能和企业的效益。

其次，调整企业组织结构，优化资源配置。2003年，成都市烟草专卖局（分公司）将卷烟销售网络整合成为卷烟访销中心、物流配送中心和财务结算中心的“三中心运行格局”。卷烟访销中心主要负责访销信息的收集、传递和可供货源的分配，是访销和配送的中间站；物流配送中心的主要职能是存货、配货和送货；财务结算中心设在分公司财务处，负责卷烟销售账目的结算和管理。这样，使访销商流、配送物流和资金结算流既相互独立，又融为一体，运作更规范、高效。

在总结6城区统一配送经验的基础上，2003年5月，全面完成剩余13个城郊区、县的物流延伸工作。实现了全系统的分区访销、集中配送，形成了“业务统一部署、货源统一调配、配送统一组织”的现代物流大配送格局。所有区、县分局（卷烟营销中心）均取消卷烟库存，将职能集中于访销信息的采集和卷烟市场的专卖管理，使访销更专业，管理更精细，服务更周到。全系统省内外卷烟货源一律由成都市烟草专卖局（分公司）集中统一调拨，物流配送中心统一对全系统4万余户零售商户组织配货、送货；每天送货1500余箱，使卷烟经营全面走向规模化和集约化运作管理。

2005年4月，为减少管理层面，提高集约化、规模化经营水平，实行物流配送垂直管理，将原有的8个配送站整合为3个，形成“1+3”的物流配送格局，即1个中心库，3个配送站的格局。在这一整合中，调整送货片区50个，送货线路102条，减少送货组16个，减少送货员32人。通过扩大直接配送范围，实现对龙泉驿、华阳片区和新都、郫县等部分地区的直配到户，使物流中心本部直配到户的零售户达到1.6万余户，占成都分公司零售户总数的50%，为物流中心实施“一库式”配送奠定了基础。

图5－12　2003年5月，四川省烟草专卖局（公司）局长（总经理）黄文驰（左二）、副局长（副总经理）龚锦华（左三），成都市烟草专卖局（分公司）局长（经理）胡存忠（左四）与成都市青羊区委、区政府领导一起研究物流中心选址

第三，全面建成计算机广域信息网。各基层单位和机关局域网相互联通，使货源、访销、财务、管理等各种信息均能通过信息网络迅速传递，各区、县营销中心访销员将采集的访销信息于当日下午传递到物流配送中心。物流配送中心根据要货信息采取货位式配货，能够于当日准确、快速地配好各点所需的卷烟，并将郊县要货送到各卷烟配送站。第二天上午，城区商户由物流配送中心统一直接送货，郊县由配送站分送到各零售商户。2003年，成都市烟草专卖局（分公司）还全力推行电话订货和网上配送，该年上半年实现电话订货7000户。在电子结算使用上，2002年城区烟草金融IC卡使用户达8000余户，2003年上半年即增加3000余户烟草IC卡货款结算。

成都市烟草专卖局（分公司）一系列的改革发展措施和物流大配送格局带来良好的经济效益和社会效益，2005年7月，被国家烟草专卖局评为全国烟草行业先进集体。

四、市级公司市场经营主体建立

自1983年3月四川省烟草专卖局（公司）成立以来，一直实行省、市（地、州）、县（区）三级法人为主体的经营管理制度。

独立经营核算的法人单位多，市场主体多元化的矛盾十分突出，特别是财务管理的作用得不到有效发挥，流通企业发展长期处在低水平上徘徊；法人实体多，市场资源被分割，难以形成规模经营。

1998年，四川省烟草专卖局（公司）根据国家烟草专卖局（总公司）“一要规范，二要改革，三要创新”的工作要求，在雅安地区进行卷烟流通管理体制改革试点。雅安地区烟草系统在改革试点中，撤销名山、荥经、汉源、石棉、天全、芦山6个县级烟草公司，取消企业法人资格；成立四川省烟草公司雅安分公司名山、荥经、汉源、石棉、天全、芦山卷烟配送中心，为正科级非独立核算单位。按照这种模式，烟草分公司成为卷烟调拨中心、核算管理中心、经营主体；县公司成为配送中心，减少了利益主体和中间环节，降低了经营成本。

在雅安烟草分公司流通体制改革试点取得成功的基础上，省烟草专卖局（公司）加快流通体制改革的步伐。至2003年12月底，取消所有县级公司法人资格（射洪县除外），市级公司成立适应现代流通的卷烟配送中心或烟草营销管理中心。至2005年，全省实现以市（州）分公司为市场经营主体，商流、物流、资金流、信息流全线清晰的垂直管理现代营销网络体系，不仅为理顺资产管理体制创造了条件，而且加快了传统商业向现代流通的转变。

市级烟草公司市场经营主体建立后，由原来的省、市（州）、县三级法人为主体的财务管理制度变为省、市（州）两级法人为主体的财务管理制度，实施制度改革。

取消县级公司法人资格后，市（州）分公司优化组织结构，大力整合、培育充满生机活力的市场资源，成为经营主体，分公司的职能由过去的单纯管理型转变为管理经营型；县级公司的工作重点也由原来的“跑烟厂、调货源”转变到“管好市场、抓好营销、带好队伍”上来，分工更加清晰、专业。

五、培育“三满意”服务业态

“十五”期间，全省烟草行业在网建模式优化、全面推行营销电子商务和经营管理信息化以后，省烟草专卖局（公司）把实现“三满意”服务工作作为网建的主线，使之形成为行业长期的经营服务常态。

其一，深化对“三满意”的认识。“三满意”的核心是千方百计地满足消费者的需求，让消费者在恰当的时间、恰当的地点，以恰当的价格买到需要的产品，通过优质的服务于工业客户和零售客户来实现消费者满意，最终达到企业价值的最大化，从而加快市场网络建设的进程，提高网络运作水平，在竞争中立于不败之地。

其二，在服务内容、方式和手段上下硬功夫。除了通过统一着装、文明用语、热情周到送货上门等服务外，要为客户突出地解决货源的安排和供应问题。各单位根据市场需求努力组织好货源，克服非市场因素导致卷烟脱销现象，做到品牌让客户自由选择，货源安排公开透明。特别注意安排好低结构卷烟的市场供应，使零售客户满意，保持企业诚信的声誉。在国家烟草专卖局对部分城市实行卷烟订单销售试点的同时，省内货源衔接逐步改变每年两次的订货形式，努力过渡到按客户定单组织货源，提高市场化水平。

其三，把分析零售客户盈利水平作为客户管理的重点。通过资料积累和算账分析，帮助零售客户做好经营业务，在品牌供应上给予保证，并解决好合理批零差环节。通过有效的服务，使零售客户的盈利水平保持稳定、合理、持久。

其四，把握零售终端市场建设，制定服务政策和策略。2005 年，省烟草专卖局（公司）选择 2 个单位试点，然后在全省推广。在零售终端市场建设中，各单位制定服务办法，落实责任，把服务工作落到实处，努力实现服务最优，提升客户的满意度和诚信度。

其五，实施客户关系管理。在 2004 年网建决战年，全省烟草行业逐步实施了客户关系管理，省卷烟销售公司从 3 个方面开展工作。一是访销员转变职能，有效履行客户经理的职能职责；二是认真有效地分析研究客户和服务好客户；三是充分利用信息化手段，运用好客户关系管理软件。

省卷烟销售公司多次聘请行业内外专家对省烟草专卖局（公司）相关人员以及各分公司人员进行理论培训，使客户关系管理理念深入人心。省烟草专卖局（公司）信息中心与省卷烟销售公司共同成立了客户关系管理软件开发项目小组和推广小组，并在软件招标完成后经过广安、成都的试点工作，于 2004 年 7 月起分 5 批进行推广。起步早的成都、广安、广元、达州、绵阳、德阳、泸州、资阳市烟草专卖局（分公司）已经全面推广了客户关系管理软件，其余单位按计划分期分批地安排了培训和推广工作。

图 5－13　2004 年 6 月，绵阳市烟草专卖局（分公司）深入基层征求意见，提高客户满意度

第六篇　科教兴烟

20 世纪 80 年代初期，四川省提出“科教兴烟”战略后，全省烟草行业一以贯之，并不断取得明显成效。

1982—2000 年，全省烟草工业投入技改资金 20 亿元，引进国外先进设备和技术，改造更新设备和制丝生产线。

“九五”期间，狠抓烟草科技攻关，全省烟草科技攻关课题立项 56 项，其中卷烟工业达 41 项，卷烟焦油量降至 16 毫克/支以下，达到国家标准。成都卷烟厂、什邡卷烟厂、西昌卷烟厂运用新技术、新材料、新工艺增加产品技术含量，达到 20 世纪 90 年代初国际水平。

“十五”期间，建立健全科研体系，形成凉山烟草研究所、达州烟草研究所和泸州烟草试验站“两所一站”科研布局。修订和完善《四川省烟草专卖局（公司）科学技术进步奖励办法》和《科技管理办法》，制定四川烟草商业企业“十一五”科技发展计划方案，设立科技进步特等奖，科技专项补助经费年平均在 100 万元以上；表彰、奖励科技工作先进单位和个人及科技成果，极大地调动广大科技人员的积极性和创造性。国家烟草专卖局重点科技计划的《金攀西优质烤烟开发研究》项目在凉山、攀枝花全面展开，建成为具有 100 万担以上规模的全国优质烤烟生产基地。

第一章　科教机构

第一节　科技（教）委（处）

20 世纪 80 年代以前，四川烟草农业科技归属于四川省农业局（厅）管理，工业科技归属四川省轻工局（厅）管理。1989 年 1 月，为适应烟草行业科技发展的需要，四川省烟草公司将烟草行业科研与职工教育管理职能整合，成立科技教育处，负责全省行业科技、教育的管理工作。随着行业改革和发展深入，1991 年将科技教育处分设成立科学技术处和宣传教育处。科学技术处主要负责全省行业科学技术发展规划编制、组织科技项目的征集、立项实施、成果验收等管理工作。

1995 年 4 月，成立四川省烟草公司科学技术委员会（以下简称科技委），并组成省烟草公司第一届委员会。主任委员黄文驰，副主任委员金敖熙、伍勤江、李德福、黄行知，秘书长夏光宇，副秘书长许煊焰。委员会成员均为烟草工业、农业、科技方面的专家、教授及专业人员，共 27 人。该委员会制定《四川省烟草公司科学技术委员会工作细则》，规定科技委的职责是：研究烟草行业科学技术的发展方向、方针、政策；论证、审议四川省烟草行业科学技术发展规划；审议需要论证的重大预研课题、科研建设项目、生产建设方案、技术引进项目、消化吸收项目；评审四川省烟草公司科学技术进步奖（厅、局级）和推荐申报中国烟草总公司和四川省科学技术进步奖的项目；评审推荐烟草行业国际科学技术合作和国务院设立的其他科学技术奖（厅、局级）；论证、审议上级交议的项目及科技委成员提出的议案。凡经该科技委员会研究、论证、审议的项目，其结论由主任、副主任签署，经省烟草公司批准后，有关主管部门执行。

、1997 年 12 月，省烟草公司将行业科技、教育管理工作合并，设立科技教育处，负责全省行业科技管理和行业职工教育培训管理工作。省烟草科教管理部门的职责是：负责制定全省烟草行业科技教育政策和有关规章制度；编制科教发展规划、年度工作计划和行业装备政策；全行业新材料、新工艺、新技术、新产品科技开发项目和研究课题、年度科技计划的编制和实施；重点组织和管理重大科技开发项目，并协调、宣传、推广、应用；对其他科技项目采取统一立项、鉴定和分级组织实施的办法管理；归口管理和指导科技交流与合作；负责全行业科技成果鉴定、推广、奖励和专利的申报、科研成果统计、分析工作；负责行业干部职工文化教育、专业技术和岗位培训工作，组织协调落实机关各部门的业务培训计划；负责烟草技校的管理和教学指导工作；会同人事、劳资部门负责大中专、技校招生工作等。

2003 年，国家烟草专卖局统一部署，推进烟草工商体制分离改革。2004 年 10 月，省烟草公司将科技教育处的管理职能分设，科技处与质检站合署，职工教育管理职能归入省烟草公司人劳处负责。

第二节　四川省烟草质量监督检测站

四川省烟草质量监督检验站（以下简称质检站）根据中国烟草总公司发文要求，于 1984 年 10 月组建，是经国家烟草专卖局、四川省质量技术监督局、中国合格评定国家认可委员会和四川省烟草公司授权的行业最早成立的省级烟草质检机构之一。行政上隶属四川省烟草公司管理，质检业务接受国家烟草质量监督检验中心和四川省质量技术监督局指导。

在国家烟草质量监督检验中心帮助下，质检站培养了初期的检测技术人员，检测能力逐步提高拓展。1985—1986 年，相继开展烟叶化学成份分析、烟支外观检测、烟气分析、感官评吸检测。1986 年先后通过四川省标准计量管理局审查验收、计量认证及国家局审查验收，获得授权对辖区内卷烟、雪茄烟、烟叶及原辅材料开展监督检验，并于当年 10 月命名为“四川省烟草质量监督检测站”。1987 年 8 月，通过了四川省标准计量管理局的计量认证，授权对全省卷烟、雪茄烟、烟叶及原辅材料进行监督检验。自 1996 年 3 月起，开展烟草薄片检测工作。1997 年 10 月，国家技术监督局与国家烟草专卖局共同行文，指定质检站为全国首批承担真假卷烟鉴别任务的省级质量监督检验机构。1997 年 12 月，建立并运行质量管理体系，于 1998 年 3 月经省技术监督局复验，获得四川省产品质量监督检验机构审查认可（验收）合格证书及计量认证合格证书，命名为“四川省技术监督局烟草质量监督检验站”，授权四川站开展全省卷烟、雪茄烟、滤棒、烟叶烟丝化学分析、烟草薄片及其丝的监督检验，并承担全省卷烟真伪鉴别工作。同年 4 月，成立四川省烟草及其制品评吸鉴定委员会。1999 年 8 月，被国家烟草专卖局指定为首批烟用香料香料检验单位，开始开展烟用香料香料检测工作。先后开展《烟草水分检测仪的研制》《烟草水溶性糖的一种快速测定》《烟草薄片“一条龙”配套技术研究与应用》等 6 个项目研究，发表《用 AVP300 烟枝自动通气度仪测定滤棒吸阻》《烟草水溶性总糖测定方法改进》等科技论文 18 篇，获地市级科技进步奖 5 项，一人获“全国烟草技术创新先进工作者”称号，为四川省质检工作的发展打下了基础。2001 年，质检站正式开展GB/T 15481-2000 标准贯标，建立并运行实验室质量管理体系；2001 年 7 月，省质量技术监督局将站名定为“四川省烟草质量监督检验站”。2002 年 7 月，通过了中国实验室国家认可委 CNAL/AC01：2002《检测和校准实验室认可准则》的审查认可，并通过复评审，是全国最早通过认可的省级质检站。自 2002 年起，质检站全面开展全省植烟土壤化学成分检测。2003 年 8 月，四川省烟草总公司实行工商分离，质检站仍归属四川省烟草总公司。工商分离后，质检站工作理念由单一的卷烟质量监督向服务两烟生产、监督服务并重转变，承担起辖区内卷烟质量监督检测、卷烟辅料检测、化学成分分析、土壤检测职能，并对全省卷烟真伪、雪茄烟、烟叶及原辅材料进行监督检验。自 2004 年 3 月起，受国家烟草专卖局委托承接西藏自治区卷烟真伪鉴别检验工作。2004 年 9 月，经省烟草公司决定，质检站与科技处合署。

至 2005 年底，质检站逐步建设成为省级综合性质检机构，下设科技办公室、综合管理室、检测室 3 个科室及 1 个感官评吸委员会。拥有技术人员 15 人，其中高工 2 人，中级职称 8 人。总使用面积达到 1100 平方米，固定实验室面积 550 平方米，配备较为先进的检验设备，承担起相关监督检验检测任务，为四川烟草建设两烟大省目录提供了有力支撑。

第三节 各烟科所站

20世纪80年代中后期，四川省各烟叶产区整合相应的技术力量，成立市（地、州）烟草分公司烟科所（站），开展科研、示范工作。到2005年，初步形成“两所一站”的全省烟草农业科研机构布局。

一、凉山州烟草科学技术研究所

1987年，四川省烟草公司批准成立凉山州烟草科学研究试验站。《关于成立烟草试验站有关问题的通知》要求试验站应在既适合烤烟生产，又有利于生产试验的烤烟产区；暂定编10—15人，除行政管理干部1—2人外，主要配备中专以上烟叶生产专业人员。

1989年，据《凉山州人民政府对州烟草公司〈关于建立凉山州烟草科学技术研究所的请示〉》文件，凉山州人民政府批复建立凉山州烟草科学技术研究所，归凉山州烟草公司直接管理，遵照省烟草公司批复的建所规模和人员编制，规定凉山州烟草科学技术研究所的主要任务是为凉山州发展烟草繁育原种，研究优质适产栽培技术和培育技术骨干等。

自凉山州烟科所成立以来，开展烤烟品种筛选、烤烟病虫害防治、施肥技术研究、烤房改良、科学技术推广等项目，同时承担全国烟草病虫害预测预报三级站、全国烟草品种良种繁殖基地、上海烟草（集团）公司凉山原料研究室、西昌学院教学实习基地等工作。

二、达州市烟草科学技术研究所

达州市烟草科学技术研究所于1986年12月由四川省烟草专卖局（公司）批准成立，是达州市烟草专卖局（分公司）下辖的科研单位，主要从事以白肋烟为主的晾晒烟育种、栽培、植保和调制等研究和技术推广。

烟科所设置品种室和化验室两个内设部门，有科研人员4人。品种室主要承担全市烟草品种选育和配套技术研究推广工作，化验室承担全市烟草种子、烟叶和植烟土壤的质量检测等工作。配有种子检测与储藏、烟叶与土壤检测等全套设施，建有设备齐全的化验室、种子储藏室等，科研基地拥有20余亩试验田，具备比较成熟的科研试验条件。

达州市烟科所组建以来，历年来自主选育白肋烟新品种多个，承担科研项目20余个，其中省烟草专卖局（公司）科研项目14个。积极开展科研项目成果转化应用，自主选育的白肋烟新品种达白1号等多个白肋烟优良品种在达州市推广种植，平衡施肥、钢架晾房、小苗移栽等新产品新技术获得全面推广，取得良好的经济和社会效益。

三、泸州市烟草科学研究试验站

泸州市烟草科学研究试验站于2004年2月组建，在岗人员5人。试验基地位于叙永县麻城乡，拥有标准试验基地100亩。承担着国家烟草专卖局、省烟草专卖局和市烟草专卖局（分公司）科技项目，参与项目技术开发与指导、成果转化与应用工作，研究内容涵盖特色品种选育、栽培调制、病虫防治、科学烘烤、特色烟叶开发等。

第四节　四川省烟草学会

一、学会组织

四川省烟草学会于1983年7月开始筹建。1985年7月23日，召开第一次会员代表大会，选举产生第一届理事会，有常务理事11人，理事25人，当年有个人会员85名。1988年，增补理事2人。理事会下设有组织委员会、原料学术委员会、工业学术委员会、经济管理委员会、刊物编辑工作委员会和学会办公室。

1993年3月，召开第二次会员代表大会，选举产生第二届理事会，理事39人，常务理事13人。经济管理委员会改为经济流通学术委员会，组织委员会改为组织工作委员会，刊物编辑工作委员会改为刊物编辑委员会。1995年，成立专卖学术委员会。截至1997年年底，全省共有个人会员662名、团体会员85个，代中国烟草学会发展个人会员195名。

1998年，召开四川省烟草学会第三次会员代表大会，选举产生第三届理事会、常务理事会。重新组建各专业学术委员会，聘任各专业学术委员会的主任委员和副主任委员，基本完成专业学术委员会的重新组建工作。原料学术委员会改为原料专业学术委员会，工业学术委员会改为工业专业学术委员会，经济流通学术委员会改为经济流通专业学术委员会，专卖学术委员会改为专卖专业学术委员会，刊物编辑委员会改为《四川烟草通讯》编辑工作委员会。原料、流通、专卖、经济流通4个专业学术委员会共有委员、秘书105名。1999年，全省进行学会会员重新登记和建立会员库制度。到2000年3月，经过重新登记的中国烟草学会在四川的会员有135名，四川省烟草学会有会员833名。四川省烟草学会是由四川省烟草科技工作者和单位自愿组成的，并依法登记成立的具有独立法人地位、学术性、科普性、非营利性学术群众团体。接受四川省烟草专卖局（公司）的业务指导和监督管理，并接受中国烟草学会、四川省科学技术学会的业务指导。其主要任务是开展学术交流，活跃学术思想，促进科技进步；开展全省烟草科学技术知识普及活动和咨询服务，传播先进科学技术信息，组织推广先进技术，促进科技成果转化；接受委托承担和参与烟草科技项目评估、成果鉴定，对烟草事业的重大问题进行论证；开展民间科技交流活动；编辑出版科教和科普刊物。

2002年3月20—22日，在乐山市召开四川省烟草学会第四次会员代表大会，会议进行换届改选，产生第四届理事会和常务理事会，修改并通过《四川省烟草学会章程》。章程从总则、主要任务、会员、组织机构和负责人产生、罢免、资产管理、使用原则、章程修改程序、终止程序及终止后的财务处理，以及附则8个方面计48条，对学会工作作出详细的规定。

二、学会活动

1985年8月至1995年7月，省烟草学会组织专家编写出版四川烤烟生产技术、烟草生产加工基本常识专辑1.4万册，《优质烤烟生产技术要点》《科技兴烟论文集》《西南优质烤烟技术论文集》2.2万册。

1987年至1995年9月，省烟草学会两次邀请专家组考察凉山州土壤气候条件和优质烤烟基地并获科学结论，并调查考察全省20多个县后形成烟草生产的布局和调整方案，获得国家烟草专卖局

（总公司）的肯定。

1997 年，省烟草学会组织实施“金桥工程”和“千厂千会工程”，促进科技成果转化为生产力和烟草企业创新能力的提高。

1985 年 8 月至 2006 年 2 月，省烟草学会组织学术研究与交流大型活动 50 次，参加片区学术活动和上级科研活动 7 次，共征集交流学术论文 2480 余篇，获奖论文占 50%。

2002 年 3 月至 2006 年 3 月，泸州、攀枝花、宜宾市烟草学会完成国家烟草专卖局和省烟草专卖局（公司）下达的“以成熟度为中心配套生产技术研究”“攀枝花优质烤烟品种筛选”“烟叶漂浮育苗”等 10 项重要课题研究，主要技术环节取得重大突破；达州烟科所承担的“白肋烟雄性不育系列利用研究”课题所选育的不育系品种具有独立的自主知识权。

2002 年 3 月至 2006 年 3 月，省烟草学会大力推行科研成果转化工作，促使《烟草平衡施肥》《漂浮育苗》《烟草包衣种》《地膜覆盖栽培技术》《土地消毒应用》《烤烟品种更新换代》《中微量元素对烟叶香气的影响》等项目推广面积达到 90%—100%。

2004 年 12 月至 2005 年 10 月，组织完成 27 部约 1200 万字的市（州、厂）烟草志的编审工作和 140 万字的《四川省烟草志》编审工作。

2002 年 3 月至 2006 年 3 月，组织全省烟草文物调查登记工作，共为上海烟草博物馆提供烟草文物线索 1749 件，图片资料 1020 份，文字材料 50 余万字，征集、运送实物 871 件。

学会在第一届至第四届期间（1985 年至 2006 年 3 月），共编辑发行《四川省烟草通讯》84 期 25.2 万余册。

图 6－1　2001 年四川省烟草学会第四次会员代表大会暨学术年会召开

第二章　科教管理

第一节　行业科技管理

1989年，四川省烟草行业科技管理工作全面起步，四川省烟草专卖局（公司）科技教育处的重点工作有：制定《全省烟草行业“八五”科技发展规划》，分析本省烟草行业科技工作的现状，拟定“八五”科技发展目标以及烟叶种植、复烤、卷烟生产技术基础工作，产品结构改进等方面的技术开发，提出科技成果推广应用重点；起草制定《四川省烟草行业科研、技术开发项目管运试行办法》和《四川省烟草行业科研、技术开发成果奖励试行条例》，逐步完善全省烟草行业科技管理程序，落实科研经费计划和奖励基金，将《四川省烟草行业科研技术开发项目管理办法（试行）》及《四川省烟草公司科研技术开发奖励条例（试行）》印发全省烟草行业；组织落实《1989年四川省烟草工业科技开发项目计划》，同时制定《四川省烟草科技项目专项合同》，与项目承担单位逐一签定合同，落实项目责任人，拨款10.5万元作为项目补助经费；组织实施重点科研项目和技术推广应用项目，召集什邡卷烟厂有关技术人员成立标准编制小组，参与制订雪茄烟国家标准，推广应用烟草薄片技术；组织召开全省烟草薄片推广应用户交流会，总结四川、什邡烟厂试制烟草薄片的成功经验，制定全省推广应用烟草薄片总体发展目标，并开发新型滤嘴材料；会同省科委组织成都科技大学学生进行改性PVA（聚乙烯醇）丝束的研制工作。

1990年，省烟草专卖局（公司）着手建立分级管理的科技工作体制，制定《四川烟草系统科技管理干部岗位规范》，明确分工职责，完善工作体系。要求做到科技工作有领导分工抓管理，有部门负责抓好落实。四川卷烟厂明确由总工程师分管、厂科技协会负责，各烟厂和分公司都要求必须有一位厂长、经理分管科技工作。四川、什邡、西昌、绵阳、黔江等烟厂设专兼职部门并指定专职人员，其他烟厂、分公司有兼职部门并指定专职人员负责抓科技工作。达县、万县、凉山州等地建立烟草科研所。完善科技管理体制（重点完善科技成果管理登记制度），对全省烟草行业的科技成果进行登记建档。1990年7月，在凉山州西昌市召开四川省烟草科技工作座谈会，四川省烟草公司、分公司、科研所、卷烟厂等17个单位的代表参加会议。会议就健全科技管理体制、建立省科技情报网问题进行讨论，对烟草科研所建设、烟草薄片生产、打叶复烤技术、滤嘴材料回收再利用、丙纶丝束的推广应用等进行技术交流。

1995年8月，国家烟草专卖局召开全国烟草科技大会。接着，四川省召开全省烟草系统局长、经理、厂长、书记座谈会，传达全国烟草系统科学技术大会精神。10月28日，省烟草专卖局（公司）制定发布《四川省烟草公司科学技术进步奖励试行办法》及《四川省烟草公司科学技术进步奖评审标准》（2003年11月，省烟草专卖局对本奖励试行办法进行修订，修订后的《四川省烟草专卖局科学技术进步奖励办法》自2003年12月1日起施行)。10月30日至11月2日，召开首届四川省全省烟草行业科技工作会，各烟草公司的经理、厂长，分管科技工作的副厂长、技术科长、办公室主任、技校校长，省烟草专卖局（公司）机关处室和专业公司的有关人员参加会议，会议对烟草行业机构组建13年来全省科技工作进行总结。会后，省烟草专卖局（公司）制定《四川省烟草行业“九五”科技发展计划》。11月11日，省烟草公司向各烟厂、各主产烟叶的分公司发出《关于吸取国内烟草科技成果，促进我省烟草科技工作的通知》，决定在全省烟草行业内动员筹集捐助科技奖励基金。12月4日，省烟草专卖局（公司）印发《四川省烟草行业科技进步奖励基金管理暂行办法》。

1996年7月，为使科技管理工作程序化、规范化，省烟草专卖局（公司）制定《四川省烟草专卖局科技管理办法（试行)》，在总则、科技计划的编制、科技计划的实施管理、经费的管理、项目的结题以及成果的管理、奖励和推广等条款中对科技管理工作作了明确规定。规定省烟草专卖局科技主管部门归口管理全省烟草行业科技计划，各市（地、州）烟草专卖局、省直属卷烟厂、专业公司科技部门管理本地、本单位的科技计划。

1997年，省烟草专卖局（公司）研究制订四川烟草科技创新方案，在国家烟草专卖局确定的10项工程基础上选择四川省烟草发展的8个重点项目，即：烟叶育种、名优产品、降耗、降焦、加香加料、计算机技术应用、吸烟与健康、人才培育。

1999年5月，省烟草专卖局（公司）转发国家烟草专卖局《科学技术进步奖励暂行办法》，要求积极做好建立全省烟草行业技术创新体系和重点企业技术中心的工作。省烟草专卖局要求在行业内建立以各单位一把手为科技工作负责人的全省行业科技工作组织领导体系，把科技工作列上各级领导班子的议事日程。当年，省烟草专卖局科教处完成《四川省烟草行业科技教育“十五”发展规划（草稿)》。

2000年8月，根据国家局关于编制烟草系统“十五”科技发展规划的工作安排和要求，省烟草专卖局（公司）完成《四川省烟草行业“十五”科技发展规划（征求意见稿)》，提出四川省烟草行业“十五”期间科技发展的主要任务和主攻方向（包括烟草农业、工业企业、商业企业、计算机及自动化、开展信息技术和软科学研究、技术设备、职工教育培训等方面)，同时提出全省烟草科技发展的主要措施。

2001年1月，省烟草专卖局（公司）召开的全省烟草科技工作座谈会提出，全省烟草行业的科技工作首先要在科技管理和科研项目的组织方式上加以改进，省烟草公司科教处组织现有科研与技术力量，实行工业和农业联合、协同攻关；其次完善科技成果评定和奖励制度，根据全省实际情况，每两年进行一次，对生产、科研、推广第一线的先进科技工作者进行表彰和奖励。会议同时提出，“十五”期间，全省以凉山优质烤烟开发为重点辐射全川，按照主料型、中间型、填充型的分类，合理调整布局，开展生产示范、研究和推广；加快白肋烟科研、试验进度，改进白肋烟的特征香型和工业可用性；加强烟品种和调制技术研究试验，开发出适用于中高档雪茄烟产品的优质晒烟；各烟厂密切配合搞好烟叶的工业验证。发挥全省自然资源优势，生产出市场认可、工厂需要的优质烟叶，树立四川烟叶品牌。

2001年9月，国家烟草专卖局科教司为把金攀西区域建设成中国优质烟叶生产基地、中国烟叶科研的示范基地、管理规范的可持续发展的环境保护示范基地和科、工、农结合的生产技术合作基地，在西昌市召开“金攀西”优质烤烟开发项目启动协调会，并明确提出金攀西烟叶开发的工作、任务和要求。12 月，省烟草公司发出《关于“金攀西”优质烤烟开发项目实施意见的通知》，提出全省烟草科技工作在“金攀西”优质烤烟开发中要建立起烟叶生产技术规范体系、科技服务体系、质量监督检测体系、烟用物资配套及服务体系、标准化体系、工业利用研究验证体系、目标责任管理考核体系、品牌管理宣传营销体系等八大保障体系，树立具有攀西地区独特香气风格的“金攀西”优质烟叶品牌，提高全省烟叶在国内外市场的竞争力。到“十五”末期，在全省建成35 万亩优质烟叶生产基地，生产优质烟叶 100 万担以上，其中达到“金攀西”品牌标准烟叶 60 万担以上。同时制定“金攀西”优质烤烟开发的主要措施：项目开发采用农业与工业、试验与示范、研究与开发、田间试验与室内实施、引进与创新相结合的技术路线；组织科、工、农协同攻关，项目所涉及的全省行业各单位、部门和个人要通力配合，全力支持、参与项目开发工作，各单位和部门创造条件，充分调动广大科技人员的积极性，并发挥他们在项目开发中的骨干作用，并加强与有关科研院所的协作与合作；加快人才的引进和培养步伐，“金攀西”优质烤烟开发要以引进为辅、自我培养为主的方式，适当引进高素质人才，并选拔一批有敬业精神的科研、技术人员参加研究生水平的学习，在凉山州、攀枝花地区形成一支以技术带头人、技术骨干、技术人员组成的科研、技术队伍；成立以省烟草专卖局（公司）副总经理杨永法为组长的“金攀西”优质烤烟开发项目领导小组，全面负责项目开发的组织、协调和管理；实行目标责任考核和奖惩制度，对项目开发实行项目组长负责制和目标责任管理，领导小组按年度对项目各课题组的任务完成情况、进度和质量等进行考核；加强项目经费管理，对项目经费实行集中统一管理的制度，做到专款专用，每年由项目技术组提出经费使用方案，报领导小组审批后执行。省烟草专卖局（公司）的科技力量，在 2002 年至 2004 年 7 月间，从技术参与、指导和管理上，全力投入到“金攀西”优质烤烟开发项目实施中。

2004 年 7 月，国家烟草专卖局组织专家组对“金攀西”项目实施情况进行现场评议。其评议意见是：“金攀西”项目针对四川省凉山州和攀枝花市的生态条件，全面分析所属各产烟县的土壤理化性状、烟叶质量现状，以市场为导向，制定切实可行的技术方案，质量目标明确，技术路线科学；项目组通过近 3 年的工作，摸清烟区的土壤和气候生态条件，进行布局调整，明确红花大金元、云烟 85 为主栽品种，在示范区因地制宜地集成应用漂浮育苗、改良土壤、平衡施肥、合理灌水、成熟采收和科学烘烤等技术，田间烟株个体发育良好，群体结构基本合理，云烟 85 烟株株高平均 126 厘米，平均单株叶数 19. 6 片，中部叶长度 76. 9 厘米、宽度 30. 5 厘米，上部叶长度 63 厘米、宽度 20 厘米。烤后烟叶成熟度较好、色泽鲜亮、油分充足、厚薄适中；经四川省烟草工业企业质量评价，示范区所产烟叶的使用档次和可用性较高，示范田烟叶香气质量明显改善，配伍性强，有明显的攀西烟叶质量风格；项目采取产学研、科工商紧密结构的模式，针对关键技术问题进行试验研究，加速项目的进程，提高烟叶整体管理和技术水平，增加烟农和企业

图 6－2　2004 年 6 月，全省烟草行业科技工作会议召开

收益，促进烟叶生产的可持续发展。

2004年7月，省烟草专卖局（公司）的烟草科技工作，配合国家烟草专卖局专家组，狠抓对会理国家级烟叶标准化示范县的考核验收，加强技术指导和管理。

图6－3　2005年1月，四川省烟叶生产技术工作总结会在成都召开

自项目实施以来，项目承担单位成立以省烟草公司、凉山州烟草分公司、州烟科所、会理县各级政府、会理县烟草公司、会理县质量技术监督局等单位为项目具体实施单位的专门工作机构，加强对烟叶标准化示范项目的组织领导。建立完整的《会理烤烟综合标准化体系》，体系编写涵盖烟叶生产技术、管理、服务、监测、培训、考核、检测等各方面，技术标准和规程的内容充实、规范、归纳为管理文件、程序文件、作业文件等主要部分，对烟草行业的标准化体系的建立走向先进的管理模式具有带动和指导作用；示范县在质量目标、质量计划和质量管理体系建设、经费合理使用、文档管理、奖励措施实施、户籍网络化管理、服务体系建立方面突出，处于行业先进水平；烟叶生产基础设施较完善，在标准化烟站、集约化育苗、烘烤生产设施的投入较示范前有很大提高，为烟叶标准化生产提供了先决条件，尤其是“立式炉+螺旋火管+热风循环”的烤房新技术、标准的户籍化基础管理、规模化的收购烟站，测土配方施肥等成绩显著，产、学、研一体化成绩优异；生产技术研究和推广体系健全，信息化管理、“户籍化”管理、技术员队伍建设规范，建立县、乡、村三级培训体系，技术普及率较高；示范区连片面积较大，土壤改良和测土配方施肥成效显著，田间烟株的长势长相符合优质烟标准，烤后烟叶品质得到提高，在行业内起到示范作用。专家考核验收组经过严格的分类打分量化评审，会理县为国家级烟叶标准化示范合格单位。

第二节　技工学校管理

一、四川什邡烟草技工学校

1985年，四川省烟草公司决定，什邡卷烟厂筹办烟草职业学校。经中国烟草总公司《关于同意成立四川省烟草公司什邡技工学校的批复》文件批准，1986年5月，四川省什邡烟草技工学校正式成立。学校为省烟草公司直属单位（副县团级），在校学生规模为150人，学校教职员工编制暂定20人，每年从初中毕业生中招收学员50名，学制三年，设置有卷烟工艺和卷烟机械两个专业。校舍建设及投资由省烟草公司统筹解决。

什邡烟草技校于1991年迁入临近什邡卷烟厂生活区的新校址。新校址占地13.5亩，建筑面积8827平方米。教学大楼设施先进，有设备齐全的微机室、电教室、机械制图室、物理电工实验室、化学实验室、室内体育室以及图书室和阅览室等，学校设施可供350名学生学习和生活。学校固定资产及设施价值310万元，有教职员工30人，学生267人。生源主要来自全省烟草工商企业的职工子女。

1999年9月，经四川省烟草专卖局（公司）决定，资阳烟草技工学校合并到什邡烟草技工学校，定名为“四川省烟草技工学校”，同时又将“四川省烟草职业技能鉴定站”和“四川省烟草培训中心”设在该校。

2000年，四川省烟草技工学校按照烟草行业教育改革的要求，停止技校招生。是年，成立德阳市电大直属教育部，并着手关闭烟草技校，向行业职工教育培训及职工技能鉴定的转型调整改革。

什邡烟草技工学校从建校至2000年，共计招收技工学生1522人，普通中专学生266人，电视中专学生698人，电视大专学生168人，为烟草行业培养了一批专业技术人才，对全省烟草行业的发展起到积极作用。

二、资阳烟草技工学校

1986年，经中国烟草总公司批准，成立四川资阳烟草技工学校，属四川省烟草专卖局（公司）直属事业单位。学校先后开设有卷烟工艺与设备、烟草储运保管、商业核算、核算与计算机等专业。有教职工25名（其中大学学历者5人，大专学历者13人，中专学历者2人；拥有中级职称者15人，初级职称者4人）。至1999年止，共招收学生1274名，毕业学生975名。1989年，省劳动厅在该校设置中级技工函授培训中心（烟草部分），为全省烟草系统培训中级技工1500名。1994年，资阳烟草技工学校和四川供销中专联合办学，为雅安、广安、遂宁、自贡、南充和巴中6个烟草分公司培训在职职工中专生227人。1995年，经内江市劳动局批准，该校设立仓储保管工、计算机文字录入员等工种技能鉴定站。1999年9月，正式与什邡烟草技工学校合并。

资阳烟草技工学校执行四川省劳动厅的招生分配政策，实行“定向招生，定向分配”，每年向行业内外各招生100人以上，招收初中毕业生学制3年（曾招收两届高中生，学制2年），毕业生原则上在行业内分配就业。学校自编教材《烟草仓储》《烟草专用英语》《烟草仓储知识问答工作手册》和《卷烟仓储》等。技校被纳入国家烟草专卖局院校系列管理，为甘肃省烟草公司和当地劳动部门代培过技校生。还分别与湖南湘潭烟草中专学校、四川德阳电视中专校、四川省供销社职工中专校联合举办了职工中专学历培训班，主要招收烟草行业内在职在岗职工和技校优秀在校生。

三、四川省烟草技工学校（四川烟草职工教育培训中心）

1999年7月5日，四川省烟草专卖局转发《国家烟草专卖局关于同意将什邡、资阳烟草技工学校合并的批复》，两校合并后改名为“四川省烟草技工学校”，仍直属于四川省烟草专卖局。

1999年9月13日，四川省烟草技工学校（四川烟草职工教育培训中心）正式挂牌。两校合并后，资阳技校余留97级技校生83人、98级技校生67人，涉及核算与微机、营销仓储两个专业的教育任务移交什邡技校完成，资阳技校人员于1999年分流解体。2000年，四川省烟草技工学校按照国家烟草专卖局和四川省烟草专卖局教育改革的要求，停止技工学校招生，向行业职工教育培训及职业技能鉴定的转型调整改革。

2000年4月，根据《国家烟草专卖局关于烟草行业所属中等专业学校和技工学校管理体制调整工作有关问题的紧急通知》，四川省烟草专卖局发出《关于认真做好四川烟草技工学校管理体制调整期间工作的通知》，要求制定四川省烟草技工学校和培训中心调整规划。8月15日，四川省烟草专卖局下发《关于四川烟草职工教育培训中心机构调整方案的批复》。调整后的培训中心与省烟草专卖局职业技能鉴定站合署办公，为四川省烟草专卖局（公司）直属副处级事业单位，主要履行全省职业技能鉴定和职工培训职能，编制定员7人，领导班子3人，其余人员整体移交什邡烟厂，不再设内部机构，党群组织隶属于什邡卷烟厂管理。

第三节　职工教育管理

1984年3月，四川省烟草公司发出《关于仿制烤烟样品及研究检验技术培训工作的通知》，旨在为本省烤烟县培养生产技术理论骨干人才。1986年4月，省烟草公司在涪陵地区丰都县委招待所举办全省烤烟生产技术培训班，邀请贵州省烟草学者高级农艺师马浩东讲授烤烟生产技术。

1987年，省烟草公司开展岗位职务和各种专业技术培训。根据中国烟草总公司的教育工作安排意见，四川省烟草公司组织厂长、经理参加国家统考，先后安排部分厂长、经理参加培训，全部统考合格。选送35名干部到总公司委托四川省经干院举办的总经济师班学习，成都烟厂一名副厂长参加省计经委组织的中国企业家进修班。同年，统一组织全省卷烟厂、雪茄烟厂和复烤厂的班组长，集中在什邡和资阳烟草技校进行岗位培训，学习现代化管理知识。5—8月，共办班7期，培训245名班组长（其中有20%是车间主任以上的中层干部），占应培训班组长总数的60%。各工商企业还对各级各类业务干部普遍开展岗位培训。省烟草专卖局（公司）各处室面向基层开展对口短期培训业务培训，共培训会计、统计、审计、政工、纪检文书档案、信息、营销、养护、储运等近20个专业类别的业务干部458人次。并选派部分干部赴北京参加总公司委托中国人民大学举办的劳动人事管理培训班学习。同年，全省烟草系统有20名职工考入各类成人高校脱产学习，138人进入“五大”学习。据统计，全省烟草系统参加成人高校学习的人数达干部总数的9.6%，成都卷烟厂参加成人高校学习的干部比例则占干部总数的35%。叙永县烟草公司与县职业高中于1987年秋联合开办职业高中烤烟班，招收烟区农村的初中生56名，通过3年培训，培养一批烤烟专业技术人才。同年，为了帮助工厂提高卷烟生产技术，省烟草公司还联系选派3名技术工人到安徽蚌埠烟草技校举办的卷接机中级技术培训班学习。

1988年4—8月和9—12月，省烟草专卖局（公司）委托四川商业干部学校先后举办两期分公司经理岗位职务培训班。全省烟草系统有57名领导干部参加首期培训班，156人参加第二期培训学习。

1989年9—11月，省烟草专卖局（公司）还派出地（市、州）烟草专卖局（分公司）4位领导干部到中国工业科技管理大连培训中心举办的经理（厂长）岗位职务培训班学习。

1989—1991年，省烟草专卖局（公司）先后举办3期《四川省烟草浸染性病害调查研究》技术培训班，共有250多人次参加培训。培训班邀请北京农业大学、山东农业大学、青州烟草所及四川省农科院的有关专家、教授，分别对烟草病害的种类、病源、症状、田间调查方法、标本的采集与制作、数理统计等专题进行详细讲解。省课题组还先后编印《烟草病害》《烟草病害检索表》及《烟草病害症状彩色相册》等下发到各分公司、县公司。同时，针对各烟区的具体问题，省课题组3年中先后在德阳、凉山、宜宾、万县、黔江、涪陵等地举办20多次地区性培训班，培训地、县、区、乡技术员800多人次。

1996年1月，省烟草专卖局（公司）发出《四川省烟草系统“九五”教育培训计划及实施意见》，开办各类技术培训班（如中级班、成人中专班、岗位培训、学历函授班、电视中专班等）36期，培训3303人次。其中，参加高等教育学习的1111人，参加中等专业学习的447人；用于职工教育的实际支出经费为8739.3万元。

1998年，省烟草专卖局（公司）组织9名高层企业领导干部和管理人员在职攻读高级工商管理硕士学位（MBA）；推选20名优秀中青年技术干部参加各种高级班的培训；组织行业内有关人员参加了郑州烟草研究院举办的卷烟工艺与配方技术、卷烟加工工艺技术培训和合肥院举办的大中型企业领导工商管理培训等。

1999年，四川省烟草行业参加各种学习培训的职工共9800余人，其中参加岗位培训的750余人，技术等级培训的900余人，成人继续教育的60余人，高等教育的1100余人，资格培训的有1930余人，适应性培训的有4220余人，工商管理培训的有50余人。按照国家烟草专卖局“九五”计算机应用规划的要求，省烟草专卖局（公司）在全省烟草行业各单位和部门建立计算机通讯网络，委托四川大学计算机系为四川省烟草行业承办计算机应用专业证书班，采取脱产集中学习方式，学制一年。同年12月，新成立的四川省烟草职工教育培训中心承办全国烟草行业第十一期烟草行业特殊工种职业技能鉴定考评员培训，来自全国烟草行业的各地学员90余人参加培训。“九五”期间，四川省烟草行业与省农科院、四川大学、中科院成都计算机应用研究所等科研机构合作，开展对全省烟叶主产区的上、中等烟叶的质量分析、检测，对凉山州等烟叶产区的土质进行检测、分析，并与中科院计算机应用研究所合作开发出卷烟生产计算机加香加料系统、单机烟丝计量系统。

2000年年底，全省烟草系统管理人员和专业技术人员总数为5573人，其中专业技术人员3625人，占总数的65.05%。有研究生学历27人，占总数的0.48%；大学本科学历522人，占总数的9.37%；大学专科学历1589人，占总数的28.51%；中专学历1046人，占总数的18.77%；高中学历1267人，占总数的22.73%；初中以下学历1122人，占总数的20.13%。35岁以下的2165人，占总数的38.85%；36岁至45岁的2320人，占总数的41.63%；46岁至54岁的1022人，占总数的18.34%；55岁以上的66人，占总数的1.18%。

2001年3月，根据烟草行业“十五”发展规划，为加大实施“科教兴国”力度，利用3年左右时间使全省行业45岁以下的初中、高中学历文化程度的职工达到中专文化程度的目标，省烟草专卖局就做好全省行业职工中专学历达标教育工作提出意见，要求各单位建立职工参加教育培训工作的管理制度和激励机制，把培训、考核和使用有机结合起来，提高职工参加教育培训的积极性。8月，中共四川省烟草专卖局（公司）党组认真落实《2001年—2005年全省烟草行业干部教育培训规划》，鼓励和支持职工在职参加学习，人事、政工部门负起责任、认真抓好此项工作；职工要化解工学矛盾，妥善安排好工作，采取有效的措施保证必要的学习时间。

2003年，全省烟草行业职工教育培训工作在科教处、人劳处、培训中心的努力下，围绕四川烟草经济的发展开展多层次、多形式、多类型的各种培训。各单位把抓好职工教育培训列入领导任期考核干部政绩的重要内容，确保责任、措施到位。人事劳资、教育、政工部门加强协作，相互贯通，各司其职，各负其责，在全省烟草行业形成重视支持职工教育培训的良好氛围。各单位按照国务院有关文件精神，以职工工资总额的2.5%提取教育经费，列入成本开支。重点地开展管理干部的工商管理培训、专业技术人员的继续教育培训、烟叶生产技术培训、卷烟商品营销培训、专卖管理培训、财务管理培训、计算机网络技术培训等。开办2003年职工中专班，招收570名学员；完成卷烟商品营销员和烟叶分级、打叶复烤、烟叶保管、复烤设备维修等工种693人次的技能鉴定培训任务。

图6－4 2002年12月，四川省烟草专卖局（公司）组织召开全省烟草行业职工教育培训工作会

2004年，制定优化人才资源结构的教育培训目标。“十五”末期，全行业职工年教育培训率保持在50%以上；45岁以下科级以上管理人员全部达到大专以上文化程度，处级以上达到本科以上学历人数在50%以上，其余职工全部达到中专以上文化程度；优化专业结构和技能结构，具有高级职称资格的人数占专业技术人员3%以上，中级职称占30%以上；对县处级工商企业管理人员全部脱产培训不少于3个月，科技管理人员全部脱产培训不少于45天，各类专业技术人员每年脱产学习时间累计不少于12天；加强卷烟商品营销员和烟技员队伍的技能培训和鉴定，中、高级工达到技术工人总数的85%以上，其中高级工达25%以上；建立30人以上的专兼职结合的职工教育培训师资队伍。

第三章 科研成果与技术推广交流

第一节 科研成果获奖

1989—1991年，由四川大学、黔江地区科委、涪陵市烟草公司、叙永县政府、叙永县烟草公司和黔江土家族苗族自治县烟草公司共同完成的《烤烟优质丰产培训技术研究》项目研究，经四川省科委组织鉴定，获四川省星火科技成果三等奖。1991年应用该项目成果种植烤烟20.06万亩，增加产值3110.8万元。

1990年8月，由四川省烟草公司、郑州烟草研究院、湖北省烟草公司共同完成的《优质白肋烟生产技术的研究》项目研究，经中国烟草总公司组织鉴定，获1991年度中国烟草总公司科技进步二等奖。该成果在四川、湖北省试点县推广10多万亩，带动其他白肋烟区生产技术的改进。

1992—1994年，由四川联合大学、四川省烟叶生产购销公司、会东县烟草公司、筠连县烟草公司、黔江土家族苗族自治县烟草公司、叙永县烟草公司、凉山彝族自治州烟科所共同完成的《四川烤烟品种香气吃味研究》项目研究，经四川省科委组织鉴定，获四川省烟草科技进步三等奖，该成果为进一步提高烟叶香气吃味提供科学依据。

1992年至1995年7月，由四川省烟叶生产购销公司、中国科学院成都山地研究所等共同完成的《氯化钾用于烤烟施肥研究》项目研究，经四川省科委组织鉴定，该项目达到国内同类研究的先进水平。

1995年底，根据烟草行业全国工业普查的统计数据，四川省烟草公司共有技术开发人员188人，其中工种技术人员118人，具有高、中级职务或大学本科及以上学历的人员40人；技术开发项目（课题）31项，其中新产品项目21项，当年已完成项目24项，投产（使用）项目22项；经费支出总额为1434.1万元；科技活动产出中，新产品销售收入合计2.51亿元，其中国家级新产品877.5万元，产品出口565.3万元，新产品实现利税1.28亿元。

“九五”期间，四川省烟草行业立项科研课题56项，共投入科研经费3132万元。其中，烟草农业14项，降焦工程1项，降耗工程1项，信息管理系统5项，技术管理2项，烟叶调制技术1项，新产品开发1项。成都卷烟厂的《CIMS应用示范工程》列入国家科技的“863”项目；达川烟科所的“白肋烟雄性不育系利用研究”作为国家局的“优质白肋烟”大课题的子课题之一，纳入国家烟草专卖局的低焦油混合型卷烟的发展战略之中；什邡卷烟厂的《低焦油混合型卷烟的开发》被列为国家烟草专卖局科研项目。

1996年4月，四川省烟草公司颁发首届科学技术进步奖15项，其中一等奖2项，二等奖6项，三等奖7项。

2004年6月，四川省烟草专卖局（公司）颁发第二届科学技术进步奖15项，其中特等奖1项，一等奖2项，二等项5项，三等奖7项。

据收集2005年以前的成果资料显示，1989—2004年四川省烟草行业获省部级以上奖励的科技成果达20项，其中金奖1项，一等奖1项，二等奖2项，三等奖14项，四等奖2项。

图6－5　2003年5月，什邡卷烟厂向2001—2002年度优秀科技成果颁奖

图6－6　2004年7月，国家烟草专卖局科教司组织专家评议《金攀西优质烤烟开发研究》科技项目成果

四川省烟草行业首届科学技术进步奖获奖项目一览表（截至1996年4月）

表6－1

序号	项目名称	奖励等级	申报部门	主要完成单位	主要完成人
1	莱格制丝线梗丝膨胀系统工艺技术研究	一等奖	四川卷烟厂	四川卷烟厂	邓维梓、邓彬文、王绍清、符仲伟、杨君柏、涂德全、严书林
2	金五牛产品开发	一等奖	成都卷烟厂	成都卷烟厂	王治贵、何书杰、鲜兴明
3	四川省优质香料烟引种及配套栽培技术研究	二等奖	四川省烟叶生产购销公司	四川省烟叶公司、凉山烟科所、攀枝花分公司	余和明、吴纯奎、黄贤高、蒋雪松、夏光宇、任荣安
4	白肋烟新品种"通烟一号"培育	二等奖	通江县烟草公司	通江县烟草公司	王崇华、杨德尧、贾能典、任明升、赵忠祥
5	德阳地区晒烟病毒病发生规律及防治研究	二等奖	四川省烟叶公司	四川省烟叶公司、四川省农植保站、德阳分公司、什邡县公司	庹治华、姚　革、李明英、鄢学锦、夏绍华、骆国富
6	四川省烤烟烤房改选及应用研究	二等奖	四川省烟叶公司	四川省烟叶公司、凉山烟草分公司、凉山烟科所	吴纯奎、余和明、王邦友、蒋雪松、郭明全、夏光宇
7	成都卷烟厂烟丝静态集中称量控制系统	二等奖	成都卷烟厂	成都卷烟厂、中科院成都计算所	吴　宪、王晓宇、甘忠德、张炳泉、李　军、李钟南
8	翻盖5牌卷烟产品设计	二等奖	绵阳卷烟厂	绵阳卷烟厂	徐代荣、明　勇、顾山英、欧孝林、余世满

续表6－1

序号	项目名称	奖励等级	申报部门	主要完成单位	主要完成人
9	凉山春种烤烟开发应用研究	三等奖	凉山烟草分公司	凉山州烟办、凉山烟草分公司	龚继名、蒋雪松、王飞架、邢小军、郭旺全
10	四川烤烟品种香吃味研究	三等奖	四川省烟叶公司	四川联合大学、省烟叶公司、会东县烟草公司	赵仁昌、吴纯奎、刘克武、侯留记、胡应祥
11	推广K326十二万亩示范片	三等奖	凉山烟草分公司	会理县烟草公司、会理县科委	胡崇云、林云峰、侯留记、邢小军
12	攀西优质烤烟开发研究	三等奖	四川省烟叶公司	四川省烟叶公司、凉山烟草分公司、西昌农业专科学校	易念游、吴纯奎、王邦友、张玉生、蒋雪松
13	“博采”新混合型卷烟研制	三等奖	光明雪茄烟厂	光明雪茄烟厂、成都中医学院	李明富、黄世德、谬恩太、李正义、杨　军
14	加胶聚丙烯滤棒烘焙工艺技术研究应用	三等奖	什邡卷烟厂	什邡卷烟厂	王　勇、杨　勇、唐　荣、廖卫东、谬　俊
15	烟草仓储温湿度检测控制系统	三等奖	成都烟草分公司	成都烟草分公司、成都科星技术公司	魏晓胜、吴庚宏、彭炳泉、刘　宁、贾应全

说明：以奖励等级排序

四川省烟草行业第二届科学技术进步奖获奖项目一览表（截至2004年6月）

表6－2

序号	项目名称	奖励等级	申报单位	主要完成单位	主要完成人
1	白肋烟雄性不育系利用研究	特等奖	达州烟草分公司	达州烟草分公司	谢子发、陈志华、张长久、李广永、符必奎、吴铭让
2	烟草漂浮育苗技术推广	一等奖	四川省烟叶生产购销公司	四川省烟叶生产购销公司、凉山烟草分公司、叙永县烟草公司	胡志清、吴纯奎、伍仁军、成本喜、邢小军、刘成伟、胡应祥、蒋　胜、向金友
3	烟草平衡施肥研究与推广	一等奖	四川省烟叶生产购销公司	四川省烟叶生产购销公司、凉山烟草分公司、泸州烟草分公司、宜宾烟草分公司、攀枝花烟草分公司	胡志清、吴纯奎、伍仁军、成本喜、刘成伟、殷　英、刘福奎、林　源、石正平
4	烟草包衣种开发研究	二等奖	四川省烟叶生产购销公司	四川省烟叶生产购销公司、中国科学院成都山地灾害与环境研究所、凉山烟草分公司	侯留记、李　霞、伍仁军、邢小军、吴纯奎、屈健康、余祥文

续表 6－2

序号	项目名称	奖励等级	申报单位	主要完成单位	主要完成人
5	四川省烤烟品种筛选研究	二等奖	四川省烟叶生产购销公司	四川省烟叶生产购销公司、凉山烟科所、叙永县烟草公司	~
6	地膜覆盖栽培技术推广和应用	二等奖	四川省烟叶生产购销公司	四川省烟叶生产购销公司、凉山烟草分公司、泸州烟草分公司、宜宾烟草分公司	吴纯奎、伍仁军、成本喜、刘成伟、何义宗、刘福奎、石正平
7	标准化烤房建设及三段式烘烤工艺技术推广	二等奖	四川省烟叶生产购销公司	四川省烟叶生产购销公司、凉山烟草分公司、泸州烟草分公司、宜宾烟草分公司	胡志清、吴纯奎、伍仁军、刘成伟、殷　英、刘福奎、成本喜
8	提高白肋烟香气研究	二等奖	达州烟草分公司	达州烟草分公司	谢子发、李广永、陈志华、张长久
9	四川省烤烟品种更新换代	三等奖	四川省烟叶生产购销公司	四川省烟叶生产购销公司、凉山烟草分公司、泸州烟草分公司	吴纯奎、侯留记、李　霞、伍仁军、何义宗
10	川南烟区优质烤烟测试土壤与最佳施肥模式的研究	三等奖	四川省烟草质检站	四川省烟草公司检测中心、筠连县烟草公司	陈建忠、魏晓胜、许煊焰、黄绍和、张作鹏
11	中微量元素对烟叶香气的影响及合理施用研究	三等奖	四川省烟叶生产购销公司	四川省烟叶生产购销公司、会理县烟草公司、会东县烟草公司	伍仁军、吴纯奎、侯留记、屈建康、赵兴明
12	优质晒烟生产及调制技术应用研究	三等奖	德阳烟草分公司	什邡市烟草专卖局	陈彦学、陈维建、骆国富、顾弟贵、龚红樵
13	烟草病虫害防治图册	三等奖	四川省农科院植保所	四川省农科院植保所、四川省烟叶生产购销公司	姚　革、吴纯奎
14	土壤消毒剂应用	三等奖	四川省烟叶生产购销公司	四川省烟叶生产购销公司、凉山烟科所、会东县烟草公司	吴纯奎、侯留记、伍仁军、成本喜、何义宗
15	会理县烤烟侵染性病害调查研究	三等奖	凉山烟草分公司	会理县烟草公司	陈学壮、屈建康、钱　宇、刘康林、高　峻

说明：以奖励等级排序

1989—2004年四川省烟草行业获省（部）级以上奖励科技成果项目统计表

表6－3

序号	项目名称	主要完成单位	获奖名称	授奖单位	奖励等级	获奖时间
1	智能温湿度表及温湿度检测控制系统	成都科星技术开发公司、成都烟草分公司、内江烟草分公司	—	中国民营科技企业科技成果和新产品（成都）博览会组委会	金奖	1995年
2	螺旋管式通背烤房	~	科技进步	四川省人民政府	一等奖	1995年
3	提高白肋烟质量及其在低焦油卷烟中应用研究	谢子发	科技进步	国务院	二等奖	2004年1月
4	优质白肋烟生产技术的研究	四川省烟草公司、郑州烟草研究所、湖北省烟草公司	科技进步	中国烟草总公司	二等奖	1991年
5	晒烟营业钵育苗研究与应用	~	科技成果	四川省人民政府	三等奖	1989年2月
6	烤烟品种筛选（G80、NC82、K326、红花大金元）	~	科技进步	中国烟草总公司	三等奖	1989年12月
7	品比试验（烤烟）	王增明	科技进步	中国烟草总公司	三等奖	1989年
8	侵染性病害	郑光炼、章润龙	科技进步	四川省人民政府	三等奖	1990年
9	烟草根结线豆病综合防治技术研究	~	技术进步	四川省人民政府	三等奖	1991年
10	根结线虫病研究	郑光炼、章润龙、周伟国	科技进步	四川省人民政府	三等奖	1991年
11	烟草根结线虫病综合防治技术	四川省农科院植保所	科技进步	四川省人民政府	三等奖	1991年
12	凉山州优质烟叶生产技术规范化研究及应用	易念游、蒋雪松、邢小军	星火科技	四川省人民政府	三等奖	1993年12月
13	全国烟草侵染性病害调查研究	姚革	科技进步	国家烟草专卖局	三等奖	1993年
14	四川省烟草侵染性病害调查研究	四川省农科院植保所	科技进步	四川省人民政府	三等奖	1994年
15	烟叶良种筛选及利用研究	章润龙	科技进步	四川省人民政府	三等奖	1995年
16	螺旋式火管烤房改造	四川省烟叶公司、凉山烟草分公司	科技进步	中国烟草总公司	三等奖	1997年
17	攀西优质烤烟开发研究	四川省烟叶公司、西昌农专	科技进步	四川省人民政府	三等奖	1997年

续表6－3

序号	项目名称	主要完成单位	获奖名称	授奖单位	奖励等级	获奖时间
18	安宁河流域农业综合开发规划及项目论证报告	~	技术进步	全国农业区划委员会农业部	三等奖	~
19	什邡晒烟病毒种类调查及控制途径探讨	四川省农牧厅、原什邡县农场	重大科技成果研究	四川省人民政府	四等奖	1989年6月
20	烤烟色香味研究	郑光炼、章润龙	星火科技	四川省人民政府	四等奖	1993年

说明：以奖励等级排序

第二节　技术推广应用

一、“五项技术”推广

1986年11月，省烟草公司召开全省烟叶生产技术座谈会，要求各烟叶主产县壮大烟叶生产技术队伍，加强对烟农良种化、区域化、规范化生产的指导。1991—1993年，省烟草公司组织开展“凉山州优质烟叶生产技术规范化研究及应用”项目，把研究出的栽培技术和生产技术烟叶的成功经验编写成专著、教材，印制成手册发放到烟农。自1994年起，四川省烟草行业全面推广包衣种培育壮苗、双层施肥、地膜覆盖、化学抑芽剂、标准化烤房和远红外涂料烤房烘烤五项技术。由省烟草公司负责开发包衣种子工作。1994年全省包衣种种植面积10万亩，每亩增值20—40元；1996年种植92.3万亩，占烤烟种植面积的66%；1997—2000年，各年包衣种种植面积均达90%以上。1994—2003年，四川省烟草生产购销公司、中国科学院成都山地灾害与环境研究所、凉山州烟草公司共同完成《烟草包衣种开发研究》。该项目研究成果提出了四川烟草包衣种非活性成分的主要配方，通过筛选实现包衣剂非活性材料的本地化，降低了生产成本；研制而成的包衣剂活性成分新配方，加入四川植烟土壤缺乏的钼、锌、硼肥，添加生长激素剂“爱多收”，重新确定农药品种，其配方针对性强，优于江苏配方，更能促进烟株健壮生长，减轻炭疽病、花叶病、青枯病、黑胫病的危害，对烟叶的增产、增质作用更为明显；开发出含高分子吸水材料的包衣剂；对包衣剂配方比例及加工工艺进行了改进。项目在解决包衣材料中肥药混用的有效性、补充微肥、添加植物生长调节剂等关键技术方面实现了创新，达到国内同类研究先进水平。在推广应用该研究成果中，自1994年引进包衣成套技术，经过对各项技术的改进和完善，至1999年全省推广应用率已达到100%，促进并实现全省统一供种、消除劣杂品种现象，提高了烟苗素质和烟叶品质。1995—2003年累计推广应用面积559.03万亩，实现烟农增收2.24亿元，增加农牧税4472.24万元，实现节支321.86万元，年增收金额2795.15万元。

因地制宜的双层施肥自1994年实施后，当年全省双层施肥面积30.8万亩，提高肥料利用率15%—30%，亩单产增加20斤以上，单增值50—100元。1995年施用面积增至53.1万亩，占总面积的48.3%。1997—2000年，双层施肥施用面积均达到80%以上。

自1994年开始，四川省在各烟区试验、示范、推广应用地膜覆盖栽培技术。1994年使用地膜覆盖烟田19.9万亩，上等烟增加3%以上。1996年使用地膜覆盖烟田30万亩，比1995年增长3倍多。1997年使用地膜覆盖烟田51万亩，占烟田总面积的49.5%。1998—2000年，地膜覆盖烟田使用均达到总面积的60%以上。2002年，四川省烟叶生产购销公司、凉山州烟草公司、泸州市烟草分公司、宜宾市烟草分公司、攀枝花市烟草分公司和广元市烟草分公司完成《地膜覆盖栽培技术推广和应用》研究，在深打塘、深栽烟、茶盘窝、揭膜上厢等方面实现了创新，形成一套成熟的烤烟地膜栽培技术规程。有效地解决了烟株移栽前期低温、干旱的不利生长环境难题，促进烟株早生快发，发送了土壤理化状况，提高了肥料利用率，有效地减轻了病害发生，达到了烟叶提高质量和增产、增值增效的效果。截至2002年，全省累计地膜覆盖栽烟推广面积为247.64万亩。该项技术的推广和应用，经统计亩产值平均增加117.13元，按1992—2002年累计推广面积计算，净增产值累计增加2.9亿元，农特税累计增加8991.85万元。

1995年烟叶种植使用化学抑芽剂技术，烟田总产值增加1734万元。1996年烟田使用化学抑芽剂增至60万亩，为1995年的2倍。1997年使用面积达到86.7万亩，占烟田总面积的84%。1998—2000年，使用面积逐步减少，2000年仅占59.4%。

图6－7　新建的标准化烤房群落

1994年推广标准化烤房和远红外涂料烤房烘烤技术后，全省新建烤房1.13万座、改建21万座，提高烟叶等级5%以上。1995年改建和新建烤房4.17万座，占烤房总数的10.2%。1998年，三段式烘烤工艺推广应用面积达80%以上，1999年达95%。1997—2003年，四川省烟叶生产购销公司、凉山烟草分公司、泸州市烟草分公司、宜宾市烟草分公司完成《标准化烤房建设及三段式烘烤工艺技术推广》项目研究。该项目自1997年起，引进热风循环烤房技术，按相关技术参数进行烤房的改建和新建，采取加大烤房改造的技术培训、组建专业技术队伍、广泛的宣传工作、每改造一座烤房补贴100—400元等措施，截至2002年底，共计投入建设扶持资金3724.32万元，已改建、新建标准化烤房12.42万座；2003年投入资金1975.68万元，改造6.59万座。在推广应用该研究成果中，2002年全省标准化烤房和三段式烘烤应用面积36万亩，按每炕烟叶增值80元计算，全省12万余座烤房增收6000余万元；采用标准化烤房后，年燃煤节支240万元。配套的烘烤技术，更有效地提高了烟叶的烘烤质量和可用性。

“五项技术”的重点推广应用至1997年以后，烟叶种植技术的推广逐步集中到品种优化、漂浮式育苗、平衡施肥和烤房改造上，改称为“四项技术”。

二、品种筛选

（一）烤烟

1986—1988年，全国开展烤烟良种区域试验。四川参试品种有“云烟2号”“G70”“G80”“K326”“MC944”“NC82”“G28”“红花大金元”“Coker176”“NC89”“K394”。连续3年筛选出“G80”“K326”“NC82”“红花大金元”，1988年底通过全国品种审定委员会审定，在全国范围内推广。1990—1993年凉山州推广10.8万亩，总产烟叶1913万公斤，总产值6521万元，其中上等烟占20%、中等烟占50%，新增产量549.5万公斤，新增产值2695万元，增加初烤税973.8万元，实现直接经济效益3669万元。

1996—2003年，四川省烟叶生产购销公司、凉山州烟科所、叙永县烟草公司和剑阁县烟草公司开展的《四川烤烟品种筛选研究》项目，自1996年起，对"6456""云烟85""9301""GT-11A""云烟85""K326""云烟317"等品种特性在全省各烟区不同生态条件下，进行适应性鉴定；对"云烟85""K346""云烟317"品种的经济性状，抗病性及烟叶品质，适应范围进行验证，对其栽培、调制特点进行深入研究，提出了各品种配套栽培调制措施和适宜种植区域；并成功引进了"云烟85""云烟317""K346"等新品种。研究结果为良种推广和区域化布局、规范栽培提供了可靠依据，也为加强全省烤烟品种资源储备奠定了坚实基础，研究成果达到国内同类研究先进水平。在推广应用研究成果中，1999—2002年推广应用新品种"云烟85"累计51.89万亩、"K346"累计7.56万亩、"云烟317"累计6.55万亩，合计70.32万亩。新增产值18293.27万元，农特税新增3658.65万元，年平均增收4573.32万元。

1999—2003年，四川省烟叶生产购销公司、凉山州烟草公司、泸州市烟草分公司、宜宾市烟草分公司开展的《四川省烤烟品种更新换代》研究，对1999—2002年主栽品种K326进行全面更新，筛选出"云烟85""K346""云烟317""云烟87""贵烟4号"等优质、多抗新品种并在生产上推广。累计推广更新"K326"品种27.11万亩，推广"云烟85""云烟87""云烟317"等新品种70.32万亩，并根据市场需求和四川生态特点，提出并形成了攀西地区以"云烟85""红大""云烟87"为主，辅之"K326""云烟317"；川南、川北以"K326""云烟85""云烟87"为主，辅之"K346""云烟317"的品种布局格式，初步实现了品格结构的优化调整和合理布局。在推广应用该研究成果中，1999—2002年，推广种植新品种与主栽"K326"比较，累计新增效益18539.76万元，新增税利3707.95万元；2000—2002年种植更新"K326"与原"K326"比较，新增效益258.09万元，新增税利51.62万元。

（二）晒烟

1998年，什邡市烟草公司科技人员从浙江引种与地方品种杂交，选育出晒烟"什选99—1"和"什选99—2"两个新品种。1999年，在什邡南泉、民主、皂角试种605亩，2000年种植面积扩大到1050亩，两个品种所产烟叶质量好、销路好、产值高，深受外商欢迎，提高了烟农的经济效益。

同年，什邡市烟草公司从浙江松阳引进晒烟笆晒技术（烟叶平摊晾晒），进行改进后取得了明显效果，很受外商欢迎。2000年，什邡县平摊晒烟出口量达19.2吨。

（三）白肋烟

1996—2003年，达州市烟草分公司开展《白肋烟雄性不育系利用研究》，选育出"MS达所26""MS达所27"等44个性状各异，生育期齐全，优势明显，特点突出的不育系亲本及其相应的保持系；产量、产值及化验评吸指标均优于全国白肋烟对照品种"鄂烟1号"的不育系杂交一代新组合"MSKY14×达所26""MS达所24-11""50927"等。其中"MSKY14×达所26"已通过省品种评审和全国品种现场评定，并于2003年8月6日通过省烟草专卖局（公司）组织的成果鉴定。该项研究填补了国内无自选不育系亲本育成杂交组合的空白，解决了省内白肋烟种植品种更换的重大难题。

在推广应用该研究成果中，1997—2003年，在达州、巴中两市种植"1426"（MSKY14×达所

26）品种，累计种植面积31万亩，按全国优质白肋烟示范片每亩较对照“鄂烟1号”多收入358.06元计，为企业增加收入5009.1万元。

图6－8　2003年12月，四川省政协常委、四川省烟草学会理事长黄文驰（右四）考察达州烟科所

三、漂浮育苗

漂浮育苗具有缩短出苗时间、提高烟草素质、有效减轻病虫害、使烟叶增产优质等特点。四川省1998年开始开展漂浮育苗技术的试验、示范和推广，对种子加工、苗床地选择、苗棚建设、基质制作、营养液配制、苗床管理、病虫害防治等技术进行深入研究，制定了四川烟草漂浮育苗技术操作规程。

图6－9　2005年，叙永县赤水镇天关村种烟大户唐灿宣用楼顶温室培育漂浮育苗112箱，可栽烟田20亩

1998—2003年，四川省烟叶生产购销公司、凉山州烟草分公司、叙永县烟草公司完成《烟草漂浮育苗技术推广》项目研究。该项目开发出适应四川生产实际的小苗棚方法，成功研制出不同配方的基质，研制出铝合金材料播种器、塑料压盘，研制出四川漂浮育苗专用肥配方（N：P：K＝19：10：20，其中硝态氮占总氮的60%以上，包括多种微量元素）并由金叶化肥公司生产，创新了“先少后多、先淡后浓”的营养液施肥方法；确定四川烟区漂浮育苗的漂盘规格，达到了国内同类研究先进水平。

在推广应用研究成果中，2001年全省漂浮育苗推广面积1000亩，2002年推广10.74万亩，2003年推广30万亩。累计应用40.75万亩，新增产值2401万元，新增农特税397.47万元。烟叶质量显著提高。

四、平衡施肥

2000—2003年，四川省烟叶生产购销公司、凉山州烟草分公司、泸州市烟草分公司、宜宾市烟草分公司、攀枝花市烟草分公司和广元市烟草分公司完成《烟草平衡施肥研究与推广》项目研究。该项目在调查植烟土壤养分状况的基础上开展平稳施肥技术的研究，提出适氮、稳磷、增钾，合理补充中微量元素的施肥原则。通过对全省植烟土壤养分监测和烟叶质量的分析检测，建立了四川主要烟区土壤养分和烟叶质量数据库；通过对其相关性分析，研究确定了四川不同烟区肥料施用种类，氮素形态及其用量，磷、钾施用比例，中微量元素用量；制定了四川烟区烟草专用肥的不同配方；确定了以硝酸钾为主的追肥种类。

在推广应用该项目研究成果中，2001 年推广应用面积 16 万亩，2002 年 28.76 万亩，2003 年 47.36 万亩。累计实现新增产值 7319.56 万元，新增税利 1463.51 万元。

五、病虫害防治

1996—2002 年，四川省农科院植保所、四川省烟叶生产购销公司完成《烟草病虫害防治图册》编撰。该图册由四川科技出版社出版发行，1996 年出版《烟草病虫害防治（图册）》2 万册，应读者要求，2002 年作适当修订后出版《烟草病虫草害防治》1.5 万册。该图册图文并茂、浅显易懂地描述了各种烟草病虫害的症状特征、流行规律及农业防治、生物防治、药剂防治等综合防治方法，携带方便，深受技术人员和烟农的喜欢。集多年科研成果，编撰的《烟草病虫害防治》《烟草病虫草害防治》图册，印制质量好，病虫草害形态颜色准确，文图明了易懂，科学性与实用性极强。填补了省内无此专业书的空白。在推广应用该图册中，两版图册的发行，覆盖全省（包括重庆市行政区划变动前的涪陵、黔江、万县）年种植 100 多万亩的所有烟叶产区。1996—2003 年累计创造的经济效益在 2.5 亿元以上。其中，根据凉山州、泸州市、攀枝花市烟草分公司统计，年增收 1032 万元。

2001—2003 年，会理县烟草公司完成《会理县烤烟侵染病害调查研究》项目研究，该项目采用全国烟草行业统一制定的病害调查和分级标准，于 2001—2003 年对全县 6 个种烟区、42 个种烟乡（镇）、253 个村、1197 个社，普查种烟面积 28.78 万亩。各种病害发生面积 19.13 万亩，占种烟面积的 66.5%。按照“预防为主，综合防治”的植保方针，采取以控制病源为中心，以保健栽培为基础，农业防治、生物防治与化学防治、物理防治相结合的技术措施，进行烟草病虫害的综合防治；同时，保证每 80—100 户种烟农户配备一名烟技员，进行技术推广与防治指导。最大限度地降低病虫害发生所造成的损失，提高烟叶的质量，确保会理县（全省烤烟种植面积第 1 位）烤烟生产的健康发展。在推广应用该项目成果中，通过有效的病虫害防治措施，稳定提高烟叶的产量和质量，经济效益明显提高，2003 年增收金额达到 4042 万元；也使烟农增产增收，烟农每亩收入达到 1000 元以上，每亩增收 200—300 元。

六、烟叶优质

自 2000 年起，省烟草专卖局（公司）把提高优质烟叶作为烟叶生产的主攻方向。首先，注意烟田土壤改良，实行轮耕轮作，改善烟叶的生态环境。其次，加强“一所两站”建设，壮大技术力量，提高专业技术队伍的研发、创新能力。其三，提高良种良化程度，加大漂浮育苗、平衡施肥、烤房改造和“三段式”烘托技术的深入推广应用。

1994—1999 年，四川省烟草公司检测中心、筠连县烟草公司开展《川南烟区优质烤烟测试土壤与最佳施肥模式的研究》项目研究，在探明川南植烟土壤主要营养元素丰缺程度的基础上，创造性提出并通过系列实验证实该烟区山地黄壤优质烤烟生产的最佳施肥模式，明确基、追肥的分配量为氮、钾肥以 5∶5 为好，磷肥全部作基肥，发现配施镁肥、硼肥有利于提高烟叶的质量，提出川南烟区山地黄壤使用钙镁磷肥效果最佳。其整体研究成果填补了四川省的空白，属国内先进水平。研究成果的应用提高川南烟区磷肥的利用率，改善黄壤区土壤诱发性缺镁的状况，使烤烟的生长发育和营养状况的土壤环境更为理想。1999—2002 年在川南烟区累计推广 31 万亩，烟叶产量增加 3.6 万担，质量显著提高，烟农增收 1580.34 万元，新增利税 711.17 万元。

1996—2002 年，四川省烟叶生产购销公司、凉山州烟科所、会东县烟草公司完成《土壤消毒剂应用》项目研究。该项目于1996年开展土壤消毒剂的试验、示范和应用，研究确定溴甲烷、斯美地的适宜用量、使用方法及其使用效果，不同数量、不同种类、不同熏蒸方法对烟株长势、烟叶产质量的影响，总结出了一套安全有效的操作技术要点。1998年溴甲烷因受国际《蒙特利尔协定书》的限制，除研发漂浮育苗外，旱地育苗就转为使用斯美地。斯美地的操作技术要点是：苗床土壤深翻耕20—30厘米；投药土壤深度4—6厘米；苗床温度15—18℃，双层覆膜；施药时间在播种前15—20天进行；投药量以每标准厢（10平方米）500克为宜。在推广应用该研究中，1997—2000年累计土壤消毒剂推广应用88.55万亩，烟叶产量、质量明显提高。按试验对照数据计算，累计新增产值1672.90万元，农牧税增加514.41万元。

图6－10　2005年，凉山烟草基地生产出大量上等烟叶

1997—2003年，四川省烟叶生产购销公司、会理县烟草公司、会东县烟草公司完成《中微量元素对烟叶香气的影响及合理施用研究》项目研究，在对四川主要烟区土壤养分进行分析的基础上，运用田间试验和室内分析相结合的方法，研究施用中微量元素肥料对烟叶生长及其香气形成的影响，并制定全省烟区不同区域、土壤的合理施肥量和7种中微量元素肥料配方。项目突出的创新点是制定以下各项技术：省内各烟区全面施用硼肥，每亩0.7—0.85千克；酸性土壤线亩施用0.3千克钼酸铵，2—4千克镁肥，1千克硫酸锰，0.5—1.5千克硫酸铜，1千克锌肥；紫色土每亩施用4—8千克镁肥，2—3千克锌肥；通过施镁和锌肥可以提高烟叶评吸质量，增加烟叶香气量，改善香气质。项目研究系统、深入、全面，分析建立四川植烟土壤养分数据库和中微量元素肥料施用研究方面，处于国内同类研究领先水平。在推广应用该项目成果中，组织生产了不同配方的微量元素专用肥，用于烟叶生产质量的提高。1999年在烟草专用肥中加入了2.5%—3%的氯离子，2001—2003年共生产53265吨含氯专用肥料。2003年全省使用了硼肥77.8吨、锌肥62.68吨、镁肥123吨，施用不同配方中微量元素肥料的面积为29.6万亩，实现新增产值3968.66万元，新增利税797.33万元。

七、烟叶调制

1998—2003年，什邡市烟草专卖局完成《优质晒烟生产及调制技术应用研究》项目研究，成功引进及筛选出适宜当地生态条件的优质晒烟品种，对栽培技术中的育苗、栽培、调制等进行系统研究，形成一套优质晒烟栽培模式，并注重科研与生产结合，在成果的推广应用中取得成效，对调制技术进行改良，改变传统的调制加工方法，具有创新性。

引进优质晒红烟品种“松阳9701—1”，进行生态适应性种植研究。经示范和研究，将移栽密度调整为1500株/亩（什邡晒烟种植密度为2000株/亩），有效地改变了烟株生长田间小气候，确保叶片充分发育。研究制定亩施纯氮用量20千克以内，N：P：K比例为1：0.5：2，并采用平衡施肥技术，以有机肥、腐熟农家肥为主，保证了烟株生育期养分供应，促进形成晒烟特有香气质量。在调制技术上，改什邡传统的把烟加工为平摊烟加工，充分把握“选片、平摊、定形、晾晒”关键技术要点。综合生产技术达到或超过国内同类技术水平。在推广应用该研究成果中，示范、种植以来，最高年份种植1000亩以上，并已形成年加工200余吨生产能力，所产烟叶专供出口，并深受外商欢迎。累计生产收购晒红平摊烟叶6891担，销售4960担，主要供出口。同时也带动了什邡晒烟把烟的出口，2002年出口把烟1000余吨。晒红平摊烟的种植中，每亩可为烟农增加纯收入230—260元。

1999—2003年，达州市烟草分公司《提高白肋烟香气研究》项目研究，研制出了一套切实可行、能明显提高白肋烟香气质、香气量的农业配套栽培技术措施。试验、示范烟叶经青州烟科所评吸，上、中、下部位烟叶均达到白肋烟香型显著，余味较舒适，杂气较轻，总分平均得分80.1分，质量档次好；筛选出了烟碱含量适中，香气量足、香气质好的“KY14×达所26”“达所24-11”“50926”“1427”“2126”等优良品种；研制出了提高白肋烟香气量、香气质合理的施肥量和施肥种类、科学的留叶数、适宜的量化采摘时期。解决了四川省白肋烟生产存在的香气不足、香气质量差等问题，填补了省内无此类研究成果的空白，达到国内先进水平。

第三节　卷烟降焦减害

四川省烟草专卖局（公司）一直高度重视科技进步和卷烟降焦减害工作，减少吸烟对健康的危害，维护消费者利益。针对危害源产生的情况，主要从两个方面采取减害措施。

一方面，在“科教兴烟”进程中，坚持中式卷烟的发展方向，以优化品质、满足消费者需要为目标，有效提高卷烟产品的科技含量。大力推广应用新工艺、新技术、新材料、新设备，以滤嘴棒施用中草药成分开发低害卷烟为途径，积极推进降焦减害。“九五”期间全省卷烟产品焦油含量小于平均每支16毫克以下，2005年，成都、什邡、重庆卷烟厂卷烟焦油含量平均每支降到14.07毫克。采取滤嘴棒添加中草药成分开发低害卷烟，有效地减低因吸烟而引起的不适和危害。

另一方面，从卷烟减害的基础烟叶降害抓起（尤其是白肋烟叶），在降低烟叶的烟碱含量上下功夫，提高烟叶的香气质、香气量和等级合格率。

烟碱即尼古丁，是烟叶中的重要有害物，对人体心脏有害，是促发癌症的可能因素之一。其中白肋烟烟碱含量比烤烟高，国内外卷烟工业对烟碱高含量都非常重视。经研究分析，导致白肋烟烟碱含量过高的原因是移载时间过迟，移栽窝行距较稀，施氮肥过多，忽视施用硝态氮肥，追肥时间过迟，打顶早留叶少，烟叶采收过迟，晾制时间短。在白肋烟的生产环节，须针对问题采取措施把烟碱含量降到下部叶1.5%—2.5%，中部叶2.5%—3.5%，上部叶3.5%—4%的范围内。达州市烟草分公司科研所和烟区烟技工作者紧密配合，在长期的研究和白肋烟生产实践中，从农艺上总结并采取7个方面的措施，降低白肋烟的烟碱含量，减少对人体健康的危害。

培育白肋烟适烟碱新品种。不同白肋烟品种的烟碱含量，受遗传因素的影响差异较大。根据烟碱的遗传特征，通过遗传方法改变白肋烟叶片中烟碱的生成及其含量，为选择白肋烟适宜烟碱的新品种提供有利条件。在选育白肋烟适烟碱新品种时，引进筛选鉴定白肋烟适宜烟碱的新品种用于白肋烟生产。

坚持合理密植。白肋烟通过调节烟株的密度，实现降低烟碱，提高烟叶质量。实行宽行窄株，

1.2 米的行距，42—45 公分的株距，以改善田间光照条件，保证通风透光，提高群体光能利用率。5 月20 日左右移栽结束，严禁栽6 月烟，为生长出适烟碱的优质烟叶奠定基础。

推广科学平衡施肥。在白肋烟生产实践中，坚持亩施纯氮 12.5—13 公斤，氮、磷、钾 1：1：2，硝态氮肥占 60%，铵态氮肥占 40%，亩施镁美 6—8 公斤；磷肥全作基肥，氮钾 70% 作基肥，剩余的部分肥料在移栽后 15—20 天一次性施肥，以后不再追施肥料，使烟株的氮代谢适时向碳代谢转化，促使烟叶内各化学成分协调、烟叶烟碱含量适宜、品质良好。

加强中后期水分管理。烟碱的含量与光照、降雨量密切相关，在干旱、少雨的情况下适当浇水，加速白肋烟烟株的生长，增加上部叶的含水量，以降低白肋烟烟碱含量，提高其可用性。

适时打顶合理留叶。白肋烟打顶时期推迟、留叶数增加，烟碱含量均呈下降趋势。在正常水肥条件下，单株留叶 22—24 片，生长势稍差的烟株在初花期打顶，生长势旺的烟株在盛花期打顶，改善中上部叶的质量，烟叶化学成分协调，糖碱比较适宜。

坚持成熟采收。在白肋烟生产上坚持打顶后 23—25 天收获，指导每户烟农在短时间内将所有烟株收获完，防止收获过迟烟叶烟碱含量增高。

推行简易晾房科学晾制。帮助种植白肋烟的烟农修建正规的简易晾房，使用温和的调制方法。推广半斩株采收，正规晾房晾制，晾制时间 40—50 天。烟叶晾制至主脉可折断时，下架剥叶，妥善堆积让其自然醇化一段时间，促使烟叶内的物质向协调有利方向转化，从而降低烟碱含量，减少危害。

2004 年 4 月，达州市烟草分公司科研所开展的《提高白肋烟质量及其在低焦油卷烟中应用》获国务院科技进步奖二等奖。

第四节　技术考察交流

1987 年 5 月、1994 年 8 月、1996 年 5 月，美国农业部顾问、国际生命研究所所长、中国农科院名誉研究员、烟草专家左天觉一行 3 次远渡重洋访问凉山州，对会理县黎溪乡烤烟苗床、烟田及烤房进行细致考察，对改进施肥、更换品种提出建设性意见，对西昌大兴乡、海南乡和凉山州烟科所的品种改良、集约化育苗、双层施肥新技术给予充分肯定。

1987 年 8 月，由中国烟草学会组织的以洪其琨为团长的考察团赴凉山州对会东、会理、西昌烟草进行考察。考察团分为品种、栽培、植保、烘烤、种烟区经济效益 5 个调查组实地调查烟田 80 余块，测得田间原始数据 1650 个，采集土壤剖面 5 个，代表性土样 12 个，鲜烟叶标本 100 余份，并卷制样品卷烟进行评吸鉴定，一致认为凉山具备发展烤烟生产的自然条件和社会经济条件，是烤烟生产的最适宜区。

1993 年 11 月，四川省烟草公司组成赴美考察组，重点考察了美国菲利浦·莫里斯公司奇蒙卷烟厂、莫里斯烟机设备公司等的先进技术和设备。

1995 年 7 月，中国烟草学会理事长金茂先率领高级农艺师王恩沛、研究员饶梓云、雷永和等烟草专家对凉山州会理、会东、宁南县进行考察，提出“凉山具有生产清香型烟叶区域、可作为全国优质生产基地之一加强建设”的意见。

图6－11　美国国际生命研究所所长左天觉（中）在凉山州烟田考察

1997年3月，在国家烟草专卖局的安排下，四川省烟草专卖局（公司）局长、总经理黄文驰一行8人赴津巴布韦和巴西考察烤烟、白肋烟的生产与加工技术和经营管理体制。

1997年4月，由国家烟草专卖局外事办公室主任周瑞增带队，四川省外事办公室主任郭维杰等一行5人赴日本执行1997年度中日烟草技术交流计划签字及考察任务，并参观关西卷烟厂，考察中国卷烟在日本市场的销售情况。

1997年，省烟草公司组织了21个团组52人次出访英、美、日等国。其中，技术培训团2个共14人次，赴日本进行设备引进的操作培训和卷烟香精香料配方的技术培训。

2000年，英美烟草公司专家通过反复考察论证，在凉山州合作建立起“国际型优质烟叶生产出口基地”。

2001年9月，以国际烟农协会主席卡瑞罗为团长的国际烟农协会代表团一行5人专程到西昌市烤烟盛产地羊角坝乡考察烤烟生长情况。

图6－12　四川省烟草公司副总经理杨永法在湖北省恩施市白肋烟田考察

2002年8月，省烟草专卖局（公司）组织省烟叶生产购销公司，达川、巴中分公司，生产白肋烟县（市）公司一行21人，由省公司副总经理杨永法领队，赴湖北省考察恩施市沙地乡、建始县花坪乡、中国白肋烟试验站基地、恩施市崔坝烟草站白肋烟标准化站点建设情况和白肋烟育种、栽培、调制、病虫害防治等科研成果。

2002年11月，四川省烟草系统中青年干部一行43人赴上海、江苏、安徽省学习考察，目睹经过改制后崭新的卷烟营销体制的新特点：一是确立客户服务在营销工作的中心地位；二是加强内部管理，有效引进竞争机制；三是工作方式逐步向市场化运行方向转变；四是优化人员结构，提高了技术业务素质。

2002年11月，国家烟草专卖局技术能手帮扶小组到西昌卷烟厂对制丝、卷接、包装和质检等技术进行对口考察指导，并与该厂职工进行了10多项技术交流。

2003年6月，河南农业大学、国家烟草栽培生理生化研究基地教授刘国顺、刘卫群和博士时向东、许自成协助主持凉山《金攀西品牌优质烤烟开发》《烤烟平衡施肥技术研究》等科研项目，关心、支持凉山烟区的发展。

2003年9月，湖北中烟工业公司总经理、武烟集团董事长彭明权，武烟集团党委书记康永胜，副总经理张智明一行考察凉山州的烟叶生产和收购，表示要进一步扩大合作，成为凉山烟叶的大客户。

2003 年 11 月，四川省烟草专卖局（公司）局长、总经理龚锦华和川渝中烟工业公司总经理吴应禄及四川省卷烟销售公司经理陈霖赴西班牙参观考察 2003 年世界烟草博览会先进的科研成果。

2004 年 4 月，环球烟草公司烟草农艺专家罗马里奥一行 3 人，在中国烟草四川进出口公司人员陪同下，考察达州白肋烟生产。通过看烟叶、听介绍和与烟技人员交流，罗马里奥指出白肋烟生产要抓适降烟碱，加工环节上突出抓好晾制，大力推广黑色塑料薄膜简易晾房晾制方法。

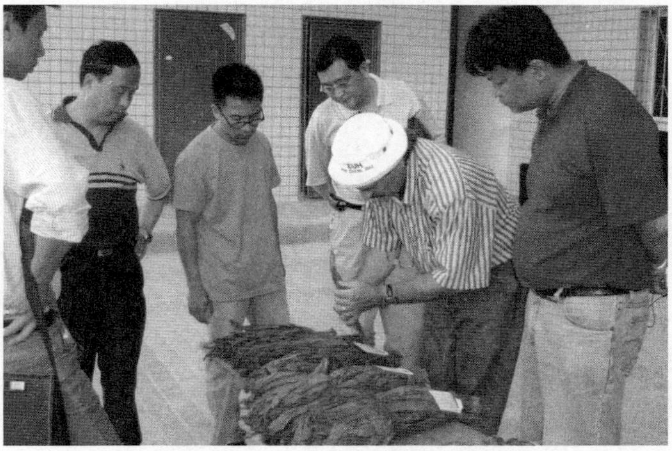

图 6－13　2004 年 4 月，环球烟草公司农艺专家罗马里奥（右二）考察达州白肋烟

2005 年 7 月，河南农业大学教授宫长荣在川南老烟区叙永县传授烟叶烘烤技术，重点讲授三段式烘烤工艺。其要点概括为：准确看烟（判断变化程序）、准确烧火（温湿度）、科学排湿（适时适量）。

1983—2005 年四川省烟草系统历年主要经济指标完成情况统计表

表 6－4

年　度	生产卷烟（万箱）	销售卷烟（万箱）	收购烟叶（万担）	完成税利（亿元）	实现利润（万元）	
					工　业	商　业
1983	74.77	156.14	80.00	3.22	159.00	—
1984	83.60	175.74	92.00	3.91	1241.00	2387.00
1985	108.39	188.30	150.00	4.98	836.00	3669.00
1986	128.32	199.03	163.20	6.43	642.00	3915.00
1987	144.03	212.67	134.60	8.74	932.00	4861.00
1988	157.78	239.90	225.60	12.31	751.00	10207.00
1989	164.88	253.10	290.00	14.30	-695.00	14989.00
1990	172.20	260.50	270.00	15.50	-4909.00	14757.00
1991	196.10	259.06	309.00	17.30	-18956.00	22838.00
1992	194.00	260.86	394.00	19.80	-5521.00	35121.00
1993	186.53	259.59	343.00	23.04	8201.00	36940.00
1994	184.85	232.43	120.60	25.43	6055.00	39275.00
1995	187.63	257.79	209.10	30.30	10033.00	53096.00
1996	186.46	227.70	393.40	43.70	11020.00	76244.00
1997	125.29	181.15	298.00	33.40	9387.00	35052.00
1998	126.54	160.65	94.00	31.50	19082.00	20067.00

续表 6－4

年　度	生产卷烟（万箱）	销售卷烟（万箱）	收购烟叶（万担）	完成税利（亿元）	实现利润（万元）	
					工　业	商　业
1999	123.30	169.96	109.80	33.34	17075.00	8402.00
2000	128.66	164.47	135.60	37.62	12558.00	28295.00
2001	132.90	180.91	103.72	40.53	187785.00	49207.00
2002	128.78	190.00	144.80	52.35	38974.00	122898.00
2003	213.60	193.79	177.35	78.90	75093.00	142938.00
2004	215.98	196.04	193.21	89.50	89294.00	186523.00
2005	216.30	210.78	267.07	108.85	98433.00	226884.00

说明：1. 此表数据来源于四川省烟草专卖局（公司）综合计划处的年度工商业统计报表和财务处年度会计决算报表。其中1994—1997年的烟叶收购数据、2003—2005年卷烟生产和税利完成数据（川渝中烟部分）来源于《中国烟草年鉴》；工业利润数据由川渝工业公司提供；

2. 1996年前的数据包含重庆市

附　录

一、名　　录

1982年12月至2005年12月四川省烟草专卖局（公司）领导人名录

表附一1

届　　期	姓　名	职　　务	任　职　期
1982年12月至1988年9月	汪文敏	局长、经理	1982年12月至1988年9月
	梁敬尧	副局长	1982年12月至1984年12月
	赵前锋	副经理	1982年12月至1984年12月
	诸葛行	副局长、副经理	1982年12月至1988年9月
	罗子全	副局长、副经理	1984年12月至1988年9月
	金敖熙	副局长、副经理	1984年12月至1988年9月
	陈有富	副经理	1985年9月至1988年9月
1988年9月至1992年12月	汪文敏	局长、经理	1989年1月至1992年12月
	黄文驰	经理	1991年12月至1992年12月
	罗子全	副局长	1988年9月至1991年3月
	伍勤江（女）	副局长、副经理	1991年5月至1992年12月
	诸葛行	副局长、副经理	1988年9月至1990年12月
	金敖熙	副经理、总工程师	1988年9月至1992年12月
	傅学国	副经理	1988年9月至1992年12月
	李德福	副经理	1988年9月至1992年12月
1992年12月至2003年6月	黄文驰	局长、总经理	1992年12月至2003年6月
	龚锦华	副局长、副总经理	2000年5月至2003年6月
	伍勤江（女）	副经理、副总经理	1992年12月至2003年6月
	李德福	副经理、副总经理	1992年12月至2003年6月
	黄行知	副局长、副总经理	1992年12月至2003年6月
	杨永法	副局长、副总经理	1995年11月至2003年6月

续表附-1

届 期	姓 名	职 务	任职期
1992年12月至2003年6月	何顺兴	副局长	1993年1月至2000年4月
		助理巡视员	2000年5月至2002年3月
	金敖熙	总工程师	1992年12月至1997年12月
	傅学国	副经理	1992年12月至1993年12月
2003年6月至2005年12月	龚锦华	局长、总经理	2003年6月至2005年12月
	伍勤江（女）	副总经理	2003年6月至2005年12月（其中2004年5月27日起为正厅级）
	杨永法	副总经理	2003年6月至2004年5月
		副局长	2004年5月至2005年12月
	黄行知	副总经理	2003年6月至2004年5月
		巡视员	2004年5月至2005年12月
	陈 霖	副总经理	2004年5月至2005年12月
	石 磊	总会计师	2004年5月至2005年12月
	董兴顺	助理巡视员	2003年6月至2005年12月
	胡志清	助理巡视员	2004年5月至2005年12月

1983年1月至2005年12月中共四川省烟草专卖局（公司）党委（党组）书记、纪委书记（纪检组组长）、机关党委书记名录

表附-2

姓 名	职 务	任职期
汪文敏	中共四川省烟草专卖局（公司）党委书记	1982年12月至1991年12月
	中共四川省烟草专卖局（公司）党组书记	1991年12月至1992年12月
梁敬尧	中共四川省烟草专卖局（公司）党委副书记	1983年2月至1984年12月
罗子全	中共四川省烟草专卖局（公司）党委副书记、纪委书记、机关党委书记	1984年10月至1994年9月
蒲国英	中共四川省烟草专卖局（公司）纪委副书记、机关党委副书记	1985年7月至1994年9月
傅学国	中共四川省烟草专卖局（公司）党委副书记	1988年9月至1991年12月
何顺兴	中共四川省烟草专卖局（公司）纪检组负责人、纪检组组长、机关党委书记	1991年11月至1997年9月
黄文驰	中共四川省烟草专卖局（公司）党委副书记、党组书记	1991年12月至2003年6月
李存林	中共四川省烟草专卖局（公司）纪检组长、机关党委书记	1997年9月至2002年6月

续表附－2

姓　名	职　　　　务	任　职　期
杨远光	中国四川省烟草专卖局（公司）机关党委副书记	1997 年 12 月至 2001 年 1 月
刘耀亭	中国四川省烟草专卖局（公司）机关党委副书记	2001 年 2 月至 2002 年 2 月
龚锦华	中共四川省烟草专卖局（公司）党组书记	2003 年 6 月至 2005 年 12 月（本志下限期）
黄晋南	中共四川省烟草专卖局（公司）机关党委副书记、纪检组长	1994 年 9 月至 2005 年 12 月（本志下限期）

1986—2005 年四川省烟草行业全国劳动模范、全国五一劳动奖章获得人员名录

表附－3

姓　名	所在单位	职　务	获奖名称	颁奖机关	获奖时间
龚锦华	成都卷烟厂	厂　长	全国五一劳动奖章	中华全国总工会	1993
杨永法	绵阳卷烟厂	厂长、党委书记	全国五一劳动奖章	中华全国总工会	1994
吴应禄	涪陵卷烟厂	厂长、党委书记	全国劳动模范	中华全国总工会	1995. 05
陈德良	绵阳卷烟厂	厂长、党委书记	全国五一劳动奖章	中华全国总工会	1997
顾怀平	中江雪茄烟厂	—	全国五一劳动奖章	中华全国总工会	1997
龚锦华	成都卷烟厂	厂　长	全国劳动模范	国务院	2000
董兴顺	什邡卷烟厂	厂　长	全国劳动模范	国务院	2000
刘一兵	什邡卷烟厂	工艺师、技术中心党务副主任	全国五一劳动奖章	中华全国总工会	2003

1986—2005 年四川省烟草行业省（部）级劳动模范、先进工作者人员名录

表附－4

姓　名	职　务	所在单位	获奖名称	颁奖机关	获奖时间
孙义祥	副总工程师	成都卷烟厂	全国烟草行业劳动模范	国家烟草专卖局	1988
胡仲坤（女）	包装工	蓬安雪茄烟厂	全国烟草行业劳动模范	国家烟草专卖局	1988
李仲虞	业务股长	绵阳烟草分公司经营部	全国烟草行业劳动模范	国家烟草专卖局	1988
吴碧茹（女）	科　长	温江县烟草专卖局	全国烟草行业先进会计工作者	国家烟草专卖局	1990
张兴治	党委副书记	成都市烟草专卖局	全国烟草行业优秀政工干部	国家烟草专卖局	1990
杨友芳（女）	财会科长	绵阳市烟草专卖局	全国烟草行业先进财会工作者	国家烟草专卖局	1990

续表附-4

姓 名	职 务	所在单位	获奖名称	颁奖机关	获奖时间
段辉明	人劳科长	绵阳市烟草专卖局	全国烟草行业优秀政工干部	国家烟草专卖局	1990
余加云（女）	—	乐山市烟草专卖局	全国烟草行业先进财会工作者	国家烟草专卖局	1991
王中珩（女）	科 长	达州市烟草专卖局	全国烟草行业先进财会工作者	国家烟草专卖局	1991
鲁廷惠	纪检组长	南充市烟草专卖局	全国烟草行业纪检监察先进个人	国家烟草专卖局	1991
朱俊昌	专卖办主任	成都市烟草专卖局	烟草专卖管理先进个人	国家烟草专卖局	1992
龚国强	保管员	成都市烟草专卖局	卷烟仓储优秀保管员	中国烟草总公司	1992
田定余	保管员	绵阳涪城区烟草公司	卷烟仓储优秀保管员	中国烟草总公司	1992.02
田登武	保管员	广元烟草分公司	卷烟仓储优秀保管员	中国烟草总公司	1992.02
李其翠（女）	科 长	达州市烟草专卖局（分公司）	专卖管理先进工作者	国家烟草专卖局	1992
龚锦华	厂 长	成都卷烟厂	四川省优秀企业家	四川省人民政府	1992
王方国	副主任	内江烟草分公司	卷烟仓储优秀保管员	中国烟草总公司	1992.02
任卫星	纪委书记	绵阳卷烟厂	全国烟草行业先进纪检工作者	国家烟草专卖局	1993
杨林栋	专卖办主任	南充市烟草专卖局	全国烟草行业学习宣传《烟草专卖法》先进个人	国家烟草专卖局	1993.03
王光林	处 长	四川省烟草专卖局教宣处	全国烟草行业教育先进工作者	国家烟草专卖局	1993
吴应禄	厂长、党委书记	涪陵卷烟厂	全国优秀青年企业家	共青团中央	1993.11
王文富	书 记	绵阳市烟草专卖局	全国烟草行业优秀思想政治工作者	中共国家烟草专卖局党组	1994.03
陈德良	党委副书记	绵阳卷烟厂	全国烟草行业优秀思想政治工作者	中共国家烟草专卖局党组	1994.03
谢友盟（女）	会 计	成都市烟草专卖局	烟草行业清产核资先进个人	国家烟草专卖局	1994
孙克贵	局长、经理、书记	成都市烟草专卖局	成都市劳动模范	成都市人民政府	1994
邹清汉	监察科长	绵阳市烟草专卖局	全国烟草行业纪检监察先进个人	国家烟草专卖局	1994
刘其海	科长、纪委副书记	达州市烟草专卖局	纪检监察工作先进个人	中共国家烟草专卖局党组	1994
董兴顺	厂 长	什邡卷烟厂	热心消防全国优秀企业家	中国烟草总公司	1994
吴应禄	厂长、党委书记	涪陵卷烟厂	第四届全国十大杰出青年企业家	共青团中央	1994.11

续表附-4

姓　名	职　务	所在单位	获奖名称	颁奖机关	获奖时间
周光华	人力资源部部长	绵阳卷烟厂	全国劳动法知识竞赛个人优秀奖	中华全国总工会	1994. 12
段真培	党委书记	什邡卷烟厂	全国烟草行业优秀思想政治工作者	中共国家烟草专卖局党组	1994
钟小敏（女）	主任科员	四川省烟草专卖局教宣处	全国烟草行业优秀教育工作者	国家烟草专卖局	1994. 09
陈　章	副经理	绵阳市烟草专卖局	全国烟草行业劳动模范	国家烟草专卖局	1995. 03
朱茂林	经　理	四川省卷烟销售公司	四川省劳动模范	四川省人民政府	1995. 04
胡志清	厂长、书记	四川卷烟厂	四川省劳动模范	四川省人民政府	1995. 04
付自力	厂长、书记	黔江卷烟厂	四川省劳动模范	四川省人民政府	1995. 04
文　军	—	西昌卷烟厂	四川省劳动模范	四川省人民政府	1995. 04
陈　章	副经理	绵阳市烟草专卖局	四川省劳动模范	四川省人民政府	1995. 04
吴应禄	厂长、党委书记	涪陵卷烟厂	全国烟草行业劳动模范	国家烟草专卖局	1995. 05
王文富	书　记	绵阳市烟草专卖局	全国烟草行业“二五”普法先进个人	国家烟草专卖局	1995
任超美	专卖科副科长	达州市烟草专卖局	全国烟草行业“打假”先进工作者	国家烟草专卖局	1995. 09
程佳华	副厂长	成都卷烟厂	四川省劳动模范	四川省人民政府	1995
吴世全	车间主任	什邡光明雪茄烟厂	四川省劳动模范	四川省人民政府	1995
董兴顺	厂　长	什邡卷烟厂	四川省劳动模范	四川省人民政府	1995
代雅生	财务部长	凉山州烟草企业	全国先进女职工	中华全国总工会	1995
王享模	科研所所长	什邡卷烟厂	全国烟草行业劳动模范	国家烟草专卖局	1995
刘期荣	安全环保科长	什邡卷烟厂	全国烟草行业安全生产工作先进个人	国家烟草专卖局	1995
胡顺良	虹桥公司经理	德阳烟草分公司	全国烟草行业“打假”先进工作者	国家烟草专卖局	1995. 12
张清珍（女）	财务股长	绵阳市三台县烟草公司	全国烟草行业清产核资先进个人	国家烟草专卖局	1995
涂德全	车间主任	四川卷烟厂	全国烟草行业劳动模范	国家烟草专卖局	1995
刘　军	—	凉山州烟草公司三益公司	四川省劳动模范	四川省人民政府	1995
陈清华	业务员	资阳市烟草专卖局	勇于同犯罪分子作斗争的模范青年	中共国家烟草专卖局党组	1996. 04
陈清华	业务员	资阳市烟草专卖局	舍生忘死保护国家财产的模范职工	四川省人民政府	1996. 06

续表附-4

姓 名	职 务	所在单位	获奖名称	颁奖机关	获奖时间
陈 霖	厂长、经理	凉山州烟草企业	“讲、比、评”先进个人	中共四川省委、四川省人民政府	1996.10
吕 昕	科 长	广元市烟草专卖局	全国烟草行业“打假”先进个人	国家烟草专卖局	1996
晏先述	副厂长	什邡卷烟厂	全国烟草行业安全生产管理先进工作者	国家烟草专卖局	1996
石金生	支部副书记	成都市烟草专卖局	“二五”普法优秀普法工作者	中共成都市委、成都人民政府	1996
薛广寿	局 长	自贡市烟草专卖局	全国烟草行业“二五”普法先进个人	国家烟草专卖局	1996
李德福	副经理	四川省烟草公司	1998年实现安全生产目标管理先进单位责任人	四川省人民政府	1996
王显同	科 长	广元市烟草专卖局	全国烟草行业先进财会工作者	国家烟草专卖局	1997
邓小珩（女）	科 长	达州市烟草专卖局	纪检监察工作先进工作者	中共国家烟草局党组	1997
田福先	科 长	达州市烟草专卖局	专卖管理工作先进个人	国家烟草专卖局	1997
郭小平	—	雅安市烟草专卖局	全国烟草行业先进财务工作者	国家烟草专卖局	1997
石光碧（女）	纪检组长	万县市烟草专卖局	全国烟草行业纪检监察先进个人	中共国家烟草专卖局党组	1997.02
李德福	副经理	四川省烟草公司	安全生产目标先进个人	四川省人民政府	1997.02
鲁廷惠	纪检组副组长	南充市烟草专卖局	全国烟草行业纪检监察先进个人	中共国家烟草专卖局党组	1997.02
刘 华	监察科副科长	凉山州烟草企业	全国烟草行业纪检监察先进个人	中共国家烟草专卖局党组	1997.02
陈 文	—	西昌卷烟厂	全国烟草行业职业道德建设先进个人	国家烟草专卖局	1997.03
吴晓林	副厂长	绵阳卷烟厂	全国烟草行业先进财会工作者	国家烟草专卖局	1997.05
袁 刚		西昌卷烟厂	全省民族团结进步模范	四川省人民政府	1997.10
韩 勇	副厂长、副经理	凉山州烟草企业	安全生产先进个人	国家烟草专卖局	1998.01
李茂弼	安全保卫科科长	绵阳市烟草专卖局	全国烟草安全工作先进个人	国家烟草专卖局	1998.03
周成根	副局长	巴中市烟草专卖局	全国烟草管理先进工作者	国家烟草专卖局	1998.03
秦邦文	专卖科副科长	绵阳市烟草专卖局	全国烟草行业专卖管理先进工作者	国家烟草专卖局	1998.03

续表附-4

姓 名	职 务	所在单位	获奖名称	颁奖机关	获奖时间
段宝乐	专卖科长	乐山市烟草专卖局	全国烟草专卖先进工作者	国家烟草专卖局	1998.03
黄家友	厂办主任	什邡卷烟厂	全国烟草行业 ISO 9000 系统标准优秀推行者	国家烟草专卖局	1998
陈 霖	厂长、经理	凉山州烟草企业	四川省优秀企业经营者	四川省人民政府	1998
张玉生	书记、局长	凉山州烟草企业	四川省优秀企业经营者	四川省人民政府	1998
李德福	副经理	四川省烟草公司	1998 年实现安全生产目标管理先进单位责任人	四川省人民政府	1998
朱 刚	—	石棉县烟草专卖局	全国烟草专卖管理先进工作者	国家烟草专卖局	1998
荆晓兰（女）	主任科员	四川省烟草专卖局办公室	全国烟草行业档案管理先进工作者	国家烟草专卖局	1998
齐映宇	处 长	四川省烟草专卖行政处	全国烟草行业省级机关后勤先进工作者	国家烟草专卖局	1998
张玉生	书记、局长	凉山州烟草企业	四川省民族团结进步模范个人	四川省人民政府	1999.01
杨列霞（女）	副处长	成都市烟草专卖局	首届中国烟草十大金叶卫士	国家烟草专卖局	1999
卿三明	常务副厂长	什邡卷烟厂	全国烟草行业优秀质量管理工作者	国家烟草专卖局	1999
周成林	工 人	什邡卷烟厂	四川省劳动模范	四川省人民政府	1999
欧 卫	干 事	成都市烟草专卖局	“三五”法制宣传教育先讲个人	国家烟草专卖局	2000
苏王福	副主任兼副总经理	阿坝州经贸委阿坝州烟草有限公司	全国内贸系统劳动模范	国家人事部、国家国内贸易局	2000.06
陈 霖	厂长、经理	凉山州烟草企业	四川省劳动模范	四川省人民政府	2000.09
任增福	书记、局长、经理	泸州市烟草专卖局	全国烟草行业劳动模范	国家烟草专卖局	2000
张长久	调研员	达州市烟草专卖局	安全工作先进工作者	中国烟草总公司	2000
郑延春	维修工	成都卷烟厂	四川省劳动模范	四川省人民政府	2000
李 健	政工部部长	什邡卷烟厂	全国烟草行业纪检监察先进工作者	中共国家烟草专卖局党组	2000
何 平	局长、经理	雅安市烟草专卖局	全国烟草行业“三五”法制宣传教育先进个人	国家烟草专卖局	2000
冯清德	主任科员	四川省烟草专卖局办公室	全国烟草行业政务信息工作先进个人	国家烟草专卖局	2000
钱 能	科 长	成都卷烟厂资阳分厂纪检审计科	全国烟草行业纪检监察工作先进工作者	中共国家烟草专卖局党组	2000

续表附－4

姓　名	职　务	所在单位	获奖名称	颁奖机关	获奖时间
朱俊昌	副局长	成都市烟草专卖局	全国烟草行业卷烟“打假”标兵	国家烟草专卖局	2001
王　钟	副局长	攀枝花市烟草专卖局	全国烟草行业卷烟“打假”标兵	国家烟草专卖局	2001
张　劲（女）	财会科长	乐山市烟草专卖局	全国烟草行业财会先进工作者	国家烟草专卖局	2001
张　鹏	访销员	成都市烟草专卖局	全国烟草行业十佳访销员	国家烟草专卖局	2002
彭　毅	科　长	广元市烟草专卖局	1999—2001 年全国烟草行业财会先进个人	国家烟草专卖局	2002. 02
彭　毅	科　长	广元市烟草专卖局	烟草行业商业企业清产核资先进个人	国家烟草专卖局	2002. 02
李德福	副总经理	四川省烟草公司	2002 年度实现安全生产目标先进个人	四川省人民政府	2003. 02
胡存忠	局长、经理、党组书记	成都市烟草专卖局	对经济社会发展事业作出突出贡献，享受政府特殊津贴	成都市人民政府	2003
胡存忠	局长、经理、党组书记	成都市烟草专卖局	成都市 1999—2003 年度劳动模范	中共成都市委、成都市人民政府	2003
程佳华	厂　长	成都卷烟厂	成都市 1999—2003 年度劳动模范	中共成都市委、成都市人民政府	2003
林　佳	主任科员	省公司监察处	全国烟草行业纪检监察纠风工作先进个人	国家烟草专卖局	2003
孙建明	科　长	内江市烟草专卖局	全国烟草专卖先进个人	国家烟草专卖局	2003
程灵鸥（女）	主任科员	四川省烟草专卖局办公室	全国烟草行业优秀档案工作者	国家烟草专卖局	2003
李天全	—	宜宾市烟草专卖局	全国烟草专卖管理先进个人	国家烟草专卖局	2003
龚锦华	总经理	四川省烟草公司	2003 年度实现安全生产目标先进个人	四川省人民政府	2004. 02
金一兵	经　理	成都市烟草公司第一营销部	四川省劳动模范	四川省人民政府	2005. 04
周月华	财务科长	凉山州烟草公司	四川省劳动模范	四川省人民政府	2005. 04
袁荣兰（女）	主任科员	四川省烟草专卖局综合计划处	2002—2004 年度商业统计和投资统计工作先进个人	国家烟草专卖局	2004. 10
文建刚	副主任科员	四川省烟草专卖局综合计划处	2002—2004 年度商业统计工作先进个人	国家烟草专卖局	2004. 10
龚锦华	总经理	四川省烟草公司	2004 年度实现安全生产目标先进个人	四川省人民政府	2005. 02

续表附－4

姓　名	职　务	所在单位	获奖名称	颁奖机关	获奖时间
李凤英	主　任	成都烟草物流中心	全国烟草行业劳动模范	国家烟草专卖局	2005.07
蒋益军	局长、经理	江油市烟草专卖局（中心）	全国烟草行业劳动模范	国家烟草专卖局	2005.07
叶志华	监察科副科长	绵阳市烟草专卖局	全国烟草行业“四五”法制宣传教育先进个人	国家烟草专卖局	2005.12

1986—2005 年四川省烟草行业烟草技术能手名录

表附－5

姓　名	单　　位	职业（岗位）	技术职称	烟草行业荣誉称号	获奖年份
张　权	四川卷烟厂	包装维修工	技　师	烟草技术能手	1997
吴名让	四川省达州烟草分公司	—	高级农艺师	烟草技术能手	2002
张　燕	四川卷烟配套材料厂	操作工	—	烟草技术能手	2002
屈建康	凉山州烟草专卖局（分公司）	县烟草公司副经理	高级农艺师	烟草技术能手	2005

1986—2005 年四川省烟草行业省部级先进集体名录

表附－6

获 奖 单 位	获 奖 名 称	颁 奖 机 关	获奖时间
四川涪陵卷烟厂	全国振兴千家中小企业示范单位	共青团中央、中国企业家协会	1997
什邡卷烟厂	全面质量管理达标合格企业	中国烟草总公司	1988
绵阳烟草分公司	全国烟草行业先进集体	国家烟草专卖局	1988
巴中县烟草专卖局（公司）	全国烟草行业先进集体	国家烟草专卖局（总公司）、中国轻工业工会全国委员会	1988
什邡卷烟厂劳动服务公司餐厅	全国烟草行业先进集体	国家烟草专卖局	1988
成都卷烟厂	四川省先进企业	四川省人民政府	1988
什邡县烟草公司	全国烟叶生产收购工作先进单位	中国烟草总公司	1988
什邡卷烟厂	四川省职工劳模表彰大会先进单位	四川省人民政府	1989
什邡县烟草公司	晒烟生产收购先进单位	中国烟草总公司	1989
什邡卷烟厂党委	全国烟草行业思想政治工作先进集体	中共国家烟草专卖局（总公司）党组	1990
什邡卷烟厂	省级先进企业	四川省人民政府	1990
中共什邡卷烟厂七车间党支部	巴蜀党建、党史知识竞赛优秀支部	中共四川省委	1990
成都市烟草专卖局保密委员会	保密工作先进集体	国家烟草专卖局	1990

续表附-6

获奖单位	获奖名称	颁奖机关	获奖时间
四川省烟草公司财务处	全国烟草行业先进财会工作集体	国家烟草专卖局（总公司）	1991
四川省烟草生产购销公司财务科	全国烟草行业先进财会工作集体	国家烟草专卖局（总公司）	1991
资中县烟草公司财务科	全国烟草行业先进财会工作集体	国家烟草专卖局（总公司）	1991
峨眉山市烟草公司财务科	全国烟草行业先进财会工作集体	国家烟草专卖局（总公司）	1991
绵阳烟草分公司财务科	全国烟草行业先进财会工作集体	国家烟草专卖局（总公司）	1991
万县烟草分公司财务科	全国烟草行业先进财会工作集体	国家烟草专卖局（总公司）	1991
什邡卷烟厂	全国烟草行业先进财会工作集体	国家烟草专卖局（总公司）	1991
成都烟草分公司财务科	全国烟草行业先进财会工作集体	国家烟草专卖局（总公司）	1991
四川三台县烟草公司	全国烟草税收财务物价大检查遵纪守法先进单位	国家烟草专卖局（总公司）	1991
达县烟草分公司财务科	全国烟草行业先进财会工作集体	国家烟草专卖局（总公司）	1991
四川邛崃县烟草公司	全国烟草税收财务物价大检查遵纪守法先进单位	国家烟草专卖局（总公司）	1991
南充市烟草专卖局	全国烟草行业纪检监察先进集体	中共国家烟草专卖局党组	1991
什邡县烟草公司	烟叶生产收购三级达标县	中国烟草总公司	1991
成都烟草分公司	1990 年度消防工作先进集体	成都市人民政府	1991
成都烟草分公司	成都市 1990 年度销售工作先进集体	成都市人民政府	1991
成都烟草分公司	1990 年全国烟草行业安全工作先进单位	中国烟草总公司	1991
绵阳市烟草专卖局（分公司）纪检、监察科	全国烟草行业纪检监察工作先进集体	国家烟草专卖局	1992
宣汉县烟草专卖局（公司）	科技二等奖	国家烟草专卖局	1992
绵阳市烟草专卖局（分公司）安全保卫科	全国烟草行业安全工作先进集体	国家烟草专卖局	1993
达州市烟草专卖局（分公司）	先进集体	国家烟草专卖局	1993
绵阳卷烟厂	四川省国有大中型企业四好领导班子	中共四川省委、四川省人民政府	1993
西昌卷烟厂	全国群众体育先进单位	中华人民共和国体育运动委员会	1993
隆昌县烟草专卖局	全国烟草专卖管理工作先进集体	国家烟草专卖局	1993
叙永县烟草公司	全国烤烟生产先进县（1986—1992）	国家烟草专卖局、中国烟草总公司	1993
德阳市烟草专卖局	全国烟草专卖管理工作先进集体	国家烟草专卖局	1993

续表附－6

获奖单位	获奖名称	颁奖机关	获奖时间
绵阳市烟草专卖局（分公司）	全国烟草行业清产核资先进单位	国家烟草专卖局	1994
达州市烟草专卖局（分公司）	会计决算优胜单位	国家烟草专卖局	1994
绵阳市烟草专卖局纪委、监察科	全国烟草行业纪检监察工作先进集体	中共国家烟草专卖局党组	1994
绵阳卷烟厂	全省财贸行业先进单位	四川省人民政府	1994
绵阳卷烟厂	党委全国烟草行业思想政治工作先进集体	中共国家烟草专卖局党组	1994
绵阳卷烟厂	省级文明单位	中共四川省委、四川省人民政府	1994
什邡卷烟厂	产品开发 QC 小组行业优秀 QC 小组	中国烟草总公司	1994
合江县烟草专卖局（公司）	省级卫生先进单位	四川省人民政府	1994
成都烟草分公司	成都市 1994 年贸易销售、利税双百强企业	成都市人民政府	1994
成都卷烟厂	全国烟草薄片技术开发及推广应用先进集体	国家烟草专卖局	1994
什邡卷烟厂	四川省优秀企业	四川省人民政府	1995
什邡卷烟厂	工艺技术 QC 小组 1995 年度行业优秀 QC 小组	国家烟草专卖局	1995
成都卷烟厂	全国烟草行业先进集体	国家烟草专卖局	1995
绵阳卷烟厂	全国烟草行业先进集体	国家烟草专卖局	1995
四川省卷烟销售公司	全国烟草行业先进集体	国家烟草专卖局	1995
成都市烟草专卖局（分公司）	全国烟草行业先进集体	国家烟草专卖局	1995
绵阳市烟草专卖局（分公司）	全国烟草行业先进集体	国家烟草专卖局	1995
达州市烟草专卖局（分公司）	优秀统计单位	国家统计局	1995
绵阳卷烟厂	全国烟草行业先进集体	国家烟草专卖局	1995
绵阳卷烟厂	四川省先进单位	四川省人民政府	1995
威远县烟草专卖局	全国烟草行业“打假”工作先进集体	国家烟草专卖局	1995
叙永县烟草专卖局（公司）	四川省科学技术进步三等奖	四川省人民政府	1995
成都市烟草专卖局	全国“打假”先进单位	国家经贸委、工商局、技术监督局	1995
凉山州烟草企业	全国烟叶生产收购工作先进单位	国家烟草专卖局	1996
成都卷烟厂	四川省优秀企业	四川省人民政府	1996
什邡卷烟厂	烟草行业“二五”普法先进集体	国家烟草专卖局	1996
什邡卷烟厂财务科	全国烟草行业先进财会工作集体	国家烟草专卖局	1996

续表附－6

获 奖 单 位	获 奖 名 称	颁 奖 机 关	获奖时间
古蔺县烟草专卖局（公司）	全国烟草行业安全生产先进单位	国家烟草专卖局	1996
南充市烟草专卖局	全国烟草行业“二五”普法先进集体	国家烟草专卖局	1996
什邡卷烟厂	全国烟草行业“二五”普法先进集体	国家烟草专卖局	1996
绵阳市烟草专卖局（分公司）财会科	全国烟草行业第二次财会工作先进集体	国家烟草专卖局	1996
江油市烟草专卖局（公司）	全国烟草行业职业道德建设先进集体	国家烟草专卖局	1997
绵阳卷烟厂	全国烟草行业职业道德建设先进集体	国家烟草专卖局	1997
成都卷烟厂	全国烟草行业职业道德建设先进集体	国家烟草专卖局	1997
雅安地区烟草专卖局（分公司）	全国烟草行业纠正行业不正之风工作先进集体	国家烟草专卖局	1997
龙马潭区烟草专卖局（公司）	1997 年度全国专卖管理先进集体	国家烟草专卖局	1997
叙永县烟草专卖局（公司）	全国烟叶生产收购工作先进单位	国家烟草专卖局	1997
古蔺县烟草专卖局（公司）	全国烟叶生产收购工作先进单位	国家烟草专卖局	1997
四川卷烟厂纪委、监察科	全国烟草行业纪检监察先进集体	中共国家烟草专卖局党组	1997
四川省万县市烟草专卖局（公司）党组纪检组监察科	全国烟草行业纪检监察先进集体	中共国家烟草专卖局党组	1997
什邡卷烟厂	1991—1996 全国烟草技术创新先进集体	国家烟草专卖局	1998
什邡卷烟厂	全国质量管理小组活动优秀企业	中华全国总工会	1998
什邡卷烟厂	全国烟草行业先进集体	国家烟草专卖局	1998
资阳市烟草专卖局专卖管理科	烟草专卖管理工作先进单位	国家烟草专卖局	1998
德阳市旌阳区烟草专卖局（公司）	省级文明单位	中共四川省委、四川省人民政府	1998
雅安市烟草专卖局（分公司）机关	省级文明单位	中共四川省委、四川省人民政府	1998
成都卷烟厂	省级文明单位	中共四川省委、四川省人民政府	1998
泸州市烟草专卖局（公司）	全国烟叶生产收购工作先进单位	国家烟草专卖局	1998
成都市烟草分公司	1997 年度成都市消防工作先进单位	成都市人民政府	1998
成都市烟草专卖局专卖处	全国烟草专卖工作先进集体	国家烟草专卖局	1998
什邡卷烟厂制丝车间电气组	全国五一劳动奖状	中华全国总工会	1998
四川省烟草专卖局（公司）审计处	全国烟草行业审计先进单位	国家烟草专卖局	1999
自贡市烟草专卖局（分公司）	档案工作目标管理优秀单位	国家烟草专卖局	1999

续表附－6

获 奖 单 位	获 奖 名 称	颁 奖 机 关	获奖时间
剑阁县烟草专卖局（公司）	省级文明单位	中共四川省委、四川省人民政府	1999
万源市烟草专卖局（公司）	省级文明单位	中共四川省委、四川省人民政府	1999
凉山州烟草企业	民族团结进步模范单位	国务院	1999
汉源县烟草专卖局（公司）	省级文明单位	中共四川省委、四川省人民政府	1999
什邡卷烟厂杨旭机台	全国职工职业道德建设百佳班组	全国轻工业工会	1999
什邡卷烟厂	全国“五一”劳动奖章	中华全国总工会	1999
什邡卷烟厂	模范职工之家	中华全国总工会	2000
什邡卷烟厂卷接包车间	全国烟草行业先进集体	国家烟草专卖局	2000
什邡卷烟厂	烟草行业“三五”法制宣传教育先进单位	国家烟草专卖局（总公司）	2000
什邡卷烟厂质量监督检测站	全国烟草行业质量技术监督先进单位	国家烟草专卖局	2000
什邡卷烟厂	省级文明单位	中共四川省委、四川省人民政府	2000
成都卷烟厂	全国烟草行业先进集体	国家烟草专卖局	2000
什邡卷烟厂卷接包车间	全国烟草行业先进集体	国家烟草专卖局	2000
什邡市烟草专卖局（公司）	省级文明单位	中共四川省委、四川省人民政府	2000
绵阳卷烟厂	四川省社会治安综合治理模范单位	中共四川省委、四川省人民政府	2000
德阳市中区烟草专卖局（公司）	省级文明单位	中共四川省委、四川省人民政府	2000
泸州市烟草专卖局（分公司）	省级文明单位	中共四川省委、四川省人民政府	2000
内江市烟草专卖局专卖科	卷烟打假先进集体	国家烟草专卖局	2001
乐山市烟草专卖局（分公司）	全省贸易企业最佳效益 100 强	四川省人民政府	2001
攀枝花市烟草专卖局（分公司）	省级文明单位	中共四川省委、四川省人民政府	2001
泸州市烟草专卖局（分公司）	四川省烟叶生产技术推广工作先进单位	国家烟草专卖局	2002
凉山州烟草分公司	全国烟叶工作先进单位	国家烟草专卖局	2002
凉山州德昌县烟草专卖局	全国烟叶工作先进单位	国家烟草专卖局	2002
什邡卷烟厂	2001—2002 年度最佳文明单位	中共四川省委、四川省人民政府	2002
凉山州烟草专卖局（分公司）	民族团结进步先进集体	四川省人民政府	2002
成都烟草分公司	成都市 2001 年度模范纳税户	成都市人民政府	2002
成都市烟草专卖局专卖处	全国烟草专卖管理工作先进集体	国家烟草专卖局	2002
成都卷烟厂	全国“五一”劳动奖状	中华全国总工会	2002
成都市烟草专卖局（分公司）	全国烟草行业专卖管理工作先进集体	国家烟草专卖局	2003
绵阳江油市烟草专卖局	2000—2002 年度烟草行业县（市）级明星单位	国家烟草专卖局	2003

续表附-6

获奖单位	获奖名称	颁奖机关	获奖时间
成都市烟草专卖局（分公司）	省级文明单位	中共四川省委、四川省人民政府	2003
成都市烟草专卖局（分公司）	全国烟草行业先进集体	国家烟草专卖局	2004
成都市烟草专卖局（分公司）	成都市2003年度依法治市先进单位	中共成都市委、成都市人民政府	2004
成都市烟草专卖局（分公司）	全国烟草行业先进集体	国家烟草专卖局	2005
成都市烟草专卖局（分公司）	烟草行业“四五”法制宣传教育先进集体	国家烟草专卖局（总公司）	2005
眉山市烟草零售协会	全省十佳优秀民间组织	四川省人民政府	2005
雅安市烟草专卖局（分公司）	全国精神文明建设先进单位	—	2005

1986—2005年四川省烟草专卖局（公司）先进集体名录

表附-7

获奖单位	获奖名称	颁奖机关	获奖时间
四川省烟草专卖局（公司）计划处	1987年度商业统计竞赛综合二等奖	国家烟草专卖局（总公司）	1987
省烟草专卖局（公司）审计处	全国税收、物价大检查先进单位	国家烟草专卖局	1987
省烟草专卖局（公司）审计处	全国烟草行业审计先进单位	国家烟草专卖局	1987
四川省烟草公司	1987年度商情工作先进单位	中国卷烟销售公司	1988
四川省烟草公司	1987年度销售工作先进单位	中国卷烟销售公司	1988
四川省烟草公司	1987年度储运工作先进单位	中国卷烟销售公司	1988
四川省烟草公司	1988年度卷烟销售工作先进集体	中国卷烟销售公司	1989
四川省烟草公司	1988年度卷烟储运工作先进集体	中国卷烟销售公司	1989
四川省烟草专卖局（公司）计划处	1989年商业统计一等奖	国家烟草专卖局（总公司）	1989
省烟草专卖局（公司）审计处	全国烟草行业审计先进单位	国家烟草专卖局	1989
四川省烟草公司	1989年度卷烟销售工作先进集体	中国卷烟销售公司	1990
四川省烟草公司	1989年度卷烟储运工作先进集体	中国卷烟销售公司	1990
四川省烟草公司	全国烟草行业财会工作先进集体	国家烟草专卖局（总公司）	1990
四川省烟草专卖局（公司）综合计划处	1991年商业统计竞赛统合一等奖	国家烟草专卖局（总公司）	1991
四川省烟草公司	1990年度卷烟销售工作先进集体	中国卷烟销售公司	1991
四川省烟草公司	1990年度卷烟储运工作先进集体	中国卷烟销售公司	1991
四川省烟草公司	1991年度全国税法宣传教育先进单位	国家税务总局	1992
四川省烟草公司	1991年度全国卷烟销售工作先进单位	中国卷烟销售公司	1992

续表附－7

获奖单位	获奖名称	颁奖机关	获奖时间
四川省烟草公司	1991年度工商企业财务决算一等奖	中国烟草总公司	1992
四川省烟草公司	1992年工商企业财务决算评比一等奖	国家烟草专卖局（总公司）	1993
四川省烟草专卖局（公司）	1993年卷烟工业扭亏为盈荣誉证书	国家烟草专卖局（总公司）	1994
四川省烟草专卖局（公司）	1994年全国烟草内部审计先进单位	国家烟草专卖局	1994
四川省烟草公司	全国烟草薄片技术开发及推广应用先进集体	国家烟草专卖局	1994
省烟草专卖局（公司）审计处	全国烟草行业审计先进单位	国家烟草专卖局	1994
省烟草专卖局（公司）审计处	全国税收、物价大检查先进单位	国务院检查办	1994
四川省烟草专卖局（公司）	1994年度烟草行业生产经营工作先进单位	国家烟草专卖局（总公司）	1995
四川省烟草专卖局	1994年度决算中荣获一等奖	国家烟草专卖局	1995
中共四川省烟草专卖局（公司）党组	“四好”领导班子	中共四川省委	1995
四川省烟草专卖局	全国烟草行业打假工作先进集体	国家烟草专卖局	1995
四川省烟草销售公司	全国烟草行业先进集体	国家烟草专卖局	1995
四川省烟草专卖局（公司）审计处	全国内审工作先进单位	国家审计署	1995
四川省烟草专卖局专卖管理处	全国“二五”法制宣传教育工作先进集体	中共中央宣传部、司法部	1996
四川省烟草公司	1995年度安全生产目标管理先进单位	四川省人民政府	1996
四川省烟草专卖局	1994年度国有资产产权登记工作二等奖	国家烟草专卖局	1996
四川省烟草专卖局专卖管理处	全国烟草行业“二五”普法先进集体	国家烟草专卖局	1996
四川省烟草公司会计处	全国烟草行业先进财会工作集体	国家烟草专卖局	1996
四川省烟草专卖局（公司）	1995年度生产经营工作鼓励奖	国家烟草专卖局（总公司）	1996
四川省烟草专卖局（公司）办公室	全国烟草行业新闻报道工作先进单位	国家烟草专卖局	1996
四川省烟草专卖局（公司）	全国民族团结先进集体	四川省人民政府	1997
四川省烟草专卖局（公司）	1996年国有资产产权登记工作先进集体	国家烟草专卖局	1997
四川省烟草专卖局党组纪检组、监督处	全国烟草行业纪检监察先进集体	中共国家烟草专卖局党组	1997
省烟草专卖局（公司）审计处	全国内审工作先进单位	国家审计署	1997

续表附-7

获 奖 单 位	获 奖 名 称	颁 奖 机 关	获奖时间
四川省烟草公司	1997年度执行安全生产目标先进单位	四川省人民政府	1998
四川省烟草专卖局行政财务科	全国烟草行业省级机关后勤先进集体	国家烟草专卖局	1998
四川省烟草公司	省政府目标管理先进单位	四川省人民政府	1998
四川省烟草专卖局（公司）	国有资产基础管理工作优秀单位	国家烟草专卖局	1998
四川省烟草公司	1991—1996年全国烟草技术创新先进集体	国家烟草专卖局	1998
四川省烟草专卖局（公司）审计处	全国烟草行业审计工作先进单位	国家烟草专卖局	1999
四川省烟草专卖局纪检组、监察处	全国烟草行业纪检监察先进集体	中共国家烟草专卖局党组	2000
四川省烟草专卖局（公司）办公室	全国烟草行业政务信息工作先进单位	国家烟草专卖局	2000
四川省烟草专卖局政策法规处	全国烟草行业“三五”法制宣传教育先进单位、2000年度党建信息工作先进单位	国家烟草专卖局（总公司）	2000
省烟草专卖局目标管理办公室	全省目标管理先进单位	四川省人民政府	2001.01
四川省烟草公司	2001年度实现安全生产目标先进单位	四川省人民政府	2001.01
四川省卷烟销售公司	2001年度模范纳税户	成都市人民政府	2002.04
四川省烟草专卖局（公司）	2001年度模范纳税户	四川省人民政府	2002
四川省烟草专卖局（公司）财务会计处	1999—2001全国烟草行业财会工作先进集体	国家烟草专卖局（总公司）	2002
四川省烟草公司	2002年度实现安全生产目标表彰单位	四川省人民政府	2003.02
四川省烟草专卖局（公司）办公室	全国烟草行业政务信息工作先进单位	国家烟草专卖局	2003
四川省烟草公司	2003年度实现安全生产目标表彰单位	四川省人民政府	2004.02
四川省烟草专卖局（公司）	2003年度模范纳税户	成都市人民政府	2004.04
四川省烟草专卖局（公司）综合计划处	2004年度商业统计工作三等奖	国家烟草专卖局（总公司）	2004
四川省烟草公司	2004年度实现安全生产目标表彰单位	四川省人民政府	2005.02
四川省烟草专卖局（公司）财务处	2002—2004年全国烟草行业财务工作先进集体	国家烟草专卖局（总公司）	2005.09

二、大 事 记

1950 年

10 月 30 日 西南军政委员会财政部颁布《西南区熏烟叶管理暂行办法》。

1951 年

是年 国家对烟酒实行专卖，采取“统一领导，分区（行政区）经营，严格管理，保证税利”的方针，对卷烟实行产销统一。

1953 年

是年 四川省烟酒专卖局成立，全省烟酒实行专卖行政管理。

1956 年

12 月 四川省人民委员会批转四川省供销社、四川省商业厅《关于开放农产品自由市场的范围的初步意见》，将晾烟列为第二类国、合商业系统掌握收购物资。

1963 年

7 月 中共中央决定试办中国烟草工业公司，全国烟草行业实行高集中统一管理，实行产、供、销一体化管理。西南诸省卷烟厂划归中国烟草工业公司贵阳分公司管辖，卷烟产品采取调拨、分配统一经营、产供合一的办法。

1973 年

6 月 7 日 外经贸部确定在四川省达县、万县两地区建立出口白肋烟生产基地，由四川省土产出口公司收购，调供上海口岸出口。

1974 年

2 月 8 日 四川省农业局、四川省商业局、四川省轻工局向中国共产党四川省委员会（以下简称省委）、四川省革命委员会提出《关于自力更生加速发展烤烟生产的请示报告》，提出在宜宾地区、乐山地区、涪陵地区、西昌地区、黔江县、万县、达县、南充地区、重庆市等地大力发展烤烟生产。

是年 四川省温江地区工农烟厂率先使用涂布纸生产“峨眉”牌高档雪茄型卷烟。

1975 年

是年 四川省革命委员会决定扩大烤烟产区，产区发展到重庆市、内江地区、万县、涪陵地区、宜宾地区、乐山地区、绵阳地区、凉山州等 8 个地（市、州）29 个县；主产县有资阳地区、简阳县、忠县、梁平县、黔江县、秀山县、古蔺县、叙永县、筠连县、兴文县、珙县、眉山县、丹棱县、洪雅县、会理县、会东县。

1981 年

11 月 3 日 四川省农业厅制定《关于加速发展烤烟生产的意见》，提出烤烟发展的五年规划。11 月 23 日，四川省人民政府（以下简称省政府）第 70 次常务会议讨论并通过《关于加强发展烤烟生产的意见》。

1983 年

11 月 5 日 四川省烟草公司按照国家计划委员会《关于在全国计划中对重庆市单列户头划转主要指标基数的报告》有关精神，对重庆市烟草行业管理实行计划单列。

1984 年

7 月 中国烟草总公司与四川省人民政府签署《关于四川省烟草公司上划交接协议书》，明确规定全省烟草工商企业（包括各卷烟厂）上划中国烟草总公司，实行以总公司为主的双重领导体制，企业的产供销、人财物和内外贸易由总公司集中统一管理。

12 月 中国烟草总公司分党组决定，成立中共中国烟草总公司四川省公司委员会，汪文敏任书记。

1985 年

3 月 29 日 四川省烟草公司、四川省土产进出口分公司发出《关于白肋烟业务交接的联合通知》，决定从 1985 年 1 月 1 日起，四川省土产进出口公司停止经营白肋烟业务，全部移交给省、地、县烟草公司经营。

7 月 四川省农牧厅经济作物处完成《四川烤烟种植区划研究报告（初稿）》。

1986 年

1 月 1 日 四川省财政厅、四川省烟草公司印发《四川省烟草商业企业第二步利改税方案》，从 1986 年 1 月 1 日起执行。

1 月 6 日 四川省烟草公司印发《四川省烟草种子管理试行办法》，对四川省烟草种子管理提出规范化意见。

1 月 23 日 四川省烟草公司向中共四川省委、四川省人民政府上报《关于加快全省烟草生产发展的请示报告》，要求压缩不适产的地区烟叶种植面积，在适产地区建立生产基地，采取政策扶持，提高烟叶质量，对烟叶复合肥实行财政补贴。1987 年 10 月 8 日，省烟草公司再次向省政府上报《关于加快烤烟生产发展的报告》，提出“七五”期间后三年（1988—1990 年）烤烟生产的具体安排计划，并建议成立省烟叶生产领导小组，加强烟叶生产领导。

1 月 四川省烟草公司印发《四川省烟草物价管理办法规定》，规定四川省烟草物价管理办法。

同月 四川省达县地区巴中县烟草公司参加全国烟叶生产会议，并作交流发言，受到中国烟草总公司表彰。

3 月 26 日 四川省遂宁市烟草专卖局、四川省烟草公司遂宁市分公司成立。

4 月 彭水复烤厂动工兴建，1987 年 5 月竣工投产。

5 月 中国烟草总公司批准成立四川省烟草公司什邡技工学校。

6 月 中国烟草总公司批准成立四川省烟草物资公司，与四川省烟草公司物资供应处实行一套机构两块牌子。

7 月 1 日 四川省烟草专卖局（以下简称省烟草专卖局）在成都市召开四川省烟草行业首届先进代表表彰大会。

是年 西昌卷烟厂完成建厂一期工程，形成年产 5 万箱的生产能力。

是年 原什邡烟厂一、二分厂合并，改称四川什邡光明雪茄烟厂。

1987 年

1 月 19 日　中国烟草总公司下发《关于抓好中美（伊顿财团）技术合作改进烟草质量试验的通知》，决定 1987 年除河南、湖北、贵州 3 省继续试验外，另增加四川（白肋烟）、安徽（烤烟）2 省参加试验。四川省烟草公司决定由万县和宣汉县承担优质白肋烟生产试验点工作。

5 月　四川省达县地区行署专员夏宗明率辖区各县县委书记、县长、工商局局长、税务局局长、农经委主任、银行行长等在达县地区通江县召开烟叶生产现场会。

6 月 27 日　成都市公安局治安大队、成都市烟草专卖局执法人员在成都东站查获标号为 602121 的成都铁路局贵阳分局生活段供应车，收缴各种贵州产牌号卷烟计 13.5 箱，价值 23 万多元。此案为四川省实行烟草专卖以来的第一大烟案。

12 月 10 日　国家烟草专卖局、中国烟草总公司在全国烟叶生产工作会议上，宣布四川省达县地区通江县为全国白肋烟出口基地县。

12 月　中国烟草总公司在全国建立 100 万亩优质烟叶生产基地，作为国内烟叶生产发展的样板，白肋烟生产基地县定在四川省万县。

是年　省政府对卷烟产地与烤烟产地、卷烟销地经济利益进行调整，卷烟、雪茄烟厂所在地财政按烟厂实际调入的中一、中二、中三、上一 4 个等级的烤烟调拨价总值的 10% 补给烟叶产地财政；卷烟销地亦由卷烟厂所在地财政按卷烟产品税的 10% 补给卷烟销地财政。

是年　四川省出台财政返还政策，烟厂所在地政府财政部门将销省内产品税的 6%（不含甲级烟）返回销售地财政。

是年　西昌卷烟厂开始生产鼻烟。

是年　成都卷烟厂新厂区一期工程竣工，工厂从成都市东安南街 11 号老厂区迁至槐树店路 4 号新厂区投入生产。

1988 年

1 月 1 日　四川省调整川烟“三分、两分”政策，将产地烟草分公司所得 10%、销地县烟草公司所得 20% 全部划归卷烟厂，调整后的利益分配为：销售单位 55%，烟厂 45%。川烟“三分、二分”财政补贴和卷烟销售税返还资金，属财政预算内拨给经费，免征能源基金和调节基金。

1 月　四川省达县地区通江县烟草公司与中国烟草进出口公司上海分公司签订《合作开发白肋烟基地建设协议书》。

同月　中国烟叶生产购销公司与四川省重庆市万县烟草公司签订《关于联合建立优质（白肋烟）烟叶生产基地的备忘录》。

2 月　成都烟叶经理部改为四川省烟草公司烟叶购销公司。

5 月　国家烟草专卖局在全国实行烟草行政许可管理制度以来第一次换发烟草专卖许可证工作。9 月 27 日，四川省烟草专卖局发出《关于换发、增发烟草专卖许可证具体事项的通知》，对全省换发、增发烟草专卖许可证作出具体规定。

6月6日 四川省人民政府发出《关于加快全省烟草生产发展的几项经济政策的通知》，对“三分、二分”补贴政策的利益分配作适当调整。原给卷烟三级批发单位55%的比例不变，其余45%全部补贴给烟厂；从1988年开始，全省确定烤烟调拨基数；实行卷烟产地财政向烤烟产地财政返还的办法，烤烟产地县建立烤烟发展基金。

9月10日 经国家烟草专卖局、中国烟草总公司党组同意，成立中共四川省烟草专卖局委员会。四川省烟草专卖局党委、四川省烟草公司党委成员为同一班人，汪文敏任书记。

10月 四川省烟草公司卷烟销售经营部成立（1990年6月为四川省卷烟销售公司）。

12月10日 四川省黔江地区烟草专卖局、四川省烟草公司黔江分公司成立。

1989年

1月 四川省烟草专卖局成立关停计划外卷烟厂工作领导小组。

10月24日 四川省烟草专卖局印发《四川省烟草专卖管理机关办案程序文书格式》。

20世纪80年代 四川烤烟生产发展快，年均种植面积64.5万亩，年均收购量127万担，实现省内卷烟生产原料自给有余。

1990年

2月 中国烟草总公司四川省公司将烟叶生产管理处与四川省烟叶购销公司合并，定名为“四川省烟叶生产购销公司”。

是年 总投资525.51万元的武隆县复烤厂建成，当年投产。

是年 经国务院批准，秀山县卷烟厂和酉阳县卷烟厂合并为武陵卷烟厂，为纳入国家计划内生产的地方卷烟厂。

是年 重庆卷烟厂新建3.6万平方米的现代化厂房，新增滤嘴卷烟机34台，先后从意大利、联邦德国引进SASIB-6000型高速卷烟机、5000公斤/小时制丝生产线等设备，年生产能力达29万箱。

是年 西昌卷烟厂完成二期技改工程，引进安装英国MK9-5、SUPER9（长城）卷接机组等设备，形成年产10万箱的生产规模。

是年 四川省烟草物资公司滤棒材料厂正式投产。

1991年

5月14日 四川省计划经济委员会、四川省民族事务委员会、四川省烟草专卖局向国家烟草专卖局上报《关于整顿我省计划外烟厂问题的请示》，并提出省内10家计划外烟厂的处理方案。至2001年9月，全省计划外烟厂全部关停。

5月30日 国家烟草专卖局与四川省人民政府签署《关于处理遗留计划外烟厂问题的协议书》，

决定保留宜宾卷烟厂，叙永烟厂、古蔺烟厂合并组建泸州卷烟厂（不得两地生产），其他计划外烟厂全部关停。

5月 四川省人民政府成立四川省烟草发展领导小组。

8月 成都卷烟厂“五牛”牌卷烟被中国烟草总公司评为优质产品，成为20世纪50年代以来四川卷烟产品首次获得部级“优质产品称号”的牌号。

是年 四川省对外出口卷烟78箱，为20世纪50年代以来四川卷烟首笔对外出口业务。

是年 总投资4144.9万元的成都卷烟厂“七五”技改项目全面完成。成都卷烟厂分别从德国、英国、美国、意大利引进技术设备，其年制丝能力增至40万箱（两班制生产），卷烟年生产能力达30万箱（其中嘴烟15万箱），工厂获省政府颁发的“‘七五’推进技术进步先进企业”称号。

是年 四川卷烟厂“七五”技改工程全部竣工，形成年产30万箱的生产能力（其中嘴烟9万箱）。

1992年

2月27日 中国烟草总公司将四川省达县地区南江县确定为全国优质晾晒烟开发县。

3月2日 四川省烟草公司制定下发《四川省烟草种子管理办法实施细则》，对烟草新品种选育、引进、推广，种子生产、经营，种子管理工作作出明确规定。

6月6日 国家烟草专卖局就四川省人民政府《关于解决黔江地区计划外烟厂遗留问题的函》作出答复，同意发给武陵卷烟厂生产企业许可证。

6月 四川省烟草专卖局机关团委成立。

12月 黔江复烤厂动工兴建，1993年投产。

同月 四川省烟草专卖局发出《关于制止非法卷烟交易市场的通知》，取缔全省13个卷烟非法批发市场。至1999年7月，四川全部完成国家烟草专卖局下达的取缔非法卷烟交易市场的任务。

是年 四川省收购烤烟300万担，居全国第4位。

1993年

4月12—21日 四川省烟草专卖局组团携带部分烤烟、白肋烟样品参加四川曼谷招商洽谈会。

5月27日 中国烟草四川进出口公司在四川省工商局注册成立，并正式运营。

9月18日 四川省烟草专卖局、四川省物价局、四川省财政局印发《关于开放烟叶调拨价格的实施细则（试行）》，逐步实现烟叶调拨价格由国家定价向企业定价转换。

10月7日 巴中地区南江县白肋烟列入全国《名晾晒烟名录》。

11月3—16日 四川省烟草公司组成考察组赴美国考察。

12月24日 四川省广安地区烟草专卖局、四川省烟草公司广安分公司成立。

12月25日 国家烟草专卖局局长江明为广安地区烟草专卖局（公司）成立题词：艰苦创建金广安。

12 月 28 日　四川省巴中地区烟草专卖局、四川省烟草公司巴中分公司成立。

是年　国家烟草专卖局在具有一定经营规模的企业中选择 10% 实施重点技术改造，成都卷烟厂被列为全国烟草行业第二批重点改造企业之一。

是年　国家烟草专卖局批准原涪陵通用机械厂更名为“涪陵卷烟厂”，并列入国家计划，隶属四川省烟草公司管辖。

是年　国家烟草专卖局公布全国名晾晒烟名录，四川省有：德阳市、广元市、新都县、彭县、眉山县、犍为县、丰都县、万源县、巴中县、蓬安县、广安县、阆中县、仪陇县、南部县、开县、奉节县、巫溪县、天城区、五通桥区、云阳县、城口县、通江县、南江县、开江县、平昌县。

1994 年

7 月 23 日　四川省烟草专卖局（公司）确定中国烟草四川进出口公司为四川省唯一合法经营烟草及其制品、烟草机械等进出口业务的经营单位。

8 月　四川省烟草专卖局（公司）《关于凉山州烟草系统管理体制的改革试点方案的批复》，同意西昌卷烟厂、凉山州烟草专卖局、四川省烟草公司凉山分公司“三合一”改革。

10 月 14 日　中共中央总书记、国家主席、中央军委主席江泽民视察涪陵卷烟厂。

是年　什邡卷烟厂推出“佛兰”系列甲级烤烟型卷烟。该烟于 1995 年被中国烟草总公司评为全国十六类名烟优等品，1997 年被评为四川省名牌产品，1998 年被评为国家烟草专卖局优等品。

是年　四川省烟草行业内开展首次“吸烟与健康”专题调查，被调查职工人数 26157 人，占职工总人数的 99.93%。

1995 年

3 月 25 日　国务院副总理吴邦国视察涪陵卷烟厂。

4 月　美国农业部顾问、中国农科院名誉研究员、烟草专家左天觉在中国烟草学会理事长金茂先、四川省烟草公司副经理黄行知陪同下考察攀枝花烟区、凉山烟区。

10 月　四川省人民政府财贸办公室、四川省统计局、四川省社会经济评价中心、四川省市场流通协会公布巴中烟草分公司为四川批发商业人均销售、四川批发商业人均创利、四川批发商业效益百强企业。

是年　成都卷烟厂在成都大熊猫繁育基地捐资认养大熊猫“欢欢”和“娇子”，推出以大熊猫形象为主体图案的高档卷烟“娇子”系列产品。

1996 年

4 月 23 日　四川省人民政府发出《关于继续稳定提高烟叶生产扶持政策的通知》，决定继续加大对烟叶生产的扶持力度，进一步调整生产扶持标准，调动农民种烟积极性，促进全省烟叶生产发展，保证全省两烟税收的稳定增长。

是年 国务院副总理朱镕基视察西昌卷烟厂，对卷烟生产明确指示给予政策扶持。

是年 什邡卷烟厂被列入全国烟草行业重点技术改造企业。

1997 年

3 月 7—27 日 四川省烟草专卖局局长黄文驰等组成的中国烟叶考察团一行 8 人考察津巴布韦、巴西烤烟和白肋烟的生产、加工、经营管理体制。

3 月 11 日 四川省烟草专卖局向省政府报送中国烟草四川进出口公司《关于贯彻国务院打击卷烟出口骗税联合检查组调查结果意见的报告》。四川省 1994—1996 年出口卷烟 270493 件，其中有被骗税情况的出口卷烟 80501 件，涉及已免“两税”2908 万元。1997 年 7 月，四川省国税局根据涉及骗税 2903 万元金额事实，决定对四川进出口公司处以 586 万元行政罚款并暂停出口业务权限。

4 月 四川省烟草专卖局（公司）成立机关精神文明建设领导小组，制定《四川省烟草行业社会主义精神文明规划》。

6 月 国家烟草专卖局与四川省人民政府在成都市召开表彰大会，授予四川资阳市烟草专卖局职工陈清华“舍生忘死、保护国家财产的模范青年”荣誉称号。

7 月 重庆市成为中央直辖市，川、渝分治。涪陵卷烟厂、黔江卷烟厂、巫山卷烟厂、武陵卷烟厂、重庆卷烟厂连同原涪陵、万县、黔江两市一地烟草经营单位一并划归重庆市管辖，同时划出四川 40% 的卷烟生产计划、36% 的内销卷烟计划给重庆市。

9 月 2 日 四川省烟草专卖局发出《关于印发部门执法责任制实施办法（试行）的通知》，明确部门执法责任、执法监督、首长责任、考核办法等。

12 月 13 日 四川省眉山地区烟草专卖局、四川烟草公司眉山分公司成立。

是年 四川三益烟草有限责任公司在凉山州会理县兴建打叶复烤厂。

1998 年

1 月 经国家烟草专卖局、四川省人民政府批准，什邡卷烟厂整体兼并中江雪茄烟厂、什邡光明雪茄烟厂，实行资产一体化和人财物、产供销、党政工统一管理，取消原中江雪茄烟厂、什邡光明雪茄烟厂的法人资格及工商税务登记，什邡卷烟厂的卷烟生产规模增至 39 万箱。

7 月 13 日 四川省资阳地区烟草专卖局、四川省烟草公司资阳分公司成立。

11 月 经国家烟草专卖局、四川省人民政府批准，成都卷烟厂整体兼并四川卷烟厂，取消原四川卷烟厂的法人资格，成都卷烟厂的生产规模增至 49 万箱。

1999 年

6 月 1 日 国家烟草专卖局公布四川省“娇子”“金五牛”为全国最新名优烟，并对名优烟实行全国统一制定的销售计划。

6月16日 经四川省烟草专卖局（公司）同意，阿坝州人民政府批准成立四川省烟草烟草专卖局阿坝州分局。

7月5日 四川省烟草专卖局将什邡烟草技工学校、资阳烟草技工学校合并为“四川省烟草技工学校”。

7月 四川省烟草专卖局（公司）将川烟销售纳入年度生产、经营目标，实行“一票否决”。

8月24日 四川省烟草专卖局成立四川省烟草专卖稽查总队。

11月 年生产能力1.5万—3万吨的四川三友打叶复烤有限公司在泸州市开工建设。

12月8日 四川省人民政府与各市（地、州）人民政府（行署）签订《严厉打击制售贩运假冒卷烟和走私卷烟活动责任书》，省政府副省长王金祥代表省政府分别与21个市（地、州）政府（行署）领导在责任书上签字。

是年 国家烟草专卖局恢复四川省卷烟进出口经营权。

2000年

1月1日起 全省实行卷烟销售“一价制”。

2月20日 中共中央政治局常委、国家副主席、中央军委副主席胡锦涛视察什邡卷烟厂。

3月18日 内江市东兴区烟草专卖局在内江市公安局东兴区分局的配合下捣毁位于内江市东兴区小河口镇内江市果汁厂内的制售假烟窝点，为四川省历年来查获的最大一起制售假烟案件。

3月30日 阿坝藏族羌族自治州烟草分公司成立。

3月 四川省烟草专卖局成立烟叶流通秩序整顿工作领导小组，下发《关于开展烟叶流通秩序整顿工作的通知》，制订《整顿烟叶流通秩序工作方案》，并在什邡卷烟厂召开会议，安排部署清理整顿工作；7月15日至10月底，开展复查工作。

4月25日 四川省烟草专卖局发出《关于实行卷烟统一批发价格的通知》，全省实行卷烟统一批发价格。

4月 甘孜藏族自治州烟草分公司成立。

8月4日 四川省烟草专卖局稽查总队在四川省公安厅经侦总队的配合下，查获内江市隆昌县境内一个制造假烟的大型地下工厂，共查获6台（套）制假设备、成品卷烟300余箱和大量造假烟丝、烟叶等原辅材料。

8月11—13日 全国烟草行业第二次援藏工作会议在成都市召开。

8月20日 成都市青白江区烟草专卖分局在成都市公安局武侯分局玉林派出所的协助下，在成都市郊区捣毁特大制售假烟地下工厂。

10月20—24日 省烟草专卖局统一部署全省各地卷烟市场大检查，重点打击贩售“假、私、非、超”卷烟行为，净化卷烟市场。

是年 四川省烟草专卖局（公司）下发《关于凉山州烟草企业管理体制的批复》，同意凉山烟草企业工商分设。

是年 什邡卷烟厂推出高档次精品“佛兰”系列产品。

2001 年

1 月 16—18 日 中国卷烟销售总公司总经理田忠振一行到成都市，安排部署全国城市网建试点工作会议。

2 月 4 日 四川省人民政府副秘书长辜仲江主持召开省烟草发展领导小组成员会议，省政府副省长王金祥、王恒丰出席会议并讲话。

2 月 21 日 四川省烟草专卖局副局长龚锦华与重庆市烟草专卖局副局长吴应禄就两省（市）卷烟市场、专卖管理以及出口业务等问题进行座谈。

3 月 4—7 日 国家烟草专卖局副局长姜成康一行 6 人考察成都烟草分公司、雅安烟草分公司、成都卷烟厂。

3 月 5 日 国家烟草专卖局副局长姜成康、中国卷烟销售总公司总经理田忠振到成都市检查指导全国城网试点工作，要求按“高标准、高质量、创一流”标准，将成都网建成全国一流水平的城网。

3 月 26 日 成都市烟草专卖局（分公司）六城区全面启动“全面访销、全面配送、访送分离、专销结合”城网新模式。

4 月 13 日 按自贡市烟草行业卷烟流通管理体制改革方案，撤销富顺县烟草公司、荣县烟草公司，成立富顺卷烟配送中心、荣县卷烟配送中心，人、财、物及其债权、债务收归自贡市烟草分公司，实行集中统一管理。至 2003 年 10 月 29 日，全省市（州）及县（区）烟草行业完成卷烟流通管理体制改革任务。

4 月 全省烟草行业抽调 77 名熟悉销售、专卖、财会工作的人员组成 27 个检查组，分赴川东、川北、川南和攀枝花、凉山片区，检查执行“一价制”情况。

5 月 15—17 日 全国烟草行业财务审计工作会议在成都市召开。

5 月 19 日 四川省烟草专卖局、云南省烟草专卖局及自贡市烟草专卖局、内江市烟草专卖局、泸州市烟草专卖局、资阳市烟草专卖局在自贡市汇东新区组织开展川南片区公开销毁假烟活动。自贡市人民政府副市长顾伟到场监督。

5 月 20 日 国家烟草专卖局局长倪益瑾考察阿坝州，要求阿坝州加快完善烟草专卖体制建设，与“统一管理，垂直领导、专卖专营 ”一体化体制接轨。

5 月 22 日 在国家烟草专卖局组织下，四川省烟草专卖局捣毁内江市隆昌县一个大型制假烟丝加工厂。

5 月 26 日 成都农村卷烟销售网络全部实行“访送分离”，实现城乡一体运行模式。

6 月 4—7 日 四川省人大常委会副主任黄寅逵率烟草执法检查组前往内江市、宜宾市、达州市检查《烟草专卖法》贯彻实施情况。

6 月 28 日 四川省烟草专卖局局长黄文驰在四川电视台向全川人民发表纪念《中华人民共和国烟草专卖法》颁布 10 周年讲话，副局长龚锦华接受四川电视台记者采访。

7 月 1—2 日 国家烟草专卖局副局长姜成康、中国烟草销售总公司总经理田忠振一行 7 人，在成都市烟草专卖局成华配送中心、五块石批发部、八里庄批发部观看整套网络运行流程、信息化管理进展情况和仓库配货情况，实地考察访销送货全过程。

7 月 31 日 四川省烟草专卖局局长黄文驰召开办公会议，研究落实国务院总理朱镕基“把西昌烟厂整顿好，把效益搞上去”的批示。

8 月 16—17 日 四川省烟草专卖局（公司）召开全省卷烟销售网络建设工作现场会，中国卷烟销售公司总经理田忠振到会指导。

8 月 31 日 国家烟草专卖局局长倪益瑾一行 10 人到西昌烟厂调研。

9 月 17—19 日 国家烟草专卖局“金攀西”优质烤烟品牌开发协调会议在凉山州西昌市召开，国家烟草专卖局科教司司长王彦亭主持会议。

9 月 18 日 国家烟草专卖局、中央电视台、四川省烟草专卖局、四川省公安厅和有关市局稽查人员联合行动，在自贡市大安区大山铺镇自贡油建大队油粘厂查获一大型制造假烟窝点。

9 月 19 日 应国家烟草专卖局邀请，国际烟农协会主席卡瑞罗、副主席坎姆拉葛、总干事阿布朗霍萨等 5 人到西昌市烤烟产地羊角坝乡参观考察。

10 月 16 日 国家烟草专卖局副局长姜成康在成都市主持召开全国卷烟销售网络建设现场会，成都市烟草专卖局（分公司）在会上介绍城市网络建设试点情况和经验。

11 月 2 日 泸州市叙永县烟草专卖局女子稽查中队成立，有队员 10 名，为全省烟草行业第一支女子稽查队。

11 月 17 日 国家烟草专卖局召开 2001 年度全国烟草行业名优卷烟新闻发布，四川省“娇子”“天下秀”卷烟被国家烟草专卖局授予“全国名优卷烟”称号。

11 月 23 日 四川省第九届人民代表大会常务委员会第二十六次会议审议通过《四川省烟草专卖管理条例》，于 2002 年 1 月 1 日施行。这是四川省烟草行业第一部地方法规。

12 月 3 日 撤销宜宾烟草调拨供应站，并入宜宾卷烟厂。

2002 年

1 月 10 日 四川省烟草专卖局（公司）和国家烟草栽培生理生化研究基地在四川省召开“金攀西”优质烤烟开发专题会议。

4 月 成都烟草分公司收购原成都市糖酒公司仓库，建成占地 35 亩的中心物流库。

5 月 8 日 全国政协常委冯元蔚、四川省人大常委会副主任孙自强等到阿坝州，听取烟草工作汇报。

5 月 11 日 自贡市富顺县被列为全省百万人口网建工作重点县。

5 月 16 日 成都市烟草专卖局在成都市郫县捣毁占地 10 亩的特大地下烟厂，现场挡获制假人员 38 人，拘留 13 人，依法逮捕首要分子 11 人。

6 月 24 日 四川省烟草专卖局批准广安大酒店改制，广安烟草分公司、贵阳卷烟厂、遵义卷烟厂出资，组建广安大酒店有限责任公司。

7 月 19 日 国家烟草专卖局在成都市召开烟草行业技术能手评审工作会议。

7 月 29—30 日 四川省烟草专卖局召开全省烟草行业局长、经理、厂长、书记座谈会，省政府副省长黄小祥参会并讲话。

7 月 30 日 经四川省烟草专卖局（公司）批准，撤销成都烟草分公司仓库，成立成都烟草分公司物流中心。

10 月 8—13 日 国家烟草专卖局局长倪益瑾带领国家烟草专卖局办公室、经济运行司、财务司、烟叶总公司等部门考察贯彻国务院总理朱镕基“把西昌卷烟厂整顿好，把效益搞上去”批示精神的情况。

11 月 21 日 四川省烟草专卖局（公司）在成都娇子大厦举行搬迁新址揭牌剪彩仪式，省政府副省长王金祥、省政府副秘书长辜仲江出席仪式。

11 月 25 日 四川省烟草公司达州市公司烟科所“提高白肋烟质量及可用性研究”获国家烟草专卖局科技进步奖一等奖。

12 月 4 日 南充市蓬安烟厂实施破产分流，共分流职工 3589 人。

12 月 18 日 成都卷烟厂举行新厂奠基典礼。国家烟草专卖局副局长张保振、中国工业经济联合会副会长顾家麟、经济学家萧灼基和中共四川省委书记张学忠、四川省人民政府省长张中伟、四川省政协主席秦玉琴、中共成都市委书记王荣轩等出席典礼。

12 月 31 日 以四川省烟草专卖局阿坝州分局和阿坝州烟草有限责任公司为基础，上划组建阿坝藏族羌族自治州烟草专卖局、四川省烟草公司阿坝分公司及各县烟草专卖局、卷烟营销管理中心。

2003 年

1 月 7 日 成都市烟草专卖局在成都市金牛区天回镇捣毁一个地下假烟生产大窝点，查获成品假烟 620 余箱及大量原辅材料、设备，现场挡获制假人员 67 人。

1 月 19 日 四川省烟草发展领导小组成员召开会议，研究四川省烟草发展问题。省政府副省长陈文光、省政协副主席王恒丰等出席会议并讲话。

1 月 20 日 成都卷烟厂厂长程佳华当选为全国人大代表。

1 月 30 日 中共四川省委书记张学忠、中共成都市委书记王荣轩、四川省直企业工委书记甘道明到成都卷烟厂考察并看望生产车间职工。

2 月 25 日 全国人大常委会副委员长王光英考察成都卷烟厂。

3 月 英美烟草公司和青州卷烟厂分别在泸州市叙永县分水镇、观兴乡、营山乡、水潦乡建立烟叶生产基地 10950 亩。

4 月 10—26 日 成都市烟草专卖局（分公司）撤销城区的高新分局（卷烟配送中心），分别成立成都市烟草专卖局（分公司）分局和第一、第二、第三卷烟营销管理中心。

4 月 16—17 日 国家烟草专卖局烟叶购销公司总经理赵兴一行到凉山州考察烤烟生产。

4 月 经四川省烟草专卖局批准，自贡市烟草专卖局直属分局成立。

同月 省烟草专卖局成立四川烟草行业专项治理体外循环工作领导小组，组织和领导全行业的专项治理工作。

5 月 12—19 日 成都市烟草专卖局（分公司）形成物流中心对 6 城区所有零售户、商场实现卷烟统一配送，对 13 个郊区、县（市）营销中心实施大货直送的物流体系。

5 月 22 日 四川省烟草专卖局在内江市召开川南片区烟草专卖管理工作座谈会，建立联动机制，共享信息资源，抵御不法烟贩对川南片区的冲击。

6月29日　国家烟草专卖局研究决定：龚锦华任四川省烟草专卖局局长、中国烟草总公司四川省公司总经理（正厅级）；免去黄文驰四川省烟草专卖局局长、中国烟草总公司四川省公司总经理职务；免去李德福中国烟草总公司四川省公司副总经理职务，免去李存林中国四川省烟草专卖局（公司）党组纪检组组长职务。

7月1日　经四川省烟草专卖局批准，成立泸州市烟草科学研究试验站，为正科级单位，直属泸州市烟草专卖局（分公司）管理。

8月6日　国家烟草专卖局办公室主任周瑞增到四川主持川渝工商管理体制改革大会（四川省烟草工商正式分离），国家烟草专卖局副局长张保振在会上讲话，四川省直企业工委书记甘道明、重庆市人民政府副市长吴家农出席会议。

8月　全国少数民族运动会在青海省西宁市举行，阿坝州烟草行业女子篮球队代表阿坝州参赛，在全国40多个民族参赛队中，获得第二名。

9月4—5日　庆祝四川烟草行业组建20周年文艺汇报演出在成都市举行。

9月5—7日　国家烟草专卖局（总公司）在成都市召开全国重点城市卷烟销售网建联动工作会议，是在成都召开的第二次全国性网建现场会。

9月21日　甘孜州烟草行业上划仪式在甘孜州康定县举行，四川省烟草专卖局局长龚锦华、甘孜州州长尧斯丹出席上划签字仪式。

10月14—23日　全国政协委员、国家烟草专卖局原局长倪益瑾一行，考察九寨沟县、松潘县、汶川县、理县、小金县。

10月23日　凉山州烟草专卖局（公司）为支持中国烟草上海博物馆筹馆建设，将300余件仅存的鼻烟文物捐赠给中国烟草上海博物馆。

11月1日　以四川省烟草专卖局甘孜州分局和甘孜州烟草有限责任公司为基础，组建四川省甘孜藏族自治州烟草专卖局、四川省烟草公司甘孜分公司以及下属各县烟草专卖局、卷烟营销管理中心。甘孜州烟草专卖局（分公司）成立，标志四川省烟草行业专卖体制实现全省统一。

12月27日　四川省烟草专卖局（公司）和重庆市烟草专卖局（公司）签订《川渝烟草专销协作协议书》，从2004年1月1日起实施“专卖管理联防联守，卷烟营销同牌同价”。

2004年

1月1日　成都市烟草行业实现税收集中统一解缴。

2月8日　四川省人民政府副省长、四川省烟草发展领导小组组长陈文光主持召开四川省烟草发展领导小组会议。中共四川省委常委甘道明、四川省人民政府副省长杨志文、四川省人民政府副秘书长杨刚才、四川省政协常委黄文驰和四川省烟草发展领导小组成员出席会议。会议围绕四川烟草发展的重大问题，研究促进全省烟草行业持续、稳定、健康发展的政策措施。

2月17日　四川省烟草专卖局（公司）召开“网建决战年”动员大会，学上海，赶江苏，对全省决战网建工作进行安排部署。

3月4日　川渝中烟工业公司与攀枝花市烟草专卖局（分公司）签订烟叶生产基地建设协议。

4月20日　达州市烟草分公司科研所“提高白肋烟质量及其在低焦油卷烟中应用研究”获国务

院科技进步奖二等奖。

4月22日 四川省烟草专卖局（公司）和川渝中烟工业公司协商召开川渝烟草经济运行协调会议，工商携手打造四川烟草强省。

4月 环球烟草公司农艺专家罗马里奥到达州市考察万源市大沙乡白肋烟生产情况。

6月14日 广元市烟草专卖局（分公司）、南充市烟草专卖局（分公司）、达州市烟草专卖局（分公司）、巴中市烟草专卖局（分公司）、广安市烟草专卖局（分公司）、遂宁市烟草专卖局（分公司）在南充市召开四川烟草东北片区专销协作、联防联席座谈会，形成《四川烟草川东北片区开展专销协作会议纪要》。

6月21—22日 国家烟草专卖局（总公司）在凉山州西昌市召开全国烟叶收购现场会议，国家烟草专卖局副局长何泽华、中国烟叶生产公司总经理赵振山等出席会议。120名代表参会并实地参观凉山州烤烟生产现场。

7月6日 省烟草专卖局因产业调整关闭泸州卷烟厂。

7月22日 眉山市烟草专卖局（公分司）组织眉山建市以来规模最大的焚烧假冒卷烟现场会，销毁假冒卷烟17750箱，制假设备6台（套），烟叶14350公斤。

8月26日 全省烟草行业计算机信息技术学术研讨会在成都市召开，这是工商分家后全省烟草系统计算机信息技术专业学术委员会召开的第一次学术研讨会。

9月5日 湖北中烟工业公司总经理彭明权、武汉烟草（集团）有限公司党委书记康永胜等到凉山州考察烟叶生产收购工作。

9月下旬 遂宁市烟草专卖局（分公司）与成都烟厂、什邡烟厂、武汉烟厂、重庆烟厂、贵阳烟厂建立长期稳定的合作伙伴关系，并以会议纪要形式明确双方责任、权利和义务。

10月12—14日 国家烟草专卖局党组书记、局长姜成康一行到四川检查指导工作，要求四川烟草行业要“深化改革，推动重组，走向联合，共同发展”，企业重组走在全国前列。中共四川省委书记、四川省人大常委会主任张学忠，中共四川省委副书记、四川省人民政府省长张中伟，中共四川省委副书记甘道明会见姜成康一行。

10月19日 中共四川省委书记张学忠、四川省人民政府省长张中伟考察凉山全国优质烟叶生产基地。

10月24日 四川省烟田种植绿肥还田现场会在凉山州召开，攀枝花、广元等烟区121名代表参会，并参观西昌冕宁县“光叶紫花苕”示范田。

10月25日 四川省烟草专卖局（公司）牵头组织，西南五省（自治区、直辖市）区域统一卷烟批发价格协调会议在成都市召开。四川省、云南省、贵州省、重庆市、西藏自治区的省（自治区、直辖市）局（公司）分管计划、销售的负责人参会。

12月4日 全省烟叶工作会议取消巴中市烟叶生产计划。

12月27—29日 四川省烟草专卖局（公司）党组中心组提出以科学发展观统领行业改革发展全局，制定四川烟草发展战略规划，确立四川烟草管理模式，努力实现四川烟草由“大省”向“强省”战略转变。

12月 按《四川省“网建学上海”达标验收工作检查表》考评要求，省烟草专卖局组织考评检查组和督查组加强对网建工作的管理、指导和协调，全省“网建学上海”工作取得阶段性成果。

2005 年

1 月 1 日　四川烟草综合办公信息系统（OA）公文上网流转，省烟草专卖局（公司）和市（州）局（分公司）实行全省联网试运行。

3 月 7 日　中央先进性教育活动督导组组长何永康一行 3 人和中共四川省委保持共产党员先进性教育活动领导小组办公室到四川省烟草专卖局（公司）检查指导保持共产党员先进性教育活动开展情况。

5 月 29 日　四川省烟草专卖局（公司）在阿坝州局（分公司）召开援州交流挂职干部座谈会。来自广元市、南充市、广安市、资阳市的 10 名干部被分配到阿坝州的 7 个县局（中心）副局长（副经理）岗位挂职锻炼两年。

6 月 3—4 日　四川省烟叶生产可持续发展规划论证会议在凉山州西昌市召开，对《四川省烟叶生产可持续发展规划》进行论证。中国烟叶生产购销公司副总经理陈江华参会。

8 月 4—5 日　全省烟草商业系统召开局长、经理、书记座谈会，学习贯彻国务院总理温家宝对全国烟草行业的批示。会议要求以“管理年”活动为主题，以深化改革为动力，以扩销增量为突破口，努力实现销售卷烟 200 万箱、收购烟叶 250 万担、实现税利 30 亿元目标。

8 月 11 日　四川省烟草专卖局与攀枝花市人民政府签署《加快攀枝花优质烤烟生产基地建设战略合作协议》。

8 月 23—24 日　上海烟草（集团）公司副总经理施超一行到凉山州普格县、西昌市、德昌县、会理县参观烤烟生产，实地考察养窝农场烤烟集约化示范基地、集约化烤烟房、标准化收购站点、烟叶仓储中心和替代进口烟叶生产示范基地以及烟叶防霉设施。

9 月 12 日　国家税务总局公布成都市烟草公司以 2.65 亿元纳税金额进入 2004 年度中国纳税 500 强，排第 452 位。

9 月 22 日　攀枝花市召开烟水配套工程建设工作会议，安排烟水配套工程建设工作。

9 月 24—26 日　广西百色市考察团一行 13 人考察凉山州烤烟生产、收购。

10 月 23 日　全国烟草商业系统卷烟生产经营决策管理系统运行座谈会在成都市召开。国家烟草专卖局项目办、经济运行司、专卖司、信息中心、中烟电子商务公司以及来自全国各省、自治区、直辖市烟草专卖局（公司）计划处及信息中心的 50 多位代表参会。

12 月 7—9 日　全国烟叶生产基础设施建设工作现场会在凉山州召开，来自全国各省（自治区、直辖市）烟叶产地的 150 余名代表参观四川省烟草公司凉山州公司烟叶基础设施建设现场。

三、文献辑存

四川省烟草专卖管理条例

（2001年11月23日，四川省第九届人民代表大会常务委员会第二十六次会议通过。2004年9月24日，四川省第十届人民代表大会常务委员会第十一次会议《关于修改四川省烟草专卖管理条例的决定》修正）

第一条 根据《中华人民共和国烟草专卖法》及《中华人民共和国烟草专卖法实施条例》等有关法律、法规，结合四川省实际，制定本条例。

第二条 在本省行政区域内从事烟草专卖品生产、销售、存储、运输以及专卖管理等活动的单位和个人，均应遵守本条例。

本条例所称烟草专卖品，是指卷烟、雪茄烟、烟丝、复烤烟叶、烟叶、卷烟纸、滤嘴棒、烟用丝束及烟草专用机械。

本条例所称烟草制品，是指卷烟、雪茄烟、烟丝、复烤烟叶。

第三条 县级以上烟草专卖行政主管部门负责本行政区域内的烟草专卖监督管理工作。

公安、工商、质量技术监督、海关、交通等行政管理部门在各自的职责范围内，协同烟草专卖行政主管部门做好烟草专卖监督管理工作。

第四条 烟草制品生产企业的设立，应依法报经国务院烟草专卖行政主管部门批准，取得生产企业许可证。未经批准，任何单位或个人不得生产烟草制品。

第五条 从事烟草制品批发业务，应依法向省烟草专卖行政主管部门提出申请，经批准取得烟草专卖批发企业许可证并依法取得工商营业执照后，在规定的经营范围和地域内从事烟草制品的批发业务。

第六条 从事烟草制品零售业务，应依法向当地烟草专卖行政主管部门提出申请，经批准取得烟草专卖零售许可证并依法取得工商营业执照后，在发证机关所在地烟草专卖批发企业进货，亮证经营。

禁止向未成年人出售烟草制品。

第七条 未经国务院烟草行政主管部门批准，不得设立烟草制品集中交易市场。

第八条 禁止销售、运输、存储、投递走私烟草制品以及为其提供条件。禁止生产、销售、运输、存储、投递假冒伪劣烟草制品以及为其提供条件。

第九条 零售的卷烟、雪茄烟必须标有省烟草专卖行政主管部门监制的烟草专卖标识。禁止非法印制、销售、使用烟草专卖标识。

第十条 省内跨市、县运输烟草专卖品，应当持有省烟草专卖行政主管部门或其委托机构签发的准运证。

从事烟草制品零售业务的单位和个人，在发证机关所在地的县级行政区域范围内托运或自运烟草制品，应当持有当地烟草专卖批发企业或其委托单位出具的有效购货证明。

第十一条 烟草专卖品准运证应随货同行、证货相符；所运输的烟草专卖品不能使用同一运输工具的，应分别开具准运证。

任何单位和个人不得为无准运证的单位或个人承运烟草专卖品。

禁止烟草专卖品运输中的下列行为：

（一）重复使用烟草专卖品准运证的；

（二）使用过期、涂改、复印、伪造、变造的烟草专卖品准运证的；

（三）不符合烟草专卖品准运证规定的运达地点、品种、数量的。

第十二条 烟草专卖行政主管部门在依法查处违法案件时，行使以下职权：

（一）对违法生产、销售、存储、运输的烟草专卖品进行检查；

（二）对当事人、证人以及有关单位和个人进行调查、询问，并要求其在笔录上签名或盖章；

（三）查阅、抄录或复制与违法案件有关的票据、账册等有关证据材料；

（四）对涉案烟草专卖品的生产、存储、经营场所和运输工具进行检查，对与违法行为有关的工具、烟草专卖品和其他物品实行登记保存。

第十三条 烟草专卖行政执法人员在执行公务时，应遵守以下规定：

（一）执法检查时不得少于两人，并应出示国务院烟草专卖行政主管部门颁发的检查证件或者省人民政府颁发的行政执法证件；

（二）实施登记保存时，应经本级烟草专卖行政主管部门负责人批准，并告知当事人实施登记保存的事实、理由和依据等事项。

登记保存的期限不得超过三十日，因案情复杂确需延长期限的，应经上一级烟草专卖行政主管部门批准，但延长期限不得超过三十日。

第十四条 当事人在其烟草专卖品或涉案物资被烟草专卖行政主管部门登记保存后，不接受调查处理的，经烟草专卖行政主管部门书面通知或自公告通知之日起满三十日后仍不接受调查处理的，烟草专卖行政主管部门可将登记保存的烟草专卖品连同涉案物资予以没收。

第十五条 生产、销售、存储假冒伪劣烟草制品的，烟草专卖行政主管部门、质量技术监督部门、工商行政管理部门责令其停止违法行为，没收其生产、销售、存储的烟草制品和违法所得及用于生产、销售的工具、设备和其他相关物资，可并处以生产、销售、存储烟草制品货值一倍以上二倍以下的罚款，构成犯罪的，依法追究刑事责任。

为假冒伪劣烟草制品的生产、销售、存储提供场地、运输服务及条件的，没收违法所得，可并处二千元以上五万元以下的罚款，构成犯罪的，依法追究刑事责任。

第十六条 烟草专卖零售经营者向未成年人出售烟草制品或未亮证经营的，由烟草专卖行政主管部门责令改正；拒不改正的，处以50元以上200元以下的罚款。

烟草专卖零售经营者在经营场所摆放、出售未标有烟草专卖标识的烟草制品的，由烟草专卖行政主管部门责令改正，并处以 50 元以上 1000 元以下的罚款。

烟草专卖零售经营者因违法经营被处罚两次以上或者拒绝接受检查的，烟草专卖行政主管部门可以吊销其烟草专卖零售许可证。

无烟草专卖零售许可证经营烟草制品零售业务的，由工商行政管理部门或烟草行政主管部门责令其停止经营，没收违法所得，并处违法货值百分之 20% 以上 50% 以下的罚款。

第十七条 违法印制、销售烟草专卖标识的，由烟草专卖行政主管部门责令其停止违法行为，没收违法印制、销售的烟草专卖标识和违法所得及用于印制、销售烟草专卖标识的工具、设备和其他相关物资，可并处 1 万元以上 10 万元以下的罚款；

违法使用烟草专卖标识的，可处 500 元以上 5000 元以下罚款。

第十八条 销售走私烟草制品、出口倒流国产烟、未缴付关税而流出免税店和保税区的烟草制品的，由烟草专卖行政主管部门、海关或工商行政管理部门责令其停止销售，没收违法经营的烟草制品和违法所得，并处违法货值 1 倍以上 3 倍以下的罚款，构成犯罪的，依法追究刑事责任。

为走私烟草制品提供存储、运输服务及条件的，没收违法所得，可并处 2000 元以上 5 万元以下罚款，构成犯罪的，依法追究刑事责任。

第十九条 对违反本条例的行为，烟草专卖行政主管部门、工商行政管理部门、质量技术监督部门、海关都有权查处的，按照谁先受理谁查处的原则办理；不属于本部门职权范围内的，应及时移送有权部门查处。对同一违法行为，不得重复处罚。

有关部门依法查获的假冒伪劣烟草制品，应交当地烟草专卖行政主管部门按国家有关规定依法公开销毁，禁止以任何方式销售。

第二十条 违反本条例的其他行为，依照《中华人民共和国烟草专卖法》和《中华人民共和国烟草专卖法实施条例》等有关法律法规处罚。

第二十一条 拒绝、阻碍烟草专卖行政执法的，由公安机关依照《中华人民共和国治安管理处罚条例》处罚；构成犯罪的，依法追究刑事责任。

第二十二条 当事人对烟草专卖行政主管部门或其他行政机关作出的具体行政行为不服的，可以依法申请行政复议或提起行政诉讼。对行政处罚决定逾期不申请复议、不提起行政诉讼又不履行处罚决定的，做出处罚决定的行政机关可以依法强制执行或申请人民法院强制执行。

第二十三条 烟草专卖行政主管部门工作人员违反本条例第十三条规定的，由有关部门批评教育，并可视情节给予行政处分。

第二十四条 烟草专卖行政主管部门及其工作人员利用职务上的便利违法倒卖烟草专卖品、伪造变造许可证和准运证、走私烟草专卖品的，由有关部门给予行政处分；构成犯罪的，依法追究刑事责任。

第二十五条 烟草专卖行政主管部门工作人员在执行公务中有其他滥用职权、玩忽职守、徇私舞弊、贪赃枉法行为的，由有关部门给予行政处分；构成犯罪的，依法追究刑事责任。

第二十六条 对检举、协助查处烟草专卖违法案件的有功单位或个人，烟草专卖行政主管部门应当依照有关规定给予奖励。

第二十七条 本条例所称假冒伪劣烟草专卖品、走私烟草专卖品货值，是指按同一品名的非假冒伪劣烟草专卖品、合法进口烟草专卖品的市场批发价计算所得的金额。

第二十八条 本条例自2002年1月1日起施行。

四川省烟草专卖局部门执法责任制实施办法（试行）

第一章 总 则

第一条 为了加强烟草行业的法制建设，全面正确实施《中华人民共和国烟草专卖法》（以下简称《专卖法》）和《中华人民共和国烟草专卖法实施条例》（以下简称《条例》），严格依法行政，明确和落实执法责任，提高烟草专卖部门执法水平，维护公民、法人和其他经济组织的合法权益，结合烟草专卖行政执法的实际情况制定本办法。

第二条 四川省烟草专卖局（以下简称省局）是依法设立的省级烟草专卖局行政主管部门，是烟草专卖行政管理和执法的主体。其主要职责是，在本辖区负责领导、组织、监督《专卖法》和《条例》的贯彻、实施，维护国家对烟草及其制品实行专卖制度。

第三条 省局下设烟草专卖管理处，是实施具体行政行为的执法部门，纪检、监察、人事、审计部门配合专卖管理工作。各地、市、州、县（区、市）设立烟草专卖局，负责本辖区内的烟草专卖管理和行政执法工作。

第四条 烟草专卖行政执法，主要依据国家宪法，全国人大制定的法律和国务院各部、委、省人大制定的行政法规，地方性法规，依法行政，杜绝执法的随意性。

第五条 烟草专卖行政执法，严格执行《专卖法》《条例》《烟草专卖管理机关行政处罚程序》《国家赔偿法》《行政处罚法》等国家及省有关法律、法规、规章，遵循有法必依、执法必严、违法必究的原则，以保证具体行政行为事实清楚，证据确凿，定性准确，处理恰当，程序合法。

第二章 执法责任

第六条 烟草专卖行政管理和执法实行局长负责制，局长为执法的第一责任人，各职能部门对局长负责。

执法责任制包括为局长执法责任制，副局长执法责任制，专卖管理处执法责任制。各地、市、州、县（区、市）烟草专卖局执法责任由各地自行制定。

第七条 职能部门应严格按照各自的权限管理，不得越权执法，需要协商配合的，专卖管理处负责协调。

第八条 根据《行政复议条例》的规定，设立复议委员会。对各地、市、州烟草专卖局作出的具体行政行为，当事人申请复议的，由复议委员会作出复议决定；省局因复议变更的具体行政行为，当事人不服的由省局承担行政诉讼责任。

第三章 执法监督

第九条 实行行政管理负责制。局长主持全局执法工作，把专卖管理及法制建设作为重要内容，副局长协助局长工作，主管专卖管理执法工作，承担执法责任。专卖管理处负责人负责专卖执法责任。按照一级抓一级，下级服从上级的原则，分级负责，层层落实。

第十条 加强执法队伍建设和思想政治工作，组织执法人员认真学习法律法规抓好岗位培训，努力提高烟草专卖行政执法人员素质和行政机关的整体执法水平，保持勤政廉洁，秉公执法。

第十一条 行政执法人员因故意或过失给当事人的合法权益造成损失的，应依据《国家赔偿法》等规定进行赔偿，并追究有关人员责任。

第十二条 执法人员违反岗位职责执法犯法，严重失职，应给予批评教育或离岗培训，需调离执法部门，给予行政处分、辞退处理的，由人事、专卖部门提请局党组研究决定，构成犯罪的，移送司法机关追究刑事责任。

第十三条 烟草专卖行政执法接受上级烟草专卖局和当地政府的领导和监督。执法部门要经常调查掌握执法动态，研究执法新情况，不断完善执法责任制。

第四章 执法考核

第十四条 对执法责任制的检查考核，由省局设立的领导小组考核与群众评议相结合，平时检查与半年、年终评比相结合，执法责任制考核与年度目标责任考核相结合的办法进行。

第十五条 把行政执法纳入年度目标责任制管理，对各职能处室，以 100 分制实行年度目标责任制考核，对各地、市、州烟草专卖局，在总分中以 10 分纳入年度目标责任制考核，在执法中，对出现重大问题的单位不给予表彰和奖励。

第五章 附 则

第十六条 本办法由省局执法责任制领导小组负责解释。

第十七条 本办法自 1997 年 10 月 1 日起执行。

1997 年 6 月 30 日

四川省烟草专卖局科学技术进步奖励办法

第一章 总 则

第一条 根据《中华人民共和国科学技术进步法》以及国家科学技术奖励办公室颁布的有关自然科学、发明、科学技术进步、科技著作、科技成果推广、国际科学技术合作的《奖励条例》和《实施细则》及《国家局科学技术奖励办法》，结合烟草行业实际，特制定本办法。

第二条 四川省烟草专卖局建立科学技术奖励制度，奖励在推动烟草行业科学技术进步和技术创新中做出重要贡献的集体和个人，以充分调动广大烟草科学技术人员的积极性、创造性，促进烟草行业持续、稳定、健康发展。

第三条 四川省烟草专卖局科学技术进步奖励范围包括：

（一）应用于烟草行业经济建设的新的科学技术成果；

（二）引进、消化、吸收国内、外先进技术成果；

（三）推广、采用已有先进科学技术的新成果；

（四）烟草标准化、计量成果；

（五）科学技术信息成果；

（六）软科学研究成果；

（七）科技专著、科技教材、科普图书。

第四条 具备以下条件之一者，可以申请四川省烟草专卖局科学技术进步奖：

（一）应用于烟草行业的新的科学技术成果（包括新产品、新技术、新工艺、新材料、新设备等），属于：

1. 符合烟草行业发展政策和技术政策；

2. 本省行业先进，技术内容无异议，拥有自主知识产权；

3. 经过实践证明具有重大经济效益或社会效益。

（二）在烟草行业推广、转让、应用已有的科学技术成果工作中，做出创新性贡献并取得重大经济效益或社会效益。

（三）在省烟草行业重大工程建设和企业技术改造中，采用新技术，做出创新性贡献并取得重大经济效益或社会效益。

（四）在引进、消化、吸收、开发、应用先进技术和科学技术合作中，做出重大贡献并取得显著经济效益或社会效益。

（五）软科学研究成果应用于本省烟草行业改革与发展的重大决策和管理现代化实践中，取得显著经济效益或社会效益。

（六）在烟草行业标准、计量、科学技术信息等工作中，做出创新性贡献并取得显著效果的。

（七）烟草科技著作、科技教材、科普图书达到省内同类著作先进水平，并在出版发行两年后取得重大经济效益或社会效益。

第五条 根据奖励项目的科学技术水平、经济效益、社会效益和科技进步的大小，分为一等奖、二等奖、三等奖三个等级，对烟草行业发展具有核心技术，社会经济效益巨大的科技成果设特等奖，分别授予证书和奖金。

第六条 四川省烟草专卖局科学技术进步奖按下列三方面综合评定：

（一）科学技术水平、技术难度、规模；

（二）经济效益和社会效益；

（三）对本省烟草行业科技进步的作用。

具体评审标准见附件《四川省烟草专卖局科学技术奖励评审标准》。

第二章 奖励评审机构

第七条 四川省烟草专卖局科学技术委员会（以下称省局科技委）负责评审四川省烟草专卖局科学技术进步奖项目。再从获得四川省烟草专卖局二等奖（含二等奖）以上项目中评审出向国家局推荐申报国家局有关科学技术奖励。

第三章 奖励程序

第八条 四川省烟草专卖局科学技术进步奖按下列程序申报：

（一）烟草行业的申报项目统一由市、州烟草专卖局，直属专业公司归口初审。初审合格后，向省烟草专卖局推荐；

（二）烟草行业以外的单位完成的有关烟草科技成果项目，向所在地烟草专卖局提出申请，并经过初审后，推荐申报四川省烟草专卖局科学技术进步奖其初审、推荐按前款处理；

（三）列入省局计划并由省局有关部门或直属专业公司完成的项目，直接向省局科教处申报。

第九条 向省烟草专卖局科技主管部门申报本年度的科学技术进步奖项目的截止日期为每年的5月30日。

第十条 申报省烟草专卖局科学技术进步奖的项目应报送下列材料：

（一）四川省烟草专卖局科学技术进步奖申报书（10份）；

（二）项目鉴定证书或视同鉴定证明（专利证书、有关部门出具取得重大经济效益证明等）（10份）；

（三）项目的试验研究总结报告（10份）；

（四）申报单位认为应附的材料（10份）；

（五）申报科技专著须提供三名以上专家评价推荐意见，被公开引用的证明，发行量、再版次数及译成其它语种的证明，由新闻出版机构的图书管理部门出具图书成品质量证明。

第十一条 有下列情况之一者，暂不予评审或不评审：

（一）不符合本办法第三、四、八、十条规定的；

（二）项目的异议未解决的；

（三）未办理有关科技成果登记手续的；

（四）已经获地区及其以上的自然科学奖、发明奖、科技进步奖的；

（五）超过规定报送时间的；

（六）发现有弄虚作假或剽窃他人成果的。

第十二条 各市、州烟草专卖局及省局直属机构统称为“申报部门”。申报部门应对申报项目进行初审的主要内容是：

（一）是否符合本办法的第三条的规定；

（二）是否获得过各种奖励；

（三）主要完成单位、主要完成人是否符合有关规定；

（四）是否按规定填写和具备规定的附件。

第十三条 申报项目的主要完成人是指对该项目的完成做出创造性贡献的主要人员。具备下列基本条件之一者可作为申报项目的主要完成人：

（一）提出和确定项目的总体方案设计；

（二）在研制过程中直接参与并对关键技术和疑难问题的解决做出重要贡献；

（三）直接参与并解决在投产、应用或推广过程中的重要技术难点。

第十四条 申报项目的主要完成单位系指项目主要完成人所在的基层单位，并在该项目研制、投产、应用或推广的全过程中提供技术、经费和设备等条件，对该项目的完成起重要作用。县、团级以上（含县、团级）的政府部门原则上不作为主要完成单位参加申报。

第十五条 各等级申报项目的主要完成人和主要完成单位的限额数为：

特等奖：主要完成单位 7 个；主要完成人 12 名；

一等奖：主要完成单位 5 个；主要完成人 9 名；

二等奖：主要完成单位 4 个；主要完成人 7 名；

三等奖：主要完成单位 3 个；主要完成人 5 名。

第十六条 省烟草专卖局科学技术处完成形式审查工作，对形式审查结果写出书面意见，向省局科技委报告。

第十七条 省局科技委完成申报项目的评审工作。

（一）对每个申报项目确定两名主要审查人员，分别担任主审和副审（必要时可聘请有关专家），在评审会前熟悉有关项目的材料，并写出评审意见；

（二）主审和副审介绍项目情况，科技委依照评审标准对申报项目进行评审；对于争议较大，需要缓评的项目，须经三名以上科技委委员提议，由会议主持人组织，出席会议全体委员通过举手表决，三分之二以上同意；

（三）申报特等奖和一等奖项目的第一完成人要在评审会上介绍（可采取录像、幻灯、多媒体等形式）项目的主要技术原理和关键技术，并对评审委员提出的有关问题进行答辩；

（四）对评审项目采取记名投票，必须有三分之二以上委员出席会议。每年评审特等奖不超过一项，一等奖一般不超过二项。特等奖、一等奖项目须经出席会议全体委员三分之二以上同意；二等奖、三等奖项目须经出席会议全体委员半数以上同意。如果特等奖和一等奖空缺，须经三名以上科技委委员提议，由会议主持人组织，对评审一等奖得票半数以上的项目可再进行一次投票，再次投票得票数超过三分之二的项目可确定为一等奖；如果一等奖仍空缺，二等奖可增加到四项；

（五）在申报书上填写审定或推荐意见时，应说明审定或推荐意见的理由和奖励等级的理由。

第十八条 参加评审的委员为被评审项目的完成人之一时，应予回避。

第十九条 相同内容的项目分别由不同单位各自独立完成，又分别申报、授奖时，择优奖励。

第二十条 获得省烟草专卖局科学技术进步奖的项目由省烟草专卖局核准、授奖。国家局科技委在获二等奖以上（含二等奖）的项目中择优向国家科学技术成果奖励办公室推荐申报国家有关科学技术奖励，省烟草专卖局核准。

第四章 异议处理

第二十一条 异议的处理

（一）对已公布的获奖项目如有异议，可自公布之日起两个月内向省烟草专卖局科技主管部门提出，超过两个月提出的，不再受理。

（二）凡涉及项目主要完成单位、主要完成人或名次排列的非实质性异议问题，由申报部门负责处理，并将结果报省烟草专卖局科技主管部门备案。

（三）凡涉及获奖项目实质性问题（指获奖项目是否达到奖励条件和奖励等级，或是否有弊端等）的异议，特等奖和一等奖项目由其申报部门提出处理意见，报省局科技委复议，由省烟草专卖局裁决；二、三等奖项目由其申报部门提出处理意见，由省局科技委裁决，并将结果报省烟草专卖局备案。

省烟草专卖局对所有的异议处理意见具有最终审核裁决的权力。

（四）对获奖项目提出异议或揭发弊端者，须采用书面形式，指出项目名称、获奖等级、主要完成单位和主要完成人，必须出具真实姓名、工作单位、联系地址，否则不予受理（如需保密，请注明）。

对有异议或揭发弊端部分需如实地提出申诉理由，如有附件，要列出目录并将原件与书面材料（如证明材料、图页、照片）一起附上。

如发现反映情况有意不实者，经调查核实，证据确凿，视情节追究其责任。

（五）异议由省烟草专卖局科技主管部门负责协调，有关推荐部门协助。在接到异议函件后，应在一个月内审核完毕。如有必要，省局科技委视情节组织专家调查处理。

在处理过程中，有关单位或个人在规定的时间内不作答复，即视为弃权。

（六）项目完成人、完成单位和申报部门对评审等级提出的意见，一般不予受理。

第五章 奖励分配

第二十二条 奖励

（一）省烟草专卖局科学技术进步奖分为下列四种奖励等级：

奖励等级	荣誉奖	奖 金
特等奖	奖励证书	100000 元
一等奖	奖励证书	60000 元
二等奖	奖励证书	40000 元

三等奖　　　　　　奖励证书　　　　　　20000 元

（二）奖励证书分别发给主要完成单位和主要完成人。

（三）项目的主要完成人所得奖金不得少于奖金总额的 70% ，其余部分发给其它有关人员，不搞平均主义。荣获技术进步奖项目的主要完成人的业绩应记入本人档案，并作为考核、评定技术职称的重要依据之一。

（四）一个单位完成的项目，奖金由项目完成单位负责组织分配。两个以上单位完成的项目，奖金由第一完成单位负责与其它主要完成单位协商提出分配方案。各级主管单位不得截留和挪用。奖金分配后，由其申报部门负责将结果报省烟草专卖局科技主管部门备案。自奖金拨出一年后分配方案仍未落实者，申报部门应负责将奖金退回省烟草专卖局。

第二十三条　烟草行业各级烟草专卖局、企业事业单位应当依据《中华人民共和国科学技术进步法》等有关规定，从实施科学技术成果新增留利中提取一定比例，奖励完成技术成果的组织和个人。

第二十四条　烟草行业各单位和个人可以依据《中华人民共和国科学技术进步法》等有关规定，建立科学技术奖励基金，运用多种形式奖励在烟草行业科学技术进步活动中做出重要贡献的组织或者个人。

第六章　附　则

第二十五条　华侨、外籍人员和在华工作的外国人，如对我省烟草行业的科学技术进步做出创造性贡献，并符合本办法及有关规定者，均可申报省烟草专卖局科学技术进步奖。

第二十六条　凡申报省烟草专卖局科学技术进步奖的项目需交纳初审、评审费。单位申报的每个项目合计交纳 1000 元；个人申报的合计交纳 200 元。

第二十七条　本《办法》如与国家有关法规文件有不符，按国家有关法规文件执行。

第二十八条　本《办法》由四川省烟草专卖局负责解释。

第二十九条　本《办法》自 2003 年 12 月 1 日起施行。原《四川省烟草公司科学技术进步奖励暂行办法》（川烟科〔1995〕012 号）同时废止。

附：

四川省烟草专卖局科学技术奖励评审标准

根据四川省烟草专卖局科学技术进步奖励办法第六条规定，四川省烟草专卖局科学技术奖励评审标准如下：

一、烟草行业基础理论研究成果

一等奖　提出专业领域新的思想、知识体系，学术上有新的创见，其理论对本省烟草行业的技术进步有重要的作用和普遍意义。有重大的实用价值、科学价值以及社会或经济效益。

二等奖 提出专业领域新的思想、知识观点，学术上有新的突破，其理论对本省烟草行业的技术进步有显著的作用，有较大的实用价值、科学价值以及社会或经济效益。

三等奖 学术及其理论对促进本省烟草行业的技术进步有较大的推动作用，有一定的实用价值、科学价值以及社会或经济效益。

二、烟草行业应用研究成果

特等奖 科学技术成果水平达到或超过全国先进水平，对本省烟草行业应用具有重大变革性、创新性、突破性价值，对推动本省烟草行业技术进步有重大作用，应用后具有巨大的经济或社会效益。

一等奖 科学技术成果水平接近国内水平或为省内领先水平，技术难度和研制规模，在本省烟草行业应用有很大的实用价值和推广价值，对推动本省烟草行业技术进步有很大作用，应用后具有重大经济或社会效益。

二等奖 科学技术成果水平为省内先进水平，技术难度和研制规模较大，在本省烟草行业应用有大的实用价值和推广价值，对推动烟草行业技术进步有大的作用，生产应用后有很大的经济或社会效益。

三等奖 科学技术成果水平为省内较先进水平，有一定的技术难度和研制规模，在本省烟草行业应用有较大的实用价值和推广价值，对烟草行业的技术讲步有一定的推动作用，生产应用后有较大的经济和社会效益。

三、科学技术推广应用成果

特等奖 在全省烟草行业全面推广、应用已有的重大科学技术成果，促进烟草行业发生突破性重大变革，得到全国公认，使全省行业在该方面生产技术水平达到全国领先水平，产生巨大的经济和社会效益。

一等奖 在烟草行业推广、应用已有的重大科学技术成果中，有很大的覆盖面，占可推广面比例很大，已取得很大的经济效益、社会效益和生态效益；推广机制、方法和措施有很大的改进和创新；对本省烟草行业经济增长方式产生重大变革，对本省烟草行业发展有重大的推动作用。

二等奖 在烟草行业推广、应用已有的科学技术成果中有大的覆盖面，占可推广面比例大，已取得明显的经济效益、社会效益和生态效益；推广机制、方法和措施有大的改进和创新；对本省烟草行业经济增长方式产生较大变革，对本省烟草行业发展有大的推广作用。

三等奖 在烟草行业推广、应用已有的科学技术成果中，有较大的覆盖面，占可推广面比例较大，已取得较大的经济效益、社会效益和生态效益；推广机制、方法和措施有较大的改进创新；对本省烟草行业发展有较大的推动作用。

四、引进、消化、吸收国外先进技术成果

一等奖 在消化吸收、推广应用引进的国内、外先进技术中，结合我省烟 草行业的实际情况有重要创新和发展，技术难度基本达到引进的国内、外先进技术水平，对推动本省烟草行业技术进步有很大的作用，取得了重大的经济或社会效益。

二等奖 在消化吸收、推广应用引进的国内、外先进技术中，结合我省烟草行业的实际情况有一定创新，技术难度达到所引进的国内、外先进技术水平，对推动本省烟草行业技术进步有较大的作用，取得了很大的经济或社会效益。

三等奖 在消化吸收、推广应用引进的国内、外先进技术中，结合我省烟草行业的实际情况有所改进，技术难度基本接近所引进的国内、外先进技术水平，对推动本省烟草行业技术进步有一定的作用，取得了较大的经济或社会效益。

注：消化吸收国内、外先进技术成果须提供两个（含）以上使用方出具的两年稳定使用原始记录和证明。

五、标准化研究应用成果

在批准发布并经过两年以上执行时间的烟草行业标准和执行时间三年以上的企业标准中，由企业择优推荐。

一等奖 对烟草行业的技术进步有很大促进作用，能结合烟草行业实际，大力采用国际、国内先进标准，制定行业标准，促进企业建立最优的生产经营秩序，达到国际国内同类水平，具有重大的经济或社会效益。

二等奖 对烟草行业的技术进步有较大的促进作用，能结合烟草行业实际，积极采用国际、国内及行业标准，促进企业建立了良好的生产经营秩序，达到国内先进水平，具有较大的经济或社会效益。

三等奖 对烟草行业的技术进步有促进作用，能结合企业实际有效地制定先进的企业标准，建立了较好的生产经营秩序，达到国内同类水平，具有一定的经济或社会效益。

六、科技信息成果

一等奖 建立的科技信息数据库准确完整，有广泛专业覆盖面和深度，通信检索技术先进可靠，国内具有先进性和重大的实用价值，为推进本省烟草行业技术进步发挥了关键作用，取得显著的经济效益或社会效益。

二等奖 建立的科技信息数据库准确完整，有较广泛的专业覆盖面和深度，通信检索技术较先进，具有较强实用价值，为推进企业技术进步发挥了重大作用，获得明显的经济效益或社会效益。

三等奖 建立的科技信息数据库基本准确完整，有一定的专业覆盖面和深度，通信检索技术较先进，具有实用价值，为推进企业技术进步发挥了重要作用，获得较大的经济效益或社会效益。

七、软科学研究成果

一等奖 结合烟草行业实际，提出有创新、有特色的新方法、新方案、新理论，对推动烟草行业科学决策和管理现代化、保进行业经济发展、体制改革有显著贡献，在全省产生重大影响，并取得重大经济效益或社会效益。

二等奖 结合烟草行业实际提出的方法、方案、理论，对行业经济发展、体制改革、管理现代化有创新和普遍的指导意义，在全省行业内产生重大影响，并取得重大经济效益或社会效益。

三等奖 提出方法、方案、理论对提前完成国家烟草专卖局、省政府及省烟草专卖局计划或解决人、财、物，明确权、责、利相结合的有效管理，及合理利用资源等方面，做出贡献或有显著成绩。

八、科技专著、科技教材、科普图书

一等奖 阐述的烟草行业某一领域的新技术、新方法、新学科，对烟草行业发展有重大推动作用；结合烟草行业重点建设项目收集丰富数据，总结为理论，对烟草行业决策有重大意义；提出的新学科、新体系在烟草行业某一领域具有权威性，有很高的学术和使用价值；达到国内同类书籍先进水平，编辑出版质量达到国家规定图书质量标准，对推动烟草行业技术进步、培养人才或提高职工素质作用重大，并取得特别重大的社会或经济效益。

二等奖 阐述总结烟草行业某一领域的新技术、新方法，对烟草行业发展有很大的推动作用；结合烟草行业重点建设项目收集丰富数据，总结为理论，对烟草行业决策有重要意义；提出的新学科、新体系，在烟草行业某一领域具有权威性，有较高的学术和使用价值；接近国内同类书籍先进水平，编辑出版质量达到国家规定图书质量标准，对推动本省烟草行业技术进步、培养人才或提高职工素质作用很大，并取得重大的社会或经济效益。

三等奖 阐述总结烟草行业某一领域的新技术、新方法，对本省烟草行业发展有较大推动作用；结合本省烟草行业重点建设项目收集丰富数据，总结为理论，对烟草行业决策有一定意义；总结的学科、体系，在本省烟草行业某 一领域具有权威性，有较高的学术和使用价值；达到省内同类书籍领先水平，编辑出版质量达到国家规定的图书质量标准，对推动本省烟草行业技术进步、培养人才或提高职工素质作用较大，并取得较大的社会经济效益。

四川省烟草税种及税金解缴办法

按照《中华人民共和国烟草专卖法》和《中华人民共和国烟草专卖法实施条例》的规定，经国务院烟草专卖行政主管部门或者省级烟草专卖行政主管部门批准，烟草公司取得《烟草专卖批发企业许可证》后，方可经营卷烟、雪茄烟（以下简称卷烟）批发业务和烟叶收购、销售业务。上述业务所涉及的税种及税金附加有：增值税、消费税、烟叶税、印花税、企业所得税、城建税、教育费附加、地方教育费附加、关税等。

卷烟购销涉税

四川烟草商业企业严格按照国家烟草专卖局下达的“内销卷烟安排计划”和国家烟草专卖局统一制定的卷烟调拨价和批发价，进行卷烟的采购和销售。国家烟草专卖局通过全国统一部署的“生产经营决策管理系统”（简称1号工程），对卷烟的批发价格进行控制和对卷烟从“工业企业——商业企业——卷烟零售户”的整个流向进行全过程监控。

1．卷烟采购

（1）涉及纳税义务

增值税进项税抵扣、印花税计提。

（2）采购价格

国家烟草专卖局统一制定卷烟调拨价格。

（3）销售计划

国家烟草专卖局根据各省卷烟市场销售情况，将年度“内销卷烟安排计划”下达给省级烟草公司；省级烟草公司根据国家烟草专卖局下达的计划层层分解落实，并将“卷烟销售计划”（含低档卷烟和部分重点品牌卷烟销售计划）下发给所属市级烟草公司。各级烟草公司严格执行上级主管部门下达的卷烟销售计划。

（4）采购合同

市级烟草公司根据下达卷烟销售计划任务，结合本地卷烟市场经营情况合理安排各类卷烟的具体采购计划，并通过中国烟草总公司统一部署的“中烟电子商务网’’与卷烟工业企业签订“卷烟交易合同”。

（5）卷烟出、入库

卷烟工业企业根据与烟草公司签订的合同，到主管烟草专卖局开具“烟草专卖品准运证”，直接将成品卷烟运送至市级烟草公司。市级烟草公司收到成品卷烟后经“1 号工程”扫码入库。

（6）货款支付

市级烟草公司根据确认的入库单、购销合同、增值税发票，对卷烟工业企业向市级烟草公司发出的“银行托收承付单”进行审核，无误后交银行进行货款支付。

（7）纳税义务的形成

增值税进项税抵扣：

市级烟草公司根据采购卷烟时取得的卷烟工业企业开具的卷烟销售增值税专用发票，在规定的时间内到主管税务机关进行增值税进项税抵扣。

印花税计提：

市级烟草公司根据主管税务机关确定的卷烟采购金额（含税）和适用比例，并按照税法确定的税率计提印花税。

应交印花税：卷烟采购金额（含税）×适用比例×0. 3‰

2. 卷烟销售

（1）涉及纳税义务：

增值税销项税、消费税、印花税、城建税、教育经费附加和地方教育经费附加。

（2）批发价格：

国家烟草专卖局统一制定卷烟批发价格。

（3）卷烟零售户订货：

取得《烟草专卖零售许可证》的卷烟零售户可以通过“卷烟营销管理信息系统”（简称 V3 系统）向市级烟草公司订货，方式为：电话订货或网上订货。V3 系统是四川烟草商业企业对卷烟的购销存进行管理的业务系统，四川省烟草专卖局（公司）通过该系统对全省的卷烟销量、价格、库存进行在线控制和管理。

（4）货款扣收：

卷烟零售户订货成功后，市级烟草公司根据与卷烟零售户签订的“卷烟货款电子结算协议”，通过银行扣取卷烟货款；对未签订电子结算协议或扣款不成功的卷烟零售户货款在卷烟送货时收取现金。

（5）发票开具：

市级烟草公司根据卷烟零售户的实际情况开具卷烟销售增值税发票。并经主管税务机关备案认可，按照当期实现的销售收入计算增值税、消费税税金及附加，发票开具与否不影响同卷烟销售有关的税金及附加计算。

（6）物流配送：

市级烟草公司通过“V3 系统”将确认后的卷烟零售户订单信息（包括卷烟规格、数量、单价）自动传输给“1 号工程”，“1 号工程”对卷烟规格、数量、单价进行核对无误后，方能经“1 号工程”将卷烟扫码出库，分拣并打码到条，完成后通过物流运输直接将卷烟和发票送达卷烟零售户。

（7）纳税义务的形成：

计提增值税销项税：

市级烟草公司根据当月会计科目“主营业务收入”贷方合计数，并按照税法确定的税率计提增值税销项税。

增值税销项税=“主营业务收入”贷方合计数×17%。

应交增值税=增值税销项税-增值税进项税+增值税进项税转出

计提消费税：

市级烟草公司根据当月会计科目“主营业务收入”贷方合计数（不含雪茄烟、商商调剂），并按照税法确定的税率计提消费税。

应交消费税=“主营业务收入”贷方合计数（不含雪茄烟、商商调剂）×5%。

计提印花税：

市级烟草公司根据主管税务机关确定的卷烟销售金额（含税）和适用比例，并按照税法确定的税率计提印花税。

应交印花税=卷烟销售金额（含税）×适用比例 0.3‰。

计提城建税：

市级烟草公司根据当月应交增值税、消费税，并按照主管税务机关确定适用税率计提城建税。（税法规定按实交增值税、消费税计算缴纳城建税、教育费附加和地方教育费附加，四川烟草商业企业按应交数先计提，并在次月与增值税、消费税一起缴纳，确保税款的及时入库，与税法的规定不冲突）。

应交城建税=（应交增值税+应交消费税）×适用税率。

计提教育费附加：

市级烟草公司根据当月应交增值税、消费税，并按照税法确定税率计提教育费附加。

应交教育费附加=（应交增值税+应交消费税）×3%。

计提地方教育费附加：

市级烟草公司根据当月应交增值税、消费税，并按照税法确定税率计提地方教育费附加。

应交地方教育费附加=（应缴增值税+应缴消费税）×1%。

为此，卷烟购销环节涉及的纳税义务为：增值税进项税抵扣，卷烟采购环节的印花税、增值税的销项税、消费税、城建税、教育费附加和地方教育费附加的计提和申报缴纳。

烟叶购销涉税

四川省烟草专卖局（公司）严格执行国家年度烟叶指令性收购计划，以《年度烟叶种植收购合同》为控制主线，对烟叶生产年度内烟叶种植、收购、加工、调拨进行全过程管理。

四川烟草商业系统通过层层分解，将年度烟叶生产收购计划分配细化到每个烟叶工作站点。按《烟叶种植收购合同管理规范》与农户签订《年度烟叶种植收购合同》，将生产收购计划落实到具体的种烟主体。烟叶工作站点将合同录入烟叶生产收购管理系统，建立合同档案。

四川烟草商业系统根据烟叶生产收购计划，在国家局下达的比例标准内，对种烟主体给予烟种、育苗物资、大田物资、农药等烟用物资的烟叶生产投入补贴，全程参与管理育苗移栽、烟用物资、机械作业、统防统治、采摘烘烤等烟叶生产过程，并给予专业化指导和过程监督。为加大商业反哺农业力度，提高烟叶生产种植效率，四川烟草商业系统按照2000元/亩的标准，规划布局基本烟田，配套完善土地整治、烟水工程、机耕路、烤房、农机具、防灾减灾等基础设施建设。

烤后烟叶，四川烟草商业系统在年度烟叶生产收购计划内，通过预检分级、定级、过磅、成包、打码、入库进行烟叶收购管理。

按照烟叶调拨计划和工商交接合同，或在原产地打叶复烤后运往工业企业，或按照要求直接调拨运往工业企业，完成烟叶调拨销售。

1．烟叶生产环节

烟叶生产环节实行烟用物资实物补贴，即采取高价采购低价销售（含无偿）的方式间接补贴烟农。

（1）烟用物资采购

涉及税种：

增值税进项税、印花税计提。

采购价格：

采取“比质比价、择优定购”的市场竞争原则，签订物资采购合同（协议），确定供货商和供应价格。

采购数量：

由行业质检部门对品种、数量、质量进行验收，与供货商核实一致后，填制《烟用物资入库单》确定采购数量。

税务发票：

属于应纳税品种必须开具“增值税专用发票”；属于国家免税产品可开具“普通发票”，并提供供货商当地主管税务部门出具的免税证明。

货款结算：

根据物资采购合同（协议）、物资验收报告、入库单、供货商出具的有效正式税务发票，填制《物资结算单》，按照合同约定付款方式支付货款。

纳税义务：

增值税进项税抵扣。根据购进应税物资取得的增值税专用发票，在规定时间内进行进项税额抵扣，并进行账务处理。

印花税计提。根据当月烟用物资采购金额（含税），按照主管税务机关核定的比例和适用税率计算印花税。

应交印花税：烟用物资采购含税金额×适用比例×0.3‰。

（2）烟用物资销售

涉及税种：

增值税销项税、印花税、城建税、教育费附加、地方教育费附加。

应税销售额：

免税烟用物资：无增值税销项税计缴义务

应税烟用物资：由于实行烟用物资实物补贴，按采购价格作为增值税销项税计缴基数（即账面原值）

烟用物资调拨：

市州局（公司）下达提货通知，各县（市）局（营销部）接到通知后到指定地点提货，并开具站点“提货单”。州局（公司）依据县（市）局（营销部）站点“提货单”开具“出库单”。

烟叶工作站分发烟用物资给种烟主体，完善《烟用物资供应单》及签章。由财务根据当年烟叶生产投入补贴标准，定期汇总编制《烟用物资销售成本、销项税、生产投入计算表》

账务处理：

无偿投入的应税烟用物资。

借：烟叶生产投入补贴；

贷：其他业务收入

应交税费——增值税——销项税。

补贴销售的应税烟用物资。

借：烟叶生产投入补贴

预收账款（冲减种烟主体缴纳的烟用物资款）；

贷：其他业务收入

应交税费——增值税——销项税。

纳税义务：

计提增值税销项税。

根据当期烟用物资应税销售额（即账面原值），按照主管税务部门认定税率（13%、17%）进行核算。

增值税销项税=烟用物资应税销售额（即账面原值）×（13%、17%）。

应交增值税=增值税销项税-增值税进项税+增值税进项税转出。

印花税计提。

根据当月烟用物资销售含税金额，按照主管税务机关核定的比例和适用税率计算印花税。

应交印花税：烟用物资销售含税金额×适用比例×0.3‰。

流转税附加税计提。

应交城建税：实交增值税×适用税率

（市区7%、县城或镇5%、不在市区、县城或镇的1%）应交教育费附加=实交增值税×3%；

应交地方教育费附加：实缴增值税×1%。

2. 烟叶收购环节

烟叶由烟草公司或其委托单位依法统一收购。烟草公司或其委托单位根据需要，可以在国家下达烟叶收购计划的地区设立烟叶收购站（点）收购烟叶。设立烟叶收购站（点），应当经省级烟草专卖行政主管部门批准。未经批准，任何单位和个人不得收购烟叶。

烟叶收购站（点）严格执行门卫准入制。烟农凭身份证（信息卡）、《烟叶种植收购合同》、《烟叶专业化预检初分定级交售通知单》到指定烟叶工作站（点）交售烟叶。按照国家标准，实行对样、挂样收购；编码验级、封闭收购。对预检初分定级合格的烟叶进行编码（刷卡）、封闭初分定级、入库打包、填写并放置内卡，经“一打一扫”程序入、出库，调入烟叶仓储管理中心。

（1）涉及税种

增值税、烟叶税、印花税。

（2）收购价格

执行国家发展和改革委员会会同国家烟草专卖局制订的当年烟叶收购价格，根据本地区所处价区执行相应的分等级收购价格。

（3）烟叶收购合同

烟叶生产年度初期，与种烟主体签订的《年度烟叶种植收购合同》，规定了烟叶收购等级、数量。烟草公司通过烟叶生产收购管理系统对烟叶收购情况进行控制，不得超计划收购。

（4）发票开具

烟叶收购站点根据烟叶生产收购管理系统终端机存储传输的有效数据与烟农转来的烟叶收购有效过磅单进行核对，同时核对实际发票号码与收购系统提示框给出的号码一致，经核对数据无误和发票号码一致后，开具农产品收购发票。

（5）烟叶购货款兑付

县局（营销部）负责根据烟叶科审核无误后的发票数据进行在线支付，或将烟叶科审核后的发票金额导出成 EXECL 表格样式，人工提交银行进行支付，并对支付失败的票据进行再次支付。

（6）纳税义务

增值税进项税额：

烟叶进项税额由两部分组成。

根据烟叶收购发票上的收购价款，按 13% 的扣除率计算当期进项税额；

根据当期按规定缴纳的烟叶税金额，按 13% 的扣除率计算当期进项税额。

烟叶当期可抵扣进项税额：（收购价款+烟叶税）×13%。

如烟叶税已经缴纳，烟叶收购金额和烟叶税同时抵扣进项税，借方中“应交税费——应交增值税——进项税额”核算的金额为：（烟叶收购总值+烟叶税）×13%。

如烟叶税未缴纳，烟叶收购金额抵扣进项税，烟叶税暂不抵扣进项税。借方中“应交税费——应交增值税——进项税额”核算的金额为：烟叶收购总值×13%。对烟叶税还未抵扣的进项税做如下处理：借方“待摊费用-待抵扣进项税”（烟叶税×13%），待烟叶税缴纳后将“待摊费用-待抵扣进项税”转入“应交税费——应交增值税——进项税额”进行抵扣。

烟叶税：

烟叶税的应纳税额按照收购烟叶的收购金额和规定的税率计算。烟叶税税率为 20%。“收购金额”，包括烟草公司支付给烟叶销售者的烟叶收购价款和价外补贴。按照简化手续、方便征收的原则，对价外补贴统一暂按烟叶收购价款的 10% 计入收购金额征税。

当期应纳烟叶税 = （收购价款 + 价外补贴）×20%

= （收购价款 + 收购价款 ×10%）×20%。

印花税：

根据当月烟叶购进金额按照主管税务机关核定的比例及适用税率计算印花税。

应交印花税 = 烟用物资购进含税金额 × 适用比例 ×0.3‰。

3. 烟叶调拨环节

烟叶只能销售给具备烟叶经营权的单位。省、自治区、直辖市之间的烟叶、复烤烟叶的调拨计划由国务院计划部门下达，省、自治区、直辖市辖区内的烟叶、复烤烟叶的调拨计划由省、自治区、直辖市计划部门下达，其他单位和个人不得变更。工商企业在上级单位下达的计划内签订烟叶购销协议，制定烟叶调拨方案，通过工商双方二次质检确定，实现烟叶调拨、货款结算。

（1）涉及税种

增值税、印花税。

（2）调拨计划

由国家局、省局（公司）统一核定下达。

（3）购销协议

市州公司根据核定下达的年度烟叶生产调拨计划，与各有关烟叶调拨客户（卷烟工业企业、烟草进出口公司）衔接，对调拨计划向有关厂家进行平衡分配，年初与各厂家根据供需双方核定的年度烟叶购销量在中国烟草交易中心网上签订正式的年度烟叶购销协议，确定双方当年的供求关系。烟叶调拨前，结合供方当年烟叶生产收购情况和需方卷烟配方需求，签订《年度烟叶购销补充协议》，作为《烟叶购销合同》的补充内容和烟叶货款结算依据。

（4）工商交接

各厂家对烟叶采购实行接货制。厂家在仓储中心按照双方共同制作的烟叶交接样品对每一批次烟叶的等级质量、数量进行抽检，并出具《质量验收报告单》、《等级数量验收单》，经双方检验合格、签字认可的烟叶可实施工商交接，实现烟叶销售。

（5）烟叶调拨价格

初烤烟叶调拨价格：

每年烟叶调拨前，国家烟草专卖局根据区域、品种和等级下达初烤烟叶调拨基准价格和上下浮动比率，省局（公司）结合自身实际，确定下发本省初烤烟叶调拨价格表。

复烤烟叶调拨价格：

以本省初烤烟叶调拨价格为基础，加上相关转运费用和复烤加工费用。

（6）货款结算

市州公司对质检单、出库单、调拨单等烟叶货款结算凭据进行复核，按电子汇兑方式办理。

（7）发票开具

市州公司按照购销双方核定的烟叶等级、数量、调拨价格开具烟叶销售增值税专用发票，以此计算缴纳增值税销项税。

（8）纳税义务

增值税销项税：

根据当月会计科目“主营业务收入（烟叶）”贷方合计数及税法规定的税率计提增值税销项税。

初烤烟叶增值税销项税=“主营业务收入”贷方合计数×13%。

复烤烟叶增值税销项税：“主营业务收入”贷方合计数×17%。

应交增值税=增值税销项税-增值税进项税+增值税进项税转出。

计提印花税：

根据当月烟叶销售含税金额，按照主管税务机关核定的比例和适用税率计算印花税。

应交印花税=烟用物资销售含税金额×适用比例×0.3‰。

流转税附加税计提：

应交城建税：实交增值税×适用税率

（市区7%、县城或镇5%、不在市区、县城或镇的1%）。

应交教育费附加：实交增值税×3%。

应交地方教育费附加=实缴增值税×1%。

4. 烟叶加工环节

复烤加工严格按照国家下达的调拨计划进行加工。严禁无合同、超合同加工烟叶；严禁无准运证接收和运输烟叶，烟叶委托加工双方必须严格执行委托加工程序：烟叶加工前，签订烟叶委托加工合同和《烟叶委托加工协议》。接收打包烟叶后，根据委托加工协议和工业加工计划，制作挑选样品、签订加工标准，按照委托加工企业要求进行挑选、打叶、投料、配方、复烤等工序，形成合格成品入库保管。

按照委托加工企业发货通知，开具准运证，出厂检验，调拨运输。同时对残次、废弃原料按照专卖内管监督要求进行处理。

（1）涉及税种

增值税、印花税。

（2）委托加工金额

加工费用标准：按国家烟草专卖局下达的标准执行，按成品片烟实际产出重量计算。

主要价外项目收费标准：按照国家烟草专卖局下达的标准和项目执行。按成品片烟实际产出重量和消耗工时计算。

（3）烟叶委托加工协议

在国家烟草专卖局下达的协议模板下执行。

（4）发票开具

根据委托加工企业和复烤厂双方确认的委托加工片烟数量、副产品数量及合同约定工序及相关收费标准，开具增值税专用发票结算。

（5）纳税义务

增值税进项税额：

属增值税抵扣范围的，根据购进商品或应税劳务取得的增值税专用发票抵扣进项税额。

增值税销项税额：

根据烟叶委托加工双方确认的委托加工金额及17%税率计算销项税额。

增值税销项税＝“主营业务收入”贷方合计数×17%

应交增值税＝增值税销项税－增值税进项税＋增值税进项税转出。

计提印花税：

根据当月购进委托加工所需能源动力、原辅材料及委托加工销售金额，按照适用税率及主管税务机关核定的比例计算印花税。

应交印花税＝烟用物资销售含税金额×适用比例×0.3‰。

流转税附加税计提：

应交城建税＝实交增值税×适用税率

（市区7%、县城或镇5%、不在市区、县城或镇的1%）。

应交教育费附加：实交增值税×3%。

应交地方教育费附加：实缴增值税×1%。

为此，烟叶生产经营环节涉及的纳税义务为：增值税进项税抵扣增值税的销项税，烟叶收购环节的烟叶税、印花税、城建税、教育费附加和地方教育费附加的计提和申报缴纳。

进口卷烟及出口烟叶涉税

中国烟草四川进出口有限责任公司（以下简称四川进出口公司）改制后的经营业务为进口卷烟和出口烟叶，其涉及的税种及税金附加有：增值税、消费税、关税、企业所得税、印花税、城建税、教育费附加、地方教育费附加等。

1. 进口卷烟业务

四川进出口公司进口卷烟严格按照国家烟草专卖局《国营贸易烟草类货物进出口内部管理办法》、中国烟草进出口（集团）公司《卷烟进口业务流程》以及四川省烟草专卖局《进口卷烟、雪茄烟经营管理办法》的规定执行，具体经营流程包括：接收进口计划、调拨计划和进口合同；办理进口许可证；联系外商发货并办理进口清关手续；签订电子交易合同并办理国内运输手续；向成都和重庆市公司进行调拨销售；结算货款。

四川进出口公司卷烟的进口和销售严格执行国家烟草专卖局下达的年度卷烟进口计划和国家烟草专卖局统一制定的进口卷烟调拨价。卷烟进口价格按中国烟草进出口（集团）公司统一与外商签订的烟草专卖品进口特种合同价执行。

（1）卷烟进口

①涉及纳税义务

进口关税、进口消费税、进口增值税、印花税。

②进口计划

国家烟草专卖局根据四川全省进口卷烟市场销售情况，将年度进口卷烟进口计划下达给省烟草公司，省烟草公司发展计划处收到国家局批复的卷烟进口计划后，将计划下达至四川进出口公司。

③进口合同

由中国烟草进出口（集团）公司统一与外商签订烟草专卖品进口特种合同，四川进出口公司受中国烟草进出口（集团）公司委托执行合同。

④进口价格

执行中国烟草进出口（集团）公司统一与外商签订的烟草专卖品进口特种合同上的卷烟进口价。

⑤卷烟出、入库

根据四川省烟草公司卷烟经营管理部和中国烟草总公司重庆市公司的每批进口卷烟调拨计划，与四川省烟草公司成都市公司和中国烟草总公司重庆市公司签订电子交易合同（执行调拨计划的合同），并申请办理国内运输准运证，协助外商直接将进口卷烟由口岸运抵四川省烟草公司成都市公司和中国烟草总公司重庆市公司。

⑥货款结算

进口卷烟货到口岸30天内按照进口价将进口货款预付至中国烟草进出口（集团）公司，根据中国烟草进出口（集团）公司向外商实际付汇的汇率进行汇兑损益的清算。

⑦纳税义务的形成

四川进出口公司按照进口时海关开具的“进口增值税专用缴款书”向中央金库缴纳进口增值税，并在规定的时间内到主管税务机关进行增值税进项税抵扣。

应交进口增值税=进口卷烟增值税组成计税价格×增值税适用税率

=（进口卷烟关税完税价格+关税+消费税）×增值税适用税率

印花税：

四川进出口公司根据主管税务机关确定的进口卷烟采购金额（含进口关税、进口消费税）和适用比例，并按照税法确定的税率（0.3‰）计缴印花税。

应交印花税=进口卷烟采购金额×适用税率

（2）卷烟销售

①涉及纳税义务

增值税销项税、印花税、城建税、教育经费附加和地方教育经费附加。

②销售计划

根据四川省烟草公司卷烟经营管理部和中国烟草总公司重庆市公司的每批进口卷烟调拨计划进行销售。

③销售价格

执行国家烟草专卖局统一制定的进口卷烟调拨价格。

④销售对象

进口关税：

四川进出口公司按照进口时海关开具的“进口关税专用缴款书”向中央金库缴纳进口关税，计入进口卷烟采购成本核算。

应交进口关税=进口卷烟关税完税价格×关税适用税率

=进口卷烟到岸原币价格×银行牌价（中间价）×关税适用税率

进口卷烟到岸原币价格为中国烟草进出口（集团）公司统一与外商签订的烟草专卖品进口特种合同上的卷烟进口价；银行牌价由海关根据进口卷烟到岸清关当天银行挂牌价直接确定。

进口消费税：

四川进出口公司按照卷烟进口时海关开具的“进口消费税专用缴款书”向中央金库缴纳进口消

费税，计入进口卷烟采购成本核算。根据中华人民共和国海关总署公告（2004 年第 4 号）的规定，卷烟征收进口环节消费税时应同时征收消费税定额税和从价税。

应交进口消费税＝进口卷烟消费税组成计税价格×消费税适用税率＋消费税定额税

＝（进口卷烟关税完税价格＋关税＋消费税定额税）

÷（1－消费税适用税率）×消费税适用税率＋消费税定额税

进口增值税：

按照国家烟草专卖局规定统一只调拨给省会城市所在分公司——成都市公司和重庆市公司（因重庆市无烟草进出口公司，进口卷烟业务由四川进出口公司代理）。

⑤发票开具

四川进出口公司根据进口卷烟销售实际情况开具卷烟销售增值税专用发票。经主管税务机关认可，按照当期实现的销售收入计算增值税、税金及附加。

⑥货款支付

成都市公司和重庆市公司根据确认的入库单、电子交易合同、增值税专用发票，对四川进出口公司发出的“银行托收承付单”进行审核确认，无误后交银行进行货款支付（成都市公司直接通过转账支票对四川进出口公司进行同城结算，不采用“银行托收承付单”方式）。

⑦纳税义务的形成

增值税销项税：

四川进出口公司根据当月销售进口卷烟的全部销售额（不包括销项税额），即会计科目“自营进口业务收入”贷方合计数，并按照税法确定的税率计提增值税销项税。

销售进口卷烟应计入当月销项税额的时间的确定：对成都市公司采用直接收款方式销售，为收到销售额或取得索取销售额的凭据并还将提货单交给成都市公司的当天；对重庆市公司采用托收承付方式销售，为发出进口卷烟并办妥托收手续的当天。

省公司为一般纳税人，增值税适用税率为 17%。

当月增值税销项税＝当月“自营进口业务收入”贷方合计数×增值税适用税率

应交增值税＝当月增值税销项税－当月进口增值税＋当月增值税进项税转出－上月留抵增值税

印花税：

四川进出口公司根据主管税务机关确定的进口卷烟销售金额（含税）和适用比例，并按照税法确定的税率（0. 3‰）计缴印花税。

应交印花税＝进口卷烟销售金额×适用税率

流转税附加税费：

四川进出口公司根据当月实际缴纳的增值税，及主管税务机关确定适用税率计提城建税、中央教育费附加、地方教育费附加。

四川进出口公司的行政级别为市区，按照主管税务机关的认定，城建税适用税率为 7%。中央教育费附加适用税率为 3%、地方教育费附加适用税率为 1%。

应交城建税＝当月实际缴纳增值税×适用税率

应交中央教育费附加＝当月实际缴纳增值税×适用税率

应交地方教育费附加＝当月实际缴纳增值税×适用税率

综上所述，进口卷烟购销环节涉及的纳税义务为：进口环节—进口关税、进口消费税、进口增值税、印花税；销售环节—增值税、城建税、中央教育费附加、地方教育费附加、印花税。

2. 出口烟叶业务

四川进出口公司出口烟叶业务严格执行国家烟草专卖局和中国烟草进出口（集团）公司的相关行业规定。烟叶的采购严格执行国家烟草专卖局当年下达的年度烟叶调拨计划、中国烟草交易中心网上签订原烟采购合同、加工合同、申办准运证等行业内部管理办法。烟叶的出口严格执行中国烟草进出口（集团）公司"三统一"的规定，即由中国烟草进出口（集团）公司代表和四川进出口公司与外商"统一谈判、统一报价、统一签约"。

（1）烟叶采购

为贯彻落实国家局和四川省烟草专卖局（公司）关于出口烟叶片烟结算有关文件要求，公司烟叶出口采购业务实行"原烟交接、委托加工、成品片烟结算"的办法，具体模式为：产地公司提供出口烟叶原烟并委托复烤厂加工成片烟成品，四川进出口公司向产地公司采购出口烟叶片烟成品用于出口。

①涉及纳税义务

增值税、印花税。

②烟叶调拨计划

执行国家烟草专卖局当年下达的年度出口烟叶备货调拨计划。

③烟叶调拨价格

执行省局（公司）当年下达的年度初烤烟叶调拨价。

④烟叶购销合同

每年初四川进出口公司与各产地公司根据国家局核定的年度烟叶购销量，在中国烟草交易中心网上签订正式的年度烟叶购销协议，确定双方当年的供求关系。

⑤烟叶原烟调拨

产地公司按照出口烟叶备货计划向四川进出口公司调拨烟叶，四川进出口公司在调拨环节确认原烟等级质量和数量。

⑥烟叶原烟加工

产地公司调运初烤烟到四川进出口公司指定的符合出口烟叶加工要求的复烤加工厂进行加工，并与之签订委托加工协议；加工整选费用由产地公司承担，核算以委托加工协议上的价格标准为依据，最终与原烟金额一并向四川进出口公司结算。

⑦烟叶片烟结算

按照国家局"原烟交接、委托加工、片烟成品结算"的原则，产地公司与四川进出口公司和复烤厂签订出口片烟备货三方协议，在烟叶加工完成后，根据四川进出口公司确认的复烤加工厂出具的原烟加工整选表和加工整选费用清单、发票计算烟叶成品加工费用，加上原烟调拨金额确定片烟成品总体结算价格（数量以片烟成品数量为准），并由产地公司和四川进出口公司共同向省局（公司）申报，待省局（公司）批准后，产地公司向四川进出口公司开具增值税专用发票结算片烟成品。

⑧纳税义务的形成

增值税进项税：

四川进出口公司根据产地公司开具的烟叶片烟成品销售增值税专用发票，向产地公司支付货款（含增值税进项税），并在规定的时间内到主管税务机关进行增值税专用发票认证，通过认证的增值税专用发票留存公司，待烟叶出口时进行退税申报。

印花税：

四川进出口公司根据主管税务机关确定的烟叶采购金额（含税）和适用比例，并按照税法确定的税率（0.3‰）计缴印花税。

应交印花税=烟叶采购金额×适用税率

（2）烟叶出口

四川进出口公司烟叶的出口严格执行中国烟草进出口（集团）公司“三统一”的规定，即由中国烟草进出口（集团）公司代表和四川进出口公司与外商“统一谈判、统一报价、统一签约”。

①涉及纳税义务

印花税、增值税出口退税

②出口合同

四川进出口公司所有烟叶出口合同均需经中国烟草进出口（集团）公司审核，合同中明确规定了具体出口烟叶的等级、数量和价格，经中国烟草进出口（集团）公司监章的合同方能执行。

③出口价格

执行中国烟草进出口（集团）公司统一对外商商定的价格。

④纳税义务的形成

印花税：

四川进出口公司根据主管税务机关确定的出口烟叶销售金额（无税）和适用比例，并按照税法确定的税率（0.3‰）计缴印花税。

应交印花税=出口烟叶销售金额×适用税率

出口退税：

按照《增值税暂行条例》规定，四川进出口公司出口烟叶适用增值税出口免税并退税的政策，即出口烟叶适用零税率，不但出口环节不征增值税，而且对出口前实际承担的税收负担按规定的退税率计算后予以退还。

四川进出口公司目前出口烟叶适用的退税率有两种：一是按17%税率征收增值税的出口烟叶，出口退税率为15%，如烤烟片烟、白肋烟片烟、晒烟片烟、烟梗出口；二是按13%税率征收增值税的出口烟叶，出口退税率为5%，如烤烟把烟、晒烟把烟出口。增值税进项税额与出口退税之间的差额计入当期自营出口销售成本核算。

出口退税额：烟叶采购金额（不含税）×适用退税率

四川进出口公司实际出口烟叶后，在税务机关规定的时限内填制《出口货物退税申报表》连同购进烟叶时取得的增值税专用发票，以及盖有海关放行章的《出口货物报关单（出口退税联）》和出口收汇核销单以及相关电子信息，向主管税务机关申请退税。

综上所述，出口烟叶购销环节涉及的纳税义务有：采购环节—增值税进项税额、印花税；出口环节—印花税。

3. 企业所得税

（1）产生纳税义务的环节

进口卷烟购销环节、出口烟叶购销环节以及其他经济业务发生环节。

（2）税率及计算方式

企业所得税：（利润总额+纳税调整额-弥补以前年度亏损额）×25%

四川进出口公司由于经济业务的多样性，部分经济业务还涉及营业税、房产税、土地使用税、车船使用税、契税等税种。当发生的经济业务涉及国家税收法规规定的应税行为时，均严格按照税法规定计算缴纳相关税金。

四、四川烟草农业生态

生态条件

四川省有悠久的烟草种植历史和良好的烟草农业生态条件。

四川省位于北纬26°03′—34°19′、东经97°21′—108°31′之间，地处长江上游，面积48.5万平方公里。四川省地貌类型多样，东部为四川盆地，周围群山环抱，西部多高山高原。四川盆地是一个由中山环抱的完整地貌单元，盆地西部为成都平原，地势西北高，东南低，由岷江、湔江、石亭江、绵远河等河流冲积扇形地组成。在平原中心地区，冲积层厚达200—300米，土壤肥沃，是成都平原成为全国农业生产区和烟草主产区的重要客观条件之一。各扇形冲积区自然坡度大，坡降在3‰—4‰之间，河网成辐射状流向东、南方向，都江堰水利工程因地制宜，巧妙利用这一自然条件，为平原提供了排灌自如的水利条件，成都平原得以“水旱从人，不知饥馑”，号为“天府”。四川盆地周边为一系列中海拔山地所围绕，其高度在海拔1000—2500米之间。盆地北缘主要山脉以米仓山和大巴山为主，其北坡较为平缓，南坡向盆地陡降，为四川省粮油主产区和烤烟、白肋烟主产区之一；盆地南缘山地多在长江以南，南接云贵高原，海拔高度在1000—2000米之间。西南缘山地较大，主要农作区除安宁河谷外，多集中于山间平坝、丘陵间；大渡河、金沙江河谷深切，气候、植物分布呈垂直带状，为四川省亚热带经济作物主产区和优质烤烟主产区。

四川省平均气温-1.5℃—20.3℃，在盆地、盆周山区、西部高原三大地形区中，盆地为14.1℃—18.2℃；川西南山地为10.1℃—20.3℃。全省年总降水量315.7—1732.4毫米，自东南向西北递减。全省年总日照数为782—2692小时，以四川盆地、川西南山地、川西北高原顺序递增，盆地内呈自西南向东北增加趋势。四川盆地属亚热带湿润气候，全年温暖湿润，冬无严寒，夏无酷暑，四季分明。川西山地气候的垂直分布带性状极为显著，南部的金沙江河谷1月平均气温在12℃以上，全年无冬，不见霜雪，5—10月为雨季，集中了全年雨量的90%以上，11月至次年4月为旱季，凉爽少雨，晴朗干燥。

四川省的耕地面积9885万亩，主要集中于盆地底部，占全省耕地面积总数的73.3%；川西南山地盆周山区分别占8.7和14.0%。全省各地理单元的垦殖指数（耕地面积在辖区面积中所占比重）分别为：盆地底部（成都平原）为41.3%，盆周山地15.81%，川西南山地9.91%。由于全省多数地区水热条件较好，耕地复种指数达203%。全省宜烟（最适宜区、适宜区）耕地面积约525万亩。

四川省自古为中国的农业生产大省。良好的地形、水热条件为发展烟草农业生产提供了优越的条件。至20世纪末，四川省可生产包括晒烟、烤烟、白肋烟、香料烟在内的多种经济作物。全省的烟草农业生产主要集中于成都平原西部、川南低山丘陵区、川西南山地、川北山区。成都平原西部是中国优质晒烟产区；川西南地区是优质烤烟产区，其烟叶品质与云南优质烟叶近似；川北地区是优质晒烟、白肋烟产区。四川省是全国为数不多的全面具备多种优质烟叶适种特性自然条件和烟草农业生产多样化特征的地区。

地理分区

1. 成都平原区

位于盆地西部。东有龙泉山，西有龙门山和邛崃山，由岷、沱、涪三江及其支流冲积而成。包括北部的绵阳、江油、安县间的涪江冲积平原，中部的岷江、沱江冲积平原和南部的岷江、青衣江、大渡河冲积平原，是全省最大的平原区。

区内具有得天独厚的自然条件。土层厚约1—2米，表层土以下为黄黏土，再下为卵石层。土壤以灰潮土所占面积最大，多数因种水稻而演变成冲积性水稻土，熟化程度和土壤肥力均较高。平原南部眉山、夹江一带，有红黄壤阶地、再积阶地和紫色土丘陵交错分布，白鳝泥、死黄泥和下湿田较多。德阳、绵竹、广汉、新都一带，土壤质地极细，多形成泥性较重的黏壤质泥田和二泥田。江油一带平原，土壤肥力较高，适种范围广。

区内水网密布，灌溉系统发达，地下水极为丰富。其水源主要为降水、都江堰渠系供水及过境河流。但3—6月严重缺水。

成都平原的农业开发较早，得都江堰灌溉之利，一直是四川省粮油主产区。土地利用率较之四川盆地内其他地区高出0.5—1倍，复种指数之高为全省之冠。田多土少，两季田多。大田作物大春盛产水稻，小春以小麦、油菜、晒烟为主，饲料绿肥占有一定比重。

2. 盆地丘陵区

位于米仓山、大巴山以南。西北有龙门山，东南有大娄山、七曜山，西南有大凉山，西部有一段与龙泉山和成都平原区相接。包括自贡、内江、遂宁和南充市全部，泸州、乐山、绵阳、广元、宜宾、达州市的大部，成都市、德阳市的小部，雅安市的一部分。

区内大部为紫色土壤，含磷、钾较丰富，保水、保肥性能良好，肥力较高。但在丘陵上部，一般坡度较大，水土流失严重，形成薄层紫色石骨子土；丘陵中部，坡度缓，土壤有一定厚度，形成中等肥力的紫色土或紫色土性的水稻土；丘陵下部和谷底为淤积较厚的冲积层，地下水位高，水源条件好，多发育成肥力较高的水稻土，但排水不良者，则成为烂泥田。平原边缘台地多为酸性黏重的黄泥田（土）。沱、涪、嘉陵江沿岸除冲积土外，还有零星的姜石黄泥土分布。盆东平行岭谷区，低山为黄壤，山的下部垦殖熟化的黄泥田（土）。

区内为四川省粮经作物重要产区，种植业占有优势。丘陵平原地区均已辟为农田，垦植指数为30.2%。冲积平原地区多为稻田，种植水稻、小麦、油菜等。丘陵旱地多种玉米、红苕、小麦、豆类、高粱等粮食作物和棉花。丘陵谷地或平缓坡地多辟为梯田、梯地，种植水稻、小麦、油菜、绿肥及棉花、甘蔗、麻类、花生、烤烟等。

3. 盆周山区

位于四川盆地周围。西及西南以摩天岭西段、龙门山西坡及宝兴、荥经、马边西部边缘一线为界，与川西高山高原区和川西南山区接壤。北、东、南分别与甘、陕、鄂、湘、黔、滇等省相邻，包括达县、泸州、宜宾、乐山、雅安、绵阳、广元等地的一部分。

区内范围广，南界与北界纬度相差5.5度，东端与西端相距700公里，自然条件差异明显。山岭海拔多在1000—3000米，以九顶山最高，达4982米。中山地区河谷深切，谷坡陡峻，山道崎岖险阻，山腰稍平缓处大都垦为耕地。低山区的河谷及山间坝地、盆地，地势较平缓，土层较深厚，是区内种植业、养殖业和人口集中之地，植殖指数为12.8%。

区内降水量丰富，气候温和湿润，年降水量1000—1400毫米以上，为全省降水量最多地区。相对湿度大于70%，云雾、阴雨日较多，日照短。土壤呈垂直变化。基带土壤为黄壤，多见于海拔1300—1500米以下的石灰岩、砂岩、页岩形成的山地。山地黄壤以上是山地黄棕壤，再上还有棕壤、暗棕壤、草甸土分布。

区内田少土多，田土比例为39.8：60.2，稻田中冬水田占43.4%。旱地中坡地比重大，土层薄，水土流失严重，土层厚度在20厘米左右的薄土占1/3。

在经济作物播种面积中，烤烟、晒烟、白肋烟在全省占有重要位置。

4. 川西南山区

区内位于四川省西南部．东北邻盆周山区，西北与川西高山高原区接壤，其余区界均与云南相邻，处于青藏高原、云贵高原和四川盆地边缘山区的过渡地带，包括攀枝花市的全部、凉山州的大部和雅安市的小部及甘孜州的一角。

区内为山地地貌。大部地区海拔1000—3000米，地形复杂。北部坡陡谷深，中部有宽阔的谷地与盆地，东部主要是山区。耕地分布在海拔1300—2500米之间。耕地分布：平坝占17.1%，丘陵占14.6%，山地占68.3%。垦植指数为6.51%。

气候具有冬季气温高，夏季不炎热，日照充足，垂直差异大和干湿季节分明的特点。河谷地段为干热河谷气候。日照强，温度高，有效积温亦高，利于农作物及林木的生长。

区内土壤类型，海拔1600米以上的干河热谷地区主要为褐红壤、燥红壤及老冲积黄泥，大部分有机质含量少，养分贫乏；海拔1600—2000米地带为山地红壤，表土有机质较高；海拔高度在依次上升，土壤类型依次为山地红棕壤（东部为山地黄棕壤）、高山暗棕壤和草甸土，沿河则为冲积土。

水利保灌面积占耕地的30.3%，抗旱力弱，大春栽播主要靠降雨。经济作物甘蔗、烤烟、水果等都是全省最适宜种植地区。烤烟面积和产量、质量为全省之首。

种植区划

1. 烤烟种植区划

1985年7月，四川省农牧厅经济作物处完成《四川烤烟种植区划研究报告（初稿）》。1986年1月，经四川省烟草学会原料学术委员会第二次会议审议，完成修改稿，为四川省第一次系统规划烤烟种植区划。

（1）川西南横断山亚热带最宜区

位于四川省西部，在北纬 26°03′—29°27′、东经 100°15′—103°53′之间，辖西昌、会理、会东、德昌、冕宁、宁南、米易、盐源、木里、昭觉、美姑、雷波、甘洛、越西、喜德、普格、布拖、金阳、西昌 19 个县市（为 1986 年“四川省第一次系统规划烤烟种植区划”时的行政区，下同）。

区内 95% 以上的烟区土地位于海拔 1300—2000 米的回归高原台地缓坡上，土地主要是黄红壤和紫色土。土层比较深厚，质地疏松，肥力适中，通透性好，一般呈微酸性、中性反应。会理县耕地 3 万余公顷，酸性、中性土占耕地的 80% 左右。黄、红壤占耕地的 46%，有机质含量 1%—3% 的土地占 80% 左右。土壤中一般含氮气 0. 075%—0. 15%，含速效磷<10ppm，含磷<0. 2%，含碱解氮 60—150ppm，含速效钾较为丰富，排水性较好。

会理是凉山州重点烤烟县之一，土样具有代表性。20 世纪 80 年代中期取 3 个主产区的主要土类土样，0—60 厘米深度土壤含氯量<30ppm，均低于最适宜区土壤限制因子，土壤含盐量<0. 06% 的标准。pH 值、排水性、土色等也是符合最适宜区标准。

烟叶样品化学成分中，氯离子含量在 0. 09%—0. 2% 范围，低于适宜区应<0. 6% 标准；烟叶外观鉴定 82—86 分，符合最适宜区标准。

图附－1　凉山州烟草种植地

（2）川南盆周亚热带适宜区

区内位于四川南部，为北纬 27°42′—29°31′、东经 103°36′—106°23′，辖宜宾市和宜宾、叙永、古蔺、筠连、兴文、珙县、南溪、江安、长宁、高县、屏山 12 个县、市。

区内气温、降雨量、日照等主要气候指标符合或基本符合最适宜区指标。

区内烟地一般分布在海拔 600—1600 米之间的丘区。丘区表面覆盖一层厚薄不等的紫色页岩，砂岩的分化层，丘间坳谷及河岸平坝为冲积层，土壤较肥沃。区内土壤以黄壤、紫色土为主。珙县、古蔺两县旱地约 10 万公顷，其中黄壤分别约占 50% 和 70%，紫色分别占 38% 和 27%，土壤 PH 值 6.5—7.5，有机质含量 2% 左右，氮含量 0.1%—0.2%，碱解氮 100ppm 左右，绝大多数土壤速效钾含量在 50ppm 以上，但土壤缺磷突出，珙县土壤含速效磷在 5—20ppm 的仅占 38%，而 60% 的面积含速效磷<5ppm。

（3）川东盆周适宜区

区内的涪陵地区位于四川盆地东南缘，跨北纬 29°9′—30°32′、东经 105°57′—109°24′，辖涪陵、垫江、南川、丰都、石柱、武隆、彭水、黔江、酉阳、秀山 10 县。

区内的万县地区位于四川东部，跨北纬 30°03′—32°12′、东经 107°24′—110°12′之间，辖万县市、巫山、巫溪、奉节、梁平、忠县、云阳、城口、开县、万县 10 县、市。

区内的涪陵地区属于亚热带湿润季风气候，低山丘陵、河谷平坝地带冬暖夏热，降水充沛，无霜期长，≥10℃活动温积多在 5000—6000℃，常有连晴少雨伏旱和秋旱，是烤烟后期生长的不利因素，但对烟叶成熟烘烤有利。

区内按气候因素三项指标和参照日照条件综合分析，都符合做适宜区的限制因子，但区内烤烟生长后期 7—8 月气温偏高，日照时数偏少，故从气候条件考虑属适宜区。

涪陵地区农业土壤有了黄壤、紫色土、黄棕壤、石灰岩土，黄壤约占三分之二，紫色土约占三分之一。黄壤主要部分分布在乌江流域以及酉水上游地带，紫色土分布于垫江、涪陵、丰都、南川等县的低山丘陵、谷地，冲积沙土零散分布在江河沿岸。石灰岩土是有机质及土壤养分含量比较丰富的土壤，分布于黔江县两河一带，种植烤烟效果好。

万县地区平坝冲积土分布在梁平、开县等平坝和沿河两岸的阶地上，约占全区耕地的 11%。丘陵紫色土，分布于忠县、万县、云阳、万县市等广大丘陵地带，由紫红色砂页岩发育而成，约占全区耕地的 47%；山区黄色或杂色砂岩、石灰岩土主要分布在城口、巫溪、巫山、奉节等县的山区，约占全区耕地面积的 24%。

彭水、黔江两县市川东烟区烤烟主产县，土样经中国农科院烟草研究所化验，含盐量和含氯量数据在最适区和适宜区标准范围，符合适宜区条件。

（4）川中浅丘陵适宜区

区内包括内江和乐山两个省辖市。内江市位于四川盆地中部，辖内江市中区、内江、资中、资阳、简阳、乐至、安岳、威远、隆昌 9 个县、区。乐山市辖乐山市中区、彭山、仁寿、丹棱、眉山、洪雅、夹江、青神、峨眉、沐川、犍为、井研、马边、峨边、五通桥 15 个县、区。

区内属中亚热带湿润季风气候，冬暖夏热，降水适中，年均温 16.9℃—18℃，1 月均温 6.3℃—7.5℃，7 月均温 27℃ 左右，≥10℃ 活动积温 5300℃—5900℃，热量资源丰富。年降水量 1000 毫米上下，降水量分布不均，冬干、春旱、夏洪、秋涝。

区内气候条件综合分析，内江市基本符合嘴鸥适宜区标准，乐山市产烟县日照时数偏低。

区内种植烤烟的 5 县属浅丘陵地区的紫色土和黄壤，多分布在海拔 500 米左右。

2. 晒烟种植区划

（1）川西主产区

区内包括成都市金牛区和龙泉驿、双流、青白江、新都、郫县、温江 7 个区县的大部分或一部分和德阳市旌阳区、广汉市，什邡市、绵竹市的大部分乡镇。

区内基本为平原。海拔高度412—596米。土壤肥沃，土层深厚，宜种性广。耕地以水田为主，占耕地面积的84%。土类以近代河流冲积土为主，其次是再积和老冲积黄壤土及紫色土。土壤质地以重壤（二泥田）为主，占耕地面积的53.11%；次为轻黏土、轻壤土，分别占16.3%、14.12%。土壤肥力较高，有机质含量比较丰富（平均为2.23%），含氮最高（碱解氮平均103.1ppm），含磷量不足（速效磷一般含量仅5ppm—10ppm），普遍缺钾（速效钾一般30ppm—50ppm），适于晒烟的生长。

区内属于亚热带湿润气候区，年平均气温15.8℃—16.2℃，>0℃年积温5786℃—5937℃。年降水911—972毫米，雨日148天。日照1228小时，无霜期274—285天，极端最高气温35.4℃，最低气温-5℃。

区内属都江堰自流灌溉区，水源丰富，能灌能排，耕地的有效灌面占95%。

（2）盆周山区适宜区

位于四川盆地周围，东北有米仓山、大巴山、西北有龙门山，东南有大娄山、七曜山，主要包括广元、巴中、达川市。

区内范围广，自然条件差异明显。山岭海拔多在1000—3000米。中山地区河谷深切，谷坡陡峻，山道崎岖险阻，山腰稍平缓处大都垦为耕地。低山区的漕谷及山间坝地、盆地，垦植指数为12.8%。

区内降水量丰富，气候温和湿润，日照热量丰富，年降水量1000—400毫米以上，相对湿度大于70%，云雾、阴雨日较多，日照短，为典型的亚热带山地气候区。土壤呈垂直变化，基带土壤为黄壤，多见于海拔1300—1500米以下的石灰岩、砂岩、页岩形成的山地。山地黄壤以上是山地黄棕壤、暗棕壤分布。区内田少土多，田土比例为39.8：60.2。稻田中冬水天占43.4%。旱地中坡地比重大，土层薄，水土流失严重，土层厚度在20厘米左右的薄土占1/3。

区内为晒烟、白肋烟种植适宜地带。

3. 白肋烟种植区划

（1）南部适宜区

该区包括宣汉县南部、达县、通川县、开江县、大竹县、渠县等。基带（各气象站海拔高度295—451米）年平均气温16.5℃—17.6℃；最冷月（1月）平均气温5.5℃—6.7℃，极端最低气温-5.5℃；最热月（7—8月）平均气温27℃—28.2℃，极端最高气温42.3℃；日平均气温≥10℃的积温5183—5672℃，天数248—266天；无霜期282—317天。常年降水量：开江县1247毫米，渠县1083毫米，其余县市1194—1217毫米。年降水量≥900毫米的保证率，开江县、大竹县97%—100%，渠县97%，其余地区90%—91%。年日照百分率为宣汉县35%，其余地区30%—31%。年均太阳总辐射量宣汉县（最大）91.7千卡/平方厘米，渠县（最弱）90.8千卡/平方厘米，其余为91.7—92.15千卡/平方厘米。

（2）北部适宜区

该区包括达州市的万源市以及宣汉县的北部。巴中市的巴中、平昌、通江，南江县（市），基带（万源市气象站海拔高度674米）年平均气温14.7℃；最冷月平均气温3.7℃，极端最低气温-9.4℃；最热月平均气温25.1℃，极端最高气温39.2℃；日平均气温≥10℃，积温4506℃，天数227天；无霜期237天。常年降水量1199毫米，年降水量≥900毫米的保证率82%。年日照时数为

1434.9 小时。年日照率 32%，年均太阳总日照量为 94.01 千卡/平方厘米。

境内全年降水量 1100 毫米左右，其中巴中市降水量 1132 毫米，平昌县 1181 毫米，通江县 1108 毫米。南江县 1199 毫米。

区内地形以山地为主，其次是丘陵，平地分布于河谷沿岩和台状山地，面积较小。

区内紫色壤土（含红黄壤土、红棕紫泥土等）是由紫色岩层风化发育而成，也是区内主要土壤类型，分布甚广，主要集中分布在海拔 800 米左右的丘陵、低山地带，全区以南部的达县、宣汉、渠县、大竹分布较多。区内紫色土质地多为中壤，少数为轻壤或重壤，多呈中性或微酸性，富含磷、钾等多种元素，保水保肥及供水供肥较好，适合多种经济作物种植，特别适宜烟叶栽培。

中部低山区，海拔一般在 700—1000 米之间，相对高度在 200—500 米之间，南部平行岭谷区，海拔在 300—1000 米，相对高差 250—400 米，主要分布在宣汉南面的一部分，达县大部，开江县、通川区、大竹县全部和渠县的东部等。两山之间谷地开阔，多浅丘和平坝，面积为 3504 平方公里，占全区面积的 21.12%。此外，北部中山区海拔在 1000—2000 米之间，渠江西岸方浅山丘区海拔 300—500 米之间。其中，巴中市所辖巴中、平昌、通江、南江 4 县（市）耕地面积 16.88 万公顷。

区内绝大部分地区适宜种植烟草。烟草基本上能在海拔 100—2000 米之间丘陵地带生长，适宜在海拔 400—1200 米区域种植，尤以海拔 500—1000 米的地区栽植白肋烟最为适宜。

编后记

在全川人民撸起袖子加油干、以优异成绩向党的十九大胜利召开献礼的实际行动中，《四川省志·烟草志（1986—2005）》完成编纂。喜事随盛事，值得庆贺。

四川省烟草专卖局（公司）完成依法修志，牵头编修《四川省志·烟草志（1986—2005）》，成立以党组书记、局长、总经理李恩华为主要领导的编纂委员会，在全省行业上下动员，及时提出编修内容突出新形势、新情况、新政策、新机制、新成就（简称“五个新”）要求，并提供大量有重大史料价值的资料。分管此项工作的原副局长陈章、副总经理麻世强及副巡视员商波等领导，共同参与、出谋划策。省烟草学会负责编纂日常工作，落实编纂人员和资料收集人员组成编纂办公室，并坚持进度和资料收集使用的联系与指导。通过查寻档案、复印文献，多渠道收集、清理《四川烟草通讯》《四川烟草通报汇编》《中国烟草年鉴》和部门志《四川省烟草志》等历史资料后，志稿完成篇目设计。在此基础上，分编各篇初稿，以人十之、已百之的工作精神和严谨的修志程序，紧锣密鼓地开展初稿编纂。在四川省地方志工作办公室（以下简称省地方志办）悉心指导下，经多次调整篇目、核实资料和梳理修改内容，志稿编纂终水到渠成、瓜熟蒂落。

编纂《四川省志·烟草志（1986—2005）》，主要体会和做法主要是：

一、全面系统、真实准确、有代表性、权威性的史料是志书的血肉

在《四川烟草通讯》《四川烟草通报汇编》《中国烟草年鉴》《四川省烟草志》和大量的文件资料及各市（州）局提供的材料中，编纂人员采取“提干货取精华”的办法，提取所需部分为编纂省志所用。各篇志稿由省烟草专卖局（公司）各处室（单位）和各市（州）烟草专卖局（分公司）核实修改，以确保基础材料的可靠性。在各章节编写单元中，使用了不少行业特色突出、典型鲜活的史料。如早在10多年前，烟草行业就提出并运用了机制中的“动能创新”；2005年建立现代商业营销网络体系时，省烟草专卖局（公司）提出“商流 、物流、资金流、信息流，全线清晰，垂直管理”的烟草经营发展目标，其史料的观点很具前瞻性、时政性。像这样有价值史料支撑志书标题内容的情况各篇均存在。所使用的史料，真实地记录了1986—2005年全省烟草行业新形势、新情况、新政策、新机制、新成就。

二、科学严谨而具特色的篇目是志书的骨骼

1986—2005年，历时“七五”到“十五”4个五年计划。四川烟草行业重要事件、重要活动、重大项目、重大举措、重要经验、杰出人物不断涌现，本志篇目设计与内容编纂须客观反映此限期的“五个新”。篇目设计遵循“事以类聚”“类为一志”的志体原则，按照烟草行业的运行实体活动进行分类立篇、设立专志，即设置了烟草体制、烟草生产、烟草营销、烟草专卖、烟草科教、烟草管理，以活动关系囊括全行业农业、工业、商业等产业实体和机制运行的行业特征。其志书体例必需的要件如大事记、人物表、重要文献等，按省志结构要求置于附录中。专志安排的逻辑关系是：“体制”是行业的前提与基础，置于首篇；“烟草生产”和“烟草营销”是行业的中心环节，置于二、三位；“烟草专卖”是体制的核心，置于中间。各篇首用小序概括其精要。篇目像骨架一样支撑着志书的载体，使志书“横排门类，纵述史实”的体例得到充分体现。

三、符合省志体例要求的著述质量是志书的生命

概述是志书的窗口。概述撰写的立足点，既要把握历史史实的脉络，又要顾及其现实的发展，找准历史和现实的结合点，使概述充满时代气息。本志概述运用策论的基本笔法撰写。

专志编纂的编写单元坚持纵述不断主线，上下限贯通记史。全志采用两种表述方式：介绍烟草状貌、生产环境、技术应用、产品成果等用说明体；记载行业发展变化及结果的过程用记述体。按照志书体例要求，做到依时记述，条理清楚，题文相符，符合省志内容尺度。在编纂中，努力避免史料记述只记官事、语言表述满纸官话、插图选用全是官像的倾向，专志图文比较贴近基层、接入地气。

全志正文共6篇16章57节，述、志、记、图、表、录并用，以志为主。选用彩照86幅，插图80余幅，表格30余张，编纂文字约60万字。编纂经过审核查实、梳理消化、补充修改，在此基础上进行全志总纂。总纂人员认真地进行概述结构调整、内容交叉处理、语言加工提炼、图表文字配合等，并进一步考定资料，完善标题，统一符号使用，对志稿再度修改、调整，大约精简4万余文字。之后，经初审、复审和终审程序，不断修改提炼，达到充实完善的目的。

《四川省志·烟草志（1986—2005）》的编修，是一项浩繁的烟草文化建设工程。在此，我们谨向关心、支持本志编纂工作的领导和同仁深致谢忱！虽然我们下功夫，做了艰苦细致的工作，但我们深知，囿于编者的知识和能力所限，疏漏错讹在所难免，敬请读者批评指正！

《四川省志·烟草志（1986—2005）》编委会办公室

2019年4月